中国社会科学院
老年学者文库

诗人学者

郭沫若

蔡震 / 著

社会科学文献出版社
SOCIAL SCIENCES ACADEMIC PRESS (CHINA)

目　录

第一章　"伟大的苍凉"　　／1

　　一　铜河沙湾　／1

　　二　"两个麻布"起家　／4

　　三　"临风诵我诗"　／9

第二章　少年"反逆者"　　／15

　　一　家塾吹进新风　／15

　　二　发现历史的诱惑　／18

　　三　票选罪魁　／24

　　四　青春的焦躁　／27

第三章　大江东去浪淘尽　　／35

　　一　换汤不换药　／35

　　二　白猫变黑猫　／38

　　三　"长风破浪会有时"　／41

第四章　东瀛求学路　／50

　　一　背水一战　／50

二　自立宣言　　/ 54

三　任重而道远　　/ 57

第五章　吹起诗歌的芦笛　　/ 63

一　"放声歌我歌"　　/ 63

二　爱情的自由鸟　　/ 68

三　考取医科大学　　/ 73

四　博多湾的遐思　　/ 78

第六章　创造"新鲜的太阳"　　/ 84

一　"我的我要爆了!"　　/ 84

二　三叶传友情　　/ 92

三　碧柳为"诗友"　　/ 100

第七章　"开辟鸿荒的大我"　　/ 105

一　《女神》横空出世　　/ 105

二　两片子叶萌生　　/ 114

三　"创造者"的耕耘　　/ 118

四　握手言和胡适　　/ 125

第八章　走进水平线下　　/ 131

一　告别青春的浪漫　　/ 131

二　内山书店"见面会"　　/ 137

三　铁马金戈一书生　　/ 142

第九章　去国流亡路漫漫　　/ 154

一　跨过东海开拓新路　　/ 154

二　寻访中国古代社会　　／158

三　在警视厅成阶下囚　　／162

第十章　爱将金玉励坚贞　　／170

一　解读甲骨金文的秘密　　／170

二　十年文字神交　　／177

三　文求堂的座上客　　／184

四　减轻记忆的负担　　／190

第十一章　"渊深默默走惊雷"　　／196

一　憾无一面遍招魂　　／196

二　"此夕重逢如梦寐"　　／203

三　"坐见春风入棘篱"　　／209

四　长剑耿耿倚天外　　／215

第十二章　"鸿毛泰岱早安排"　　／224

一　"登舟三宿见旌旗"　　／224

二　"两全家国殊难事"　　／229

三　扭转乾坤共担当　　／236

第十三章　非净胡尘剑不收　　／243

一　"鸡鸣风雨际天闻"　　／243

二　"不完整的时代纪录"　　／250

三　献给现实的蟠桃　　／255

四　白果树下著新说　　／260

第十四章　争锋不尽在沙场 / 267

　　一　"五年春事侭偬过" / 267

　　二　为和平毕力同心 / 271

　　三　石头城风云际会 / 276

　　四　"化作新人履新地" / 282

第十五章　神州大地庆攸同 / 290

　　一　文艺进入新时代 / 290

　　二　高扬和平的凯歌 / 298

　　三　五星红旗遍地红 / 302

第十六章　"高歌吐气作长虹" / 307

　　一　光荣与使命 / 307

　　二　经霜红叶恋故枝 / 314

　　三　创办中国科学技术大学 / 322

第十七章　"江河洋海流新颂" / 328

　　一　东风送暖到天涯 / 328

　　二　"紫万红千遍地开" / 333

　　三　"命题"为诗文 / 338

　　四　出版《沫若文集》 / 343

第十八章　文章自有千秋在 / 348

　　一　"还期翻案续新篇" / 348

　　二　有兴何须月当头 / 357

三 一部弹词龙虎缘 / 362

四 "大而化之之谓圣" / 366

第十九章 "精神有如火焚" / 372

一 "非圣非法"兰亭辩 / 372

二 烧书说与凤凰俦 / 378

三 默默进行学术写作 / 384

尾声 拥抱永远的春天 / 390

后记 / 394

第一章　"伟大的苍凉"

一　铜河沙湾

　　在峨眉山西南麓邻近大渡河的地方有一个蜀乡小镇沙湾。沙湾隶属乐山县（今乐山市），是个普普通通的乡间小镇，像大渡河两岸的多数市镇一样，只有一条直街。街面上青石板铺路，两侧都是木结构的房舍。逢赶场的日子，卸下临街的栅板就是商铺，平日里则是民居。小镇上的人和乡里的人一样，过着日出而作，日落而息的生活。

　　光绪十八年九月廿七日（1892 年 11 月 16 日），镇上"郭鸣兴达号"内宅里又诞生了一个男婴，是商铺主人郭朝沛的第三个儿子。在这个男婴之前，郭朝沛已经有过七个孩子，多子多福嘛，可惜其中一子二女未能活下来。

　　男婴是午时出生的，母亲杜氏说怀上这个娃儿的时候，梦见一个小豹子咬着左手的虎口，便一觉惊醒了，"乳名就叫文豹吧"。意思大概是希望孩子日后从文。郭朝沛给男婴起的大名是"开贞"，"开"是他们这一辈男娃排行的字，"贞"的古字同"鼎"，有显赫、盛大或更新之意。开贞行八，杜夫人便又唤他"八儿"。

　　开贞出生的这天是镇上逢场的日子，沙湾场上自是熙熙攘攘，摩肩

1

接踵，四面八方的乡下人担着自家产的货物来赶场。"郭鸣兴达号"的内宅里虽然因添丁而忙乱，铺面上则依如常日地送往迎来。整个沙湾场看上去也是一派升平景象。然而，这升平景象背后的世道其实早已不太平了，其中一个征兆就是"匪患兴起"。

1892 年 11 月 16 日，郭沫若出生在这座宅院里

历朝历代，所谓"匪患"，多起于打家劫舍、杀富济贫之举。止于草莽者，只是绿林响马，有所目标者，便成为起义者，而上了史书的盗匪，则多是侠客。但不管怎么说，他们总生于民不聊生、社会动荡的乱世之际。不幸的是开贞出生的时代，恰恰是这样的世道。这是一个"从封建社会向资本制度转换的时代"。

沙湾虽然只是一个普通的乡间小镇，在其隶属的嘉定府之内却又有些名气，不为别的，而以出土匪著称。"铜河沙湾——土匪的巢穴"（铜河是大渡河的俗名），民间流传的这句话，说的就是此事。嘉定府境内的土匪大多出自铜河流域，而铜河上的土匪首领则多出自小小的沙湾。

此时刚来到人世间的郭开贞对于这种事情自然全不知晓，但他懂事后不久，就听说了徐大汉子、杨三和尚、徐三和尚这样一些土匪头领的名字，也知道了他们所干的事情。不过开贞并不觉得这些所谓的土匪有什么可怕，因为他们就生活在乡里乡亲之中，甚至有的比开贞也大不过六七岁。在沙湾人眼中，这些土匪不过是乡间一些无所事事、不务正业的年轻人，只是他们何以会不务正业，没人去细想罢了。

铜河的土匪并不是无法无天，他们也有规矩。他们决不在本乡十五里内生事，他们绑票、抢劫，决不殃及本乡人，而所抢劫的对象，也都是乡间那些爱财如命的恶地主。这是他们所谓的义气。开贞听父亲讲过家里遇到过的一件事：有一年家里商铺从云南采购了十几担货物，运回的途中，在离沙湾镇三十里路远的千佛崖遭遇抢劫。货物全部被劫走，所幸没有伤及办货的人。这是"郭鸣兴达号"第一次遭劫，郭朝沛安抚了铺子里的人，也只当作碰上倒霉事罢了。

可没想到的是，第二天早上一开门，十几担货物完好无损地码放在铺面的廊檐下。货物中夹了一张纸条，歪歪扭扭写了几行字，大意是说，动手的时候以为是外来的客商，得手后查出一封信，方知为宝号的货，故原物奉还，并为惊扰到乡里而告罪。纸条上没有署名，货物也是半夜神不知鬼不觉地送回来的。究竟何人所为，谁也不知道，但其实人们心里是有谱的。

给开贞留下印象最深的是杨三和尚。这不只因为杨三和尚当时在沙湾场最有名，还因为小时候他们是一起玩耍过的。杨三和尚比开贞大不了几岁，却在十几岁时便当了土匪。有一次开贞与五哥在河边放风筝，杨三和尚也走了过来，站了一会儿，对开贞他们说："有县衙的差人来了，请帮忙遮掩一下。"随即滚入旁边一个沙坑里去。开贞往远处看去，果然有两个背着枪的皂隶正向这边走来。他同五哥不动声色，仍站在那里放风筝，皂隶们走到附近，看了看两个玩耍着的少年，觉得没有情况，就往另一个方向去了。

杨三和尚后来为搭救被官衙抓住的另一个土匪首领徐大汉子，在官兵往嘉定城押解徐大汉子途中劫了人，也杀了人——杀死一个把总。事情闹大了，嘉定府、乐山县专门派了兵到沙湾镇，抄了杨三和尚的家，还一把火烧了杨家示众，以儆效尤。开贞和邻居的小伙伴目睹了此事。有人冷眼旁观，有人幸灾乐祸，但开贞还是觉得杨三和尚是一位好朋友，就像《三国演义》《水浒传》中的那些人物一样。

从那以后，开贞再没见过杨三和尚，偶尔会听到一些关于他的传闻，都带了传奇故事的色彩，后来就是听到他的死讯。不过在开贞脑海里，杨三和尚永远是他们放风筝时那个十几岁少年灵动敏捷的模样。

又过了很久，当郭开贞决定为自己的人生经历写点什么的时候，他写下这样一句话："就在那样的土匪巢穴里面，一八九二年的秋天生出了我。"那言辞之间不免含了些调侃的味道，但"土匪巢穴"几个字，绝没有一丝贬损之意，毋宁说倒透着几分豪气。沙湾场上的人是不是多少都沾染了一点匪气，不能妄言，但开贞至少是从对杨三和尚们的记忆里衍化出了几分侠义之气和反叛意识吧，要不然他后来怎么会写出《匪徒颂》，怎么会描写聂政、高渐离那样一些侠客的故事呢！

二 "两个麻布"起家

郭家因为有商铺，家业还算殷实，但在嘉定地区也就是个中等地主的水平。不过在偏僻之地的沙湾场上却没有超过郭家的。

郭朝沛该算个商人，但走进郭家的大宅子，却感觉不出多少商贾之气，门楣门框上那些楹联多是些警世警人之语。二进门上一幅巨大的匾额，上书"汾阳世第"，十分醒目。汾阳郭氏就是唐代名将郭子仪，有大功于李唐，被封为汾阳郡王。开贞家的远祖是不是能够追溯到汾阳郡王，已经无从考证了。但开贞的祖上的确不是土生土长的蜀中人，而是从福建迁徙而来的客家人。

中国历史上曾因为战乱或改朝换代，有过几次大规模的人口迁徙：从北方中原地区迁往江南和东南沿海地区。汾阳郡王的后人大概就是在这样的人口大迁移中途经河南、江西到福建，在当地定居，成为客家人的。明末清初，蜀地因战乱匪患而人口锐减，于是又有了周围各省的人和远从福建而来的客家人陆续迁入。郭家的祖上就是在这一次人口迁徙中来到内陆蜀地的。所以事实上，四川人祖籍外省的居多，像小小的沙湾场客籍人就有八成以上。

郭家祖上原来世居福建汀州宁化县龙上里，大约在清乾隆年间，先祖郭有元"背着两个麻布"辗转入蜀。不消说，汾阳郡王——即使真有此说的话——的余荫早已不复，郭有元几乎是白手起家。经历过长途迁徙那样艰难生活磨砺的人，自然就有了一股子坚忍不拔、吃苦耐劳的劲头和能相机而动的机敏。郭有元从跟马帮到自办马帮、自凿盐井，渐渐发展起来，置地建房，定居于沙湾镇。到了开贞的曾祖一辈，开办了"郭鸣兴达号"，已经积累下不小的家业，人丁也兴旺起来，是五世同堂。如今郭家大宅门上悬挂的"贞寿之门"匾，就是朝廷为旌表开贞曾祖母邱氏百岁高寿而钦赐的。

开贞的祖父却有些不同，是个行走江湖的人。他与自家兄弟一起执掌过沙湾的码头，人称"秀山公"（秀山为其字），绰号"金脸大王"，在铜河、府河、雅河一带是很有名的。秀山公人在江湖，自然任侠仗义，有财利必分惠于人。但他在江湖上的扬名，换来的是"家业以是中落"。

到了开贞父亲郭朝沛这一代，因为家境日绌，郭朝沛少时便不得不辍学，十五岁即到盐井上当学徒，学习经商。三年后学成，回到家开始当家管事。郭朝沛秉性沉稳，人却极聪敏，珠算、中医能无师自通，尤善理财。他只身一人四处跑生意，酿酒、榨油、贩卖烟土、兑换银钱、粜纳五谷……只要有机会，什么生意都做，还总是能赚下钱。当然，也借着秀山公在铜河一带的名声得着不少方便，所以，没几年时间，居然就把其父散去的家业恢复了起来。

家业大了，兄弟之间便不免生出龃龉。又因为郭朝沛当家理财太能干，秀山公过世后，自家兄弟对郭朝沛就有了猜忌，疑其攒了多少私房钱。郭朝沛于是灰了心，索性放开手不问家业。所以从开贞有记忆起，父亲给他的印象总是满脸愁容、郁郁寡欢。

父亲郭朝沛

到开贞懂事的时候，父亲叔伯们终于分了家，除去族中留的公产，分到郭朝沛手上的只有几十担稻谷和少许现钱。家里人口多，娃儿又在读书，这点家财自然不够用度，郭朝沛只好打起精神重操旧业。妻子拿出了私房钱，娃儿们也把逢年过节得的压岁钱凑起来，又向族里人借了一笔款子，以此为资本，郭朝沛又做起年轻时那些营生。不过他不再贩卖烟土了，因为他也知道那东西的流害。

郭朝沛运气还真好，虽然营生撂荒了多年，重拾起来不久，就给家里赚出了买田买地的钱。做生意当然为赚钱，郭朝沛也是如此，但他为人处世慷慨大方，这大概是秀山公给他的影响。他懂点医术，常于乡里间免费行医送药，颇得乡人敬重。郭朝沛不断告诫子女说：积金不如积德，善虽小，然不可不为。郭家宅子里的一副楹联也题道："事以利人皆德业，言堪持赠即文章。"这成了郭家的家风。

郭家以前世代务农经商，到开贞的祖父一代出了一个秀才，于是族人开始鼓励读书。郭朝沛行三，到了他读书的年龄，家业中落，所以少时不得不辍学，以后为生计奔走再没有得着就学的机会。也正因为如此，他把孩子读书的事情看得很重，常说："子孙虽愚，经书不可不读。"

郭朝沛在家里起了一个家塾，请了专馆先生为家族子弟授业解惑。开贞的大哥、五哥、叔伯哥哥们到了读书年龄后都进入家塾接受启蒙教育，待年龄再大一点，就送他们去嘉定念书。所以到开贞这一代时，郭家已是沙湾场上公认的"书香门第"了。

与父亲的阴郁、愁苦相比，小开贞眼中的母亲总是开朗、乐观的。他从母亲那里感受到更多家的温暖、亲情、挚爱、呵护。

开贞的母亲杜氏是与沙湾场隔着大渡河的杜家场人。其父杜琢章，考中二甲进士,在云南做过几任县官,后来升迁至贵州黄平州州官。杜氏就是其父在黄平州任上时生的,庶出。杜琢章在黄平任上遇到当地苗民起义,城陷之后与全家一起殉节,只有不满一岁的杜氏由奶妈背着死里逃生。奶妈带着她流落在贵州、云南一带,几年后才逃难回到了家乡。先是寄养在舅父家,后来不堪虐待由外祖母领回。

一个零落了的官家女儿,吃了不少苦,自然也就没有染上什么大家小姐的习气。她十五岁上嫁到郭家,开始过的生活跟女工差不多,洗衣、浆裳、煮饭、扫地,这些活计都得做,生养的儿女,也都是自己操持抚养。在小开贞最初的记忆中留下的就是母亲背着弟弟洗尿布的情景。

杜氏幼失怙恃成了孤儿,又有过流离失所的经历,那性情和悟性自然就非一般乡间女子所能比的。她开朗、乐观,吃苦耐劳,立身行事都有主见。杜氏天

母亲杜氏

资聪颖,虽然没有念过书,但仅仅凭着耳濡目染,也认得了一些字,特别是能够暗诵不少唐宋诗词。在开贞还只有两三岁的时候,母亲带着他做家务,陪他一起游戏,教他背了不少唐诗,像:

淡淡长江水,悠悠远客情。

落花相与恨,到地一无声。

这样的诗句,虽然说不上是佳句,尚在懵懂之中的稚子也难解其中的诗情画意,但朗朗上口的节奏和抑扬顿挫的音律,能使他从中感受到一种愉悦,所以,开贞在几十年后都还牢牢地把它们记忆在脑海中。

母亲在无意中给开贞上了诗教的第一课,他后来回忆说:"我之所以

7

倾向于诗歌和文艺，首先给予我以决定影响的就是我的母亲。"

杜氏的手也巧，女红样样精通，尤其会绣花，而且自画自绣，乡里人都夸她绣得好。她绣的荷叶是从荷花梗上生枝，于是孩子们笑她，她却道："不一样不可以吗？我是全凭自己想出来的，哪里比得你们有什么画谱、画帖呢。"母亲是凭借自己的感悟和想象去领略、表现生活中的美，这在不经意中自然对开贞产生了潜移默化的影响。

日常生活中，母亲也同样鼓励甚至"纵容"开贞与众不同的发现、想法。或许她并没有意识到，一个母亲对孩子的这种宽容、大度，实际上是交给了孩子一把开释想象力的钥匙。

乐观、开朗的母亲，同时也是一位家教严厉的母亲。父亲一般不理家事，所以启迪、教化小开贞如何做人处事的都是母亲。母亲要他从小做一个正直的人，并不靠什么"清规戒律"的约束，而是在点滴小事上做到微言大义，言传身教。开贞永远忘不了四五岁时经历的一件事。

那是一个秋天，一直体弱、患有"晕病"的母亲又晕倒在床上，呻吟呕吐不止，不进茶饭。深爱母亲的开贞急得不得了，听大人们说芭蕉花是治此病的良药，可芭蕉花在四川很稀少，即使有，价钱也很昂贵。不过也巧，一天，开贞和二哥在天后宫隔着墙无意看到园内有一株芭蕉正在开花，他们大喜过望。小兄弟俩翻墙过去，小心翼翼地摘下那串芭蕉花，飞奔回家。

"妈妈，芭蕉花有了！"他们把花捧到母亲床前。

谁知，母亲问明芭蕉花的来历后勃然大怒，喝令兄弟俩跪下。她强撑着病体坐起来说："别人的东西，不得到允许是不能要的，你们竟然去偷，我还不如病死了了的好……"

她叫兄弟俩立刻将花送回天后宫。开贞从未见母亲发过这么大的火，即便是在他调皮惹事的时候，他也没想到从天后宫园子里摘串花就是偷。兄弟俩哭泣着把芭蕉花送回天后宫的香案上。

那天的午饭，父亲没准他们兄弟俩吃。开贞当然一直铭记下了这做人之道，也铭记下了这严厉中的慈母情："在一生之中，特别是在幼年时代，影响我最深的当然要算是我的母亲。我的母亲爱我，我也爱她。"

三 "临风诵我诗"

开贞刚刚过了懵懂无知的岁数，到了四岁半上就跟父母吵着要到家塾去读书，一半是因为哥哥们都是进了家塾的，一半是觉得读书似乎是一件很有趣味的游戏。这得归功于母亲教他念的那首诗《翩翩少年郎》：

> 翩翩少年郎，骑马上学堂。
> 先生嫌我小，肚内有文章。

这不过是首打油诗，可诗中描绘的情景，对于小小年纪有着强烈好奇心好胜心的开贞来说，真是一个绝大的诱惑。骑着马——不必是真的马啦，折一枝竹竿夹在腿下，手上抱着书本，翩然进入学堂，那是一种多么神气，多么得意的情景哟！还有，开贞觉得自己已经能够听得懂讲"圣谕"的先生说善书（当地民间一种说书的形式）了，那可是讲给大人们听的啊！

母亲觉得娃儿四岁多就进书塾还早了点，父亲却以为早点给孩子穿起牛鼻子（乡里管儿童发蒙叫"穿牛鼻"）也没什么不好，而且开贞看来是挺聪明的，于是就应允了开贞读书的要求。

家塾先生姓沈，名焕章，是位廪生，学问很好。开贞上面的几位哥哥经他发蒙教育后，都先后到嘉定进了官学，所以沈先生很得郭家敬重，在当地也是很有名望的。

春日里的一天，父亲带着小开贞到家塾里去向沈先生拜师。一对蜡烛三炷香，开贞对着"大成至圣先师孔子神位"磕了几个响头就算是拜了师，入了学。

家塾里的学童年龄参差不齐，读的书也不同，开贞刚发蒙，读的是《三字经》。"人之初，性本善，性相近，习相远……"先生读上几句，开贞就跟着诵读一遍，能读下来了，就再往下读，然后就得背诵，背熟了，先生才开始讲解意思。《三字经》应该算是古代的通俗读物了，但是书中那些关于人生、历史、伦理，甚至带有哲学意味的问题，一个四五岁的孩子如何能懂得，而且感觉到有趣呢？沈先生带着读过的书，开贞是很快就能背诵了，可是先生一开讲，开贞就觉得乏味得不行，一下失去了兴趣。

小孩子做什么，多半是由着兴趣的驱使，像开贞缠着父母要上学堂即是如此，失掉了兴趣自然失掉了动力。每日读书、背书、描红、写字，原来并不是那么有趣的事情，无拘无束的生活像被套上一个无形的大笼子，远不如跟着母亲哼儿歌、背唐诗那么有兴味。于是没过几天，开贞就开始逃学。但是已经被穿了鼻子的牛，也就由不得自己了。父亲抱着开贞，强制着又把他送回书塾，其他学童见了，就有点幸灾乐祸的意思，用一个手指在脸颊上比着，嘴里念叨着"逃学狗，逃学狗"，他们大约也都是有过这样的经历的。

书塾里管教学生有一个基本的原则——"扑作教刑"，就是打、罚。这是千百年流传下来的教育方式，所谓"不打不成人，打到做官人"。在当时的人们眼里，十年寒窗苦读是为了走上仕途，出人头地；要做官，就得能挨打，要出人头地，也得先能受罚。沈先生在乡里威望很高，他对于学生的教刑当然也是很严厉的。

书塾里惩罚学童的方法是很多的，譬如用一二分厚、三尺来长的竹片打，还分乱打和正式的打法。乱打是先生随时发觉学童偷懒了，或是调皮了，竹片子就飞过去隔着衣服一通乱打。正式的打法，则要受罚的学童自己搬上板凳，恭恭敬敬站在孔夫子牌位前，自己挽起衣服，褪下裤子，伏在板凳上挨先生的板子。

开贞年纪小又聪明灵动，还没有被沈先生正式打罚过，但竹片子乱打一通的惩罚是少不了要挨的。隔着衣服打在身上还好受些，打在脑壳上，一下就得起个包，一次打罚下来，小小的脑袋上有一面就全是包块了。晚上睡觉的时候，疼得不能挨枕头，只好暗自哭泣。父亲见了，道是先生打得好，要想自己的娃儿成才，娃儿要挨得了打，大人也不能心软。母亲虽说知道这个理儿，见了娃儿这副样子，还是不免心疼，就寻出一项旧硬壳帽子让开贞戴上。

开贞戴上这顶帽子，仿佛有了一个"铁盔"，先生的竹片再往头上敲，只有一阵空响，头皮不受苦了。有一天，五哥发现了这个秘密，把"铁盔"抢了去，开贞号啕大哭，结果先生也发现了这个秘密，再打起来时，就要开贞揭去帽子，这下母亲可没了办法。

罚跪也是名堂很多的一种惩罚手段。最简单的是让学童长跪在孔夫子神位前，腰板、大腿、脖子都要挺直。地面是三合土夯的，硬度与砖地没有区别，吃苦头的是两个膝盖。重一点的惩罚是要在头上再加顶一条板凳。家塾里的板凳都是硬木制的，死沉，顶上一会儿，腰、腿、脖梗子就又酸又疼了。如果先生恼怒得厉害，罚跪再升级，就是在头上顶着的板凳两端各放一只满满盛着水的碗，水是不准洒出来的。前两种跪法，先生看不见时还可以弯弯腰肢，活动活动脖子，而板凳上放了水碗的跪罚是丝毫也偷不得懒的，只要身体的哪处稍微一动，碗中的水就会洒出来，哪怕洒出一滴，先生加罚一顿竹板子的打是躲不掉的了。

家塾里的课程是白天读经，晚上读诗。《三字经》发蒙之后，开贞陆续读的才是真正的经书：《易经》《书经》《周礼》《仪礼》等等。其中许多都是非常深奥的书，几岁的孩子当然也就更觉难懂、乏味了。读诗用的是《唐诗三百首》和《千家诗》的本子，开贞虽然也还不能全懂，但是那些吟咏大自然的诗，那些表达着某种情绪和感叹的诗，和着抑扬顿挫的韵律，让他感觉着一种兴味，与读经书的感觉真是天壤之别。不知不觉中，他从自己有限的经验世界里朦朦胧胧生出了关于美的领悟，所以他读浅显易懂的《千家诗》反而不如读高古一些的《唐诗三百首》有兴致。渐渐的，开贞有了自己喜欢和不喜欢的诗人。他喜欢王维、孟浩然、李白、陶渊明，不喜欢杜工部，还有点讨厌韩退之。

读诗是为了学作诗，以后参加科考是要做试帖诗的。发蒙两三年后，先生开始要求开贞学作诗了。读诗是件有趣的事，作诗却让小开贞感觉到另外一种惩罚的滋味了。

作诗从学作对子开始，起初是两个字，然后是五个字，再到七个字的对子。作对子要讲虚实平仄、音律对仗，才上了三两年学的孩童，识得的字就有限，更搞不懂什么虚实平仄、音律对仗。赶着鸭子上架，也只能是照猫画虎，照葫芦画瓢。每三天一次的诗课，从上午开始就坐在书桌前对着课本苦思冥想，翻找那些能搬来用用的成句，要不就是搜肠刮肚地从旧课中再榨点油渣出来。原来作过"二月风光好"，改个字就是"三月风光好""四月风光好"，以应付先生。待十二个月都用过了，自己也觉得难为情，只得干坐着。没作出来，先生是不准出去玩耍的，于是，从上午坐到下午，从下午坐到天黑，还是作不出来，就只剩下暗自哭泣一条路了。

如果说罚跪、打板子，受的是皮肉之苦，这作对子、作诗，受的就是"诗刑"之苦。这样的"诗刑"，开贞受了有两三年，之后对作诗才算是入了点门。当然，这番诗课的经历对于开贞来说毕竟算得上得失参半，虽然吃了不少"刑罚"之苦，到底也打下了一些文学的根底。

家塾就开在郭家宅子的后院，名绥山馆，因为从书塾的园子里可以眺望远处的绥山。这处不大的园子，是开贞觉得最开心的地方。从早到晚被拴在书桌旁跟着先生摇头晃脑地读到昏昏欲睡时，最盼的就是在园子里与小伙伴追逐嬉戏，这是他们唯一可以放纵一下身心的地方。园子里虽然只有些常见的山石草木，但是开贞喜爱那草木散发出的清香，喜欢静静谛听不远处大渡河奔流不息的水声，或是遥望绥山秀丽的身姿。这里连接着外面那一片广袤的天地，开贞可以从中呼吸大自然的气息，感受到大自然的韵律。

沙湾场没有什么名胜古迹，但是这里的山水开阔、景色秀丽，既有江南的玲珑剔透，又有北地的雄浑奇瑰。乡里的文人形容这里的乡土人物的时候，总爱说"绥山毓秀，沫水钟灵"。绥山就是峨眉第二峰的二峨山，沫水是大渡河的别称。一条清澈的小溪从峨眉山麓蜿蜒而下，流淌到沙湾场。这条小溪叫茶溪。茶溪流经茶土寺后，水面渐渐扩大，溪水两岸建有几处磨坊，为磨坊筑起的一道长堤内溪水聚成一个深潭。潭水清可照人，时见鱼翔浅底。这是开贞时常与小伙伴嬉戏的地方，草木虫鱼都对他有着莫大的诱惑力。

家塾绥山馆

其实沙湾所在的嘉定是集蜀中山水之精华的所在地，自古就有"天下山水蜀三分，蜀之山水在嘉州"的说法。这样的风光景物，润物无声地陶冶着开贞向往大自然的诗一样的性情。开贞十二岁时曾写下一首咏茶溪的诗：

> 闲钓茶溪水，临风诵我诗。
> 钓竿含了去，不识是何鱼。

活泼泼的情调、流畅的诗句，表现出一个小小少年从生活的韵律中捕捉诗趣的灵性。

正所谓一方水土养一方人，蜀地秀丽、雄奇的自然景观对于郭开贞潜移默化的影响是深远的，也是长久的，在他远离故乡许多年之后，那些如诗如画的风光还是让他梦魂牵绕：

> 峨眉山上的白雪
> 怕已蒙上了那最高的山巅？

那横在山腰的宿雾

怕还是和从前一样的蜿蜒？

我最爱的是在月光之下

那巍峨的山岳好像要化成紫烟；

还有那一望的迷离的银霭

笼罩着我那寂静的家园。

……

大渡河的流水浩浩荡荡，

皓皓的月轮从那东岸升上。

东岸是一带常绿的浅山，

没有西岸的峨眉那样雄壮。

那渺茫的大渡河的河岸

也是我少年时爱游的地方；

我站在月光下的乱石之中，

要感受着一片伟大的苍凉。

——《峨眉山上的白雪》

最终，这一片伟大的苍凉，积淀为永远化不去的诗的记忆。

第二章　少年"反逆者"

一　家塾吹进新风

就在郭开贞随着沈先生在绥山馆摇头晃脑地念诵古书，或无忧无虑地在大渡河畔戏耍的时候，古老的华夏大地正经受着剧烈的变动。

先是戊戌年（1898），北京城里的光绪皇帝在康有为、梁启超等人极力鼓动下，决定施行变法维新，以挽救日益衰颓的大清国运。然而，慈禧太后所代表的保守势力太强大了，新政颁布仅 103 天便告失败。光绪皇帝被软禁在中南海瀛台，谭嗣同、刘光第等维新派人士被腰斩于菜市口，康梁二人则流亡海外。接着庚子年（1900），兴起了义和团运动，主要在山东、直隶和京畿一带活动。借此机会，八国联军攻进北京城。早就轰开了中国海关的洋枪洋炮，这一次轰开了紫禁城的朱红大门，掌握着朝政的慈禧太后携光绪皇帝仓皇西逃。这被称作"庚子之变"，大清帝国曾经华丽无比的大厦，处在风雨飘摇之中。

自古以来，就有"天下未乱蜀先乱"的说法，但到底是地处偏远，数千里地之外紫禁城内外发生的这些变故，偏远之地的沙湾场似乎无人知晓，至少是鲜有人会去关注皇上家的事情。那时在乡里人的意识里，天下是皇上家的，他们所要操心的不外乎自己那个小家的衣食住行而已。

茶楼酒肆里摆龙门阵的时候，或许有人会说起慈禧太后逃往西安的窘迫之态，那里该是距蜀中最近的地方了吧。

然而，这些沙湾场上尚不知晓也并不关心的事件，毕竟不只是发生在宫廷里的皇上家的事，还是时代酝酿着的巨大变化。其实，在沙湾，人们早已与攻进北京城的洋枪洋炮的"洋"字发生了关系，像穿的洋缎，抽的洋烟，用的洋火、洋油……只不过人们没有把它们与紫禁城内外的变故联系在一起。

当疲惫不堪而又惶惶不安的慈禧太后和光绪皇帝终于得返紫禁城后，他们至少是明白了，那些靠着作八股文章选拔出来的秀才、举人、进士们，许多只是些"书蛀虫""书呆子"，根本治理不了国家。他们所需要的大大小小的官吏，应该是能提出治国之策的人，于是颁下一道圣谕：科举考试废除八股文，改作策论。

"春江水暖鸭先知"。在沙湾场上，作为书塾教席的沈焕章先生最先意识到并且顺应了这一变化，也是因为职责所在。绥山馆里的教学内容和教学方法都发生了变化。

以前，家塾里只读那些圣人先贤的古书，而且是死读书，认为圣贤之外是没有学问的，这时则开始注重学习一些现代的科学知识，几岁的学童们也知道了"洋书"这个概念。虽然开贞他们还不能直接读到"洋书"，但是像《地球韵言》《史鉴节要》这些具有启蒙性又比较通俗易懂的书籍，让开贞于圣贤之道之外知道了许多地理、历史方面的知识。

最让开贞感到开心的事是，在课堂上不必再受"诗刑"了。废八股改策论，当然就不用做试帖诗了，也不必学习作八股文。本来按照书塾里的规矩，开贞他们接下来该学作八股文了，什么破题、起讲、搭题、承题等，那是一套远比"诗刑"更加摧残人的严酷刑具。

庚子之变后的1905年，大清朝廷正式废除了千百年来中国各个封建王朝一直沿用的科举取士的办法，在全国各地建立了现代意义上的学校。省城成都陆续建起高等学堂、东文学堂、武备学堂。开贞的大哥和五哥分别进入东文、武备两所学堂就读。

沈先生在课堂上不再使用打罚的方式教育学生了，家塾里使用了上海出版的各种发蒙教科书，像格致、地理、地质、东西洋史、修身、国文等各科都有。沈焕章很有点锐意变法的意识。他自己把一本《笔算数学》自学了一遍，然后教给学生，从加减乘除一直教到乘方开方。他让学生们读的古书也比以前有条理了，一面读《左氏春秋》，一面就读宋人所著《东莱博议》，让这两书互相对照，相互启发，以便学生更好地学习、领悟文章的精义。郭开贞从这样的读书中开始悟出一些学问之道，形成了日后对于前人旧说好发议论、好做翻案文章的脾性。

大哥郭开文去成都入东文学堂后，陆续采购了各种新学书籍、报刊寄回家塾，给开贞他们阅读。《启蒙画报》《经国美谈》《新小说》《浙江潮》等成了开贞课外的读物。他对《启蒙画报》最有兴趣。这是一本综合性读物，内容十分丰富，包括政治、经济、军事、科技、民俗、异闻、人物传记、小说连载等等。文字浅白易懂，每句后有一空格，不必再靠请教先生断句，每段记事还配有插画，图文并茂。书的封面装帧和开本设计也很漂亮。开贞把书中的许多插画用笔描了下来，贴在床头的墙壁上。曾让他格外着迷的是拿破仑和德国"铁血宰相"俾斯麦的传记故事，他带着家中的大狗，在宅院进进出出的时候，就把自己想象成东方俾斯麦。这些书籍、报刊不仅使开贞得到了更多的知识，而且在他面前展开了一个广阔的世界，就像那幅挂在绥山馆墙上，用红黄青绿彩色绘制的《东亚舆地全图》一样。开贞觉得这才像是真正发了蒙。

郭开文比他的八弟要年长十几岁，已经参加过几次科考，但都未能及第。在最后一次科考失败后，他进了成都东文学堂，而且马上成了启蒙运动的急先锋。他在源源不断地往家塾邮寄新学书籍、报刊的同时，也把在省城接触到的新思想传递到沙湾场。他在乡里首倡成立放足会，说服家里的女性放足。结果郭家的女性成为乡间解放得最早的，连五十多岁的杜夫人也解放了一双小脚。女子，即使大户人家的女子过去也是不读书的，郭开文动员了妹妹、侄女进入书塾，跟着沈先生念书。又由他倡议，在沙湾成立了蒙学堂。学堂大门两侧的门联书写着"储材兴学，富国强兵"。这代表了当时先进的时代思潮。

郭开文和沈焕章是沙湾场上率先感受到时代潮流的人,并且成为紧紧跟上这一潮流的先行者。这就使沙湾场在远近乡里,甚至嘉定府城中都还盘桓在旧日的生活秩序中时,吸纳了新鲜空气,开时代风气之先。这对郭开贞产生了很大的影响。他在若干年后回忆自己的童年生活时,念念不忘沈先生和大哥在他最初的人生行旅中所起到的引路者一般的作用。特别是对于大哥郭开文,他认为是除父母和沈先生外,影响他最深的一个人。

郭开文在东文学堂学习两年后,准备赴日本留学。在他出国前夕的那年元旦的早晨,他与开贞有过一段对话。

"八弟,"郭开文问道,"你是喜欢留在家里,还是喜欢出洋?"

"我当然想跟着你去。"

"那你去了想学些什么呢?"

开贞一时语塞,这是他还没有想过的问题。

"学实业吧,还是学实业的好。"大哥悉心地给开贞讲道,"实业学好了,可以富国强兵。"

尽管大哥讲了一通,到底什么是实业,开贞还是觉得很模糊,但他想起了蒙学堂门口的那副对联。"富国强兵",这是多么响亮的口号,又是多么振奋人心啊!郭开贞记住了这一点,这一年他十二岁。

大哥有意带开贞一起出国留学,但父母亲不同意,十二三岁的娃儿还太小,哪里舍得让他离家远行。正好这一年嘉定府城开办了高等小学,父亲亲自送开贞去应考。

二　发现历史的诱惑

高等小学设在嘉定府首县乐山县城北的草堂寺,秋季开始招生。因为科考制刚刚废止,新学堂是个什么样子、什么规矩,人们都不知道,又听说高等小学毕业相当于秀才,所以乡里人都还按照旧时的习惯,把这当成一件很重要的大事。沙湾乡有十几个人去投考，家家都是父亲、兄长亲送子弟赶赴乐山。

考试的规矩一如过去，只是不再作八股文章。考场中有不少老童生，年纪大的甚至有三四十岁了，他们显然是奔着那个秀才的资格来的。考题内容是一道国文题和几道数学题，都是沈先生教过的，开贞早早就做完全部考题交了卷子。去抢食了考场提供的点心后，开贞与一个年龄相仿的男孩子把搭考案的长木板移到一个石桩上，一人一头压起了跷板。

头场考试下来，郭开贞在近两百名考生中列第 27 名，在一起去投考的同乡中，年龄最小，排名却最靠前。开贞自己还没觉得怎样，父亲已经欢喜异常，就好像儿子立刻便可以成为秀才一般。

初试之后还有复试，开贞也考得轻松，在正取的 90 名中，列第 11 名。平常总是一脸愁苦郁闷的父亲，脸上终于露出了笑容，特意带着开贞在城里走了好几处亲戚。亲戚们少不了要当着郭朝沛的面恭维说：八老表和大老表一样，年少成名，前途不可限量啊！开贞先还有几分暗自得意，听多了便不免觉得有点肉麻。倒是逗留在嘉定府城里的几天中，与伙伴们登凌云山、游大佛寺，让他乐而忘返。

郭开贞三四岁的时候曾经跟着大人进过一次嘉定府城，但年龄太小，没有留下什么印象，只依稀记得初次进城的乡里人，进城之前要向着城门洞作三个揖。为什么会这样做，自然不得而知，但在一个幼儿眼里，高耸的城墙、飞甍跃甍的城楼、黑瓮瓮的城门洞确实是令他敬畏的，还带有几分神秘感。这一次进嘉定城，让他惊叹的当然不再是高大的城墙，而是城对面凌云山上的人文景观和大佛寺的大石佛。

大佛据说是唐代一个叫海通的和尚修建的，整个佛像倚山临江，在一面石崖上开凿而成。站在大佛脚下抬头仰望，那佛像就如一座山，而山也成了一尊佛。开贞不由得赞叹人力的伟大，赞叹一千多年前的唐代就有了这样高度的文明。

凌云山与遥遥相望的峨眉山相比可谓小巧玲珑，但山上几乎到处都留有历代文人墨客的遗迹。临江一面拾级而上的岩壁上有许多"蛮洞"，

凌云山大佛

即汉代凿入岩中的墓穴，穴中的石壁上刻有历代的题诗、题字。半山处有汉武帝时郭舍人注释《尔雅》的"尔雅台"，背山处有一洞，乃明嘉州人安佑研读《易经》之处，名曰"注易洞"，凌云寺旁又有宋人吴秘的"治易洞"。凌云山最高处便是苏东坡的读书楼了。苏东坡不仅在这里读过书，还常在此与朋友诗酒往还，岩壁上有一处刻着"东坡先生载酒时游处"几个大字。郭开贞记起了苏东坡在凌云山写的那首诗：

> 生不愿封万户侯，亦不愿识韩荆州。
> 但愿身为汉嘉守，载酒时作凌云游。
> ……

他在心里暗暗羡慕着苏子瞻"载酒时作凌云游"的那一种洒脱不羁。嘉定实在是一个风景秀丽而又充满书卷气息的地方。

然而开学不久，郭开贞就感到失望了，高等小学的学习让他一点也洒脱不起来。

虽说是新式学校，教书的先生却都是旧人，课程的内容更贫乏到不可思议的地步。学监姓易，是一位副榜，原来是教散馆的，这时开了一门乡土志的课。开贞虽然对这门课很有兴趣，但是听易先生的课是一件苦事，因为在课堂上你得一动不动，否则易先生就要大发雷霆，还会打人，学生们私下给他起了个绰号"易老虎"。

学校里实际上教课的只有两位先生：帅平均、刘书林。两人都是廪生出身，帅平均曾由乐山县的官费送去东洋留学，毕业于宏文师范。他负责算术、音乐、体操和读讲经书的教学。帅先生的算术科，除了照着书本教一些罗马数字，演算起习题来甚至连加减法都要弄错。他教的体操，差不多就是日本式的舞步。音乐是帅先生很得意的课了，因为他会弹奏风琴，这可是旧学堂中闻所未闻的，不过也只是教了开贞他们几首所谓爱国歌曲。这些，就是高等小学的所谓新学了。

比较而言，郭开贞感兴趣的倒是帅先生的读经讲经课。帅平均是清末有名的经学家廖季平的高足，旧学根底很好。廖季平的经学对于传统经学而言，是有点离经叛道，他处在新旧时代过渡期，是一位具有革命思想的经学家。帅平均颇得其师学问的真传。他用了一个学期时间，给郭开贞他们讲读了《礼记》中的《王制》一篇，使开贞茅塞顿开。开贞在家塾中其实读过《王制》，但只觉得那是一篇辞藻堆砌之文，难以卒读，读过后自然不知其所以然。帅先生把《王制》一篇分为经、传、注、笺四项讲读分析：经是孔子的微言，传是孔门的大义，注、笺则是后世儒学的附说。经帅先生这样一讲，郭开贞再读《王制》一文，非但不觉艰涩、吃力，反而感觉到一种乐趣，可以从中寻出一个条理了。更重要的是，他悟到了帅先生的学问之道，这成为他真正接近旧学的开始。

因为大部分课程的内容要么贫乏，要么过于浅显，郭开贞差不多一天到晚都在操场上玩耍：翻跟头、打兔子洞、抛沙作戏……总要耍到点灯时分，才不得不走进自习室。

第一学期下来，郭开贞的生活几乎被"玩耍"二字占满了，但是在期末考试的时候，他的成绩竟然名列全班第一。这在班上掀起了一场风波，这是谁也没有料到的。

风波是由那些大龄的老学生闹起来的。他们看郭开贞平时不过是一个毫不用功、只是贪耍的毛孩子，却并不知他在家塾里已经学习了不少新学的知识，所以，认为他能名列第一一定有鬼，而且损伤了他们的尊严。于是，这些二三十岁的老学生推举了代表找到帅先生要求查卷子，把成绩榜也扯了。几个代表缠着帅先生交涉，其他人就在屋外你一言我一语地乱吼：

"不公平！不公平！"

"可惜我们的面孔没有那样粉嫩啦。……我们也去买根红头绳来扎辫子吧！买点粉来扑打吧！"

那意思竟是辱骂郭开贞靠色相在先生那里邀宠。开贞在班上年龄最小，人也长得丰润清秀，平时又是按照家里的乡俗以红头绳扎辫子，早被这些老学生们看不惯了，所以他们借机发泄出来。

卷子查了，找不出学生作弊或先生徇私的证据，这些老学生仍不罢休，一定要求改榜。帅先生被他们纠缠不过，勉强同意扣了郭开贞几分，理由是端午节他请过一个礼拜的假回家。这样一来，他在成绩榜上降到第三名。

老学生掀起的风波平息了，郭开贞却感到莫大的侮辱，而帅先生的师道尊严也在郭开贞的心里破灭了。这一次改榜风波使郭开贞第一次感受到了人性恶浊、龌龊的一面。

心气高傲的郭开贞自然是不甘心平白无故地被欺侮，"是可忍，孰不可忍？下学期我总要报仇的！"郭开贞赌了一口气。

暑假过后，赌着这口气的郭开贞似乎一下子脱却了儿童那种无嫌猜的天真，言谈举止不知不觉多了几分叛逆的意味。他和两个最要好的同学吴尚之、张伯安整日形影不离，学起了《三国演义》里桃园结拜的故事，而且由三人发展到五人，又到七人，结义的同学不断增加。对于老师，郭开贞抱定了反对的宗旨。新学期学校里又来了几位老师，新旧老师加在一起，几乎没有一位是开贞没有反对过的，连绰号"易老虎"的学监，开贞也几次去拂他的逆鳞，他就是故意要与老学生们惧怕的先生们作对，表示他的不服，表示他的抗争。

有一次因为当面指责"易老虎"对学生野蛮，郭开贞受到记大过的处分，但他并不在意，仍然我行我素。敢于当面挑战"易老虎"，反倒让郭开贞在学生中树立了威信，他俨然已是学校里一个小领袖了。这更令郭开贞有种不错的自我感觉，想要征服一切，有意识地装成大人的样子。他学会了吸烟，酒也吃得越来越多。

其实，郭开贞在这里表现出来的，主要还是少年的心性。他不过是借反抗去洗刷精神上的屈辱，他强烈的表现欲、征服欲，表现了他想摆脱小孩子气的急不可耐。所以尽管帅先生是他这时候最恨的先生，帅先生无论做什么事开贞都要唱反调，但是帅先生的读经讲经课还是他最感兴趣的课程，帅先生讲的《今文尚书》让开贞第一次知道了经学中有今文派、古文派的差别。郭开贞心里也承认，"帅先生所给我的教益是很不少的"。

放年假期间，受帅先生读讲经书课的启发，郭开贞把家塾里的一部《皇清经解》读了不少。他特别感觉到有趣味的是清代一位经学家阎百诗对于《古文尚书》的考订辨伪。读着那一字一句把《古文尚书》中伪撰的内容一一暴露出来的文章，郭开贞觉得这真是痛快淋漓的工作。能够揭示出前人奉为典籍的书中所隐藏着的秘密，对于一个急于在精神上长大的少年，该有着怎样的诱惑力呀！

司马迁的《史记》，郭开贞也把它读了一遍。他非常喜欢太史公的文笔。《项羽本纪》《伯夷列传》《屈原列传》《廉颇蔺相如列传》《魏公子列传》《刺客列传》等篇，是他格外喜爱的篇章。常常是读着读着，郭开贞就仿佛进入古人生活的场景中去了，他与伯夷、叔齐、屈原、信陵君一起喜怒哀乐，为项羽的英雄末路摇首叹息，为荆轲、聂政杀身成仁、舍生取义的壮举而击节叫好。母亲见了，就说他这是替古人担忧。

郭开贞读《史记》并不是光看故事，他也读历代注家的注疏，而且是用自己的眼光去读。他认为《伯夷列传》中的一句话，所有古代注家都解错了，而解错了这句话，就错会了司马迁《伯夷列传》的立意。司马迁不是在替伯夷作传，《伯夷列传》全篇是论说体，司马迁借伯夷传论说古人身后能传名的原因。郭开贞以为自己发现了一个秘密，他兴味盎然地把自己的发现讲给其他同学听，体验着一种发现的满足。这样的读书过程，使郭开贞对历史的兴趣愈来愈高，他后来自谓少年时代就有了"历史癖"。

三 票选罪魁

学校从第二学期开始增添了新教员，招收了新班，教学内容也丰富了许多。所以，尽管有种种的不如意，也时不时会有一些懒散、骄纵之事出来，郭开贞在高等小学的学习生活应该说还算是风平浪静的。毕竟一个少年在学校里受点委屈，或是有点出格的行为，不是多么大的事，那也是一种成长的经历。而郭开贞凭着聪慧好学，成绩总是名列前茅。

然而，第三学期发生了一件事，在少年郭开贞的心灵上造成了很深的创痛。事情起因是学校改动了一项不大不小的规定。

学校原来在星期六只上半天课，下午就算是周末放假，家在城里的学生可以回家住到周日返校。也许是为了让学生用更多的时间学习，学校后来废止了这条规定，周六也要全天上课。学生们当然希望维持原有的规定，特别是那些家在县城的学生们。于是，他们就自发地推举代表去向教务处交涉。郭开贞在那次改榜风波后成了学生中一个小小的领袖，这时自然被推为甲班代表，甲班在学校三个班中又数老大，郭开贞无形中成了出头鸟。

学生的要求，教务处没有答应，学生们便决定同盟罢课。这一下事情闹大了，学校紧张起来，酝酿对策。这期间就有些学生私下里与教务处的办事员串通，而老谋深算的"易老虎"以谈话为名，把全体学生召集到大讲堂。

"学堂在礼拜六放假不是不可以的，不过替你们的学业和健康着想，才把原来的规定废止了。如果你们一定要求放假，也是可以改回去的。""易老虎"两句话，就非常聪明地把自己和新的规定从学生视为对立的位置转移开了。

"但是你们采取同盟罢课的做法是错误的,这可是大逆不道啊!""易老虎"话锋一转,"我晓得这不会是你们全体同学的意志,只是有一二败类在里面怂恿,希望你们把这一二败类指摘出来,不然,学校就要全盘斥退你们,那时看你们怎么去面对自己的父兄!"

"易老虎"一番威胁加劝诱,并没有立即见出效果,学生们沉默着无人答话。这时,绰号叫作"水晶猴子"的杜姓老师站出来提议道:"既然无人指摘,就用无记名投票选举的办法吧。哪个是这次事件的罪魁,你们学生自己投票确定。"

"易老虎"得意地笑了。

开票的结果,除了少数白票,郭开贞以绝对多数票"当选"。再接下去的结果,郭开贞被给予退学的处分。

这样的结果让郭开贞无限凄凉地流下泪水,但更多的是从失望中生出的悲愤。"学校明明知道我是学生中主持的代表,要斥退,直截了当地斥退好了,为什么要要那样一道手腕,使同学都成了出卖朋友以求自保的人?"郭开贞感觉着自己在被阴险、狡诈、背叛、卑劣这样一些人性中丑恶的东西耍弄、啃啮。

遭学校斥退,郭开贞不打算回家而想去成都,张伯安、吴尚之答应帮他筹措盘缠。然而,学校公示处分的第二天,得知消息的父亲就赶到了城里,原来学校在当天即专门派人去郭家告知此事。

"你这不成才的东西!"郭朝沛在客栈见到落住在这里的儿子,恨恨地骂了一句便沉默下来。本来就显得抑郁沉闷的脸色,更因忧愁与不快的心绪笼罩上一层阴影。客房里的空气仿佛凝结了,开贞的心头不由得生出一丝歉疚。他知道父亲把学校斥退一事看得很严重,这就好像秀才被革成白丁一般,让一心望子成才的父亲如何接受得了。

晚上,"水晶猴子"杜先生来拜访了郭氏父子,说起来他还是开贞母亲的一位族孙。杜某是来传达一个意思:学校斥退郭开贞,是想玉成他。不遇盘根错节,不足以成大器。经此一番挫折,郭开贞如能悔悟,学校是会收回成命的。

郭朝沛听了这番话，算是舒了一口气。他决定带上开贞先去学校拜会易先生致歉，再去城里各家亲友处走一遭，以示众的方式挫挫儿子的骄纵之气，然后回沙湾，让他在家中闭门思过。

然而，几处地方走下来，所得效果却与郭朝沛希望的相反。在郭家亲戚故旧最多的流华溪公立小学，当郭开贞的胞弟把他带到自习室里时，所有的同学都对他表示出十分敬慕的意思，像簇拥着一位得胜的将军一样。这所小学由一批思想新锐的教员主持，沈焕章先生也在这里任教。校长李肇芳是开贞大哥的同窗，他得知了事情的经过后，与教员们联名给"易老虎"写了一封信，质疑他们的做法，并说，若是学校收回成命之举迟迟不定，流华溪的小学将把郭开贞收为特别研究生，以免使之长久失学。李校长认为，年轻人受些挫折是可以的，但不可使之太受耻辱，这会打击他们的上进心、竞争心。

这封信一经发出，就弄得斥退事件在嘉定也传开来。几天后，回信来了。"易老虎"大概也不想把事情闹得满城风雨，同意让郭开贞立即返校，但学校的处分是不能改变的，于是把斥退公示换成一纸"悔过自新准其复学"的告示。

父亲展开愁颜，放下心来返回沙湾，郭开贞并不以为值得庆幸。十三四岁少年的心性本来就处在脆弱、敏感的时期，一旦受到伤害，挫了锐气，哪里是那么容易平复的。

"纵横是破了脸的，管他妈的！"返回学校后，这样一个念头在郭开贞头脑里怎么也挥之不去。于是，人愈见懒散，也愈见骄傲。郭开贞的性情有意识地朝着反抗的方向发展过去。这不是理性思考意义上的反抗行为，而是一种少年逆反情绪的表达。

早上不起床，点名的时候也不想去，与一些不良少年有了来往，一起吃酒……事后，郭开贞自己有时都觉得糟心，学校的生活让他感到是一个危险的存在。幸亏一直有严厉的家教在意识中约束着他，郭开贞才没有沉溺进堕落的深渊。

也幸好这一状态延续的时间不长，5月里，郭开贞所在的甲班提前结束学业，准备6月里考中学。郭开贞以第三名的成绩毕业。

毕业文凭是县太爷亲自颁发的，因为这是乐山县有史以来的第一批高等小学毕业生。同学们都觉得很荣耀，郭开贞只有一种终于熬出头的感觉。虽然仅仅过了三个学期的学校生活，但他好像受了三十年监禁似的。

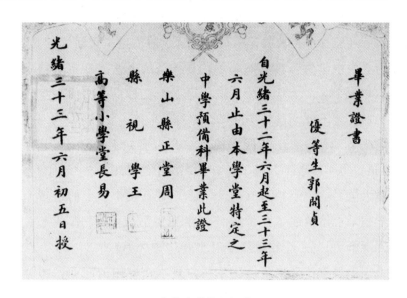

高等小学毕业证书

在毕业典礼后的会餐上，郭开贞喝了不少酒，借着几分醉意，跑到甲班的教室里，把鞋子脱下，套在两只手上，提起全身的力气，一通乱挥乱舞，发泄着一个多学期以来在心中积郁的愤恨和怒气。

"你们这些混账东西！"

哗啦，哗啦……两扇玻璃被他打碎了，碎玻璃片弹在手背上……

"哈，哈，血还是红的！"

四　青春的焦躁

1907年秋，郭开贞升入嘉定府的中学堂，他的好友张伯安、吴尚之也一起进了这个学堂。学堂位于嘉定城中心，左右分别是县街、府街，前面是城里最热闹的玉堂街，但因为这之间有个很大的空场子，所以是个闹中取静的地方。

仍然是处在旧式教育向新式教育过渡的初期，中学堂比高等小学的情况好不到哪里去，毋宁说是半斤八两。

中学堂的校长是个曾在湖南官场上混了半辈子的县令，完全没有办学的知识、经验，单是他聘请教员的方式，就决定了这间学堂难以办好。由于是府立的中学堂，教员采取了按县摊派的办法。嘉定府辖乐山、犍为、峨眉等七个县，学堂的教员就由这七个县各自派出的人担任，其资质和水平的参差不齐，自然是可想而知的。

学监张某人，是夹江县派来的，在开学典礼上给学生们训话时说："学问之道，得于师者半，得于友者半，得于己者半……"话音未落，便引得哄堂大笑。一个事物只有两个一半，哪有三个一半的道理？有调皮一点的学生马上给他起了个绰号"三半先生"。这位"三半先生"事后还向别人辩解道："一个柑橘不是有十好几瓣（半）吗？"

教地理的那位林先生告诉学生说，日本在中国的南面，朝鲜在日本的东边，然后就像风水先生一样讲起五行八卦的辨方正位来。不过他大概连风水先生也不如，要不然怎么东西南北都分辨不清呢？

日语教师是从成都东游学堂学出来的，但他只上了一年的学，所以他教了差不多两个学期的日语，也没能让学生把五十音图学好。估计他也教不出更多的东西了。

在郭开贞看来，学堂里能够真正教授给学生以知识的，也就只有那些通文学和历史的老师。这当然与他对文史素来感兴趣不无关系。讲授经学的黄经华先生是郭开贞所佩服的老师。黄先生也是廖季平的门生，又是乐山人，对于在高等小学期间就对今文学产生了兴趣的郭开贞，显然有几分另眼看待。他借了不少书籍给郭开贞看，对于开贞在今文学方面的兴趣极力护惜。

黄先生讲授《春秋》。他的讲义根据廖季平先生三传一家的学说写成，认为唐虞三代都是假的，"六艺"是孔子的创作，孔子之所以从前人口中征引"六艺"，不过是托诸古人，他怕空言无益，故而借重于外，也就是所谓的托古改制。黄先生在课堂上讲授的这些见解，让郭开贞感觉十分新奇、有趣，也对他的读书思路颇有启发。

章太炎等人编的《国粹学报》、梁启超主编的《清议报》，是郭开贞进入中学堂后新接触的两种报刊。章太炎论学问的文章写得太艰涩，郭开贞看起来十分吃力，所以并不喜欢，但是他很崇拜章太炎其人，认为章太炎是革命家。其实，章太炎论述革命的言论还是比较易读的，只不过那些文章刊载在《民报》上，在当时被禁，郭开贞他们看不到。

梁启超那时已经成为保皇党，郭开贞在心里对他很有几分鄙视，但却喜欢他发表在《清议报》上的文章，像《意大利建国三杰》、翻译文章《经国美谈》等等。这些文章的思想虽说不上深刻，从文笔到内容却都表现出一股新的气息。郭开贞读着那些以笔调轻灵的文字写出的亡命志士、建国英雄们的传记时，心都沉醉到书中人物的命运中去了。他开始崇拜拿破仑、俾斯麦，崇拜加富尔、加里波第、马志尼。

林琴南翻译的小说，在学生中很是流行，郭开贞也喜欢看。他最初读到的是《迦茵小传》，这是他第一次读到西方文学作品。《迦茵小传》不是什么名著，却赚了郭开贞许多的眼泪，书中女主人公的境遇，引起了他深切的同情。他想象着如果也有这样一个爱上自己的迦茵姑娘，就是从凌云山的塔顶上为姑娘坠落，也是心甘情愿的。

英国小说家司各特的《撒喀逊劫后英雄略》（即《艾凡赫》）是郭开贞最喜爱的林译小说。书中强烈的英雄主义色彩和浓郁的浪漫主义精神，在无形中给予他后来的文学创作以深深的影响。林琴南并不懂外文，他是先让别人将外国小说口译成中文，然后自己再以文言翻译出来，但他的文笔非常优美。林译的《莎士比亚戏剧故事集》也是郭开贞所喜爱的作品，那种童话式的叙事令他感到十分亲切，以至后来他再读其他人直接翻译的莎士比亚的剧作时，总觉得缺少了林译故事集的那种魅力。

学堂的整个学习环境远远不能满足学子们渴求新知识的愿望。四五百名青少年都正处于人生求知欲旺盛的时期，在课堂上得不到足够的精神食粮，就把多余的精力发泄到课堂之外去。于是，学生们在校园里闹风潮，到校外惹是非，几乎成了家常便饭。常三五成群地跑到玉堂街上去游荡，也有钻进酒肆喝个昏天黑地的。嘉定城里有不少各地的会馆，会馆里隔三岔五的就有戏上演，而每场戏也总有闹事搅场的学生。

以郭开贞在高小最后的阶段就已经躁动起来的心性，加上进入青春期后又时不时地感受到的性的兴奋与烦闷，让他对于学堂的情况更是十二分的不满意，甚至"焦躁到不能忍耐的地步了"。郭开贞生出了去海外留学的念头。

当时国内的学界在"西学东渐"的情势下，赴海外留学之风已经呈现蔓延之势。能到欧美去留学，成了郭开贞最大的憧憬。西洋不行的话，去东洋也好。大哥开文早在几年前就已经去日本留学，五哥由武备学堂毕业后也被派往日本实习，日本也成了郭开贞渴望去的地方。"景仰欧美，景仰日本，景仰京沪，景仰成都，就跟五牛崩尸一样，少年的心受着四方的牵引，他是没有一刻宁静过的。"

郭开贞这时候的心境可以用一个他常挂在嘴边的词来表达：奋飞。这本来是他们几个要好同学之间约定的一个暗语，谁一说"奋飞"，那就是相约好溜出学校去放松、放纵一番。郭开贞渴望去海外留学，至少能去到省城也好，其实并没有一个明确的目标。到这些地方去学什么，能够学什么，他并没有认真想过。他甚至连外面的学校里怎样分科的概念也没有。奋飞，更多的只是一股躁动不安情绪的表现。

父母亲对于开贞的这一想法根本不同意。郭朝沛不认为中学堂的情况像开贞说的那样糟糕，杜夫人则因为已经有两个儿子出洋，时常让她思念不已，哪里还舍得让宠爱的八儿离开自己呢？"我的心是碎了，小的两个是怎么也不肯放他们出远门了。"

父母反对，郭开贞自己也没有离家出走的决心，奋飞自然成为破灭的泡影。他也加入那些在校内闹风潮、在校外惹是非的学生群。在学堂里被大家戏称为"八大行星"的八个最爱游耍的学生之中，就有郭开贞。

一个学期游耍荒唐下来的结果，不消说是没有学到多少东西，修身的成绩落得一个负号。

第二学期以后，学堂换了校长、监学和一批老师，但换汤没换药，学堂的境况依然如故。郭开贞的心境自然也就依然如故。除了他自己所喜欢的文学、历史方面知识的学习，其他方面都只能说是马马虎虎。而那股一直压抑着的焦躁情绪，却终于有了一次爆发，爆发在一次与监学面对面的冲突中。

这位监学叫丁平子，是校长请来的，留日学生，才能还是有一些的，但是过于自负，为人专断。郭开贞与他发生冲突，其实并不是由于自己的事情。起因是在吃午饭的时候，一个年龄很小的学生，因为自己桌子上的椒油辣子吃完了，就跑去把一位监学餐桌上的一小盘椒油辣子取了来。这样的事情在众人以为，顶多不过训斥那个学生几句也就罢了。不料，那位监学竟拍案大怒，呵斥那名学生侮慢师长，而且，当日下午，学校居然就挂了这名学生的斥退牌。

这样专横的事情，当然立刻激起学生公愤。也是当天下午，学生们便罢了课，并推举了两名代表去与丁平子等几位监学交涉。两个学生代表都是年龄比较大，说话办事颇为稳重的人，但是他们与监学交涉了不到十分钟，就因为讲了一句"丁先生，你的肝火太旺了"，丁平子立刻火冒三丈，把他们推出监学室。十几分钟后，监学室又挂出一道斥退牌，以煽动罢课、侮慢师长的罪名，将两名学生代表斥退。

学生们继续罢了两天课，反抗行动终于还是被监学以软硬兼施的手段所瓦解。罢课风潮算是被横蛮的高压手段弹压下去。郭开贞不是挑头的人，但这件事的经过，让他真切地感受到专横和权势的险恶，在他内心里积郁起强烈的不满。

进入二年级的第一学期，郭开贞大病了一场，这是差点要了他的命的一场大病。

那是中秋过后没几天的事。刚从家中返回学堂的郭开贞觉得疲惫得要命，头疼、咳嗽、下痢，一点食欲也没有。开始他没把这当回事，以为不过是中秋时在家中要得过了点，缓几天自然会好的，所以每日照常去上课。然而一个星期后，他终于坚持不住，强撑着回到沙湾家中，立刻就卧床不起，昏了过去。

病势十分凶猛，服了请来的医生开的两服药下去，开贞的病症不但未减轻反而迅速恶化。看着几乎要断气的八儿，一家人都束手无策，各种药都试了，甚至请了一个巫师来降神。这自然是不管用的。几天后，家里不得不请来几十里地以外的一个医生。这个医生的诊断与前面的医生完全相反，开出的方子是下药极重的泻药，通些医术的郭朝沛犹豫着不敢点头。躺在床上的郭开贞却已经说起胡话来，还是做母亲的下了决心，说死马当活马医吧。这才着人赶紧拿上方子去抓药。连着六服药下来，病情算稳住了。郭朝沛也恢复了自信，停了医生的方子，自己开了个以调理为主的方子继续治疗。

郭开贞得的是重症肠伤寒，在那个年代的沙湾小镇上，他算是与死神擦肩而过。但这场大病还是给他留下了两耳重听的后遗症。

转过年来的春季，学堂里又闹起了一次风潮，风潮还是因丁平子而起。郭开贞借此把心里蓄积的愤恨和不满全都宣泄了出来。

身为监学的丁平子每天都要在学堂各处巡视一番，这天，他在为学生专设的吸烟室中看到"丁平子不通"几个字的题壁，顿时勃然大怒。不过他也知道，这吸烟室和厕所的墙壁一样，是学生们发泄不满的专署地，无从追查"作者"是谁。于是他采取了另外的办法。

丁平子将全校学生召集到大礼堂，把教员们也请来，当众大讲了一通自己留学、任教的"辉煌史"，然后宣布辞职，并说限三天之内把题字的人找出来处分，否则他便永不回校。这一下全校哗然，课也停了，有教职员私下秘密查找，也有大约是彼此不和的学生借机去检举，乱哄哄闹腾了三天，居然找出了题壁的人。被指认的学生否认此事，但有与丁平子同乡的学生做证亲眼所见。办事者再不问黑白，在他们看来，莫须有也可以结案，牺牲一个学生又算得了什么呢？马上下了斥退令，并逼着该生离开学堂。丁平子像个得胜的将军一样被迎回学校。

学生中很多人愤愤不平,郭开贞、张伯安一班人更是恨到咬牙切齿,被斥退的学生是他们换过帖子的朋友。那时正好期末考试已经完毕,郭开贞他们几个人便出去喝了一通酒,借酒浇愁。

晚上回到寝室里,已经喝得七分醉的郭开贞又想起了被斥退的换帖朋友,一腔愤怒抑制不住地喷涌而出,像火山爆发一样。他大骂丁平子虚伪、骄横、不学无术、狗屁不通,说他是个专制魔王。足足两个钟头,把他能想到的都骂到了,然后倒头睡去。

郭开贞在那里毫无顾忌地一逞口舌之快时,窗子外面拥满了学生快意地听着,像听说书似的,这些话多半也是他们心里想喊出来的。丁平子闻讯也来了,在外面犹豫了一番,没有进到寝室里去。不过,他当然不会善罢甘休。

第二天,当郭开贞睡清醒了以后,丁平子已经在学堂里闹得天翻地覆了,他也破口大骂一通,说郭开贞没有家教、不知羞耻、侮慢师长云云,然后采用同样的办法,以他的去留胁迫校长开除郭开贞。

但是丁平子这一次的做法遭到了一批教员特别是乐山县教员们的强烈反对。黄经华先生与丁平子有这样一段对话:

"丁先生,郭某为什么应该斥退?"

"那还用说吗?他的罪过那样鲜明,你还要问我吗?"

"是不是说他吃醉酒骂了你?"

"自然。"

"他是年轻人,又是吃醉了酒,不能和他计较;你是先生,又没吃酒,你不是也狠狠地回骂了他吗?"

这让丁平子一时无言以对。

校长暂时没有同意丁平子的要求,丁平子便回了荣县的家,郭开贞和其他几个卷入此事的学生也各自返回家中,这时学堂实际上已经开始放假了。假期间,丁平子死于急性喉症,这件事等于不了了之。

但郭开贞仍然没能逃脱被学校惩罚的命运,大概他该有此一劫。

那是一个礼拜日,郭开贞与几个好友到乐山的劝学所帮助那里的老师制作表册。完事后，他们正准备去看戏，却路遇一大群学堂里的同学相拥着要往当地驻军的营房去。一问，原来学生们与营房军的大兵在戏场子发生冲突，打了起来，有人受伤，他们要去营房找当官的理论。

郭开贞几个人见状，拦住冲动起来的同学，劝大家先回校找先生们商量个妥善的办法。待回到学校把两位主事的先生请来，又谁都不愿意出头了，怕因此被学校斥退。郭开贞好逞强，本没有他在场的事，他自告奋勇做学生代表。他向两位先生讲述了事情经过，然后提出要求惩处肇事的大兵、赔偿受伤同学的医药费等三个条件，请学校与营房军交涉。两位先生当即答应了学生们的要求。

同学们本以为会有个好结果，但秀才遇上兵，有理讲不清，交涉未果。这样也还罢了，最后反成了两位先生去慰问受伤的大兵，责备一通学生闹事。学生自然愤愤不平，他们的办法就是抵制上课，师生之间僵持起来。

几天后，在外出差的校长回来接手处理此事，次日就高挂出一道斥退牌，八名学生被斥退，几十个学生记大过。郭开贞、张伯安都在被斥退之列。

在功课上，从高等小学到中学堂，郭开贞都得算拔尖的学生。但显然他不是一个循规蹈矩的学生。他在校内校外干过一些荒唐事，或是做出一些被师长视为叛逆的行为，也许其中多少就有点"铜河沙湾"的匪气，不过，根本的原因应该归之于时代的动荡。生在一个蜕旧变新的时代，懵懵懂懂之间已经呼吸到一些新鲜空气的少年的心里当然渴求着更多的知识和思想。学校无法满足他的渴求，没有人能满足这样的渴求，它们势必变成焦躁不安、无所适从的情绪，然后是无所顾忌的发泄，甚至演绎为大逆不道之举。

时代的阵痛在塑造着一种叛逆的性格。当这个少年面临人生道路的初次选择时，人们将很快看到这一点。

第三章　大江东去浪淘尽

一　换汤不换药

被学堂斥退了的郭开贞，不但没有显得多么沮丧，反倒有那么一点摆脱拘束的得意。福兮祸所伏，祸兮福所倚。"我可以去成都继续上学，说不定还可以出省呢！"想到这里的开贞简直觉得自己成为一个幸运儿了。

父亲这一次的反应也没有那么激烈，他同意开贞去成都继续学业。毕竟遭到斥退的开贞，嘉定其他的学校是不好收留的。

郭开贞是与他的五哥一起前往成都的，这时已近1909年的初冬。路经嘉定城时，他们在五哥的岳父王畏岩先生家中落脚耽搁了一日。王畏岩在省分设中学做了几年教员，刚刚卸任返乡，他为开贞写了几封介绍信给在分设中学的旧同事。

晓行夜宿，开贞和五哥第四天才到达成都。这是郭开贞初次到省城来，他们走的是南门。快进南门时，开贞望见左侧一带有一片葱郁茂密的树林，五哥告诉他那就是诸葛武侯祠。开贞立刻想到了杜工部的诗句："锦官城外柏森森，丞相祠堂何处寻……"于是，执意先去观瞻武侯祠。

祠中大殿巍峨，旁有亭台水榭、荷塘花圃，最多的是历朝历代的楹联、碑刻。在昭烈帝坟苑观览时，开贞想到，要是能发掘古墓，一定可以得到些汉代文物，要是把遍布全国的古墓都发掘了，应该可以解开许多历史之谜吧。

郭开贞和五哥投宿在嘉定同乡常住的一家旅店里，张伯安已经先到了。他们找到正在提学使衙门做科长的原来在高等小学的杜先生，商议投考什么学校。杜先生建议他们考中等工业学校，实业救国嘛。但两人都不甘心，毕竟他们已经有了两年半的中学学历。最后决定做插班生考中学堂。杜先生热心地为他们写了几封信，介绍他们去投考分设中学堂。

分设中学堂就是省立高等学堂的附属中学，校长不喜欢附属之名，遂改用了个分设名义。大约是有杜先生的介绍信之故，郭开贞、张伯安一到分设中学就得到校长传见。在略问了几句他们的学习情况后，这位都姓校长当即叫来一位国文老师出了一道国文题，让郭开贞和张伯安在他的会客室做。两人十分惊讶，原以为以被斥退的身份来投考，怎么也得经过点周折呢，没想到初次拜访校长就可以考试，所以全无准备，连笔都没有带着。

好在只是做一篇文章，郭、张二人都算得手到擒来，按时交了卷。都校长亲自阅卷，粗粗看了一遍，点头说："文字还好啦。"当时便同意录取二人，并把他们分在丙班插班。分设中学的年级分为甲乙丙丁四个班，丙班是三年级。

投考的事情如此顺利，使郭开贞、张伯安大喜过望，以至于他们也搞不清，到底是自己的文章做得好，还是那些介绍信的作用大。不过管它呢，分设中学可是省城数一数二的学校啊！马上给家里寄了封信，告知父母情况，郭开贞第二天就搬进了学校。

从偏僻小镇一夜间进入省城名校的激动，加上初到成都的新奇，着实让郭开贞兴奋了一些日子。想起在乐山时一直憧憬着的"奋飞"，虽然海外留学的梦想一时还完不成，但能考进成都的名校，也算如愿以偿了。

在这里应该有一片广阔的天地，可以任一颗渴求未知世界的心纵情地飞翔吧！至少在那一刻郭开贞是这样期待的。

然而，一个月的时间都不到，郭开贞的兴奋就冷却下来，代之而起的是失望的情绪。"成都和嘉定依然是'鲁卫之政'"，郭开贞甚至得出了这样一个幻灭的结论。

分设中学的许多教职员也同嘉定中学堂一样，是些像在官场里混日子讨生活一般的人，徒有虚名，而无真才实学。讲经学的先生乃成都鼎鼎大名的名士，却捧着一本《左传事纬》在课堂上照本宣科，国文老师只把一部《唐宋八大家文》颠来倒去地讲，历史课则给学生们堆砌一大溜历代帝王世系表和历朝

考入四川官立高等分设中学堂的郭沫若

历代的年号表。郭开贞觉得这甚至不如嘉定府的学堂，至少那里还有黄先生那样对于传统经学有着独特见解的老师。

成都是四川省的政治文化中心，郭开贞以为这里的新学应该远比地方府县上丰富精彩。可一上课，他发现，教数理化的教师，有些居然把教科书的文字读不成断句，所有的问题，老师并不要学生思考，只告诉你一个结果，然后不停地灌输，习题也为学生演算出来，落得一个师生都省事，但最终的结果是误人子弟。教英语的那位老师是上海教会学校出身，一身身时髦的装束带着上海滩说不尽的繁华，确实让乡镇里走出来的郭开贞们长了见识，然而，他拿起英文课本讲《一条 Newfoundland 的狗》时，竟然把应该是"纽芬兰岛"的"Newfoundland"翻译成"新大陆"。

成都名校的分设中学尚且如此，其他中学的情况自然可想而知。

又过了一段时间，郭开贞发现了更让他沮丧的情况，那就是学界污浊的空气。除分设中学外，成都另有几所官立中学，还有许多私立中学，在所有这些学校中，文凭都是可以花钱买到的。小学都没毕业的人，只要缴足中学五年的学费，外加一笔手续费，即可拿到一纸中学毕业文凭。当时的中学毕业生相当于过去举人的资格，拿着这张文凭就可以去官场

里混事情，也可以投考高等学堂，乃至具有了赴海外留学的资格。郭开贞亲眼见到旁边的省立高等学堂中就有与自己年龄相仿的少年穿梭在校园中，这让他的自尊心、自信心大受打击。原来引以为自豪和充满期待的分设中学的学习，却如此不堪一提。

眼见得这样的现实，郭开贞在失望之余，痛恨那些教育家们误国、误人，痛恨中国为什么这样不长进。他把这归之于人们良心的丧失，归之于社会道德的缺失。他还意识不到这是一种社会的腐败，是这个社会正在走向崩溃和毁灭的征兆。郭开贞觉得自己和同学们当然无力改变现状，于是内心的失望、焦躁、愤懑、烦恼等种种情绪，便汇集为"无为、堕落、自暴、自弃的洪流"。

课余的时间，郭开贞结交了几个酒友同学，每逢周日他们便凑在一起吃酒。下雨的时候在城里找家小酒馆，天晴时便游到城外的名胜古迹去。成都是个人文荟萃之地，有足够多的名胜供他们游玩。东门外的望江亭、薛涛井，南门外的武侯祠，西南郊的草堂寺、青羊宫、浣花潭……无一处不留下他们的足迹。杯盏交错之间议论的都是国家大事，不过总是一肚子的牢骚不平。于是，痛骂学校腐败，痛骂学界腐败，更骂办事职员的腐败，骂得酣畅淋漓。痛骂之后，自然又都说起各自对于欧、美、京、沪的憧憬。

每一次吃酒时固然都能一逞口舌之快，但学校里的状况，继续无情地击打着他们"奋飞"的梦想。而另一件家事，则在郭开贞人生的道路上投下了又一个巨大的阴影，无形中给他套上一道精神枷锁。

二 白猫变黑猫

在郭开贞进入十九岁那年的暑假，母亲对回家度假的开贞郑重其事地提起了他的人生大事——婚姻。

其实早在十岁上时，家中就曾给郭开贞订下过一门亲事，后来定了亲的那个女子死了，这桩婚事便半途终结。对于已经从新旧小说中读过不少爱情故事的郭开贞来说，反倒为此暗自高兴。虽然他还搞不清楚男女情事到底该是个什么样子，但在心里是羡慕着那些书中的故事的。此后，凡有来家中提亲的，他都以"不忙"二字应对父母的询问。父母念他年纪还小，倒也并不催促此事。

　　而母亲这次提起他的婚事，是认了真的。尽管郭开贞仍然极力推脱，假期在家的日子里母亲也没有把事情最后敲定下来，但开贞返回成都不久就得到家书说，已经给他订了婚，是母亲订的，女家姓张，是远房一位叔母的亲戚。

　　郭开贞得知此讯，心里非常矛盾。认真地讲，他还真是没有仔细考虑过自己的婚姻问题，那时他头脑里也还没有爱情自由这样的概念，只是朦朦胧胧觉得，结婚总得是一件能令自己愉悦的事情，娶回家中的女子，总得是一个能令自己满意的人。但是现在完全由大人们决定了这件事，他实在拿不准会是一个什么样的结果。

　　开贞是个孝顺的儿子，知道母亲是出于爱子之心，再以"不忙"为由推掉母亲已经订下的姻缘，似乎是不可能的了。于是，他就尽量往好处想：叔母应该是可信的，叔母说那姑娘的人品与三嫂不相上下，又是天足，正在读书，还要求什么呢？三嫂可是家里最美的人呢，或许与这姑娘会有个美好的未来吧？……

　　郭开贞的心像被放在一架天平的秤盘上，失望与希望在左右摇摆，摇到最后，秤盘的底座突然被抽走，两只秤盘归于平静。

　　到年假回家的时候，张家已经有信来，希望在一两个月之内便把开贞他们的婚事办了。父母征求了开贞的意见，开贞点头同意，反正已经是订了婚的，迟早要过结婚这一关。

　　结婚仪式是在转过年来的正月间办的，一切都是按照旧式传统来的。

　　因为正是在农历过大年期间，临近婚期的那几天，郭开贞的心情也没什么特别的波动，只是有点淡淡伤感。俗话说，"结婚以前是娘的儿，结婚以后是婆娘的儿"，开贞觉得好像失去了点什么。

　　婚事的一切大小细节都是父母安排操办的，用不着开贞劳神，他只需要扮好新郎官这个角色。所以,直到接亲的队伍吹吹打打进了沙湾场的街面,新娘乘的花轿抬到郭家宅院的大门前,郭开贞才真正地意识到,他人生的命运,从此刻开始将与一个陌生的女子联结在一起。

花轿抬进前堂,家人们已经急着要看看新娘的模样了,开贞自然也怀着期待,但还要有一套拜轿的仪式,新娘才能下轿。等仪式完成,新娘在伴娘的扶持下抬脚迈出轿门时,郭开贞的心里咯噔一下,"啊,糟糕!"他看到的是一只三寸金莲。

接下来的婚礼仪程是拜天地、拜祖宗、拜父母、新郎新娘交拜,然后入洞房。进入洞房后,新郎新娘要喝交杯酒,到这时,两个新人才第一次面对面。新娘头上覆着几层盖头,上面的都由伴娘揭开,开贞在伴娘的引导下揭起最后一层黑色的纱帕,心顿时沉了下去。他觉得似乎什么都没看到,眼前只有两只露天的猩猩鼻孔。

再下面的事情,他只是机械地做着,脑子里不停地在回响着蜀地的一句俗语:"隔着口袋买猫儿,交订要白的,拿回家来才是黑的。"

新娘是小脚,但在别人看来新娘说不上是丑女,郭开贞在揭起新娘盖头的那一瞬间,之所以会有那样一种感觉,其中显然包含着浓重的情绪色彩。毕竟心里一直多少都还存着几分期望,所以定亲的时候纵然感到矛盾,还是相对坦然地接受了父母亲的安排,婚前也一直想着只要新娘聪明,可以要求父母同意,带她到成都去读书,爱情可以在今后的生活中慢慢地培养。但是一双裹了的小脚——意味着那完全是一个旧式女子——彻底打碎了郭开贞那几分期望,剩下的自然只有极度的失望。

母亲安慰开贞说,她也没想到幺姊看错了人,但新娘的小脚是明天就可以叫她放的,相貌虽然不如意,人只要性情好、资质高,以后可以教她诗书礼仪……然而,这些话开贞已经听不进去了。他觉得自己陷入了一张命运的罗网。

失望透顶的郭开贞在结婚仪式以后的几天里,虽然强打起精神,继续扮演一个新婚丈夫的角色,如应酬贺亲的亲戚朋友,陪着新娘回门拜丈人、丈母，但他已经再也不想在家中多待一天了。

婚后第五天，开贞登上自家包下去省里办事的一只船，匆匆离开了沙湾场。

船离岸的那一刻，母亲伫立在瑟瑟江风中呼唤道："八儿，你要听娘的话。娘已经老了，你不要又跑到外洋去吧！"母亲似乎是有了一种预感，儿媳娶进了家，儿子却会远走高飞，真不知这桩婚事是好是坏。

开贞听到母亲的呼唤，默然无语。他心里想的的确是要到远方去，是怎么才能到远方去。但母亲的悲切，始终是让他感动的：

> 阿母心悲切，送儿直上舟。
> 泪枯惟刮眼，滩转未回头。
> 流水深深恨，云山叠叠愁。
> 难忘江畔语：休作异邦游！

在船上，开贞写下这样一首诗。但他无法对母亲做出承诺，即使没有这场"白猫变黑猫"的婚姻悲喜剧，他也一定要走到外面的世界里去看看。

三　"长风破浪会有时"

就在郭开贞因为个人婚姻大事而亦喜亦悲的时候，神州大地上酝酿、演绎着一场剧烈的社会变动。

1911年是夏历辛亥年，这一年成为中国近代历史上的一个分水岭。大清帝国这座在风雨飘摇之中早已破落不堪的大厦，被武昌城里发出的一排排枪声，在转瞬之间便震毁了。各省纷纷宣布独立，五色共和的旗帜取代了大清的黄龙旗在神州上空飘扬。这不是历史上反复上演的改朝换代的剧目，而是一场将改变历史进程的革命运动。

武昌起义的直接导火索，是此前在四川爆发的"保路运动"，郭开贞在成都亲身体验到了这场运动所激荡起来的巨大风潮。

　　他是怀着欢喜雀跃的心情注视着这场革命的。在四川革命党人宣布独立的前一天，郭开贞和一干同学就急不可待地把辫子剪了，然后拿上剪子去在那些怕事学生和首尾两端的老先生们的头上革命。四五个人将都校长团团围住，谈笑间把他的辫子也剪掉了。他们天真地以为，只消大家把头上的辫子一剪，黄龙大旗一换，中国便立地成为"醒狮"，便可以一跃成为世界上第一号的头等强国，便可以把侵略欺侮中国人的英、美、日、德等八大列强，当成一锅汤圆煮了，然后一口吞下去。

1912 年，剪了辫子的郭沫若（左二）与同学们合影。

　　在年假回到沙湾时，郭开贞按照习俗为乡里的邻居题写春联，他特别写下许多新的长联，真切地表达出他在那时的欣喜和期待。其中有两副是他最得意的，这样写道：

　　　　桃花春水遍天涯，寄语武陵人，于今可改秦衣服；
　　　　铁马金戈回地轴，吟诗锦城客，此后休嗟蜀道难。

故国同春色归来，直欲砚池溟渤笔昆仑，裁天样大旗横书汉字；
民权如海潮暴发，何难郡县欧非城美澳，把地球员幅竟入版图。

但是，在那些春联的墨迹还没有被风吹日晒剥蚀得斑驳不清的时候，"反正"——那时人们这样称谓辛亥革命——之后呈现的社会状况，已经让许多人又一次感到失望。

"反正"后，成都出现的一个引人注目的变化是学界面貌的大改观，雨后春笋般地冒出四五十座私立法政学校。这些学校都是为那些想到官场里去讨生活的人们开办的。三个月速成，六个月速成，越快越好，越快的班级、学校，学生也就越多。学校对学生是来者不拒，于是，父子同窗、祖孙共读的"佳话"时有传扬。做官，一时成了趋之若鹜的潮流。

分设中学被裁撤，剩下的学生归并进成都府中学。有些才气的老师大都进了官场，留在学校里的却多是些徒有虚名的教员。认真想求学问的学生，面对这种情景也迷失了方向。

"反正"以后的一年多时间里，被双重失望——婚姻的失望、学业的失望——紧紧缠绕住的郭开贞，几乎沉入一种自暴自弃的精神状态中。拼命喝酒、连夜地打麻将牌、溜到戏园子里看戏捧角儿、学着用旧格律做点愤世嫉俗的歪诗……这种种劣行，不时地充斥在他的学校生活里，连他自己都觉得这是一段"最危险的时候"。

好不容易挨到毕业时分，已是 1912 年末。放眼成都的学校，郭开贞觉得似乎只有存古学堂和华西大学是可以入的，前者可研读国学，后者可学些外语。不过，它们是私立学校，所以他还是报考了四川省城官立高等学校（四川大学前身）。郭开贞被录取在正科二部九班，二部是理科。

虽然考进了省城官立高等学校，郭开贞并没有多少兴奋。他这时唯一的希望就是能离开成都，离开四川，离开这个让他感觉束缚和窒息的生存环境。

1913 年 6 月，天津的陆军军医学校到四川招考，录取了六名考生，

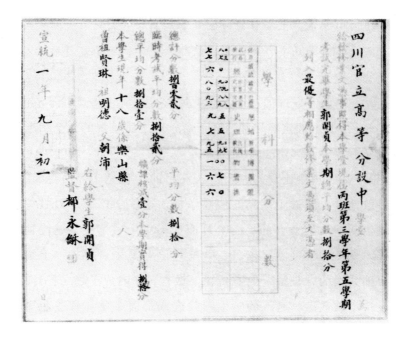

分设中学堂修业文凭

郭开贞是其中之一。已经开始在高等学校课堂里读书了，为什么还要投考这所学校？开贞并没有想很多，只觉得这是一个离开四川的机会。家里人也认可了，而他们则认为，考进这所学校，毕业以后的出路是没有问题的，等于有了一个可靠的饭碗。

招考揭晓是在7月中，要求六名考生8月上旬在重庆取齐，所以一接到通知，郭开贞便匆匆赶回沙湾，去向父母亲告别。

母亲知道，开贞这一次远赴天津读书，等于飞出了这个家。虽然一直想把八儿留在家中，毕竟儿女大了有他们自己的打算，留也是留不住的，只苦了八儿媳妇，娶过门来至今，小两口在一起的日子也没几天。这以后还不知怎么办呢！

7月底，郭开贞往嘉定乘船，直下重庆。途中恰逢二次革命发生，重庆形势不稳，遂转道去成都暂留。待天津来电指示北上，已经在9月中旬了。仍然是先到重庆走水路。

在重庆取齐了同路的人，郭开贞一行乘上当时川江河道里唯一的轮船"蜀通号"沿长江东下。船过三峡时是在清晨，困在又热又闷的统舱里一夜的郭开贞，迎着深秋的晨风登上官舱的甲板，立刻就被三峡的胜景吸引了全部注意力。微微细雨中，落入开贞视野的是一派风韵奇秀的景观：

> 迷迷蒙蒙含愁的烟雨，洒在那浩浩荡荡如吼如怒的长江上。两岸都是高耸夹立的峭壁山岩，那岩壁完全和人工劈削的一般。仰头上望，两岸的山顶白云矮矮，不小心帽子会从头顶滑落下来。天只剩了一小片，江水好似一个无底的礁湖。转过一面峭壁，眼前又是另外的一洞天地。山气森严缥缈，轮船吐出的白色的烟雾随着蜿蜒的峡道，在半山摇曳，犹如一条穿行的游龙。后不见来程，前不知去向……

郭开贞在蜀中也算见识过不少的风景名胜，但还是被三峡这幅大自然的杰作深深震撼，这一片奇峭的景观长久地留在了他脑海中。

伴着阵阵汽笛的鸣响，"蜀通号"轻快地驶出了夔门。只是在这一刻，郭开贞才意识到自己终于离开了家乡。此时的他，对于留在身后的一切并不感觉留恋，"即使今日不知明日的着落，前刻不知后刻的行藏"，他心里想的是：

"我如今就好像囚在了群峭环绕的峡中——

但我只要一出了夔门，我便要乘风破浪！"

宜昌是川江轮的终点，从这里又换乘了更大一些的江轮到汉口。在汉口大智门车站，郭开贞他们坐上京汉铁路的火车北上。

这是开贞有生以来第一次乘火车，果然快得多。他不由得感慨，轰轰烈烈搞了一番保路运动，四川仍然没有一段铁轨，蜀道难不知还要难到哪年哪月呢！

车到保定时开贞一行几个人下了车，从这儿转道天津。

到天津有军医学校的人接站。安顿下来后开贞得知,待各省考生到齐后要进行一次复试,然后才能入学。

复试的题目倒也不难,唯独一道国文题却让郭开贞摸不着头脑。这道题目只写了五个字:"拓都与幺匿"。郭开贞稀里糊涂地写了一通自己也不清楚的东西交了卷。出了考场,发现大家都在为那道题叫苦。一起来的四川考生中那位第一名倒是读懂了考题,他告诉大家说,那是严复翻译斯宾塞的《群学肄言》中用到的译文,即 total and unit 的汉语翻译。郭开贞十分沮丧,而了解到的学校的情况,更让他失望,"一座堂皇的军医学校竟没有一名外国教习,竟没有一位大有名声的中国教员,这还成什么学校呢?"

在那时年轻人的眼里,衡量一个学校高下的主要标准是有没有以及有多少外国教习和有名望的中国教员。这自然有些浅薄,还不无年轻人的虚荣心,郭开贞也没有摆脱掉这种幼稚,加上对复试是否通得过全没有把握,他在复试完的第二天就乘火车去了北京。

大哥郭开文此时正住在北京,做川边经略使的驻京代表。开贞想找大哥想想办法。实际上,在飞出夔门的时候,他的心已经不在陆军军医学校了。当初报考这个学校,主要是想得到一个离开蜀中的机会,并不是出于对医学有所爱好。他也没有想过以行医为职业养家糊口,那样实际的念头,太不浪漫了。但究竟学什么,将来准备干什么,开贞自己也没有想好。

事有不巧,郭开贞来到北京方知大哥正在外游历,好在有跟随郭开文进京的人帮助安排开贞住下。开贞决计等到大哥回来。

几天以后,军医学校的复试结果出来,全体考生没有一人落第,四川的几个考生还名在前列。同行的川籍考生信告郭开贞,学校限他三天内入学,否则就要挂他的斥退牌。已经铁了心的郭开贞却不为所动,他在回信中写道:"天津之拓都难容区区之幺匿。"

这一等就等到了 12 月。虽然郭开贞每日无事,但人生地不熟,北京的那些名胜古迹,他几乎都没有去逛过。住在正阳门附近的吹帏胡同,只偶尔去大栅栏的茶园子坐坐，其他时间就在寓所看书。静下心来，回首在成都读中学的几年，郭开贞无奈地发现："实在是什么收获、甚至什么长进也没有。"让他觉得差可自慰的是，"得以看见保路同志会的经过，乃至反正前后的一些大小事变、大小人物的真相"，他对于社会现实有了比较真切的了解。

到这时为止，应该说，郭开贞基本上是在传统文化的熏陶中完成了中学及以前的教育。这给他打下了良好的旧学根底，对于他后来的人生道路还是大有裨益的。与此同时，在整个社会蜕旧变新的过程中，郭开贞也接受了新学的教育。虽然其中不乏非驴非马走了样的东西，它们毕竟在郭开贞的面前展现了一片未知的新大陆，并且吸引着他去探求那片新大陆。

新旧文化之间必然出现的矛盾、冲突，或许是郭开贞还意识不到的，但是由于这种矛盾、冲突而凸显出来的学界的种种腐败现象，社会的动荡不安，是他所感同身受的，加以封建包办的婚姻令他极其失望，于是，他便痛恨，他便反抗。时代把一个青年学子逐渐演绎成反叛者——一个首先想要挣脱现实社会束缚的反叛者。

1913年12月中旬的一天，郭开贞终于等到了回北京的大哥。

郭开文对于在北京见到八弟，颇为惊讶，因为他出外游历了半年，全然不知开贞投考天津军医学校的事情。待开贞给他讲述了事情原委之后，郭开文十分不以为然。他责备了开贞的轻率、孟浪。"学军医，既兼实用，又是官费，真是很难得的，你怎么把它抛弃了呢？"

原以为会得到大哥赞同的开贞无言以对。大哥的言辞并不激烈，语气也很和缓，但开贞像挨了一记棒喝，他意识到自己毫无把握地办了一件上不着天，下不着地的事。

其实郭开文自己这时的状况也很不得意，由于政局的原因，他这个川边经略使驻京代表已经徒有虚名，实际上失了业，但他还是得为八弟考虑一个出路。开贞知道这种情形以后，更感到悔愧有加，他甚至做好了改行、返回四川代父经商的打算。

12月末的一天，郭开文留学东京时的一个同学张次瑜来访。张次瑜这几日内要去日本游历考察，是来辞行的。他认得郭开贞，便问起了开贞的情况。得知开贞目前正骑虎难下的窘况，就向郭开文建议送开贞去日本留学。郭开文不是没有想到这条路，当年他去日本留学时，就曾想过要把开贞带去，无奈父母亲不同意，八弟那时也太小。现在开贞中学已经毕了业，到日本留学应该正当其时。

"但你知道，我目前是没有收入的人。"

"日本留学不是还有官费吗？考上官费不就不要你供给了吗？"

"官费生是那样好考的吗？"郭开文质疑道，"且不说日本目前只有四个学校招官费生，就是去考，明年3月、6月的两次考试是赶不及的了，得等到后年，我可是连这一年半的学费也供不起啊。"

"年轻人脑力强，有得半年的工夫怕也够了吧？"张次瑜不以为然。"我兄弟当年就是用了七个月时间考上官费的。"

郭开文听到这儿沉吟了一下，转身问开贞道："怎么样，到日本？你假如有本领，能够用半年工夫考上官费学校，半年的学费我是可以维持。怎么样呢，有没有把握？"

郭开贞迟疑着没敢答话，他实在没法说有没有这个把握。

郭开文略做思索，下了决心："我看你去吧，先去住半年再看。半年内能考上官费自然好，如不能，或许那时我已有了职务。就这样决定了。"

当晚定下这件事，次日晚郭开贞就得动身，因为需要与张次瑜同行。郭开文手头没有现金，拿出一根金条给开贞，让他带到日本去兑换，作为他半年时间的费用。

这真是一个戏剧性的变化，已经做好了重回四川心理准备的郭开贞，犹见柳暗花明，突然之间好似从十八层地狱升上九天。同时，那个"奋飞"的雄心，也跟着蠢蠢欲动起来。

此一去异国他乡的路可能充满艰辛，一切都还是未知数，但是，日本不正是开贞一直渴望着有机会去的地方吗？那里对他来说是一个充满诱惑的地方。

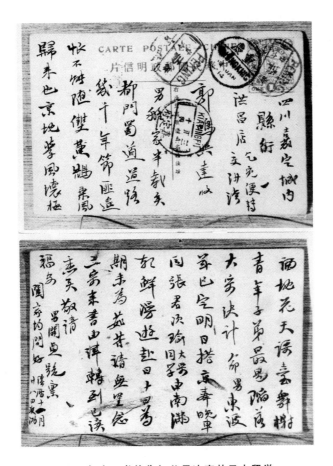

1913 年底，书信告知父母决定赴日本留学

　　第二天傍晚在车站送行的时候，大哥没有再说什么叮嘱的话，开贞也没说什么，但他在心里暗自发誓："此去日本，如果半年之内考不上官费，我要跳进东海去淹死，我没有面目再见江东父老，没有面目再见大哥。"

第四章　东瀛求学路

一　背水一战

1914 年的新年，郭开贞是在釜山度过的。

元旦刚过，年届弱冠的郭开贞就登上了一艘去日本的海轮。也许因为初次看到大海那一望无际的宏阔气势，开贞的心胸豁然开朗，大哥只能有限资助的许诺，不再让他感到是一个多么大的压力了。当海轮驶离釜山港时，他反倒有种义无反顾的轻松。今后的路要自己去开拓，他有这样的自信心，他是去追寻一个年轻浪漫的梦想。

郭开贞此一去日本，说得上是轻松赴东瀛，虽说去留学，他甚至没有带几本书，只有一套喜爱的《昭明文选》放在手边。因为他去日本是准备读洋书的，是想在日本的学校学习西方先进的科学技术。"习一技，长一艺"，以图报效国家。在他那时的心目中，这个东瀛岛国只是一个让他从东方文化走进西方文化的踏板、桥梁。这时的郭开贞无论如何不会想到，此一去，就与日本结下了不解之缘。

1 月 13 日，郭开贞到达东京。经张次瑜帮助联系，他与大哥在东游预备学堂的同学，此时正在东京的杨伯钦一起，在小石川大冢的一个日本人家中合租了一间房住下。一安顿下来，他就在神田的一所日本语学校开始学习日语，这是考官费生要过的第一关。

学校离住处有八九里远，为了节省费用，郭开贞每天从大冢步行到神田，返回时，为能赶上寄宿处的晚饭才乘坐电车。东京的生活费远远高于国内，开贞尽量压缩生活费用，只添置了少许生活必需品，饭食也安排得很简单：早餐是两片面包、一瓶牛奶，中午和晚上两餐都是菜一盘、米饭一钵、咸菜一小碟而已。1月份的东京还很冷，屋内需要取暖，每天的木炭钱要花去10日元。就算这样俭啬，开贞细算了一下，大哥给的那根金条兑换成日元，扣除张次瑜垫付的旅费，交过日语学校的学费，所余之资，才刚刚可以维持到7月间官费留学生资格考试的时候。

尽管如此，郭开贞还是颇有自信的，他在给父母亲的家书中写道："想拼此半年脑力，六七月间，当能预考。"

甫到东京就投入紧张学习之中的郭开贞，自然没有闲暇去观览异国风情，但每日看到、听到、接触到的一切，都让他感到新奇、新鲜，这无疑增加了他对这个陌生国度的兴趣。

"此邦俗尚勤俭淡泊，清洁可风。"这是郭开贞对东京最初的印象。他所接触到的日本人也都显得彬彬有礼。放眼街上，虽有不少西装革履者，却仍以着和服木屐者为多。宽大的和服让他联想到中国古代的服饰，不由得生出一丝亲近感，但满街嗒嗒的木屐声，却让他误以为是马车驶过时杂沓的马蹄声，待明白过来后，不禁哑然失笑。报摊上出售的新闻杂志上有一种"写真插画"，这是在国内从未看到过的，非常吸引人。开贞于是准备择定一两种，按月寄归家中，"以娱二老，并以开通乡间风气，增广见闻也"。他和杨伯钦租住的房子是和式居屋，与沙湾场自家的那个大宅子一样，也全以木料建成，不过结构形式迥然不同。房屋并不高大，完全本色的漆饰；室内以草席铺就榻榻米，不置放床、椅，席地坐卧；临院内一面的门窗是可以推拉的隔栅，全部推拉开，室内外在空间上就连为一体，能让人有种亲近自然的感觉……

此时的日本已经经历了明治维新后近半个世纪的发展，正显示着一种勃勃生机。郭开贞从街上行色匆匆的人群身上，从飞驰而过的隆隆的电车声中似乎都能感觉出这种生机。事实上，还在从沈阳乘车往朝鲜釜山的旅途上，他就已经感受到了这一点，那是在乘上日本人经营的安奉铁路的列车时。

从北京到沈阳，郭开贞也是乘坐火车，走京奉线。与刚刚乘坐过的京奉铁路列车相比，他吃惊地感到"一上日本车，就像真的进了乐园。座位是蓝色的天鹅绒绷着的，玻璃窗也明朗，地板也异常洁净"，以至他疑心是错上了一等车厢。"铁路沿线的地面也是租借了给日本的，整理得秩序井然"，"和旧了的京奉铁路比较起来，觉得中国实在是颓废得不堪"。这种对比中的反差所给予郭开贞的刺激是如此强烈，其中包含着的隐隐的刺痛，无形中给他的东瀛之行增加了几分使命感。

郭开贞很快发现，日本有许多方面都是值得效仿的。譬如，日本的学校从小学到高等学校都非常重视体育教育，在校外还要"设会讲习游泳法，大小学生多入会者"，这使得大中小学生，无不体魄健壮，"均有超超武夫之概"。日本人"体魄既壮，而于科学方面，又非常进步。近数年来，竟骎骎乎有与欧美诸国并驾齐驱之势。国无弃材，人有职守，吾国所素指为小鬼而耻不屑道者，方兴之焰，正未可艾也"。

这样的印象和感慨，一方面表达了郭开贞对于发展中的日本所呈现的强盛之态的欣羡、赞叹，实际上也就在他心里埋下一种期望和憧憬；另一方面则包含了一层出自弱国子民心底的隐忧——忧患于国势的日益衰颓不振。这对于他而言，无疑也是一种学习的推动力。它让郭开贞调整了自己的心态。

不少人都有过这样的经历：当长时间居住一地或是久久执着于一事后，经历一次异地环境的改变，常常会随之产生心情、心境的变化，更何况这一改变是去到异国他乡。郭开贞到日本之后，生活场景、社会文化环境都发生了巨大变化，随之而来的是一个视界的转换。他的所见所闻，显然对他产生了很大的冲击。原本在他心目中，日本一直还只是一方"小国"，甚至在并不久远以前乃一片蛮荒之地。可是明治维新之后的短短几十年时间里，日本崛起为一个新兴国家，呈现出勃勃进取的生机，这如何能不令他感到震动呢?

东渡之前,郭开贞一直受着中国传统文化的教化、熏陶,虽然他刚刚进入弱冠之年,士文化传统中那些对于民族与国家的历史使命感、社会责任感,已经潜移默化地刻印在他的脑海中了。这样一种现实情景,势必强烈地激发起他内心深处所潜在的使命感和责任感。郭开贞走出夔门前那种相当浮躁的心态大大改变了,在成都高等学堂分设中学曾经感染着的那股年少轻狂、愤世嫉俗乃至玩世不恭之态,开始消退。

在一封写给父母的信中,郭开贞写下这样一段话:"读书颇有深趣,前日浮放心气,似较沉着。来东虽无所得,即此于心身上,已获益不少也。"他"自觉体魄顽健,精神爽活"。又郑重地向父母告白道:"男前在国中,毫未尝辛苦,致怠惰成性,几有不可救药之概;男自今以后,当痛自刷新,力求实际学业成就,虽苦犹甘。"还不只是对于自己如此,当他得知侄儿因思家心切,从成都辍学归家,以及元弟毕业后决意居家,不思进一步的学业时,在家书中特意侃侃而论,谆谆劝学,直如一个诲人不倦的师长,一片拳拳之心可鉴。这哪里还有一丝一毫一两年前成都学堂里那副放浪顽劣的学子之态呢!

戒脱了在成都高等学堂分设中学染上的烟酒之习,郭开贞专心向学,"拼命地学日文,拼命地补习科学"。两个月后,他的日语已经有了很大提高,日常会话多少能上口了,书籍报刊渐渐可以阅读了,还开始用日语作文,而且觉得能够畅所欲言。

同住的杨伯钦是个很好的朋友。杨伯钦读的是东京高等师范学校,他为人宽厚,性行端正,颇有为人师表的风范。对于初到日本的郭开贞处处给予帮助指导,待他如兄弟一般。开贞有什么需要决断的,像在外聘师学习之类的事情,都要听听杨伯钦的建议。独在异国他乡,郭开贞庆幸自己一开始就有了这样一个朋友。几个月相处下来,开贞对杨伯钦愈发钦重,觉得他对自己"熏陶甚至",以至"有不自检束,则不足以对彼然者"。

1914 年 7 月初，郭开贞如期参加了东京第一高等学校特设预科第三部的入学考试。日本当时接纳中国官费留学生的学校有 5 所，在东京的有：第一高等学校、东京高等师范学校、东京高等工业学校和千叶医学专门学校。其实在 6 月初，郭开贞先参加了东京高等工业学校的入学考试，但未能考取，一高的这次考试可谓背水一战了。走出考场时，郭开贞悬着的心放下了一些。

功夫不负苦心人，一周后发榜，郭开贞果然考取了。

用半年时间考取官费留学，这在当年中国留日学生中大概是破了一个记录。郭开贞终能如愿在极短的时间内考取官费生，显示了他惊人的毅力，同时离不开家人的支持。就在他背水一战之际，远在四川的父母亲托人带来了二百银圆，大哥也从北京汇来一张银票，这无疑大大减轻了开贞心理上的压力。他也得益于有杨伯钦这样的朋友在身边，以其为精神上的"寄重"，"所谓闻风敦廉者"。

二　自立宣言

考取一高，心情无比舒畅，也放松不少，郭开贞对杨伯钦戏称这是"我处女的愉快"。此时正值酷暑季节，东京溽热难耐。手头的钱不那么吃紧了，开贞约上杨伯钦，还有同乡吴鹿苹同去房州避暑。房州地处海边，比东京的气候凉爽许多。开贞他们三人在临海的北条租了一间小屋，自己起火烧饭住了下来。

这是郭开贞第一次来到海边生活，无边无际的大海和海边的景色让他兴奋异常。放眼望去，没有风浪的海面平波如镜，湛蓝如洗；三五成群的海鸟时而轻掠过海面，时而高翔在空中；隔着海湾的对面，富士山秀丽挺拔的身姿从缭绕云端显露出来，那样一种崇高的美似乎难以用语言去描述。郭开贞心头油然生出诗意：

白日照天地，秋声入早潮。

披襟临海立，相对富峰高。

　　每天除了读一阵子书，大部分时间三个人都逗留在海边，或纵身跃入海中嬉戏，或伸展开四肢在沙滩上沐浴日光，或沿着海滨漫步。每当清凉的海水轻轻拂过身上，郭开贞常常会生出一种错觉，仿佛正置身在峨眉山麓缓缓淌过的茶溪水中，于是免不了就要撩动起一番乡思。其实开贞的水性并不太好，有一次他独自去海中游泳，差点淹溺在海里，幸好旁边一位热心的日本人把他救上了沙滩，并且将他送回住处。杨伯钦、吴鹿苹埋怨他莽撞，开贞却说："这有啥子嘛，喝点水算不了什么。"

1914 年夏在房州海滨

　　清晨从海上看日出，对于从小听着蜀犬吠日的古老传说、生活在内陆盆地的郭开贞来说，绝对是一种奇妙的体验。黎明时分，硕大呈橘红色的太阳出现在海天一线的海平面上，由于海水和光线的作用，可以清晰地感觉着它的缓缓跃动。在即将跃出海平面之前，橘红色的太阳宛如一个巨大的鲜活的卵黄，仿佛被大海的力量向下撕扯着，挣扎着，突然，腾的一下跃然而起，顿时金光四射……这是怎样一种动人心魄的情景啊！郭开贞脑海里升腾起关于生命、创化的联想，难怪日本这个民族从远古以来就崇拜太阳神——天照大御神。

如果是晨雾缭绕的天气，漫步在海滨，透过朦胧的海雾，隐隐约约可以看到远处一排黑色的小山一样陈列着的，是夜来停泊的军舰。这又让郭开贞联想到地图上看到的渤海湾，镜浦海岸的形态与渤海湾非常相似。但是想到这里，就会使他的心情沉重起来：那，怕是在渤海上耀武扬威的日本舰队吧！他不由得为祖国的前途和命运忧心忡忡：

> 飞来何处峰，海上布艨艟，
> 地形同渤海，心事系辽东。

一个月后，晒成一身黝黑肤色的郭开贞与杨伯钦、吴鹿苹返回东京。学校就要开学了。

日本的高等学校是大学的预科，而一高的预科班是专为中国留学生特设的，分为三个部。第一部为文学、哲学、政法、经济科，第二部为理工科，第三部为医科。各科的中国留学生都先要一起学习一年的基础学科，然后才分别进入各高等学校与日本学生一起就读本科。郭开贞通过的是一高预科三部的入学考试，也就是说他仍然选择了读医科。

在出川前，郭开贞选择了天津陆军军医学校，但考取后不愿意去就读，才有了东渡日本留学。他拼了命用半年时间考取一高，却仍然选择了一高三部的医科，何以如此呢？郭开贞后来是这样说的："当时的青少年，凡是稍有志向的人，都是想怎样来拯救中国的。因为我对于法政经济已起了一种厌恶的心理，不屑学；文哲觉得无补于实际，不愿学；理工科是最切实的，然而因为数学成了畏途，又不敢学；于是乎便选择了医科。"

看起来，郭开贞的这一次选择似乎是在仓促之中做出的，甚至事出无奈，但它其实是郭开贞在自己人生道路上第一次具有明确目标的选择，与当初投考天津陆军军医学校时的心态有着天壤之别。当初，他正处在一种"失望、焦躁、愤懑、烦恼"的心绪中，投考天津的医学校，并非心中已经有了一个学习医学的明确目标，主要还是为寻找可以离开蜀中闭塞之地的契机。考上天津陆军军医学校，"得到了一个离开四川，也离开了那种烦闷生活的机会"，目的似乎达到了，可是离开四川之后往哪儿飞，怎样摆脱"烦闷生活"，飞出去干什么，郭开贞都还没有一个清晰的想法。所以到了天津、北京之后，他一时又陷入一种进退两难、彷徨不定的状态。

然而，到日本后所看到、接触到的一切，显然让郭开贞对于科学救国、实业救国有了直接的感受，有了一个可以仿效的对象。"奋飞"二字不再仅仅是一个想象中的美好愿望和企盼。郭开贞对于自己来这里留学有了明确坚定的选择和充分的信心。他在家书中写道："要思习一技，长一艺，以期自糊口腹，并藉报效国家；留学期间……敢不深自刻勉，克收厥成，宁敢歧路亡羊，捷径窘步，中道辍足，以贻父母羞，为家国蠹耶！""男年已不稚，自当努力自爱，绝不至远贻父母隐忧。"当时的时代思潮是以科学和实业救国，因而轻文学，以为是无用之学。同时，郭开贞又感觉到："以医学一道，近日颇为重要。在外国人之研究此科者，非聪明人不能成功，且本技艺之事，学成可不靠人，自可有用也。"于是，他郑重地告知父母："男现立志学医，无复他顾。"

且不论生于乱世之际、欲有所为的年轻人莫不有一股以天下为己任的豪迈之气，也不管今后还会发生什么样的变化，郭开贞此时明确了这样一个人生的选择，至少标志着一个男孩子在弱冠之年写下了自立宣言的第一章，这对他来说是一个新的开始。

三　任重而道远

开学不久，杨伯钦便回国了，郭开贞得一个人负担房租，负担重了些，而且大冢距一高太远，于是，他与吴鹿苹及另一位浙江来的同学叶季孚，在本乡区真砂町的修园合租了一套房住下来。他们请了一个女工合伙开伙，由吴鹿苹管理伙食，因为吴鹿苹的日语在三人中是最好的，他已经要本科毕业了。吴鹿苹常常是按自己的口味安排饭食，这不对开贞的口味，可他并不抱怨，只是不伸筷子而已。吴鹿苹征求他的意见，他却道："随便吃。"郭开贞把心思都放在了学习上。

一高预科的课程主要是数、理、化、生物等基础知识的学习，此外就是外语，包括英语、德语，当然还有日语的学习。十几门课程，语言类课程占了不小的比重，学习是非常紧张的。郭开贞十分刻苦，记忆力又格外好，吴鹿苹有时帮他补习日语、英语，只消带他念上几遍，就记牢了，令吴鹿苹赞叹不已。数学本是郭开贞比较怵头的学科，但由于努力，一个学期下来，他的数学成绩在班上也名列前茅。开贞的额头很大，同学们于是亲切地称他"郭大头"。

第二学期开学不久的一天，吴鹿苹从学校里带回几页油印的英文诗，准备给郭开贞作英语学习用。他是从英文的课外读物上抄录下来的。郭开贞接过来一看，是印度诗人泰戈尔《新月集》中的几首诗：《岸上》《睡眠的偷儿》《婴儿的世界》等。泰戈尔1913年获得诺贝尔文学奖，所以这时日本正流行泰戈尔热。郭开贞原本对诗歌很有兴趣，但紧张的学习使他没有闲情逸致去光顾诗歌的园地，读读这些英文诗，既学了英语又享受到了读诗的乐趣，倒是可以一举两得。泰戈尔的诗平易流畅，没有韵脚，多是两三节对仗，诗意清新、恬淡。读过之后，郭开贞大为赞赏，这与他读过的其他英文诗全然不同，更与中国古典诗歌崇尚格律的刻意雕琢大异其趣。郭开贞为它们深深地着迷了，他从泰戈尔的诗中"感受着诗美以上的欢悦"。

在经历了离开家乡后的一段犹豫、彷徨，经历了初到日本的新奇、兴奋和投考一高的紧张生活之后，郭开贞进入一种常态的学校生活。他不仅在学习上静下心来，踏实地埋首于课堂，在关于人生的思考上，也脱却了年少轻狂的愤世嫉俗。当秋风乍起的时候，郭开贞赋过一章《落叶语》，借秋风扫过纷纷落叶作不平之语以为抒怀明志：

> 在昔春夏交，骄阳力可虞。于时啮臂出，阴翳怜清腴。何当秋

节至，哀我根本枯。誓将此寸躯，化作泥与涂。泥涂岂空化，还以沃根株。君岂无根生，我复当何辜！如何夺我志，空令填沟渠。

他感慨道："草木有苦心，世人知也无？"这些词句虽未脱模仿古人的痕迹，但表露的心迹绝非一般学子为文时不免要做出的矫情之态，显得那么深沉而又持重。

转过年来，在中日两国之间发生了一件大事：一直觊觎华夏大地广袤资源的日本政府，以重兵作为威胁，向袁世凯的北洋军阀政府提出签署中日关系"二十一条"，这是一个在政治、军事、经济各个领域全面侵略、掠夺中国的条约，是一个旨在灭亡中国的条约。"二十一条"一提出，马上激起中国人民的强烈反对。

郭开贞密切关注着事态的发展，他在给父母的信中提出了自己对时局的看法："此次交涉，本属险恶，然使便至交战，或恐未必。""彼近日，藉交换驻屯兵为名，海军陆军多发向我国者，想亦不过出于恫喝手段已也。"但同时，他也对于事态一旦恶化做了思想准备："然果使万不得已而真至于开战，则祖国存亡，至堪悬念，个人身事，所不敢问矣。"

1915年4月下旬，在日本不断往中国增派部队后，中日之间的交涉会议停止。在日本的中国留学生有不少人开始回国以示抗争。郭开贞与吴鹿苹、叶季孚讨论到时局时，不由得义愤填膺、热血沸腾：国家积弱成了这个样子，我们还有什么脸面在这里读书啊！国若不存，家又何在！他们三人也决定回国抗争，而且当即把家具、锅碗瓢盆都卖掉，做好了破釜沉舟、一去再不复返的打算。

5月7日，郭开贞三人登上了回国的轮船。也就是在这一天，日本政府向北洋军阀政府发出最后通牒。北洋政府腐败无能，袁世凯做着他的皇帝梦，注定了这一次的中日交涉将以中国的退让结束。当郭开贞他们还在东海上的旅途中时，袁世凯已经屈从于日本的军事压力，同意签署"二十一条"。

回到上海的郭开贞、吴鹿苹与叶季孚，在住进客栈后闻知北洋军阀政府签署了"二十一条"的消息，他们仿佛被兜头浇了一盆冷水，一时之间，满腔热忱化作不知所措。砸了锅碗瓢盆、慨当以慷地回到国内来，却不过是在舞台上匆匆跑了一个过场，郭开贞他们有一种被嘲弄了的感觉。但同时，他也在头脑里问自己，究竟什么是爱国，怎样才是爱国呢？

待在上海已经毫无意义了，他们都是官费生，还得继续去完成他们的学业。于是，在上海住了三天，连客栈的东西南北都没搞清楚，三个人就又返回日本。来也匆匆，去也匆匆。郭开贞创作了一首七律，既表达了一腔高昂的爱国情怀，也记录下这一次回国事件对于他思想上的触动。诗是这样写的：

> 哀的美顿书已西，冲冠有怒与天齐。
> 问谁牧马侵长塞，我欲屠蛟上大堤。
>
> 此日九天成醉梦，当头一棒破痴迷。
> 男儿投笔寻常事，归作沙场一片泥。

在北京的大哥责备了八弟贸然回国的举动，郭开贞对于自己仓促之间回国之举的轻率、孟浪也进行了反思。他写信给元弟道："归沪之失，正如弟书所云，不能看破情，徒人云亦云也，悔愧万千，悔愧千万！……算回沪损失，为日十日，光阴自是虚掷，然所幸校内停课，讲义尚无甚缺漏；又于此十日之内，自家所得之经验教训，亦正自不少也。"这是从读书和学业的角度来看问题。关于事件本身，郭开贞进一步得出了这样的认识："此次交涉得和平解决，国家之损失实属不少，然处此均势破裂之际，复无强力足供御卫，至是数百年积弱之敝有致。近日过激者流，竟欲归罪政府，思图破坏，殊属失当；将来尚望天保不替，民自图强，则国其庶可救也。"

这次回国的经历，显然对于郭开贞思想的触动很大。很难想象在一年前甚至几个月前的开贞会发出这样的时评，会以这样的论调反思国是。事实上，郭开贞思想上的这一种变化，从他来到日本以后就渐渐发生了。他的爱国情怀，他对于国家、民族的命运与前途的忧患、思考，融入他新的生活经验中。

在成都读书期间，郭开贞曾亲身经历、感受了辛亥革命前的期望、革命中的动荡与革命后的失望，因而，出国前的他头脑里充斥着的主要是对于社会现实的极大失望与强烈不满，在心理上、意识上、行为上更多的呈现为反抗、叛逆，乃至自暴自弃式的情绪性表达。包括他选择出国留学的动机中实际上也隐含着一种对现实的深深失望，意欲挣脱开去的无可奈何和义无反顾。到了日本，尤其是当他心中渐渐明确了以学有一艺一技报效国家的选择之后，他回看祖国，再来审视那依然如故的社会现状时，却在不知不觉中已经转换了一种观察的角度和思考的立足点。国家似乎不再仅仅是某一个自己直接面对的政府、一个政权，还是一个位于世界版图上的民族的实体，一个由政治、经济、文化、军事、社会组成的实体。

当自己曾经直面那个政府、那个政权、那个与之相关的腐败没落的社会现实时，郭开贞头脑里意识到的与其说是国家的概念，毋宁说是对于改朝换代的希望。以天下为己任的责任感和使命感也并没有落在实处，所以他无所顾忌地表达自己的愤慨，甚至以自甘堕落的极端方式去反叛现存的社会秩序。可是一旦抽身出来，而且自己对今后的人生之路有了明确的选择，再面对同样的政府、同样的政权、同样的社会现实，他思考问题的时候却是面对了国家——处于世界民族之林中的祖国，这使他减少了那种情绪化的愤愤不平，而增添了几分理性的审慎的目光。

从只是凭一腔激愤之情，一味以发泄不满和抨击现实的一切来表示对国家、民族命运与前途的忧患，到确切地意识到自己有具体的责任和使命去思考国家、民族的命运和前途，郭开贞大概已经意识到：自己需要的不单是书生意气的诅咒、诘难，还应该有立足于现实的抱负和理想。

应该说，郭开贞此时对于北洋政府，包括对于袁世凯、段祺瑞，有着些不切实际的期待，这对一个尚不能从人类社会发展史、从中国历史发展进程的宏观视野去思考国家和民族之命运，而且政治上远未成熟的青年学子来说倒也不足为奇，严峻的社会现实会让他很快认清这一切。

爱国主义从来不是一个空泛的概念，也不是一句口号，它不断积累、融合着一个人从自己的人生经历中感悟到的民族意识和历史责任。郭开贞的留学生涯必然是他形成爱国主义精神所要经历的一种磨难，所以这里还仅仅是一个开始。

第五章　吹起诗歌的芦笛

一　"放声歌我歌"

郭开贞从上海返回东京后一时间连住的地方也没有，因为他们走的时候把房子退掉了。来不及找新的租屋，暂时借住在一高附近的富喜馆，郭开贞马上投入紧张的学习之中，因为很快就要到期末了，他不敢有丝毫懈怠。

1915 年 6 月中旬预科开始毕业考试，月底，公布了成绩。郭开贞的成绩名列第三，被分派进入第六高等学校。按照一高特设预科的规定，中国留学生在一年的预备教育期间，要学完必修课程，考试及格后方可分派至各高等学校，从一高到八高共有八所。分派的原则是根据综合成绩的排名，即第一至第八名按顺序进入一高至八高，第九名仍从一高起分派，依此类推。郭开贞综合成绩排名第三，应该是派往三高，但不知何故，他被分派在冈山的六高。但不管怎么说，这时郭开贞才正式进入留学的预科学习阶段。

六高所在的冈山位于日本本州岛的西南部，濒临濑户内海。与繁华的东京相比，这里只能算一个小城市。六高倚操山而建，周围几乎还都是田野乡居，全不见东京闹市区车如流水马如龙的景象。但郭开贞很喜

冈山第六高等学校

欢这里的环境，因为这里让他感觉到几分与家乡风物相似的自然、亲切。

"操山峙立校内，山木青葱可爱，骤望之颇似峨眉"，"田畴畅茂，风景悠然，清风时来，溪流有声，恍惚如归故乡也"。刚刚到达冈山，郭开贞就为父母这样描绘了六高的情景。他的心情是十分愉快的。

冈山的生活费用也比东京低得多，每月用不到十五六元就解决了吃住问题。郭开贞租住了一位年过六旬的老妇人的房子。老妇人独自一人生活，待郭开贞非常亲切，帮他补缀衣裳，还不时地采集些鲜花布置在他的居室内，这也让郭开贞格外感觉着乡情一般的温暖。

六高三部的功课非常繁重。高等数学、物理、化学、动植物学还有实验，都得在三年内修完。但每周课时最多的是外语。三年之中要学三门外语：德语、英语、拉丁语。其中又以德语耗时最多，每天就要有三课时，因为日本的现代医学以德国医学为本。

日本的教育注重灌输，课堂内外的时间都被授课、作业塞得满满的，这使得郭开贞的生活节奏格外紧张。他每天五点半即起床，洗冷水浴，除了晨练、一日三餐以及晚饭后一小段散步的时间，一直要学习到晚十时才能准备就寝。有时为了放松一下脑筋，郭开贞黄昏时分独自去登操山。沿着陡峭的山路游荡进半山腰上的松林时，已经夜色朦胧。仰望山顶上散乱在树丛中的一块块巨石，他仿佛走进了一个猛兽的王国。远眺西天残留着的一抹浓红色夕阳余晖，像飞洒了一片血流，郭开贞感到脑海中汹涌澎湃地涌出一阵阵诗的灵感，让他得以淋漓痛快地一抒胸臆：

> 怪石疑群虎，深松竞奇古。
> 我来立其间，日落山含斧。
> 血霞泛太空，浩气荡肝腑。
> 放声歌我歌，振衣而乱舞。
> 舞罢迫下山，新月云中吐。

就读于冈山六高的郭沫若

外语学习是郭开贞感觉最艰难的。本来也只学了一年半的日语，又要和日本同学一样，通过日语去学习另一门西方语言，当然就得花费成倍的时间、精力。日本老师教外语的方法也特别，注重读讲，就是以原文读物为课本，让学生读，上课也是让学生讲书。于是，郭开贞的自习课时间，差不多就都得用来翻查外文字典了。但郭开贞未曾料到的是，在这样吃力的学习中，他居然发现了一种乐趣，那就是接触了许多西方文学作品，特别是德国文学作品。这对于有着文学爱好的他而言，真是大开眼界。

六高的外语老师大都是东京帝国大学出身的文学士，他们不是语言学专家，所以在教课中注重阅读理解，轻视写与说。让学生略通发音与文法后，就以原文原著作课本。他们选中作教学课本的外文原作都是该国文学的经典名著。就是通过外语课的学习，郭开贞开始接触而且喜爱上了歌德、雪莱、席勒、默里克等人的作品。不过，他此时没有想到，这一番学习经历对于他以后的人生道路会发生什么样的影响。

郭沫若（后排左二）与六高老师、同学合影

还是在一高读书的时候，因为学业紧张，郭开贞就感觉身心有些疲惫。来冈山后，六高的学习生活仍然非常紧张，疲惫感更加剧了，以至发展到心悸亢进，慢步行走的时候，胸部也感到震荡作痛。晚上睡不好觉，常常一夜只能睡上三四个小时，还总是伴随着噩梦。记忆力明显降低，看书看到后面时，就把前面的忘掉了。这让郭开贞很苦恼，甚至想到过以死来求得解脱。医生诊断的结果是得了重度的神经衰弱症，建议他休养一段时间。这对于依靠官费留学的郭开贞来讲怎么可能呢？他想到了王阳明。

在东京的时候，一次逛旧书店，郭开贞看到一部《王文成公全集》很便宜，便买了来，以作调剂紧张学习生活的读物。他记得王阳明在书中阐述"去人欲存天理"的修身之道时，特别讲到"静坐"的功夫，于是想到用"静坐"的修身养性之法来治疗神经衰弱症。开贞又特意去买了一本《冈田式静坐法》，按着书中的指导练习。这样，在他每天的生活日程里，早晚各增加了一项"静坐"的锻炼，睡觉之前再读上十几页的《王文成公全集》。王阳明与疾病搏斗，在险恶的生存环境中永不放弃抗争的顽强精神，以及他一生不断磨炼自我、追求自我完善的人格力量，使郭开贞产生了强烈的共鸣。他为自己抄录了《论语》中的一段话"士不可不弘毅，任重而道远"作为生活中的座右铭，并取名"毅夫"以策励自己。

不到一个月下来，郭开贞发现神经衰弱的症状大都消失了，自己的身心状态也基本复原，他欣喜不已。而且他没有想到的是，他因此与王阳明和王阳明的学说结了缘，而且由王阳明引导着进入一个形而上的世界中去，由王阳明引导着，他对于中国传统文化开始了一个再发现的研读过程。当然，这是后话。

进入六高，郭开贞与在东京往来的朋友自然分手了，不久，他新结识了同在六高，但就读于二部工科的成仿吾。成仿吾又名成灏，是湖南新化人，个子不高，但很壮实，为人真挚朴讷。攀谈起来，他们虽然所学不同，但都是"抱着富国强兵的志向，幻想科学救国"来日本留学的，在课外，又都对于诗歌与文学有着浓厚的兴趣，于是，两人很快成为亲密的朋友。他们时常一道漫步在后乐园，或是荡舟于旭川。一起探讨文学，切磋外语课的学习，或者议论中日关系问题。郭开贞发现成仿吾是个外语方面的天才，成仿吾则很佩服郭开贞诗人一般的才情。第一学期结束后的春假期间，两人结伴游览了四国岛、宫岛还有濑户内海的风景名胜。这次游览，让他们对于日本独特的风物景观有了更丰富的了解，这些风物景观给他们留下了深刻的印象。当他们坐上汽船，巡游在濑户内海乘兴而归的时候，不由得感叹万分：

"你看这海水，还有远处那些若隐若现的小岛的颜色，绚烂绮丽而又变化万千，简直难以用语言形容。恐怕日本之所以会产生锦绘，大半是因了这濑户内海吧！"

"说的是呢。在中国是巫山，在日本就是这濑户内海，它们都是大自然的灵境。如果以三峡的奇峭、警拔、雄壮誉之为北欧的悲壮美，那么濑户内海的明朗、玲珑、秀丽则应誉为南欧的优美吧！"

与成仿吾在一起的时候总是很愉快的，与成仿吾的友谊也成了郭开贞日后人生旅途中最值得珍视的友谊。

二 爱情的自由鸟

1916 年的暑假期间，郭开贞去东京看望一位患肺结核住院治疗的朋友，这位朋友却在此期间不治而亡。郭开贞十分伤感，留下来料理朋友后事。在他去圣路加医院取朋友的遗物时，邂逅一位日本女子佐藤富子。圣路加是家教会办的医院，佐藤富子在这里做看护。

或许是心境的缘故，郭开贞觉得在第一眼看到佐藤富子的时候，就从那女孩子的眉目之间发现有种不可思议的洁光。佐藤富子听说了郭开贞朋友的事情，流下同情的泪水，还说了许多宽慰的话，后来又特意用英文给郭开贞写了一封长信安慰他。这让郭开贞很感动，恍惚觉得是不是上帝在可怜自己，当一个好友不幸去世的时候，又给他送来一位新的朋友。于是，两人开始了交往。

佐藤富子比郭开贞小两岁，出生在仙台。佐藤家是仙台的士族，但富子的父亲加入了教会，是一位牧师。佐藤富子从小在美国人办的教会学校尚纲女校读书，受父亲的影响，她在毕业后决心将自己的一生献给慈善事业，所以到圣路加医院做了一名看护。难怪郭开贞第一眼就从她眉目之间读出一缕洁光，感受到一颗温暖的同情心。

他们两人一个在东京，一个在冈山，交往只能通过纸上谈心的通信进行。但这并不影响他们之间的关系在慢慢地升温。每周郭开贞都要有两三封信寄往东京，他也会收到同样数量的东京来信。写信、读信，成了枯燥的学习生活中一件非常开心的事情，后来他们干脆彼此认作兄妹。

郭开贞以为富子既然决心献身慈善事业，只做一名看护妇，有些委屈她，也拘束了她，她应该有更大的发展空间。于是，他劝富子投考女子医学校。他算了算，省吃俭用的话，以自己的官费供两个人上学还是可以的。佐藤富子欣然同意。圣诞前夕，郭开贞用英文为富子写下一首寓言般的散文诗。诗中写道：

有一天清早，太阳从东海出来，照在一湾平如明镜的海水上，照在一座青如螺黛的海岛上。

岛滨砂岸，经过晚潮的洗刷，好像面着一张白绢的一般。

近海处有一岩石洼穴中，睡着一匹小小的鱼儿，是被猛烈的晚潮把他抛撇在这儿的。

……

一个穿白色的唐时装束的少女走了出来。她头上顶着一幅素罗，手中拿着一枝百合，两脚是精赤裸裸的。她一面走，一面唱歌。她的脚印，印在雪白的沙岸上，就好像方便面一瓣一瓣的辛夷。

……

她把头儿低了下去，无心之间，便看见洼穴中的那匹鱼儿。

她把腰儿弓了下去，详细看那鱼儿时，她才知道他是死了。

她不言不语地，不禁涌了几行清泪，点点滴滴地滴在那洼穴里。洼穴处便汇成一个小小的泪池。

少女哭了之后，她又凄凄寂寂地走了。

鱼儿在泪池中便渐渐苏活了转来。

放年假的时候，郭开贞又去了一次东京。他和富子已经商量好，让富子辞去圣路加医院的工作，到冈山同住，以便让富子集中精力准备参加春季的招考。新年过后，他们同居在一起了。郭开贞为富子取了一个新名字：安娜。

与安娜的结合带来了爱情欢娱的同时，也伴随着深深的苦恼。事实上，从与安娜交往开始，这样的苦恼就一直纠缠着郭开贞，因为与张琼华的婚姻还束缚着他。

家长包办的那场媒妁之约，被郭开贞喻为隔着口袋买猫，说的是白猫，打开来看却是黑猫。还无力对抗强加给自己命运的这种旧婚姻制度的他采取了妥协的办法：接受了既成的婚姻约定，却以远走他乡的方式实际上搁置了这一约定。

也许是时间冷却了与张琼华结婚之初的那种愤愤不平，东渡日本之后，郭开贞其实也想到过是不是能把这一婚姻关系维系下去。他主动提出要张琼华来日本陪伴在他身旁。但是张琼华有她的顾虑、固执："回想来日本之事，千里迢迢，妻年青妇女，以不便抛头露面，落外人之谈论，我夫脸面又存于何地。"这是张琼华给郭开贞回信中所写的，算是一个回复吧。她究竟还是一个旧式女性。而这样一来，似乎也就真的错失了维系他们二人婚姻关系的那一线之机。

虽然如此，父母包办的这场婚姻，毕竟还是一个没有完结的悲剧。与安娜的恋爱使郭开贞获得了爱情的自由与欢乐，但同时，他也就背负上了对于父母和张琼华——那个同样因旧婚姻制度牺牲却孤单无助的弱女子——的负罪感。

而从另一方面说，郭开贞对于安娜也怀着一种负疚感。他知道以安娜的家世背景，她与自己恋爱是做出了很大牺牲的。无论作为士族的后裔还是牧师的女儿，与一个结过婚的中国留学生相爱，都是她的家庭所不能允许的。安娜到冈山来与他同居，是冲破了家人的反对，而且冒着被家族除名的风险的。安娜把一颗少女纯洁无瑕的心给了郭开贞，他有能力来悉心地呵护这颗心吗？

恋爱中被这样一些苦恼缠绕着的郭开贞，有时就像海边那只涸死的鱼儿。

安娜的义无反顾引来了爱情的自由鸟，安娜给予郭开贞的爱就是少女的泪，涸死的鱼儿在少女泪池的滋润中苏活了。郭开贞决心挥去苦恼，享受自由爱情的幸福与欢乐。这是他的一次精神上的复活，是从那场虽然没有落幕，但心已为之死寂了的封建婚姻悲剧中的挣脱。

沉浸在获得爱情的欢悦之中，郭开贞认真地产生了写诗的冲动和欲望。他吹起了诗歌这支"芦笛"，陆续写出了《新月与白云》《死的诱惑》《别离》《维奴司》几首诗。他没有使用传统的格律诗词形式，而是运用了自由体的语言和形式抒写，因为它们都是为安娜而作的，是为了获得爱情的自由而吟唱的。后来当郭开贞结集出版他的第一部诗集时收入了这些诗，并且以"女神"为这个诗集命名。那个用泪水救活了鱼儿的少女，升华为一个崇高美的诗意象征。

春假后，安娜赴东京市谷女子医校就读，准备将来做一名助产士，然而因为怀孕，不得不中途辍学返回冈山。1917年年底，他们的第一个孩子出生了，取名和生，开贞大哥给起的，说是取和气致祥之义。在这之前，郭开贞已经把他与安娜结合的事情告诉了家中，但遭到父母反对，而且一度断绝了音讯。和儿的出生，成为一个转机，父母亲得知这个消息，默认了开贞与安娜的婚姻。开贞也坦诚地向父母吐露了心中的负疚：

> 男不肖陷于罪孽，百法难赎，更贻二老天大忧虑，悔之周极，只自日日泪向心头落也。自接元弟往日责让一函，屡思肃禀，自白终觉毫无面目，提起笔竟写不出一句话来。今日接到玉英一函，叙及父母哀痛之情，更令人神魂不属。往事不愿重谈，言之徒伤二老之心。而今而后男只日夕儆旸，补救从前之非。……和儿母本日本士族，四年前由高等女学毕业，今年二十二，为儿所误，殊自可怜，望二老亦怜而恕之也。

信上提到的玉英就是张琼华，郭开贞曾想到过与她离婚，但对于一个遵循着三从四德的旧式女子，离婚无异于丈夫下了一纸休书，这可能会使她走上绝路。郭开贞犹豫再三，终是下不了这个决心，这一桩死了的婚姻就那样搁置了下来。

其实，无论对于张琼华还是郭开贞而言，这都不仅仅是个人的悲剧，还是时代的悲剧，是生存在一个新旧历史转换时期的他们那一代人人生命运的悲剧。

为安娜而作，也可以说为自己而作的那些诗，郭开贞运用了自由体的语言形式，这在他也是一个尝试，虽然此时他尚未意识到这尝试所具有的意义。这大半得感谢泰戈尔。在东京一高的时候，郭开贞就对泰戈尔产生了莫大的兴趣，到冈山以后又恰逢泰戈尔访问日本，泰戈尔热愈盛。郭开贞跑到冈山的图书馆，把泰戈尔的《新月集》《园丁集》《吉檀迦利》《伽毗百吟》等诗歌集都寻了出来，每天学校下午的课程结束以后，他就待在图书馆阅览室的一角，拿起泰戈尔的诗集静静地面壁阅读。

就是这笼压弥漫的痛苦，加深而成为爱，欲，而成为人间的苦乐；

就是它永远通过诗人的心灵，融化流涌而成诗歌。

正被爱情的欢乐与烦恼所纠缠着的郭开贞，从泰戈尔的诗句中好像探得了"生命的泉水"一样。泰戈尔诗歌那清新隽永的情调和婉转流畅的韵律，既让郭开贞享受到诗美的愉悦，又使他体验着一种恬静的悲调，他的心中常常会不知不觉地涌出涅槃一般的快乐。

月儿呀！你好像把镀金的镰刀。

你把这海上的松树斫倒了，

哦，我也被你斫倒了。

白云呀！你是不是解渴的凌冰？

我怎得把你吞下喉去，

解解我火一样的焦心？

郭开贞一次次兴奋地记下这些从心中自然而然流泻出来的诗句，然后拿去用英文读给安娜听，共同分享那荡漾在胸中的创作激情。他还特意选了一些泰戈尔的代表诗作，翻译了一本《泰戈尔诗选》，送去国内出版。只可惜当时的中国文坛还不知道泰戈尔其人，郭开贞的译诗被打入冷宫。

三　考取医科大学

冈山的校园生活基本上是平静无波的，郭开贞"每日读书温课，或会友闲谈"。因为这里的"留学生甚少，关于集会演说等嚣骚情势，完全没有"。下课以后，沉浸到那个温馨的两人世界中，郭开贞度过了来日本后一段最平和宁静的日子。但即使如此，多灾多难的祖国也总是让他记挂在心上。

1918 年 5 月，北洋军阀段祺瑞政府与日本政府签订了一个《共同防敌协定》，使东北的大门向日本洞开，拱手让日本军队进驻东北地区，以出卖国家主权和民族利益换取日本在经济上的援助。段氏内阁的这一丧权辱国行径，立刻激起了留日中国学生的强烈愤慨。在日本各地的留学生纷纷罢课，并选派代表回到北京、上海进行请愿和宣传活动。

一时间，在留学生中反日排日情绪极为高涨。郭开贞与在六高的所有中国留学生一起参加了罢课，为此，校长还特别把以他为首的八名学生叫到家中，试图说服他们复课。但是因为安娜是日本女子，他被一些同学所误解，认为他这样没有资格爱国。

罢课进行了两周后，留学生们做出回国的决议并开始陆续回国。郭开贞顶着个汉奸嫌疑的帽子，又要用每月的那份官费养活三口之家，没能与其他学生一起回国。他格外感到愤愤不平，因为这极大地伤害了他的爱国情怀：

今我天之涯，泪落无分晓。

魂散魄空存，苦身死未早。

有国等于零，日见干戈扰。

有家归未得，亲病年已老。

在当时的情势下，留学生们空有一腔爱国热情，自然得不到实际的结果。到1918年6月上旬复课时，郭开贞他们已经面临毕业前的最后考试。他别无选择，必须全力以赴，否则，留学生涯将半途而废。

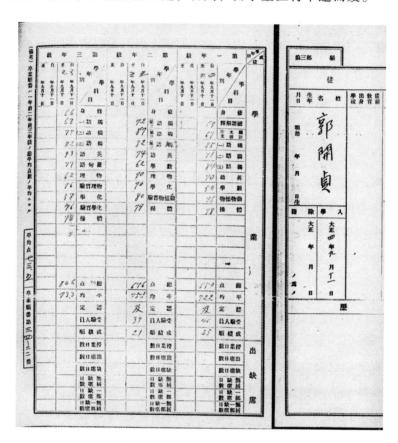

在六高的学籍簿、成绩单

经过紧张的努力，郭开贞通过了各科的期末考试。7月，他接到了九州帝国大学医科大学的免试入学通知书。

九州帝国大学医科大学后来改名为九州帝国大学医学部，是仅次于东京帝国大学和京都帝国大学的日本著名国立大学，位于日本西南部九州岛博多湾畔的福冈市。8月初，郭开贞携安娜和不足周岁的和儿到达了福冈。福冈是由两个旧市合并而成的，西边是福冈，东边是博多。医科大学在博多，校园后面临着博多湾。

　　囊中羞涩，开贞租了一家当铺二楼的两间小屋，三口人勉强安顿下来。好在这里离学校很近，不足二百米的距离。手中的钱只有预支来的八、九两月的官费，除去旅途、搬家的花销，办理入学也要缴纳一笔不小的费用，还要购买医学教科书以及德文原版的参考书，郭开贞几乎没有余钱来维持家用。幸亏大哥从北京汇了70元作为给八弟进入九大的贺仪，算是解了燃眉之急。

　　医科的学业是很繁重辛苦的，一开学，郭开贞就进入紧张的学习状态之中，根本没有多余的时间和精力顾及家庭生活。安娜在家中理家，但是在开贞的官费之外他们没有任何其他收入，经济的窘迫压得他们几乎喘不过气来，只能拆东墙补西墙。德文参考书几次被开贞典当了又赎回来，这是租住在这家当铺唯一的好处。

九州帝国大学医学部

　　这种捉襟见肘的贫困状态，一直到9月下旬才有了改观，那是好友成仿吾突然出现所带来的转机。

　　成仿吾在六高毕业后进入东京帝国大学学兵器制造，他是陪同家乡

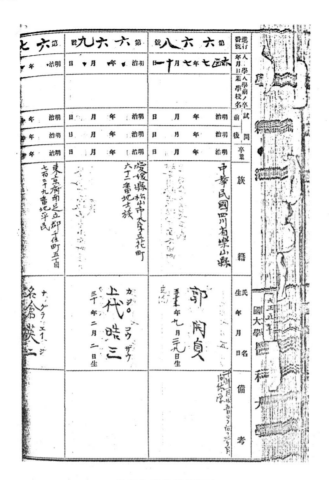

九州大学的学籍簿

一位陈姓老人来福冈的。陈老先生患眼疾，慕九州帝国大学一位眼科医生之名，来这里求医治病。一行四人住在旅店的开销太大，便租了一幢房子住。他需要找个人料理家务，于是通过成仿吾邀请郭开贞一家同住，由安娜为他们做饭。这也算是各得其所，不过毕竟使开贞一家暂时摆脱了经济上的窘困，安娜为此还感动得差点落下泪来。

与好友相见，郭开贞非常开心，谈笑间就提起想办个刊物的话茬儿。成仿吾很奇怪开贞何以会想到这样一件事，开贞告诉他说，是上个月碰到一位一高时的朋友，彼此谈起了这件事。

那是刚到福冈不久尚未开学，一天中午，在博多湾海边散步的郭开贞意外地遇到在东京一高同过学的张资平。张资平学的是理科，与在三部医科的郭开贞并不同班，但一些基础课是三个部的学生在一起上的大课，所以彼此也都相识，只是没什么来往。交谈中得知张资平分在熊本市的五高，还没毕业。熊本离福冈只半天工夫的火车，张资平是来这里洗海水浴的。

在福冈还没有朋友的郭开贞与张资平热烈地攀谈起来。接下来的几天，他们每天一起到海滨洗海水澡，沐日光浴。张资平也喜欢文学，于是闲谈之间，自然就说到国内文坛的情况。二人都对国内至今还没有一种像日本那样的纯文学或纯科学的杂志表示不满：

"其实我早就在这样想，我们找几个人来出一种纯粹的文学杂志，采取同人杂志的形式，专门收集文学上的作品。不用文言，用白话。"

"出文学杂志当然很好啦，但你哪里找人去？"

"据我所知。我们预科同班就有一位郁达夫……"

"啊，不错，不错，老郁是会做诗的。听说他常常做些旧体诗到《神州日报》上去发表呢，而且在做小说啦。"

"对，我也想到一个，六高时我们同过学的成灏君，很有文学趣味。他去年进了东大造兵科，可以拉来的。不过，现在可能回国度假了。你还认得些什么文学上的朋友吗？"

……

郭开贞把他与张资平交谈的情况讲述给成仿吾后，笑着说："你看，这不是说曹操，曹操到。"成仿吾当然很赞成开贞的想法，他们在冈山时交谈得最多的就是文学。不过，他们也意识到，当下还没有条件办成这件事，于是，商定了各自再去联络志同道合的朋友。

当郭开贞给成仿吾讲述博多湾海滨那次谈话的场景时，他们肯定谁也没有想过，这样一个小小的设想，在几年之后会对国内的文坛产生怎样的影响。

四　博多湾的遐思

有了一个办刊物的梦想，郭开贞这时对于文学的兴趣已经越来越大。

由于童年时代所受教育和周围人文环境的影响，郭开贞一直对于文学有着浓厚的兴趣，不过因为在他的少年时代，人们所追求的富国强兵的社会理想，是由实业救国、科学救国这样的思想支撑着，传统的文史之学被看作无用之学，甚至受到鄙弃，所以他在这方面的兴趣无形中被压抑下去了。然而，与安娜的恋爱引发了开贞写作诗歌的激情，于是文学方面的兴趣被悄然唤醒。

当然，这只是郭开贞个人生活经历导致的变化，如果仅仅如此，那对于他今后的人生之旅未必具有多么大的影响。可是接下来的情况表明，郭开贞既定的生活道路，已经从这时起渐渐发生了偏离。也就是说，有一些他还没有意识到的因素，助推了他文学兴趣被唤醒的过程。其中非常重要的一个因素，是他所置身其间的日本社会。

郭开贞留学日本，正值日本的大正时代（1911 年是大正元年），这距明治维新已经四十余年了。日本在明治时代经过近半个世纪的维新变革，已经基本上完成了从古代封建社会向近代资本社会的转换。在明治维新期间，日本为推行现代化，实行了富国强兵、殖产兴业、文明开化三项重大政策，特别注重从西方学习引进政治制度、法律制度、经济体制、科学技术、教育制度等。但是为了维护天皇制这一政体形式，在思想文化启蒙方面，则采取了抑制自由民权运动发展的政策。到了明治时代后期，整个日本社会已经基本上完成从古代社会到近代社会的转型，但在思想文化领域，和洋之间、新旧之间的矛盾冲突反而愈益突出，于是，大正年间，文化主义思潮兴起，对于西方文化思想采取了更为开放的态势。

文化主义思潮的核心，就是关注人的精神的解放和自由。于是，哲学、文学、音乐、戏剧、美术等思想文化方面的活动，成为日本社会生活中最为活跃的内容。特别是文学获得了突飞猛进的发展，各种文学思潮、文学流派此起彼伏，异彩纷呈，成就了日本近代文学的一段辉煌时期。

如果说在课堂上的外语学习，还只是让郭开贞在无意之间接触了西方文学，那么置身在这样一种社会背景之中，他与文学尤其是西方文学的不期然而遇，就势必预示着一个有可能发生的结果：

"我接近了泰戈尔、雪莱、莎士比亚、海涅、歌德、席勒，更间接地和北欧文学、法国文学、俄国文学，都得到接近的机会。这些便在我的文学基底上种下了根，因而不知不觉地便发出了枝干来，终竟把无法长成的医学嫩芽掩盖了。"

医科专业的学习虽然不能放松，但被激活了的文学兴趣，让郭开贞把业余时间都用在了博览群书上。"书店渔猎"是他乐此不疲的一种读书方式。下课没事时，便到新旧书店里去徘徊，不一定有意寻什么书，而是在书店里巡览各种书籍，或是翻阅目录。遇着有好书的时候，身上有钱就买它一本，多数时候是没钱，那就站在那儿翻阅。小本的立地读完，大本的今天读上若干页，明天接着再读。这就是"书店渔猎"。

每逢这样读着书的时候，精神上的无拘无束，让郭开贞感到就像进入一个有活动画景的画室一样。"才看见阿拉伯的队商在沙漠中旅行，忽然又看见探险家在北冰洋上探险；才看见罗马军队入了埃及的首都开罗，逼死了绝世的美女王 Creopatra，又看见太空中无数的星云在构成新星系统；人体的细胞在和细菌作战的时候，火星的人类又在策划侵略地球；Fichte 才在草告德意志国民的书，爱因斯坦已经在向日本人讲述相对论了；Pompeii 的居民在火山未爆发以前正在戏场中看戏的时候，赤色军已经占领了莫斯科宣告全世界大革命……一切实际的或非实际的，有形的或无形的，旷古的或未来的，形形色色的世界展开在我们面前，使我们时而兴奋，时而达观，时而悲，时而喜，时而憎怒，时而爱慕，时而冷笑，时而自惭，时而成为科学家，时而成为哲学家，时而成为诗人，时而成为志士。——超绝时空的灵魂的冒险，情绪的交响曲"。

这样的阅读——当然不仅仅是以"书店渔猎"的方式进行，在郭开贞的面前展开了一个古往今来、天上地下、仪态万方的大千世界。那真是一种无与伦比的精神享受。郭开贞时常迷醉于这样的精神享受，以至于有时上课，老师在上面讲人体结构，他就在下面读小说，光读了还不尽兴，自己还尝试着写。

天气变冷的时候，学校的人体解剖课开始了。郭开贞每周有三个半天是在解剖教室度过的。全班学生分为八人一组，在教师指导下每组解剖一具尸体。八个年轻人战战兢兢地从尸体库中抬出一具尸体，放在长条桌上，拿起刀子、钳子。一会儿，经过解剖，这时呈现在他们面前的已经不是一具完整的人体，而是头、脚、胳膊、大腿，是肌肉系统、神经系统等等。时间一长，福尔马林的臭味混合着尸体微微霉变的腐臭，很多同学受不了。郭开贞却不反感，特别是从哪一处清理出一根纤细的神经出来的时候，他体验到一种发现的快乐，脑子里涌出创作的欲望。

一天下午，解剖课结束后，回到家中的郭开贞照例坐在桌前读书，读累了，便伏在书桌上休息。这时，他眼前浮现出一具解剖过的尸体。"……看那，这里有一个裸体女人像的文身，旁边还有字，是一个人的名字啦。……这是滨田家女儿的名字，三年前她溺水死了。怎么会……""喂，还我的爱人来！……"惊醒过来的郭开贞发现这不过是个梦。他根据这个梦构思了一个曲折的盗尸故事，写成自己的第一篇小说《骷髅》，并且寄出去投稿，可惜未被采用。

在旁人眼中非常专业、与审美全不搭界的医学解剖课，竟能引发郭开贞的创作灵感，实在是令人匪夷所思。看来文学让郭开贞简直有点走火入魔了。不过他写得最多的还是诗歌。

尽管如此，郭开贞并没有放松专业课的学习。九大的医学教学也的确不同凡响。日本国内许多知名的专家、学者亲自给学生授课，使他们打下坚实的理论基础。同时，学校很注意让学生们了解科学领域的前沿动向。开贞在这里听过物理学家爱因斯坦关于"相对论"的演讲，听过生理学家巴甫洛夫长达半年时间的授课，还观摩了他做的狗"假饲"实验及胃瘘手术。

　　这两位世界著名科学家在科学理论上的创造性发现和探索人类未知世界的创新精神，使郭开贞获益匪浅，深受启发。郭开贞懂得，无论将来做什么，都离不开广博的知识积累。他给辍学在家的弟弟写信说："人生斯世，固非如书蠹砚鱼死向纸墨间，然而茫茫浮世，无楫无梁，邈邈前途，如夜如漆；学有缉熙于光明，不藉学之光明，失所揭挂，鲜不中流失柁，而歧路亡羊也。"他用这样的道理来谆谆告诫其弟继续学业。

　　开贞一家早已搬到箱崎神社附近的网屋町，这是福冈郊外一个临海的小渔村，这里除了租金便宜，环境也非常安静。

　　开贞他们租住了一幢小楼二层的两间小屋，房间前后都有窗子。透过后墙的窗子，可以看到从南往北绵延十余里的青翠松林，松涛声不绝于耳。推开前面的窗扇，静静的博多湾尽收眼底。

　　这里完全没有市区的尘嚣，沿岸是莹洁的白沙和三三两两支起的渔网。海潮缓缓地涌上岸来，轻柔地舔舐着洁白的沙滩。海湾水色清莹，像一片碧蓝的琉璃，明静无波，中有帆影点点。志贺岛横陈在湾北，远眺夕阳下的志贺岛，笼在一片蔷薇花色的纱罗中。夏日的傍晚，神社附近的渔民为了御祭，操起三弦载歌载舞，传达着一派乐天情绪……这一切不

与安娜和孩子们

断撩拨起郭开贞无尽的想象和诗思。

每逢有朋友来访，他都要邀他们一起在海边、在松原里散步、畅谈文学。闲暇时也会带着孩子在沙滩戏耍，给他们讲些自己编的童话，说和生是橘子变成的、博儿是从桃子变来的一类的故事。孩子们小，听得津津有味还当真呢。开贞最初发表的那首《抱和儿浴博多湾中》，就是在这样的生活情趣中写出来的。

> 这是我许多思索的摇篮，
> 这是我许多诗歌的产床。
> 我忘不了那净朗的楼头，
> 我忘不了那楼头的眺望。
>
> 我忘不了博多湾里的明波，
> 我忘不了志贺岛上的夕阳。
> 我忘不了十里松原的幽闲，
> 我忘不了网屋町上的渔网。

多年以后，郭开贞不止一次地提到海边的这处小渔村，博多湾富于诗意的风物景观对于他的诗歌创作有着特别的意义。

开贞就是在这时第一次萌发了改学文科的念头，但是他的想法遭到安娜激烈的反对。

安娜是从生活上考虑的。爱情与婚姻不全是诗，只有浪漫是不行的，她与开贞组成家庭，尤其是他们有了孩子以后一直过着窘迫的生活。常常是几个铜板买来一些烤红薯就作为一家人的中饭。偶尔开贞会从箱崎车站带回两盒"驿便当"——车站里卖给旅客的盒饭，那得是他得了一点稿酬的时候才行，这对一家人来说，得算是佳肴大餐了。有一次成仿吾、陶晶孙等几个朋友来仿，安娜准备做"鸡素烧"招待他们，但是没有蔬菜，开贞便叫上大家一起去松原里挖野菜。

在日常生活中，安娜尽量节省开支，但巧妇难为无米之炊，所以她急切地需要有一个经济上的倚靠。她认为，学医可以作为生活最可靠的保障。于是，为开贞要改学文科的念头，二人几乎吵了起来。安娜的想法当然是有道理的，开贞不是不清楚这一点，家累和职业问题，也让他一时下不了决心。所以这个念头搁置下来。但开贞因为安娜对自己的不理解，反倒把更多的精力用在文学的嗜好上，他开始零零星星地翻译歌德的长篇巨作《浮士德》。不过，当他后来终于把《浮士德》全部译完，已经过了将近三十年。

虽然郭开贞改学文科的打算被束之高阁，但是弃医从文的想法愈益强烈，特别是到了大学的后两年。因为十七岁时患的那场重症伤寒，郭开贞两耳重听。平时上大课如果坐在后面，听老师讲课就有些吃力。而到了后两年临床课程的时候，需要掌握听诊技术，可是由于听觉不灵，分辨听诊器中那些微妙音响，就成了令开贞头疼的事，他对于学医的前途更感到茫然。

与此同时，从日本这个正充满自信向前发展的国度去回望中国的社会现实，郭开贞也开始清晰地意识到，中国不只是需要西方资本主义的物质文明，"不是简单地需要一些舶来品的化妆，而是需要从整个的封建传统蜕化出来，清扫外来的帝国主义的侵略，脱胎换骨地独立自主地开始创造"。

终于，当一场狂飙突进的思想革命运动开始后，郭开贞觉得："我可以心安理得地放弃我无法精进的医学而委身于文艺活动了。"

第六章　创造"新鲜的太阳"

一　"我的我要爆了！"

1919 年是随着第一次世界大战的硝烟渐渐弥散而来的，巴黎和会于 1 月 18 日召开。但是这次各帝国主义国家旨在分赃的所谓和平会议，带给作为战胜国之一的中国的，却是继续被欺侮的结果。巴黎和会否决了中国提出的取消日本对华"二十一条"的要求，并且决定把第一次世界大战中战败国德国在我国山东侵夺的权益转让给日本。这一场外交危机，直接引发了震荡全国的五四运动，也让在日本的中国留学生们的注意力又一次投向国内。郭开贞由此真正开始了他的文学活动，而不仅仅是为自我吟唱。

还在巴黎和会的消息刚刚传来的时候，郭开贞即愤慨于帝国主义的侵略行径，构思了一篇以朝鲜李王朝时代为历史背景的小说《牧羊哀话》，通过一个爱情悲剧的故事，抨击了日本帝国对朝鲜人民的殖民统治。

怀抱着强烈的爱国热情，郭开贞与同学夏禹鼎、钱潮、陈君哲等人聚集在一起商谈，决定组织一个义务通讯社，搜集、翻译日本报刊所刊载的侵略中国的言论、消息，同时自己撰写抨击日本侵略的文章，油印出来，投寄国内的报馆和各学校以做宣传，声援国内的反帝爱国运动。

因为已经到了夏天，准备结社的又都是华夏子孙，他们开会商谈的地点是在夏禹鼎的住所，所以郭开贞提议这个通讯社名叫"夏社"。

1919 年 7 月，郭沫若（前中）与同学夏禹鼎（右）等成立夏社

会后，他们挤出自己的生活费，购买了一台油印机及油墨、纸张，夏社开始活动。一干起来才发现，几个学医的同学，除了开贞外，其他人都不擅做文章，于是，郭开贞包揽了几乎所有翻译、撰写文章的事情。他很快撰写出《同文同种辨》《抵制日货之究竟》等文章。在自己油印完后，郭开贞把它们都寄回国内，登载在上海《黑潮》杂志上。当时很有影响的《时事新报》，特别采用了《抵制日货之究竟》作为社论，以驳斥日本政府借抵制日货之事，为其侵略中国的行径做掩护。

为了及时了解国内的情况和工作之便，夏社订了一份《时事新报》。有一天郭开贞在该报的副刊《学灯》上读到署名康白情的作者写的一首白话诗《送慕韩往巴黎》，平白如说话似的诗句，令他十分惊讶。

85

"这样的白话就是诗吗？如果这就是所谓的新诗，那么我以前写的那些自由体的诗，不是都可以拿来发表吗？"这样想着，郭开贞真的就找出以前写的《鹭鸶》《抱和儿浴博多湾中》两首诗，抄寄给了《学灯》。

不久，诗在《学灯》上发表。郭开贞为两首诗署名"沫若"。也就是从这时起，郭开贞成为郭沫若，郭沫若很快让新文坛记住了这个名字。

自己写的诗在国内有名的大报文艺副刊上发表，让郭沫若得到巨大的鼓舞，创作诗歌的热情也随之大增。

在一次给《学灯》投寄稿件后，郭沫若顺便去逛书店，买了一本有岛武郎写的《叛逆者》。书中介绍了三个艺术上的叛逆者，法国雕塑家罗丹、画家米勒、美国诗人惠特曼，特别是惠特曼，让郭沫若大感兴趣。他马上去借了惠特曼的《草叶集》来读。《草叶集》中那些自由豪放、雄强自信的自由体诗歌强烈地吸引着郭沫若，他感到惠特曼那种把一切旧套摆脱干净了的诗风，与五四狂飙突进的时代精神十分合拍。郭沫若的诗歌创作欲望，被惠特曼煽动得更加炽烈，诗风也从泰戈尔式的清新、冲淡开始转向雄浑、奔放。

一天上午，正在上课的郭沫若脑海里突然闪现出阿拉伯神话中菲尼克司神鸟的传说。传说中的菲尼克司神鸟满五百岁后集香木以自焚，复从死灰中更生。更生以后的菲尼克司异常鲜活华美，而且得以永生。菲尼克司鸟就是中国古代神话传说中的凤凰：

一对凤凰在除夕将近的夜空中飞来飞去，它们唱着哀哀的歌，不停地往丹穴山上衔去枝枝香木。它们五百年一次的死亡之期将近了，它们正在为自己安排一场庄严的葬礼。夜深时分，丹穴山上燃起了熊熊的火光，到处弥漫着香烟，那对凤凰在火光中起舞，歌唱……

郭沫若马上把头脑里闪现的这些诗的意象用笔记在手边的抄本上：

宇宙呀，宇宙，
我要努力把你诅咒：
你脓血污秽着的屠场呀！

你悲哀充塞着的囚牢呀！

你群鬼叫号着的坟墓呀！

……

五百年来的眼泪倾泻如瀑。

五百年来的眼泪淋漓如烛。

流不尽的眼泪，

洗不尽的污浊，

……

老师在讲台上讲些什么，郭沫若完全听不到了。他不停地在写，倾泻他对于整个旧世界的愤恨，诅咒这个世界的彻底毁灭。直到下课的铃声响起，打断了他的思路。

"该死的铃声！"这一天郭沫若都显得坐立不安。

晚上，已经上了床将要就寝的时候，郭沫若又一激灵，白天被打断的灵感又回来了。他甚至来不及坐到书桌旁去，抓起铅笔，伏在枕头上火速地写着，写到身上都有点作寒作冷，写到牙关都在打战：

我们光明呀！

我们光明呀！

一切的一，光明呀！

一的一切，光明呀！

光明便是你，光明便是我！

光明便是"他"，光明便是火！

火便是你！

火便是我！

火便是"他"！

火便是火！

翱翔！翱翔！

> 欢唱！欢唱！
> ……

　　这是预示着中国再生的凤凰和鸣，也是郭沫若对于自我再生的强烈渴望。就这样，郭沫若写出了那首恢宏奇特的长诗《凤凰涅槃》。

　　还有一次是在福冈图书馆看书。那时学校放了年假，郭沫若独自一人坐在空落落的阅览室里读着书，突然之间就感到有诗兴袭来。他的心绪立时躁动起来，坐立不安，索性撂下书跑到图书馆后面一条僻静的石子路上。他把脚上的木屐脱下来，赤着脚在石子路上踱来踱去，一会儿，又率性倒在路上躺下，想要真切地和"地球母亲"亲昵一番，去感触她的皮肤，接受她的拥抱。偶然有路人经过，见此情景便上前询问，还以为他在发什么狂病呢。郭沫若旁若无人，就在这样的状态中感受诗意的激荡：

> 地球，我的母亲！
> 天已黎明了，
> 你把你怀中的儿来摇醒，
> 我现在正在你背上匍行。
> ……
> 地球，我的母亲！
> 我美慕你的孝子，田地里的农人，
> 他们是全人类的褓母
> 你是时常地爱抚他们。
>
> 地球，我的母亲！
> 我美慕你的宠子，炭坑里的工人，
> 他们是全人类的普罗美修士，
> 你是时常地怀抱着他们。
> ……

地球，我的母亲！
我的灵魂便是你的灵魂，
我要强健我的灵魂，
用来报答你的深恩。

地球，我的母亲！
从今后我要报答你的深恩，
我知道你爱我还要劳我，
我要学着你劳动，永久不停！

郭沫若被心中涌动的诗意激荡得不能自已，起身跑回寓所，把它们急切地写在纸上，草成了一首《地球，我的母亲！》。

诗写罢，似乎还兴味未尽，郭沫若又跑去附近一个留学生的寓所，想找个人说话。正巧赶上广东来的一个学生准备回家过年，有一口大皮箱搬不动要去雇人搬，郭沫若心血来潮，一肚子的四海同胞之情喷涌而出。他自告奋勇扛起皮箱，硬是走了两里路，把朋友送到车站，返回的路上，自己愉快得不得了。

郭沫若（二排左二）与九州大学老师、同学合影

诗人学者郭沫若

那个给予了郭沫若许多诗思的博多湾，在寻常日子总是平波如镜、一碧如洗，潮起潮落也显得那么仪态从容。可一旦风起的时候，排天而来的海浪轰轰烈烈地撞击在岸边岩石上，发出的轰鸣声是那样震撼人心。郭沫若喜欢在这样的时候站在岸边看海浪的狂舞、听海涛的节奏。看着，听着，禁不住就要血跳腕鸣，精神上不由得就要生出一种进取的气势，宛如站在地球边上放号：

> 无数的白云正在空中怒涌，
>
> 啊啊！好幅壮丽的北冰洋的情景哟！
>
> 无限的太平洋提起他全身的力量来要把地球推倒。
>
> 啊啊！我眼前来了的滚滚的洪涛哟！
>
> 啊啊！不断的毁坏，不断的创造，不断的努力哟！
>
> 啊啊！力哟！力哟！

他以这种气吞山河、飞扬凌厉的气势，在他的诗歌中塑造了一个极度张扬个性的"开辟鸿荒的大我"形象：

> 我是一条天狗呀！
>
> 我把月来吞了，
>
> 我把日来吞了，
>
> 我把一切的星球来吞了，
>
> 我把全宇宙来吞了。
>
> 我便是我了！
>
> ……
>
> 我飞奔，
>
> 我狂叫，
>
> 我燃烧。
>
> ……

我剥我的皮，

我食我的肉，

我吸我的血，

我啮我的心肝，

……

我便是我呀！

我的我要爆了！

这首名叫《天狗》的诗发表以后，使人感到无比震惊，同时也令人觉得震撼。过去传统的诗教讲温柔敦厚，不语怪力乱神，郭沫若却把抒情自我比作一条具有恶力的天狗，能够吞噬宇宙万物，人们不能不惊讶于他的飞扬凌厉和肆无忌惮。但在震惊之后，人们（特别是青年们）又会发现，"天狗"的形象，把他们各自内心世界中一直被压抑、被束缚的欲望释放了出来，把对于自我觉醒的期待，对于个性解放的渴求，表达得酣畅淋漓。

郭沫若对于五四以后的中国充满了憧憬，寄予了殷切的期望，期望这个古老的国家重新焕发青春与活力。他在诗中让天上的众女神走出神龛，走进人世，面对满目疮痍的世界，去创造"新的光明""新的温热"，去"创造个新鲜的太阳"。在郭沫若心目中的新生的祖国，"像一位很葱俊的有进取气象的姑娘"。他愿意为这位"爱人一样"姑娘，燃烧尽全部的能量。他以一个海外学子眷念祖国的炽热情怀，写下一首《炉中煤》：

啊！我年青的女郎！

我不辜负你的殷勤，

你也不要辜负了我的思量。

我为我心爱的人儿

燃到了这般模样！

……

啊！我年青的女郎！

我自从重见天光，

我常常思念我的故乡，

我为我心爱的人儿

燃到了这般模样！

在 1919～1920 年的一段时间里，不断涌动的创作激情和灵感，就像打摆子一样地常常冲击到郭沫若。往往一有诗意袭来，他便和扶着乩笔的人似的，进入一种不能自已的状态写起诗来，有时写都写不过来。《凤凰涅槃》《天狗》《光海》《炉中煤》等都是这期间创作的。这是他创作的一段爆发期。

在《学灯》上频繁地发表新诗，又使郭沫若得以结识了《学灯》的编辑宗白华。宗白华对于他而言颇有伯乐的意味，他们成了神交的朋友。

二 三叶传友情

宗白华非常欣赏郭沫若的新诗和诗才，所以他接手《学灯》编辑工作后，只要有郭沫若的诗作就马上发表出来，还不断地向郭沫若催要新作。他在给郭沫若的一封信中说："你的诗是我最爱读的。你诗中的境界是我心中的境界。我每读了一首，就得了一回安慰。"他认为郭沫若是个天才，假以时日，会成为中国新文化运动中第一个"真诗人"。

郭沫若为有这样一个艺术上的知己而欣喜不已。他甚至觉得，是宗白华这个朋友使他的创作欲得到了一个爆发的机会。宗白华希望每一期《学灯》上都能有一首郭沫若的诗作发表，他们由此开始频繁地通信往来，那时的福冈与上海之间的邮路已经很便捷了。

宗白华对德国的哲学、文学很有兴趣，已经有了去德国留学的打算。郭沫若同样喜爱德国文学、喜爱歌德，于是，这首先成了他们之间热烈讨论的话题。

1920 年 2 月中旬的一天，郭沫若在收到宗白华一信的同时，还收到了一封署名田汉的东京来信。这是上个月宗白华在信中为他介绍的一位新朋友，宗白华期望他们二人一起成为"东方未来的诗人"。其实田汉这个名字郭沫若在读《少年中国》杂志的时候已经注意到了，那是一位喜欢美国诗人惠特曼也喜爱戏剧的青年。

田汉的来信中这样写着："我若是先看了你的长诗，我便先要和你订交——哪怕是你不肯下交我这样的蠢物。""我真喜欢！我真幸福！我所交的朋友很多天真烂漫，思想优美，才华富丽的人。于今又得了一个相知恨晚'东方未来的诗人'郭沫若！我如何不喜欢，如何不幸福呢！……"

信还没看完，郭沫若就拿起笔准备给田汉回信。宗白华原是建议他去一趟东京，与田汉会面，但往返一趟要一周时间，故未成行。现在收到田汉信，又是那么热情洋溢的信，郭沫若也难抑心潮的激动：

"接到你的惠书——哦，寿昌兄！我心头的快活只好请你替我想象出来，我实在是寻不出句适当的话来表示他了。""我从前读过你在《少年中国》上介绍惠特曼的一篇快文字，和几篇自由豪放的——你的诗题我虽忘记了，我的读后印象确是'自由豪放'这四个字，或者批评得不确当，也未可知——新体诗，我早已渴慕你个不了。假使我是个纯洁无垢的少年，我无自惭形秽的一段苦心，便使莫有白华的介绍，我定早已学了毛遂自荐，跑到东京来拜访你了。"

接着，郭沫若就对田汉这个尚未谋面且只是初次通信的朋友详细讲述了自己在婚姻爱情上的经历：与安娜的相识、爱恋，组成的家庭，以及家中原来由父母包办缔结的婚姻。他毫无掩饰地倾吐了郁积在心中的苦闷和长久以来困扰着他的一种忏悔的心情。

田汉接到郭沫若的回信以后，深深地被郭沫若一颗坦诚的赤子之心所打动。他勉励郭沫若说："战得胜罪恶的便为君子，便算是个人；战不胜罪恶的人，便为小人，便算是个兽。""世间天成的人格者很少，所以'忏悔的人格者'乃为可贵。"他还表示："有人要宣布你们的罪状，我愿意挺身出来，做你们的辩护士。"

初次通信，两人就彼此以心相交，这让他们都感觉幸运地遇到了知己者。于是，两人频频鸿雁传书，结成了一种兄弟间的友情。他们在信中敞开心扉，无所不谈，以至写信、盼信、读信，一时成了他们学生生活中非常重要的一项内容。

一次，郭沫若为先睹为快，一面还做着课堂实验，一面就读田汉的来信，结果那天的实验一个都没有成功。晚上回家又与安娜一起读信，读到高兴时，两人才发现都比平时多吃了一碗饭。

在九州大学医学部试验室的郭沫若

多年后，田汉还怀着无比珍视的心情忆及与郭沫若的书信交往："我们中间也建立了通信关系，发生了友情，其热烈的程度只有在热恋中的青年心理可比拟。一封信发出去后焦急地等待着他的回信，很快地厚厚的回信来了，在案头，在被子里，在江户川的水边，在户山原的林下，兴奋地读了又读，看了又看，赶忙又写回信。为着这而看书，为着这而观剧，为着这而郊游，一切为着写信。写信一时成了我主要的功课。"

由于宗白华的牵线，这样的通信往来就在三人之间展开了。他们在信中讨论诗歌、戏剧、美学、哲学，谈论学业、志向、人格修养，也探讨爱情、婚姻、家庭等人生问题。这是一种彼此敞开心扉、天马行空般自由自在的精神交往。

1920年3月下旬的一天，郭沫若在家中的灶间正手捧着一本英译的比利时剧作家凡尔哈特的诗剧，边看边烧火煮水。三天前，安娜刚产下他们的第二个孩子博儿，没钱请帮工，郭沫若只得自己动手料理家中所有杂务。忽听有人叩门的声音，他放下手里的书，走去开了门。一个陌生的青年站在那里，面貌清癯，身着一件灰色外套，手里提着一个小巧的帆布提包。青年摘下帽子，客气地问道：

"你是郭先生吗？我是田……"

"啊！寿昌君！你怎么会来了？为什么不先拍个电报过来，我好去接你！……"寿昌是田汉的本名。

顾不得自己的窘迫之状，郭沫若忙把田汉引到楼上的房间里。原来田汉刚刚参加完东京高等师范学校的入学考试，一放春假，便迫不及待地跑到福冈来见这个在书信上神交的朋友。

虽然是初次见面，但在彼此的信中已经是相互熟悉了的，所以几句寒暄的话说过后，两人便如老朋友一样聊了起来。话题就从郭沫若手中拿着的那本凡尔哈特诗剧谈起，然后说到梅特林克的《青鸟》。田汉说准备翻译《青鸟》，还说到将来要做个戏剧家、文艺批评家。郭沫若则说只想做一个小小的创作家，他觉得自己没有批评的能力。田汉非常健谈，一说起来便滔滔不绝，郭沫若耳背，有时话没听全，反应慢了点，结果就插不上话去，变成了洗耳恭听。他还得不时地跑到楼下灶间去照看炉火，给婴儿洗澡，烧水做饭，于是脸上一副烟熏火燎的样子。田汉看了开玩笑道："要是照马尔萨斯的人口论说来，你这得算是粗制滥造了。"郭沫若无可奈何地笑笑说："多男子则多惧也！"博儿又是个男孩子。

为了款待田汉，郭沫若特意烧了一些牛肉，可二人一聊得兴起，就忘了灶间的烟火事，结果午餐成了郭沫若戏称的一道西式大菜"巫焦巴龚"——几片烧焦了的牛肉。在诗歌与戏剧的天地里谈兴大发的两个男人倒没觉得怎样，反正他们饱餐了一顿精神食粮，苦了的只有安娜，她可是正在月子中。

下午，郭沫若带着田汉去博多湾畔观海。漫步在海滨，前望是一碧如洗的一片蔚蓝，海潮缓缓涌上岸来，轻柔地舔舐着洁白的沙滩；回首是岸边绵延不绝的十里松原，一阵阵松涛声不绝于耳。远远的海湾深处，隐约可见的一个小岛叫志贺岛，岛上曾出土过一方刻有"汉倭奴国王"字样的金印，它见证了两千年前中日之间的一段历史交往……

郭沫若告诉田汉说："博多湾是我许多思索的摇篮。这里的大海、夕阳、松林、爱情，还有浪漫谛克的传说、古战场的遗迹，常常让我忘却窘迫的生活境遇，而置身在一种富于诗意的情境中，那时由不得你不会产生诗的冲动。所以，博多湾也是我许多诗歌的产床。《新月与白云》、《晨安》、《浴海》、《晚步》等等都是从这里涌出来的。"

"博多湾催生了一个新诗人啊！"田汉颔首感叹道。

不知不觉夕阳已经西下，只在海湾尽头处的天边留下一抹晚霞。两个人谈得格外投机，田汉索性在郭沫若家中住了下来。

九州帝大也已经放了春假，除了照顾月子中的安娜，郭沫若把时间全都用来陪田汉。他们整日或盘桓在海边，或漫步于十里松原，一起读歌德的《浮士德》，读海涅的诗。由于都经历过恋爱的痛苦，他们还讨论起了婚姻恋爱的问题。

"你以为结婚之后，恋爱还能够保持吗？"田汉一直在考虑与恋人何时结婚的事情，所以这样问了起来。

"结婚就是恋爱之丧礼。"郭沫若不无夸张地回答，他大概尝到了被束缚于家庭的无奈。

"是呀！也有人说结婚是恋爱的坟墓。这样看来，还是先不结婚的好。"

"如果能永不结婚，常葆有纯粹的爱，那该是最理想的了。一结了婚，彼此总是要有不自由的，再生育儿女，那就更不自由。"

郭沫若有点后悔过于匆忙地组成了一个家庭。与安娜恋爱的日子是浪漫的，但有了家，有了孩子，浪漫不再是生活的全部，每日少不了柴米油盐的家务琐事，这与他那昂首天外的浪漫诗人的心性实在差得有些远。而此时也正是心高气盛的田汉又何尝不是如此呢？他们二人亦可谓惺惺相惜。

逢了一个风和日丽的日子，郭沫若带着田汉去游太宰府。这太宰府是福冈一个著名的去处，过去是管理九州地区的最高长官的驻地，也曾是菅原道真的谪居之所。菅原道真是日本平安时代的公卿、著名学者，是当时日本汉文学创作的代表人物，死后被尊为学问之神。太宰府就成为供奉他的神社。菅原道真喜爱梅花，故而太宰府里种满了梅树，是九州地区赏梅的胜地。

太宰府在福冈郊外的二日市，需要从博多驿乘火车前往。因为不是周末，车上人并不多，郭沫若和田汉坐在靠窗的位子上，一边观赏沿途的风景，一边旁若无人地高谈阔论。从急行的火车上向外望去，周围满目青翠的田野飞速闪过，像是生命灿烂的光波在眼前飞舞，列车则好像个勇猛沉毅的少年在向着希望弥漫的前途努力奋进。郭沫若觉得"自我"仿佛与火车，与大自然合为一体，融化在一个磅礴雄浑的旋律之中了。他想到了诗人韦伯的《瞬间》一诗，随口朗读了给田汉听。

"不如你也来做一首吧，沫若兄。"田汉鼓动道。

略做思索，郭沫若站起身挥动手臂："火车/高笑/向着金黄的太阳/飞！飞！飞！……"不料一激动，手里捏着的车票飞出窗外。好在此时列车正驶进一小站停靠，还没等车停稳，郭沫若就跳下车去寻找他的票。可等他找到车票，列车却已启动，田汉急得在车上挥手叫喊，郭沫若飞跑了一段，哪里还追得上，只好放弃。折回车站去打听，下趟车要两个多小时后才有，他决定徒步走到二日去。

在火车上看周围田畴，只见一派青绿闪过，走在田野中则看清了一片片麦苗，一丛丛灌木，一股股溪流。郭沫若感觉自己仿若成了米勒画中的人物，边走边吟起《浮士德》中的诗《风光明媚的地方》。这是不久前他刚刚翻译出来的。过了一会儿，他又想起了惠特曼的《坦道行》："从今后我再不欷歔，再不踌躇，无所需要，/雄纠地，满足地，我走着这坦坦大道……"望着前方没有尽头的钢铁大道，郭沫若想："我要永远在这健康的道路上，自由自在地走着，走到我死日为止。"

这样口中念叨着，脚下走着，倒也不觉得累，还把刚刚在车上开了头的诗酝酿成一个腹稿，这就是后来发表的《新生》一诗。十多里路在不知不觉中走完了。穿行在二日市的街道上，郭沫若正思忖着到哪儿去找田汉呢，就见他从街旁一家小面馆里跳了出来。

"你叫我好担心呀，沫若兄。何苦为了五角钱，去冒那个险，脚没有跌伤吧?"

"没有啦。我冒了一个小小的险,捡了五公里的坦道走来,还做了一首诗。"

"那接下去的路,我们还是徒步走去好了,说不定还会得着诗句呢,贝多芬的《月光曲》不就是从散步得来的吗!"

从二日到太宰府有轻轨火车,但二人决定放弃乘车,改为徒步。他们在阳光明媚的大自然中一路走去,不时地触景生情,果然得着不少诗料,可惜回去后没能一一记下来。路上看到一种三片叶子并生的小草,郭沫若告诉田汉这叫三叶草,田汉便说:"这可以象征我们和白华之间的友情呢!"

太宰府的天满宫是供奉菅原道真的本殿。菅原道真既被尊为学问之神,于是每逢大考、升学之际,莘莘学子便会到这里祈求神灵的庇佑。在高考前夕,甚至有日本各地的许多学生在父母的陪伴下来这里祈福。天满宫前的心字池上架起的三连桥以红色漆饰,寓意着过去、现在与未来。这是一个给人以希望的地方。

尽管田汉刚刚参加了高考,他与郭沫若却没有来祈愿的意思。他们穿行在府院中的梅花树下,慷慨激昂地憧憬着未来。一个抚着天满宫殿前的铜麒麟说:"我是伤鳞的孔丘。"一个骑上铜牛道:"我是骑牛的李耳,我要作《道德经》五千言作狮子吼。"

1920年3月末,梅花已经开至荼蘼,但天满宫前那株名曰"飞梅"的古树仍繁花似锦。嗅着淡淡的馨香,郭沫若和田汉不由得沉醉其中:

> 梅花! 梅花!
> 我赞美你! 我赞美你!
> 你从你自我当中,
> 吐露出清淡的天香,
> 开放出窈窕的好花
> ……

我赞美你!

我赞美我自己!

我赞美这自我表现的全宇宙底本体!

于是,从郭沫若的心中油然涌出了这首《梅花树下醉歌》。

在苑中茶座稍事休憩后,两人出了府院后苑,一路登山,一路聊起歌德。郭沫若说很想学着歌德的诗剧试作一两篇诗剧,田汉提议与宗白华一起,三人可以做一本"歌德研究"的书……聊到兴起,两人便想到要找个摄影师替歌德与席勒塑一铜像。山间茶店的店主人为他们唤来摄影师,二人遂就着背后的山景并肩而立均做沉思状。摄影师叫他们一站一坐,说道:"不然照得来会像铜像一样呢!"二人相视大笑,这正是他们要的效果。

在返程的路上,田汉对郭沫若说:

"我将来要做中国的易卜生,而你很像席勒。席勒曾学医,你也学医。……不过,你有种关系又让你像歌德。"

"何种关系?"

"女性的关系。"田汉大概是想到了郭沫若与安娜的恋爱和他曾经的婚姻经历。

郭沫若的心沉了一下,感叹道:"我想我今后不一定要学歌德,也不一定要学席勒。我只忠于我自己的良心吧!"

这一天的出游,真是尽兴而归。回到家中,他们忙着把这一天的游记写下寄给宗白华,好让他分享这番踏青的愉悦。

太宰府后山上两个青年摆好姿势留下的那张照片,虽然只是留住他们游兴大发的一个瞬间,最终没能保存下来,不过,这一影像却定格在了中国话剧史的一页上。就在这一年秋冬之际,田汉创作了《环琭璘与蔷薇》《咖啡店之一夜》几个剧本,郭沫若先是创作了诗剧《女神之再生》《湘累》,不久后又创作了历史剧《卓文君》《王昭君》等。这让两个年轻的大学生一起走进了中国话剧史开拓者的行列,因为在他们之前,李叔同、欧阳予倩和春柳社所编创上演的那些话剧，都改编自外国文学作品，而郭沫若和田汉的创作却是真正意义上的原创作品。

与田汉、宗白华之间的通信往来，使得原本就喜爱歌德作品的郭沫若对于歌德有了更大的热情。他提议成立歌德研究会，集中一批朋友的力量，把歌德的作品全部翻译过来。他自己则开始动手翻译歌德最著名的长篇诗剧《浮士德》，后来历经近三十年才全部译成出版。

此后不久，宗白华离开上海赴德国留学，攻读德国古典哲学和美学。他与郭沫若仍然用通信的方式，继续更深入地探讨中德文化关系。郭沫若还把其中的一封论述、比较东西方文化差异的长信《论中德文化书》用论文的形式发表出来。直到1925年夏，宗白华才结束了留学生涯。

回到上海的宗白华，暂时住在四马路的一家旅馆里。一天上午，旅馆的茶房告诉他外面有客人来访，宗白华连忙来到前台迎接，是田汉和一个清瘦的青年。待与田汉打过招呼，那个青年走上前，彬彬有礼地自我介绍道："我是沫若，我是沫若。"宗白华大喜："今天同时见到了你们两位东方未来的诗人，不，应该说是今天的诗人。幸甚，幸甚！"

三个朋友都为第一次相聚兴奋不已，整整畅谈了一天。接下去的几天，他们一起逛大世界，逛城隍庙，下馆子，玩了个不亦乐乎。

三 碧柳为"诗友"

郭沫若与田汉、宗白华三人之间的通信，当年（1920年）即由田汉辑录成《三叶集》出版。书信中三个青年大胆袒露自己的灵魂和一片坦荡的襟怀，引起了许多青年人浓厚的兴趣和热烈的关注。田汉把这本《三叶集》称为"中国的《少年维特之烦恼》"。

《三叶集》出版后，郭沫若除了赠书给在日本留学的一班朋友，还给远在国内的一位"诗友"寄去一本赠书。这位被他视为"诗友"的朋友叫吴芳吉，字碧柳，正在上海一家中学任教，还是一家诗歌杂志《新群》的编辑。这是郭沫若刚刚结识不久的朋友。吴芳吉此时已经颇有诗名，人称"白屋诗人",他和郭沫若还只是文字之交。读了《三叶集》后,吴芳吉很兴奋,立即给郭沫若写了一封长信,对于郭沫若在书中所说的诗人都是泛神论者、诗人的宇宙观应该是泛神论思想的看法大为赞赏。他说自己也认为"凡是诗人都是以'万物皆神'的人",是泛神论者,而《三叶集》已经先于他表达了这一观点。

吴芳吉是重庆人,与郭沫若算是大同乡。虽然如此,与郭沫若同在日本留学的一班朋友对于他们二人能成为诗友,颇为不解。郭沫若在《学灯》上发表的那些自由体新诗,让他在新诗领域已经崭露头角,而吴芳吉对新文化运动、新文学持保留甚至反对的态度。他的诗歌写作,在形式上基本沿用传统格律诗的体裁,以五言、七言为主。他在国内文坛被视为以旧体诗词形式写作的诗人,不大为新诗坛待见。

也许因为身在日本,郭沫若对于国内的新旧文学之争、白话诗与旧体诗之争并没有多么真切的感受。他写作自由体诗是直接受到西方文学的影响,是情动于中,想要抒发内心情感的自然流泻,诗体形式并非他特别考虑的方面,所以他并不排斥传统的旧体诗词形式。而吴芳吉对于旧体诗词形式的运用实际上是有所创新的,他吸收了曲、鼓词、歌谣、弹词以及英语诗歌的语言、音律、表现手法等,独成一格,后来被人们称为"白屋诗体"。吴芳吉诗作的内容都具有鲜明的现实性,表达的是忧国忧民的情思。

吴芳吉陆续将自己的一些诗作寄给郭沫若看,郭沫若读后非常欣赏,专门复信一一予以评说。吴芳吉为能得到这样的知音雀跃不已。他在日记中写道:"得郭沫若自日本福冈来书,评吾《笼山曲》、《明月楼》诸诗为有力之作,而《吴淞访古》一律最雄浑可爱。《婉容词》一首,使之另受一番感伤,寻出一种 sentimental 之眼泪云。"《笼山曲》《明月楼》《婉容词》都是吴芳吉的代表作,特别是前不久在《新群》杂志上发表的《婉容词》,以其情深辞美、催人泪下的艺术魅力,而轰动诗坛。有人甚至将其与《孔雀东南飞》相提并论。《婉容词》后被收入中学国文教材。吴芳吉的这些诗作给郭沫若留下了非常深刻的印象,以至二十年后,他还能随口吟诵出"明月楼何在？婉容词有笺"的诗句。

　　郭沫若也请吴芳吉品评自己的诗作。《春蚕》是一首还未发表的诗，郭沫若写成后先邮寄抄示给了吴芳吉：

　　　　蚕儿呀！

　　　　你在吐丝……

　　　　哦！你在吐丝！

　　　　你的诗怎么那样地纤细？

　　　　那样地明媚？

　　　　那样地柔腻？

　　　　那样地……

　　　　哦，我已形容不出你了呀，蚕儿！

　　　　蚕儿呀！

　　　　我且问你：

　　　　你可是出于有心？

　　　　你还是出于无意？

　　　　你可是出于造作矫揉？

　　　　你还是出于自然流泻？

　　　　你可是为的他人？

　　　　你还是为的你自己？……

　　　　蚕儿呀！唉，你怎么全不应问一声儿呀？

　　　　蚕儿呀！

　　　　我想你的诗，

　　　　终怕出于无心，

　　　　终怕出于自然流泻；

　　　　你在创造你的"艺术之宫"，

　　　　终怕是为的你自己……

是不是呀？蚕儿！

……

郭沫若在这首诗中借春蚕吐丝，表达自己的诗歌创作理念。他与吴芳吉能相互引为"诗友"、同道，更主要的原因也在于他们对于彼此艺术观、诗歌理论和审美理念的认同，相互觉得很投契。

吴芳吉主张诗"无文话白话之分"，"诗之佳处，不在文字与文体之分别，乃在其内容的精彩"。他称一些脱离现实、不能反映时代的新诗是"伪诗"。批评"因为要做白话，连修辞也不讲究"，不问"文学的美"，既看不到形式上的"外美"，也看不到精神上的"内美"，认为，"今日的新诗，只知写实，不知写美，实为进步上之大缺陷"。郭沫若在诗歌形式的问题上主张"绝端的自由"。他评论吴芳吉的诗，并不考虑其诗体的形式因素，而是从诗的内容和审美特征上大为赞誉。同时，他对新诗创作中出现的一些现象大为反感。他说："我看《学灯》中很登载了些陈腔腐调的假新诗，所以我对于新诗，近来很起了一种反抗的意趣。我想中国现在最多的人物，怕就是蛮都军底手兵和假新诗的名士了！"郭沫若所称的"假新诗"，正是吴芳吉斥之的"伪诗"。

对于泛神论思想的推崇，是郭沫若当时一个很突出的思想倾向，但泛神论在他并不是一种哲学思想，而是诗学，是艺术观。这就是他在与宗白华讨论诗歌创作问题时论到的，"诗人与哲学家底共通点是在同以宇宙全体为对象，以透视万事万物底核心为天职；只是诗人底利器只有纯粹的直观，哲学家底利器更多一种精密的推理。诗人是感情底宠儿，哲学家是理智底干家子。诗人是'美'底化身，哲学家是'真'底具体"。

在读过《三叶集》后，吴芳吉撰写发表了《谈诗人》一文，阐释自己关于泛神论的思想。他同样是以泛神论作为诗学、艺术观，但与郭沫若的意思稍有不同："他以诗人的'我'，列于神以外；吾则以诗人的'我'，本是神之一体。所以诗人也是个神。"郭沫若似乎接受了吴芳吉的这一看法，他随后在《少年维特之烦恼序引》中写道："泛神便是无神。

一切的自然只是神的表现，自我也只是神的表现。我即是神，一切自然都是自我的表现。"

郭沫若与吴芳吉一起品诗、论诗，吴芳吉又介绍了一个"由《新群》引入的朋友"——宁波《新佛教》杂志的编辑陈建雷加入进来。《新佛教》所刊诗作多为旧体形式的诗。与吴芳吉、陈建雷的交往，构成了郭沫若的另一个小小的朋友圈。这个朋友圈与宗白华、田汉等人的那个朋友圈，存在的时间上虽有先后，但实际上是并行的两个圈子。不过在前一朋友圈内讨论的问题比较宽泛，包括文学、艺术、哲学、爱情等，后者则集中在诗论、诗歌创作问题上进行交流，并且旧体诗词是后一个朋友圈重要的文化背景。这在郭沫若的文学经历中真是很有意思的一件事情。

1920年8月初，吴芳吉准备赴湖南长沙应聘明德学校教职。在日本福冈与长沙之间书信往来就不如福冈与上海之间那样便捷了，郭沫若在福冈作诗一首《送吴碧柳赴长沙》遥寄吴芳吉。诗云："洞庭古胜地，屈子诗中王。遗响久已绝，滔滔天下狂。愿君此远举，努力轶前骧。苍生莫辜负，也莫负衡湘。"并说："君有句云：三日不书民疾苦，文章辜负苍生多。"郭沫若提及的是吴芳吉诗作《戊午元旦试笔》中的诗句。这首送别诗是正处于新诗创作高潮期内的郭沫若的诗作中，少见的一首旧体诗作品。显然，他是觉得在人生的这样一种情景中，写作旧体诗能更好地表达离情别绪。

第七章 "开辟鸿荒的大我"

一 《女神》横空出世

醉心于诗歌的创作，让郭沫若最终决定了弃医从文。1921 年初，冬假刚刚过完，郭沫若就向学校递交了一份休学三个月的申请，并得到批准。在这期间，他联系了在京都大学的郑伯奇，想转到京都大学去学文学。

经过田汉的介绍，郭沫若与郑伯奇也成了很好的朋友，他常把写出的诗稿先寄给伯奇看，郑伯奇也把自己的创作寄给沫若征求意见。郑伯奇十分赞同郭沫若转而学文的打算，但是成仿吾劝阻了郭沫若。仿吾认为，已经在医学部读到三年级了，不能前功尽弃，何况有意从文，也不必一定要去大学里读文学。郭沫若想想也是，学校的课堂里未必教得出诗人、作家，仿吾、达夫、张资平他们都没有学文学，大家不是还都有意在一起搞创作？于是，他打消了转学的念头。

虽然如此，郭沫若却还是把休学三个月的时间都交给了文学。他要么把自己关在房间里读文学书籍——福楼拜、左拉、莫泊桑的小说，易卜生、霍普特曼、高尔斯华绥的戏剧等；要么就创作自己的诗歌；还有就是不断联系各处志同道合的朋友，把大家聚集起来，实现两年多前他和张资平在博多湾海滨做的那个文学梦——办一个纯文学的刊物。

就在郭沫若忙于联系朋友的时候，1921 年 1 月，由沈雁冰、郑振铎、叶圣陶等人发起组织的文学研究会成立。这是五四新文坛出现的第一个文学社团。

文学研究会在酝酿成立的时候，郑振铎曾同时向在日本的郭沫若和田汉发出邀请，请他们加入发起人行列。可是信函在田汉手中耽搁了，郭沫若并不知道此事。不过就算是知道，他也未必会加入文学研究会，因为他与仿吾、田汉等几个朋友在最近的通信中，都不约而同地对于新文化运动的现状表示了失望。他们认为，新文化运动闹了这么久，国内杂志界的文艺人士，几乎把鼓吹的力都消尽了，需要有人来"急挽狂澜"，否则，势必让一班老顽固们嚣张起来。而能尽此力者，"舍我其谁"？！

郭沫若与一班朋友也加紧了办刊的活动。可是办刊物需要资金，一群留学生谁也没有收入，更没有门路。于是，他与成仿吾、郁达夫、何畏、陶晶孙、徐祖正等人，在年初的时候先创办了一个内部交流的同人刊物《Green》——Green 即"绿"的意思，这是一个代表着新生命与创造活力的颜色。他们自己集资油印了两期《Green》。

1921 年 2 月间，正当他们苦苦寻找正式出版机会的时候，成仿吾得到一个消息：上海泰东图书局有意聘他做文学部主任。仿吾与郭沫若商议，两人都认为这可能是个机会，于是立即决定了回国的计划。成仿吾为此把临到毕业的考试都放弃了。

然而，当 4 月初他们回到上海后才得知，泰东图书局改组编辑部的事情已经尘埃落定，所谓拟由成仿吾任文学部主任的消息是子虚乌有。仿吾见是这种情况，便先打道回府——去家乡长沙找工作了。泰东图书局的老板赵南公倒是器重郭沫若新诗人的文名，留他在编辑部。郭沫若独自一人在马霍路德福里泰东图书局的编辑所暂住了下来。

4 月下旬的一天，得知郭沫若到了上海，文学研究会的沈雁冰、郑振铎等人，特意邀请他在半淞园见面。这是郭沫若与文学研究会作家的初次相识。郑振铎很热情，人也健谈。沈雁冰却略过严肃，又身着一袭长衫马褂，给郭沫若的第一印象并不太好，不过彼此都是客客气气的。

几个人在园内边游览边聊天。中饭是郑振铎做东请客。饭后坐在临池的亭子内，郑振铎又邀郭沫若参加文学研究会，并请他支持即将出版的《时事新报·文学旬刊》的工作。郭沫若回答说："你们的广告已经看到，旬刊自然是要尽力地帮助的。至于参加你们的社团，原本也没有什么不好的，只是你们最初发起文学研究会的时候，写信给寿昌，并邀我一同加入发起人之列。但寿昌没有把信给我看。他又没有答复你们，想来他怕是没有合作的意思。若现在我来加入，觉得对不住朋友，所以我看最好是在会外来帮助你们了。"

尽管郭沫若委婉地谢绝了郑振铎的再次邀请，几个人对于这一次会面相识还是很高兴的。分手告别时，郑振铎怕郭沫若不熟悉上海的交通，还特意坐车送了他一程。

5月底，郭沫若终于与赵南公商谈好了出版文学刊物的事情。泰东图书局是个不大的出版社，赵南公还是有些眼光的，他想借郭沫若等人的文名和才气，让出版社在出版新文学作品方面有一个新的发展空间。

争取到这样一个机会，郭沫若马上返回日本，在福冈的家中只待了一天，就动身去京都、东京两地，联络纠合同人，商量筹组文学社团以及出版刊物的具体事宜。

到京都后，郭沫若先去拜访了郑伯奇。伯奇写信的字迹特别纤细，像姑娘们的笔迹一样，郭沫若想象伯奇其人也应如其字般清秀，孰料见到郑伯奇，却是一高高大大的西北汉子。伯奇是陕西长安县人，郭沫若觉得可以称他为"东方的兴登堡"。郑伯奇同样惊异于所见到的郭沫若。从《死的诱惑》那一类诗里，他以为沫若一定是一位病弱的人，没准儿得的还是肺结核，不是三期，怕也到了二期吧？但眼前的人却宽额、巨颅，目光炯炯，身材方正，根本不像一个感伤的诗人，而是一个勇敢的斗士。二人把彼此的这种想象说出来后，不由得都大笑起来。

"从信上得来的想象和实际的印象居然如此不同，可见文学的要素是不免有些夸张的啊。"

在郑伯奇那里，郭沫若陆续见到了穆木天、张凤举、李闪亭，也认识了沈尹默。沈尹默要年长许多，所谈多是古书、元曲之类的话题。张凤举说起厨川白村甚为称赞郭沫若的诗《死的诱惑》，认为这证明中国的诗歌已经表现出了近代情调，很是难得。伯奇便有意引郭沫若去访问厨川白村，厨川那时是京都帝国大学文学教授，郭沫若却谢绝了。

"我这人，用我们四川话来说，怎么也是有点'不带贵'。不知怎的，我总有点怕见上人。凡是所谓大人名士，我总是有点怕，只好退避三舍的。"

京都的几个人，除了伯奇、穆木天对于办刊物、组织文学社团热情很高，其他人似乎不太热心。郭沫若逗留了三天后转去东京。

在东京一下火车，他就直奔东京帝国大学宿舍找郁达夫，从一高预科分别后，他们已经六七年未见了。不料，达夫因犯胃病住进了医院。郭沫若也没顾上喘口气，又去了医院。

"你还认得我吗？"

"怎么不认得，你可是清瘦了许多！"

"你也老了许多。我们在预科的时候，你还是一个小孩子呢！"

"可不是么！"

达夫是个容易伤感的人，见到满脸疲惫相的沫若，就想起了古人诗句："十年别泪知多少，不道相逢泪更多。"心里许多想说的话反倒不知从何说起。他们二人有过相同的旧式婚姻经历，说起目下各自的情况，又都有种在十字架下受苦的感觉，于是不免同病相怜。

郭沫若询问了达夫病况，知道已经基本痊愈，遂放了心，接着说起回国后的情况和此行的目的。说到沪上文坛的现状，不由得激愤起来：

"上海的文氓文丐，懂什么文学！近来，一些小报，《礼拜六》、《游戏世界》等刊物又大抬头起来。他们的滥调笔墨中充斥着麻将气、大烟气。而一些开口闭口谈新文学的人，却是把文学团体来做工具，好和政治团体接近，文坛上的生存竞争非常险恶。"

达夫闻听此说也是愤愤不已,但得知组织社团和办刊之事已有眉目,立时热情高涨,表示将全力以赴。郭沫若见达夫对办文艺刊物的事如此热情,就跟他商定,除了自己写文章,以后东京方面的事都要以他做中心。

下午,郭沫若离开医院,前往东京郊外月印精舍去访田汉。田汉早就进了东京第一高等师范。博多一别也已经年,两人见面自然有说不完的话。在外面吃了晚饭,田汉本想再请沫若去银座领略一下"咖啡馆情调",他的剧本《咖啡店之一夜》就是从咖啡馆得来的灵感。可摸摸兜里的钱,实在不够两人跑到银座去喝杯咖啡的,只得作罢。跟沫若一说,他也不介意。晚上宿在田汉处,两人清茶一杯,一样聊得尽兴。

1921年6月8日下午,郭沫若约了东京的几位朋友——张资平、何畏、徐祖正、田汉,一起到郁达夫的寓所聚会,达夫前一天已经出院了。郭沫若给大家详细讲述了在上海与泰东书局赵南公谈妥办文学刊物的情况,并提议以《创造》作为刊物的名称。他还给朋友们介绍了国内文坛一些情况和文学研究会的成立,建议应该借办《创造》之机,成立自己的文学社团。与会者一致同意了他的提议,议定《创造》暂时先出季刊,利用暑假时间集齐稿件,社团的名字就叫创造社。然后大家具体讨论了《创造》创刊号稿件的分担、组织、编辑等问题,还初步拟订了一个出版丛书的计划,每人负责一两种。

聚会后,大家又分头把会上的决定通知了几个没能来的朋友。后来,在东京郁达夫寓所的这次聚会,就成了创造社实际上成立的开始。

顺利地解决了办刊物、组社团的所有事情,这次到日本的使命就完成了。郭沫若离开东京回福冈家中小住,随后即返回上海,要着手去做的事情太多了。

一回到上海,郭沫若就开始了紧张的编稿、写稿、译稿工作。1921年8月,他的诗集《女神》作为创造社丛书的第一种,首先由泰东图书局出版。

《女神》是郭沫若的第一部诗集。集中收入了《女神之再生》《凤凰涅槃》《炉中煤》《天狗》等56首诗作和1首序诗。这些诗既为诗人自我

《女神》1921年8月出版

的郁积，也为中华民族的郁积"找出了喷火口，也找出了喷火的方式"。

作为一部自由体形式的新诗集，《女神》的出版立即在五四文坛引起巨大反响，许多人撰写了评论文章。沈雁冰称道《女神之再生》是"空谷足音"。朱自清认为，郭沫若的诗中有"两样新东西，都是我们传统里没有的"，即"泛神论，与二十世纪的动的和反抗的精神"。连南社的柳亚子这位专作旧体诗词的诗人也为《女神》写了评论。《女神》的诗篇中所表达的狂飙突进的时代精神、不断毁坏与创造的理想主义追求、浓烈的爱国主义情怀和雄奇瑰丽的浪漫主义风格，使它成为中国新诗史上一个引人注目的开始，郭沫若也戴上了一顶新诗人的桂冠。

《女神》出版几天之后，郭沫若应郑心南之邀，与他的几个朋友在一枝香餐馆吃饭。饭局上，郭沫若第一次与胡适见面。关于这一次见面，两个当事者都有文字留下来。

胡适当天的日记中这样写着：

> 周颂九、郑心南约在一枝香吃饭，会见郭沫若君。沫若在日本九州学医，但他颇有文学的兴趣。他的新诗颇有才气，但思想不大清楚，工力也不好。

郭沫若则是在若干年之后写《创造十年》时，记下了这次会面的场景：

> （伯奇）穿了我在上海用两块半钱缝就的一套法兰绒的西装，我是穿的夏布长衫。这要算是我们自有生以来的最大光荣的一天，和我们贵国的最大的名士见面，但可惜我这个流氓，竟把那样光荣的日期都忘记了。
>
> 博士到得很迟，因为凡是名脚登场总是在最后的。——光荣到了绝顶的是，他穿的也是夏布长衫。他那尖削的面孔，中等的身材，我们在那儿的像片上早是看见过的……
>
> 在博士和我握手的时候，何公敢这样说："你们两位新诗人第一次见面。"博士接着说道："要我们郭先生才是真正的新，我的要算旧了，是不是啦？"
>
> 他回头又问我："你近来有甚么新作没有呢？"
>
> 那时候《学艺》杂志上正在发表着我的一篇未完成的戏剧《苏武与李陵》的序幕，我便问他看过没有，正打算说出我要做那篇戏剧的大旨和细节时，他已经插断了我说："你在做旧东西，我是不好怎样批评的。"

胡适在当时确实早已大名鼎鼎，他在当天记下的那些文字，应该是对于郭沫若真实的感觉，没有特别的褒扬，也说不上是多么苛刻的批评，更像是以前辈的口吻——虽然他也不过比郭沫若年长一岁——对后生小子做点善意的告诫。但胡适此时肯定是小觑了郭沫若。

郭沫若写在若干年后的那些文字，则显然已经把他们后来与胡适产生分歧和龃龉的情绪带入其中了。可以想见，作为一个初出茅庐的诗人，当时的郭沫若尽管踌躇满志，也很不满于新文学的现状，但对于胡适应该还是怀着几分敬重的。

一枝香餐馆的饭局，毕竟只是朋友之间一次普通的交际活动。郭沫若与胡适的第一次见面，也谈不到有什么别样的意义，他们之间真正有了交集还是在以后。可是在后人看来，他们之间的这次见面包含一种文学史的象征意义，恰如何公敢所言，是"两位新诗人第一次见面"。

胡适是最早尝试使用白话写诗的人，他的白话诗集《尝试集》出版于1920年3月，可是《女神》一出版，立即使胡适小心翼翼的尝试相形见绌。于是就有了关于郭沫若、胡适谁为中国新诗第一人，《女神》和《尝试集》哪个称得上是真正的第一部新诗集的争论。若从时间上说呢，当然是胡适和他的《尝试集》为第一，但他自己也承认那些尝试像是把缠过的足放大脚。若以新诗的"新"字而论，则应当以郭沫若和《女神》为魁首。把这层意思表达得最清晰的是闻一多，虽然他没有提及胡适的诗，他这样写道：

　　若讲新诗，郭沫若君的诗才配称新呢！不独艺术上他的作品与旧诗词相去最远，最要紧的是他的精神完全是时代的精神——二十世纪底时代的精神。有人讲文艺作品是时代底产儿。《女神》真不愧为时代底一个肖子。

闻一多那时还在美国留学，学美术，不过很快他也成为一个令新诗坛瞩目的诗人。或许就是因为具有这份诗人的气质和敏感，闻一多深为《女神》的精神所打动，接连撰写了两篇评论《女神》的文章：《〈女神〉之时代精神》《〈女神〉之地方色彩》，对于《女神》的创作提出许多精到的见解。几十年过去后，它们仍然是评论《女神》的经典之作。

也就是靠了《女神》，原本素不相识的郭沫若与闻一多，隔着浩瀚的太平洋，开始通信联系。他们之间相互引为同调，惺惺相惜。

郭沫若在给闻一多和梁实秋的信中，对于他们为《冬夜》和《草儿》所写的诗评大为称赞，说："如在沉黑的夜里得见两颗明星，如在蒸热的炎天得饮两杯清水……在海外得读两君评论，如逃荒者得闻人足音之跫然。"闻一多看到这样的评价后兴奋不已，在家信上他激动地对父母说：

你们记得我在国时每每称道郭君为现代第一诗人。如今果然证明他是与我们同调者。我得此消息后惊喜欲狂。又有东南大学底一位胡梦华君也有函来表示同情。但北京胡适之主持的《努力周刊》同上海《时事新报》附张《文学旬刊》上都有反对的言论。这我并不奇怪,因这正是我们所攻击的一派人,我如何能望他们来赞成我们呢?总之假如全国人都反对我,只要郭沫若赞成我,我就心满意足了。

这表达了古人所谓"人生得一知己足矣"那样的欣慰与满足。

每当《创造》出版,远在美国的闻一多都要请家人买了寄给他。他对四弟说,新文学刊物里只看《创造》和《小说月报》就足矣。有一次家里寄给他的一大包邮件遗失了,除了《创造》季刊,他对邮包里的其他东西都不在意,并特别嘱咐四弟再买一本《创造》寄给他。

郭沫若帮助闻一多在泰东图书局出版了他的诗集《红烛》。闻一多自谓在接触了沫若和《女神》之后,他的诗风有所改变,以前"专求秀丽","现在则渐趋雄浑,沈劲,有些像沫若"。郭沫若、成仿吾和郁达夫一度想把《创造》季刊的编辑工作交由闻一多、梁实秋做,因为他们三人同时做着几种书刊的编辑工作实在吃力,但闻、梁二人当时不愿意加入任何文学派别,所以没有接受。

尽管郭沫若在文坛已经有了诗名,但生活上的境遇仍然十分艰难。闻一多知道后极为愤愤不平,他在给弟弟闻家骧的信中说:"得知郭沫若在沪卖文为生,每日只辣椒炒黄豆一碗佐饭,饭尽犹不饱腹,则饮茶以止饥。以郭君之才学,在当今新文学界应首屈一指,而穷困至此。世间岂有公理哉?"

郭沫若也为这样的生活境遇苦恼、抱怨,甚至骂人,但并不后悔自己选择文学之路。"穷且益坚,不坠青云之志",他始终不改初衷。

二 两片子叶萌生

从少年时代就有"历史癖"的郭沫若，在为诗集《女神》作了序诗之后三天，撰写了一篇学术论文《我国思想史上之澎湃城》，作于1921年5月底。澎湃城即庞贝城，是因火山喷发而被原样保存下来的公元前7世纪的一座古罗马小城。这篇文章是郭沫若的第一篇史学论文。也就是说，几乎是在创作《女神》的同时，他也开始了学术活动。

一个激情澎湃的浪漫主义诗人，同时又在进行着严肃的学术思考，这让旁观者不免觉得匪夷所思。郭沫若的学术思考也带有诗人的激情，就连他为另一篇关于文化思想史研究的论文所题的篇名都那么诗意葱茏：《两片子叶》。

《两片子叶》是郭沫若应大阪《朝日新闻》之约，撰写的一篇论述中国传统文化思想的文章。全文以日文写就，发表在1923年1月1日、2日两天的大阪《朝日新闻》上。后来由成仿吾将主要内容译成中文在国内发表，改题为《中国文化之传统精神》。"两片子叶"的题目，大概是受到日本古代神话传说的启发。在记载着日本古代神话传说的史书《古事记》中，日本民族远古神话开始的画面，是几片苇草嫩叶的萌生。郭沫若对于日本古代文化显然已经相当熟悉，他在《女神》中创造的女神的意象、天狗的意象都与日本古代神话传说有着某种联系。

把这两个题目联系起来看，是颇耐人寻味的，它喻示了郭沫若面对中国传统文化的一个思维路径：从被历史所湮没的古代思想文化中去发掘真正的传统文化精神，使其在现代能够重新发扬光大。

郭沫若在这时开始思考中国传统文化精神，与王阳明有着直接的关系。对于王阳明的兴趣，可以说是郭沫若走进这一学术领域的一个诱因。当初他在东京买了一部《王文成公全集》，本是为了作排遣身心疲惫的读物，可是一俟读了进去，郭沫若却发现自己被王阳明的学说所吸引，走进了王阳明的世界。

郭沫若原本有着不错的国学根底，与王阳明接近以后，又重新勾起了他对于庄子、对于先秦思想文化的兴趣。王阳明引导着他兴味盎然地重新阅读起中国传统文化典籍。因为手边没有书，郭沫若请家里寄来《尚书》，甚至请兄弟手抄了《庄子》、《诸子间评》及其他想要看的书籍寄到日本来。

王阳明学说在日本的近代儒学中占有很重要的位置，所以，郭沫若走进王阳明，也势必受到日本"阳明学"的影响。再加上已经比较广泛地接触了近代以来的西方思想文化，郭沫若再研读国学的过程，使他对于传统文化思想有了全新的认识：

> 在我的精神上更使我彻悟了一个奇异的世界。从前在我眼前的世界只是死的平面画，到这时候才活了起来，才成了立体，我能看得它如像水晶石一样彻底玲珑。我素来喜欢读《庄子》，但我只是玩赏他的文辞，我闲却了他的意义，我也不能了解他的意义。到这时候，我看透他了。我知道"道"是甚么，"化"是甚么了。我从此更被导引到老子，导引到孔门哲学，导引到印度哲学，导引到近世初期欧洲大陆唯心派诸哲学家，尤其是斯皮诺若（Spinoza）。我就这样发现了一个八面玲珑的形而上的庄严世界。

郭沫若认为，中国古代的思想是被秦以后的学者误解了。"儒家的精神，孔子的精神，透过后代注疏的凹凸镜后是已经歪变了的"，只有王阳明继承了先秦文化思想的精神。"王阳明所解释的儒家精神，乃至所体验的儒家精神，实即是孔门哲学的真义"。他总结出王阳明思想的精髓有两点："万物一体的宇宙观"与"知行合一的伦理论"。

从王阳明出发，郭沫若"再发现"了庄子的"道"、老子的思想、孔门哲学，进而对于中国古代文化思想做出一番梳理，他获得了这样的认识：

我国的古代精神表现得最真切、最纯粹的总当得在周秦之际。那时我国的文化如在旷野中独自标出的一株大木，没有受些儿外来的影响。自汉以后佛教传来，我国的文化已非纯粹。

我们在老子的时代发现中国思想史上的一个 Renaissance，一个反抗宗教的，迷信的，他律的三代思想，解放个性，唤醒沉潜着的民族精神而复归于三代以前的自由思想，更使发展起来的再生运动。

我们不论在老子，或在孔子，或在他们以前的原始的思想，都能听到两种心音：
——把一切的存在看做动的实在之表现！
——把一切的事业由自我的完成出发！

当然，郭沫若对于王阳明和中国古代文化思想的理解、阐释，已经融合了西方人文主义、个性解放的现代启蒙思想，是他在"再发现"和实践意义上所进行的一种当代解读。所谓天地万物一体的宇宙观，也就是泛神的思想倾向。郭沫若由此走向斯宾诺莎，走向泛神论，博取、容纳、整合那些他认为具有泛神意识的思想派别，最后形成具有他自己个性色彩的泛神论思想，并且以之作为其进行文化思考和价值判断的尺度。

知行合一的伦理观，即是"努力于自我扩充，由近而远，由下而上。横则齐家、治国、平天下，纵则赞化育、参天地、配天。四通八达，圆之又圆"。臻于"内外不悖而出入自由"的"儒家伦理的极致"。这是郭沫若所期望的一种对待人生的态度：秉着积极进取的精神思考人生，看待学问，不断探求、创造人生的价值。

郭沫若在日本留学却接近了王阳明，这带有一种个人经历的偶然性因素，但是他从王阳明出发去思考中国传统文化精神，则是基于五四新文化对于传统文化正在进行反思这一时代背景。在如何对待传统文化这个问题上，新文化阵营的主流倾向是全盘否定传统文化思想，当时喊得最响亮的口号是"打倒孔家店"。这反映了新文化运动的一种历史偏颇，所以 20 世纪 20 年代末期以后，思想文化界又出现了回归传统的动向。

在这样一个时代背景之下，在一片"打倒孔家店"的讨伐声浪中，郭沫若极力赞扬孔子是"人中的至人""永远有生命的巨人"，在"灵肉两方面都发展到了完满的地位"；称颂儒家文化的精神实质是"动的""积极进取的"。这让郭沫若显得那样与众不同，他不啻撑起了顶风船，所以有人指责他是保守派。

然而，郭沫若所表现出的这份思古之幽情，其实不过是"借古人的骸骨来，另行吹嘘些生命进去"。他对孔子表现出的极大尊崇，对先秦儒家文化思想表达出的极大热情，与当时的复古守旧派、尊孔派并非站在同一立场上。他所理解的先秦儒家思想和他心目中尊崇的孔子，在很大程度上只是作为他彰显个性解放意识、阐扬人道主义思想的一个文化载体。

郭沫若曾经写过一篇关于介绍瓦特·裴德研究欧洲文艺复兴史的著作，他在文章中认为：瓦特·裴德撰写此书，"也是借这个历史上的再生时期以表示他自己性灵的复活"。郭沫若又何尝没有此意呢。他不但要借赞扬孔子表示"自己性灵的复活"——对于自我觉醒与个性解放的期待，他更要借此复活他认为早已经丧失了的中国文化之传统精神。

在写给宗白华的一封讨论中德文化的信中（这封信后来以《论中德文化书》为题发表），郭沫若把中国文化放在世界文化的范围之内与西方文化进行比较，得出了这样的认识："如容许我们在便宜上或在一般常习上把世界旧有文化粗略划分时，我们可以得四种派别：（一）中国，（二）印度，（三）希伯来，（四）希腊。中国文化与印度文化之不能混同，犹之乎希伯来思想与希腊思想之不能混同一样。印度思想与希伯来思想同为出世的，而中国的固有精神与希腊思想则同为入世的。假使静指出世而言，动指入世而言，则中国的固有精神当为动态而非静观。"

在《我国思想史上之澎湃城》一文中，郭沫若把其中一章的标题定为"我国之'文艺复兴'"。在他看来，古印度文化与古希伯来文化到近代以后都衰落了，这是他们出世的文化精神所决定的。古希腊文化和中国传统文化能够绵延至今，是因为它们具有动的、不断进取的精神。古希腊文化是西方近代以来资产阶级文艺复兴运动、人文主义思想的源头，那么，从先秦文化中去发掘已经丧失了的中国文化的传统精神，正是为现代中国寻找一个思想启蒙的"文艺复兴"式的契机。这就是郭沫若思考中国传统文化精神的根本动机。

郭沫若对于传统文化精神的这一番思考，是一个在历史学范畴进行的学术活动，实际上是他后来从事中国古代社会、古代思想史研究的开始。尽管当他掌握了辩证唯物主义、历史唯物主义的认识论和方法论后，不再采取以现代话语去演绎中国传统文化精神的思考方式，但从一开始，就能站在一个时代的高度去客观、审慎地对待文化传统，的确使郭沫若具有了一个开阔而又富于历史深度的文化视野。

三 "创造者"的耕耘

从东京返回上海后，几乎整个夏天，郭沫若都蜗居在德福里泰东编辑所的小阁楼里。他冒着酷暑紧张地编辑《创造》，组织创造社丛书的书稿。案头上堆满了稿件，有从日本筹集到的，有他自己创作的，也有刚刚由朋友推荐来的，都需要进行编辑处理。尽管稿件的数量很多，郭沫若处理起来都是一丝不苟，修改、润色都仔细斟酌。郑伯奇推荐的王独清的《新月集》译稿，文字太差劲，郭沫若反复修改，差不多重译了一遍。同时，他又开始翻译歌德的《少年维特之烦恼》一书。

德福里在嘈杂的马霍路上，白天编辑所周围的环境总是乱哄哄的，郭沫若就挑灯夜战。白天为了抗干扰，他也顾不得酷暑的高温，用毛巾连头带耳朵裹起来，旁人看到还关切地问他是不是得了头痛病。好在郑伯奇不久也回到上海，加入紧张的编辑工作中。

经过两个多月奋战，郭沫若编辑发排了创造社丛书、世界名家小说集、世界儿童文学选集中的四部书稿，编辑处理了《创造》的部分稿件，只等郁达夫手边的稿子了。由于暑假后需要返回福冈修完最后半年的学业，郭沫若写信请郁达夫来上海接手他的编辑工作，他于 1921 年 9 月中返回福冈。

9 月 29 日，上海《时事新报》在头版刊登了《纯文学季刊〈创造〉出版预告》。预告是由郭沫若、田汉、成仿吾、郁达夫、张资平、郑伯奇、穆木天等"创造社同人"共同署名刊出的。预告宣言上说："自文化运动发生后，我国新文艺为一二偶像所垄断，以致艺术之新兴气运，渐灭将尽。创造社同人奋然兴起打破社会因袭，主张艺术独立，愿与天下之无名作家共兴起而造成中国未来之国民文学。"

《创造》季刊 1922 年 5 月 1 日出版第 1 卷第 1 号

郭沫若为此特别创作了一首诗《创造者》，他热情地高唱道：

> 吹，吹，秋风！
>
> 挥，挥，我的笔锋！
>
> 我知道神会到了，
>
> 我要努力创造！
>
> ……
>
> 生花的彩笔哟，
>
> 请借与我草此《创造者》的赞歌，
>
> 我要高赞这最初的婴儿，
>
> 我要高赞这开辟鸿荒的大我。

《创造》季刊原定 1922 年 1 月 1 日出版，因为等郁达夫完成一个中篇小说《茫茫夜》，直拖到 5 月 1 日才出版，所以有不少人这时才知道了创造社的成立。郭沫若在《创造》的创刊号上发表了《创造者》及另外五首诗、历史剧《棠棣之花》第二幕、文艺论文《少年维特之烦恼序引》。郭沫若、郁达夫、成仿吾成为创造社的三个支柱。

《创造》季刊出版后，立即引起一些文学青年的注意，有人就想加入创造社，因《创造》创刊号上并没有发刊词阐明社团宗旨、章程一类的文字，便致信编辑部询问。郭沫若在编辑完第二期后，特别写了一则《编辑余谈》，说明了创造社的结社宗旨："我们这个小社，并没有固定的组织，我们没有章程，没有机关，也没有划一的主义。我们是由几个朋友随意合拢来的。我们的主义，我们的思想，并不相同，也并不必强求相同。我们所同的，只是本着我们内心的要求，从事于文艺的活动罢了。"这其实就是创造社的宗旨。

由一群留学日本且多是些学自然科学的学子结成的创造社，骤然出现于上海滩，在五四新文坛被人们看作一支"异军突起"。它打破了此前几乎是由文学研究会作家群一统文坛的格局。

不过，创造社一开始似乎并没有受到文坛的欢迎。《创造》季刊出版后，郭沫若、郁达夫他们等到的不是期望中的反响，反倒是文学研究会作家们的一番讥评。沈雁冰化名"损"，撰写了《"创造"给我的印象》一文，逐一评价了《创造》季刊上的作品，多为贬义的批评，且行文苛酷，出语尖刻。郭沫若、郁达夫二人见到这些文字，十分恼火，便也反唇相讥。郭沫若写了《论文学之研究与介绍》《论国内的评坛及我对于创作上的态度》，针锋相对于沈雁冰的批评，阐述了与文学研究会大不相同的文学主张。郁达夫创作了小说《血与泪》，讥讽郑振铎提出的"血与泪的文学"主张是空洞的口号。

郁达夫写罢《血与泪》的那天，郭沫若与他一起去了泰东图书局的门市部。他们听说《创造》出版两个多月后销售了一千五百部，觉得很失望（其实这在当时是一个很不错的销售量）。他们怀有的文学梦想不被看好，他们投身新文学的满腔热情，似乎被排斥，乃至被拒绝。郭沫若一时笼罩在一种孤寂的哀感中，十里洋场，摩肩接踵的人群中有多少同情他们的人呢？他拉上郁达夫去喝酒，一连喝了三家酒楼，喝得醉意浓厚。郭沫若望着几张桌子上排列起来的空酒壶，不禁连声喊道："我们是孤竹君之二子呀！结果是只有在首阳山上饿死呀！"

尽管如此，酒醒之后的郭沫若、郁达夫他们并没有灰心丧气。毋宁说，文坛最初的这样一种反应，更激发了他们创造的热情和努力，当然，其中也就少不了会有年少轻狂、意气用事的地方。郭沫若、郁达夫对文学研究会作家的反驳，使两个文学社团之间展开了一场论争。论争涉及创作方法、批评理论、文学倾向、文学翻译等诸多问题。因为文学研究会主张"为人生的艺术"，创造社宣称"为艺术的艺术"，所以人们把这场论争称为"人生派与艺术派之争"。

其实，以郭沫若的创作为代表的创造社浪漫主义文学主张的所谓"为艺术的艺术"，并非唯美主义的文学思想，他们所强调的是，文学应该表现自我的真情实感，文学有其自身的特性，文学首先应该是艺术。这恰恰是以反映人生问题为创作宗旨的新文坛主流倾向所缺少的文学意识，也正因为如此，对于创造社的出现，新文坛一时之间还不能确认是否可以接受，创造社的文学倾向也一时之间不能为文坛的主流倾向所认同。

郭沫若与创作社作家成仿吾（右）、郁达夫（前坐）、王独清（左）

1922 年 8 月，因为郁达夫的一篇文章，又引发了胡适与创造社之间的一场激烈争论。郁达夫在《创造》季刊上发表的《夕阳楼日记》一文，批评了余家英自英文翻译的一本书中的错误，且使用了骂人的词句，但是他自己的文章中也出现了错误。胡适于是抓住这点写了一篇短文《骂人》，指责郁达夫的改译"几乎句句大错"，甚至"全不通"，又道，骂人是"浅薄无聊而不自觉"云云。胡适是名人，他从旁插进来，当然让郁达夫、郭沫若他们大为不平。郭沫若撰写了《反响之反响》一文，以胡适文章中出现的译文错误和不通之处为话柄，对胡适给予反击。接着,成仿吾以及张东荪、徐志摩等人都被卷了近来。

胡适自然不甘示弱,又发表了一篇短文,却称不屑于与"一班不通英文的人来和我讨论译书,我没有工夫来答辩这种强不知以为知的评论"。这种居高临下的态度,无异于火上浇油。郭沫若针锋相对驳斥道:"通英文一事,不是你留美学生可以专卖的","我劝你不要把你的名气来压人,不要把你北大教授的牌子来压人"。

争论到这样的地步,已经不仅仅是在讨论翻译问题了。实际上从《创造》出版后,创造社这一班年轻人几乎就处在四面出击与四面还击的状态中,他们既敏感又无畏,管他是不是名人、权威,都敢于拂逆。这种态势的形成,其实在《创造》出版预告上写下"新文艺为一二偶像所垄断"那一番话时,就已经埋下了前因,这一班文学青年需要在文坛上表现自己。尽管他们怀有强烈的自信心,自诩可以由他们来挽救新文艺气运,其实他们还是想要获得新文坛的认可。

1923年春,郭沫若完成了在九州帝国大学医学部的学业,获医学士考试合格证书与医学士学位证书。但这一纸毕业文凭,也只是他对于学医五年的一个交代而已。国内有医院欲以高薪聘请郭沫若为医生,他毫不犹豫地拒绝了,并对朋友说:"医生至多不过是医治少数患者的肉体上的疾病。要使祖国早日觉醒,站起来斗争,无论如何,也必须创立新文学。"他这时脑子里想的是,用自己的文学创作去美化世人的灵魂。他认为,当有了一个个"优美醇洁个人",才会出现一个"优美醇洁的社会"。

毕业前夕,张凤举曾来信,邀请郭沫若往北京大学任教,说北大不久要开设东洋文学部,并称周作人先生也有这个意思。郭沫若婉拒了张凤举的邀约:一来,他虽在日本留学八九年,学的并不是文学,对东洋文学更是外行;二来,他觉得从事文学活动,还是要在上海。

1923年4月初,处理完毕业事宜的郭沫若携安娜和孩子们回到上海,把家安在民厚南里泰东编辑所租用的一幢小楼里,成仿吾住在亭子间,他是放弃了在兵工厂的就业机会又来到上海的。不久,在安庆失了业的郁达夫也携一家人移居上海。

安娜是初次来到异国他乡，郭沫若问她对上海的感觉怎么样，安娜说："好像感觉着幸福，因为你已经毕了业，以后的生活好像是只有朝好处走的一样。"不过没有多久，她就体验到了生活的艰辛。

田汉是先于郭沫若回国的，也住在上海。1923年4月的一天，他在家中宴请来访上海的日本作家村松梢风。他请郭沫若、成仿吾一起作陪，同席的还有林祖涵、黄日葵等人。宴席上的话题都是关于中国的新文学的，村松梢风似乎很喜欢上海，称它是个"不可思议的都会"。大家边吃边谈了大约3个小时，散席时郭沫若邀请村松梢风去家里坐坐："我家就在附近，顺便去一下吧。"于是，他和成仿吾陪着村松梢风穿过民厚北里的一个小市场，来到民厚南里的家中。

进门，村松梢风看到的是一间拥挤的门堂，摆放着桌、椅和塞满了洋书的书柜，显然郭沫若一家的生活不宽裕。郭沫若把抱着孩子的安娜介绍给客人。村松梢风看到郭沫若的妻子是位地道的日本妇女，还穿着和服，感到很意外："来到我所敬重的外国人家里，而他的夫人却是自己的同胞，这使人有种奇迹般的感觉。总之，我沉浸在一种感动的气氛中，异常兴奋。"村松梢风到访中国，就是希望能在跨越文化的了解和感动中获得文学创作的灵感。

在村松梢风之后，陆续又有一些对于中国文化和社会很感兴趣的日本作家到访中国。他们在这里寻找创作的题材、灵感，而且结识了郭沫若、田汉、郁达夫这些活跃在中国新文坛的作家。

郭沫若、成仿吾、郁达夫陆续为泰东图书局编了不少书，但老板赵南公并没有给郭沫若他们一个编辑的名分，甚至连一纸聘书也没有，工资也不是确定的，郭沫若他们全凭着为文学事业献身的虔诚在那里努力创造。

夏日的一天，暑热难耐，小阁楼里蒸笼一样让人汗流不止。创造社的三个支柱聚集在民厚南里谈论文学与职业的问题。郁达夫是刚刚失了业，成仿吾是放弃了就业，郭沫若则有生以来还不知道什么是就业。为了那份对文学的执着，他们并不太在意有没有一个稳定的职业。谈笑间，三人决定今后就这样过"笼城生活"，文学就是他们的职业。

四　握手言和胡适

上一年与胡适论争，使得郭沫若、郁达夫及创造社同胡适之间形成尖锐的对立，这大概也不是胡适所希望的。1923 年 5 月，胡适从北京来到上海。商务印书馆有意聘请他主持编译所工作，胡适一时难以定夺，于是来沪上先做些考察。胡适一到上海，就请亚东书局遣人往泰东编辑所给郭沫若、郁达夫送去一封信函。他在信中写道：

我这回南来，本想早日来看你们二位，不幸在南方二十天，无一日不病，已有十天不曾出门一步了。病中读到《创造》二卷一号，使我不能不写这封信同你们谈谈我久想面谈的话。

……我是最爱惜少年天才的人；对于新兴的少年同志，真如爱花的人望着鲜花怒放，心里只有欢欣，绝无"忌刻"之念。但因为我爱惜他们，我希望永远能作他们的诤友，而不至于仅作他们的盲徒。

至于我对你们两位的文学上的成绩，虽然也常有不能完全表同情之点，却只有敬意，而毫无恶感。我是提倡大胆尝试的人，但我自知"提倡有心，而实行无力"的毛病，所以对于你们的尝试，只有乐观的欢喜，而无丝毫的恶意与忌刻。

至于我的"骂人"一条短评，如果读者平心读之，应该可以看出我在那一条里只有诤言，而无恶意。我的意思只是要说译书有错算不得大罪，而达夫骂人为粪蛆，则未免罚浮于罪。

……后来你们和几位别人，做了许多文章，很有许多意气的话，但我始终不曾计较。……至于就译书一事的本题而论，我还要劝你们多存研究态度而少用意气。在英文的方面，我费了几十年的苦功，至今只觉其难，不见其易。我很诚恳地希望你们宽恕我那句"不通英文"的话，只当是一个好意的诤友无意中说的太过火了。如果你们不爱听这种笨拙的话，我很愿意借这封信向你们道歉。——但我终希望你们万一能因这两句无礼的话的刺激而多读一点英文；我尤其希望你们要明白我当初批评达夫的话里，丝毫没有忌刻或仇视的恶意。

如果你们不见怪，我很诚恳地盼望你们对我个人的不满意，不要迁怒到"考据学"上去。你们做文学事业，也许有时要用得着考据的帮助。……考据是一种公开的学问，我们不妨指出某个人的某种考据的错误，而不必悬空指斥考据学的本身。

最后，我盼望那一点小小的笔墨官司不至于完全损害我们旧有的或新得的友谊。

此信能不发表最好，倘有赐复，请寄亚东图书馆转。

这显然是一封主动示好的信，虽然胡适还是用了文坛"前辈"的口气表达自己的看法，但希望捐弃嫌隙，相互和好乃至成为"诤友"的意愿是真诚的。郭沫若接读信函后的第二天就给胡适回复一信，说：

手札奉到了。所有种种释明和教训两都敬悉。先生如能感人以德，或则服人以理，我辈尚非豚鱼，断不至因小小笔墨官司便致损及我们的新旧友谊。目下士气沦亡，公道凋丧，我辈极思有所振作，尚望明晰如先生者大胆尝试，以身作则，则济世之功恐不在提倡文学革命之下。

郭沫若以包括郁达夫、成仿吾几人在内的"我辈"的口吻复信胡适，接受了胡适的诚意，并对作为新文学"前辈"的胡适表达了恰如其分的谦恭和期望。至此，与胡适的争论算是有了个了结。郭沫若尊重胡适的意思，没有将他的信函发表在创造社刊物上，双方笔墨官司一事就此揭过。

不久后，胡适还特意到民厚南里拜访郭沫若、郁达夫、成仿吾。三人也做了礼尚往来的回访。在胡适寓所，胡适送了他们一本《国学季刊》创刊号，三人客气地接下了，但回去后谁也没有翻看。看来他们与胡适之间在学问、学识上，在文学理念上还是缺少共同语言。不过随着交往的增多，郭沫若与胡适彼此有了更多的理解。

日本大阪有家新闻机构每日新闻社，出版有日文版、英文版的《每日新闻》，在上海驻有特派记者。他们很关注中国的新文学。1923 年 5 月下旬，《每日新闻》驻沪特派记者村田联系郭沫若，说是新闻社的英文版《每日新闻》要刊出一期"中国专号"，请郭沫若"代表着中国的文艺界做一篇文章"。郭沫若虽然觉得这样的说辞让他有点僭妄，也有点滑稽，但还是接受了稿约，想借此宣传一下创造社的文学主张。他撰写了一篇题作《我们的文艺新运动》的文章，由成仿吾译成英文交了稿。文章中写道：

> 我们现在于任何方面都要激起一种新的运动，我们于文学事业中也正是不能满足于现状，要打破从来的因袭的样式而求新的生命之新的表现。
>
> 四五年前的白话文革命，在破了的絮袄上虽打上了几个补绽，在污了的粉壁上虽然涂上了一层白垩，但是里面的内容依然还是败棉，依然还是粪土。Bourgeois 的根性，在那些提倡者与附和者之中是植根太深了，我们要把这根性和盘推翻，要把那败棉烧成灰烬，把那粪土消灭于无形。
>
> 我们要自己做太阳，自己发光，自己爆出些新鲜的星球。
>
> 光明之前有浑沌，创造之前有破坏。
>
> ……
>
> 我们的运动要在文学之中爆发出无产阶级的精神，精赤裸裸的人性。

这篇文章中所提出的文学主张，实际上已经表达出了后来郭沫若与创造社倡导无产阶级革命文学时的一些基本观点。

创造社与文坛各方的争论一直不断，但郭沫若和创造社同人们并不是靠打笔墨官司、逞口舌之快而在文坛生存。在《创造》季刊之后，他们又办起了《创造周报》，编辑出版了"创造社丛书""辛夷小丛书""世界名家小说"。郭沫若为此付出了全部心血。《创造周报》从创刊到终刊共出版了52期，每期都有他的文章刊出，而且常常一期就有几篇文章。《创造周报》的52期中有三分之一是由郭沫若编辑的。

进入夏季，上海热起来了。郭沫若去消闲别墅参加了一次留日同学的聚会。上海滩的都市生活中，在不同季节总有些这样的文人雅聚。在聚会的宴席上，《中华新报》主笔张季鸾找到郭沫若。张季鸾读过东京一高，与郭沫若算是先后期同学。他对郭沫若说，《中华新报》要办一个文学副刊，每天一期，副刊的篇幅是半面报纸的二分之一。他想请创造社来编辑这个副刊，编辑工作全权委托给创造社，编辑费每月一百元。郭沫若应承回去同达夫、仿吾他们商量好之后再正式答复。

郭沫若不大愿意接受张季鸾的请托，他觉得《中华新报》是政学系的机关报，政治上的色彩不好。成仿吾和郁达夫则主张接受。他们说文学研究会有《时事新报》副刊《学灯》，又有北京的《晨报副刊》，创造社也应该有一种日报的副刊作为阵地，何况每期还有一笔不菲的编辑费。于是，最后确定接受为《中华新报》编辑副刊，主要由郁达夫、成仿吾、邓均吾负责，郭沫若的精力更多用在《创造周报》方面。郭沫若为《中华新报》副刊取名《创造日》。

1923年7月21日《中华新报》副刊《创造日》正式刊行。日报副刊每天一期，写稿、组稿的压力更大了。同时办着日刊、周刊、季刊，编辑出版多种丛书，创造社的文学活动激起了文坛活力。创造社作家一番"创造"的努力，使得原本有些沉闷、色调不免单一的五四新文坛喧哗起来，热闹起来。

1923年10月中旬的一天，胡适，徐志摩、朱经农到民厚南里拜访郭沫若。在郭沫若家中，胡适直接感触到了"沫若的生活似甚苦"。徐志摩更在日记中记下在郭沫若家中看到的情形："沫若自应门，手抱襁褓儿，跣足，敝服（旧学生服），状殊憔悴，然广额宽颐，怡和可识"，"沫若居至隘，陈设亦杂，小孩羼杂其间，倾跌须父抚慰，涕泗亦须父揩拭，皆不能说华语；厨下木屐声卓卓可闻，大约即其日妇"。他们觉得理解了郭沫若何以会"以狂叛自居"，那是他对文学的坚守。

几天后，郭沫若回访胡适，徐志摩也在座，他们谈起诗歌。胡适给郭沫若念了自己前一天做的一首诗，郭沫若觉得有两句不太好，就直截了当地指出了。徐志摩在一旁听了，点头同意郭沫若的看法。听罢两人的评论，胡适不由得感慨道："其实我自己也以为这两句不好，但拿不准，所以想听听你们的见解。看来我们三人对诗的主张虽不同，却自有相同之处啊！"

晚上，郭沫若在美丽川菜馆请胡适、徐志摩吃晚饭，把田汉、仿吾、何公敢也一起约了来，只有达夫不在。这是郭沫若等人与胡适在争论了结握手言和后首次聚在一起吃饭，大家边饮边吃，相谈甚欢。胡适到上海后身体一直不好，这一晚也破戒饮了不少酒。酒酣之际，胡适冲着郭沫若说："当年为评论《女神》，我可是把它拿来用了五天时间去读啊！"闻听此言，隔着徐志摩坐的郭沫若站起来，倾过身抱住胡适就吻。

是夜，"饮者皆醉"。

胡适、徐志摩把这晚的聚餐都记入日记中，所以后来郭沫若抱吻胡适的一幕成为文坛逸事，有以为醉酒失态者，有以为文人不拘小节者。其实，这酒醉后的一幕才真实、细微地反映了胡、郭二人在那时的关系。胡适放下了他名人、教授、留美博士的架子，坦承他是认真看待郭沫若的新诗创作的，所以会为了评论《女神》，花费五天时间去读它；郭沫若也抛开了"矜持的甲胄"，抱吻之举虽为醉态，却流露出内心的一种诚实感受，即，他还是在意胡适对于他《女神》创作的认可的。

创造社突兀而起，很快以自己的创作实绩在新文坛站稳了脚跟，而且聚合了大批的同道者，特别是在青年读者群中影响很大。郭沫若和创造社搅动起的"浪漫主义的风潮的确有点风靡全国青年的形势。'狂风暴雨’差不多成了一般青年常习的口语。当时簇生的文学团体多少都带有这种倾向”，“创造社在五四运动之后，代表着黎明期的浪漫主义运动”。五四新文坛终于接受了这个存在。

事实上，自创造社出现以后，新文学才真正有了文学流派的意识，各种不同主张、不同风格的文学思潮、文学流派、文学社团先后亮相。文坛的格局呈现新的态势：文学研究会主张写实主义，创造社标榜浪漫主义，其间又有多个文学社团成立，表现主义、现代主义、新浪漫派、新感觉派等文学倾向标新立异，竞相而起。即便在同一个文学社团内部或在同一个作家自身，也表现着不同文学思想、审美倾向错综纠葛的情形。这是一个生动活泼、多姿多彩的局面，它也意味着新文学从这时起，才真正有意识地在文学自身应该具有的文学品格上向前发展。

作为创造社支柱之一的郭沫若，在创造社的整个文学活动中发挥着核心的作用，诚如郑伯奇所说的：“创造社毕竟是以沫若为中心而建立起来的。”

与此同时，郭沫若的文学活动也伴随着创造社的活动而更加活力四射。《女神》之后，郭沫若又出版了诗集《星空》，创作了后来收入《瓶》《前茅》中的大部分诗篇。除了诗歌创作外，他在戏剧、小说、散文，特别是文学理论、文学批评方面，以及文学翻译等各个方面都取得了丰硕的成果。所有这些，铸就了郭沫若在新文学史上的辉煌成绩。

第八章　走进水平线下

一　告别青春的浪漫

《创造》季刊、《创造周报》、《创造日》三个刊物，把创造社的文学活动搞得轰轰烈烈。这是创造社活动的鼎盛时期。但主要依靠郭沫若、成仿吾、郁达夫三人来同时维持三个文学刊物的运转，实在是让他们力不从心。泰东图书局只关心怎么最大限度地利用郭沫若他们作为出版资源赚钱。生活的负担，对于郭沫若他们几人也构成很大的压力，"笼城生活"可以忍受，但解决不了吃饭的问题。

先是《创造》季刊的出版实际上停顿下来，接着，郁达夫北上去应聘于北京大学。郭沫若不赞成郁达夫去北京，说是他走了，刊物难以维持。成仿吾却赞成郁达夫去应聘，他以为大家都集中在上海滩也不是办法，可以散开来到各处去发展。郁达夫走后不久，《创造日》因为其隶属的《中华新报》借口资金困难，不得不停刊，《创造周报》也成了强弩之末。前期创造社的活动开始消歇。

更让郭沫若烦恼的是一家人的生计问题。挤在民厚南里的小房间里，就像生活在牢笼之中。没有稳定的经济来源使日常起居都那么不安定。安娜觉得到上海近一年了，一家人没有过过一天舒心的日子，不是长久之计。于是他们商量了一下，决定让安娜带孩子暂时回日本去住。

1924 年 2 月，安娜带着孩子由郑伯奇陪同回到福冈去了。

一个人留在上海，郭沫若的情绪并没有安定下来，反而更加焦躁。热闹喧嚣过去后的沉寂，让郭沫若陷入深深的思考。曾经充满自信的"开辟鸿荒的大我"，得到的是"日日朝朝新尝着诞生的苦闷"。期望以文学美化人们的灵魂，从而实现一个"优美醇洁的社会"的努力，结果是"幻美的追寻"的破灭。郭沫若感到，无情的生活现实一天天把他"逼到了十字街头"，他处在进退维谷的苦闷中。他把这些苦闷、烦恼、诅咒都写进了自传体小说《歧路》《炼狱》《十字架》，即《漂流三部曲》中。

在创作《歧路》的时候，郭沫若回想起与安娜几年前最初相见的时光，回想起"最初恋爱时的甜蜜的声音"。他觉得安娜眉间"有一种圣洁的光辉"，他决定要创作一部长篇，书名就叫《洁光》，把妻子塑造成一个"永远的女性"。

大哥郭开文从四川来信，询问他在上海的情况，劝他去蜀中的医院就职，并随信转来成都红十字会电稿及四川省立成都医院寄上的川资。郭沫若考虑再三，还是不想放弃热爱的文学事业，于是复信辞去四川省立成都医院医务主任之职，并将川资退回院方。他宁愿继续承受炼狱的磨难。他对自己说："人到下了决心，唯物地说时，人到了不要面孔，那的确是一种可怕的力量。"在《漂流三部曲》中他就"尽性地把以往披在身上的矜持的甲胄通统剥脱了"。读了他小说的读者中的许多人都为作品主人公的经历鞠上一捧热泪。

妻儿走后，郭沫若的生活"时常和孤寂作战"。他原想把《创造周报》办满一年后再去日本与妻儿们会合，但是上海的空气太令他厌倦了，"多住一日就好像要窒息死了的一样"。此时，创造社已决计与泰东图书局脱离关系，不再受书局拘束。郭沫若称这"是一种革命，是奴隶对于奴隶主的革命"。他决定马上离开上海，重赴日本。

1924 年 4 月 1 日，郭沫若再次乘上了去福冈的船。

　　第二天抵达福冈，郭沫若按照安娜寄来的手绘地图，找到妻儿现在住着的租屋。门虚掩着，他绕到后门进去，和儿与博生先看见他，欢叫起来。安娜抱着小的孩子在睡着，她太辛劳了，正在病中。

　　回到福冈之初，郭沫若还没有确定下一步该怎么走。又回到读书时的生活环境中，郭沫若脑海里不由得想起与九州帝国大学相关的事情。

　　他曾经对于生物学很感兴趣，听过九州帝国大学生物学教授石原博士的生理学总论、遗传学、内分泌学等课程，石原博士也是他所敬爱的一位学者，所以还在读医科时就有过研究生理学的志向，很想以石原博士为师。另外，郭沫若感觉他所了解的关于历史唯物论的学理，有好些地方应该和生物学有渊源关系，譬如，社会形态的蜕变说似乎便是从生物学的现象蜕化出来的。因此，他想到能不能一面研究生理学，一面学习社会科学。

　　于是，郭沫若在1924年4月底去了一趟东京，申请入九州帝国大学大学院，从石原教授研究生理学。但是与管理留学生事务的四川经理员接洽，没有成功，郭沫若仅领到一年前毕业回国时所应领的归国费三百元。

　　读研究生的路断了，郭沫若沉下心来，开始做来日本时计划的另一件事情："便是移译《社会组织与社会革命》一书"。在翻译的过程中，他越来越清晰地意识到"青春哟！我过往了的浪漫时期哟！我在这儿和你告别了！"

　　走到一个人生十字路口的郭沫若，思想上开始酝酿着变化。反思这几年自己的亲身经历以及伴随而来的精神困惑，他发现自己的人生又面临新的选择，必须有新的思想动力来突破意识上已有的藩篱。

　　两个星期后，郭沫若给成仿吾写了一封信，他在信中说："半月以来只在译读河上肇的《社会组织与社会革命》……我现在有一个维系着生命的梦想，我把研究生理学的志愿抛弃了。"河上肇是日本著名的马克思主义经济学理论家，郭沫若现在要以马克思主义学说来作为维系他生命的梦想了。

　　其实，早在九州帝国大学读书的时候，郭沫若就接触过马克思主义，

河上肇

那是通过另一位日本学者福井准造的著作《近世社会主义》接触的。不过，那是当时他广泛涉猎西方文化思想时的一个阅读、了解的过程。马克思主义、社会主义只是作为近代以来西方各种思想派别中之一种为他所认知，至多也只停留在他"意识的边沿"。

这次来福冈之前，郭沫若因为接触到"孤军社"，并被"视为了准同人之例"，开始"对于政治问题发生了一些关心"。他已经意识到："社会的要求不再容许我们笼在假充象牙的宫殿里面谈纯文艺了。我自己也感觉着有这种必要，但没有转换的能力。"他凭着一股热情在文章中吼过一些激越的腔调，说要"到民间去""到兵间去""到工厂间去"，"然而吼了一阵还是在民厚南里的楼上。吼了出来，做不出去，这在自己的良心上感受着无限的苛责。从前的一些泛神论的思想，所谓个性的发展，所谓自由，所谓表现，无形无影之间已经遭了清算。从前在意识边沿上的马克思、列宁不知道几时把斯宾诺莎、歌德挤掉了，占据了意识的中心"。

但是对于马克思主义的内容，郭沫若还并没有明确的认识，只是"感受着的一种憧憬"，于是他想到了河上肇。河上肇的《社会组织与社会革命》在成书前，陆续发表在《社会问题研究》上，郭沫若零零星星已经读过，所以一回到福冈，就把《社会组织与社会革命》一书仔细地研读了。从河上肇的书中，他获得了关于马克思主义经济学说比较"系统的本质的认识"，获得了关于资本主义内在矛盾及其必然会有的历史"蝉变"的认识。

郭沫若一边研读，还一边翻译，用了 50 天时间，把《社会组织与社会革命》翻译出来了。这时的郭沫若有种茅塞顿开，乃至脱胎换骨的感觉，他兴奋地给成仿吾写了一封长信。信中写道："我现在成了个彻底的马克思主义的信徒了！马克思主义在我们所处的这个时代是唯一的宝筏"，"我把我从前深带个人主义色彩的想念全盘改变了"，"以前没有统一的思想，于今我觉得有所集中。以前矛盾而不能解决的问题，于今我觉得寻得了关键。或许我的诗是从此死了，但这是没有法子的，我希望它早些死灭吧"，"这书的译出在我一生中形成了一个转换期。把我从半眠状态里唤醒了的是它，把我从歧路的彷徨里引出了的是它，把我从死的暗影里救出了的是它"。

不过，郭沫若对于河上肇的书并不是一味死读，他边读边思考。譬如，他觉得河上肇"不赞成早期的政治革命之企图"，就不是马克思的本意；对于《社会组织与社会革命》中没有论及辩证唯物论等方面的内容，也"并不能十分满意"。为此，他还特意写信给河上肇提出自己的见解，河上肇在回信中表示自己于此也是不能满意的，在该书初版发行后即嘱出版社停止了印行。而从这以后，郭沫若开始进入直接从原著学习、研究马克思主义理论的阶段。

在得到"马克思主义的背光"后，郭沫若开始清算自己此前的思想、生活。他把已经发表过的一些文章编成一本《文艺论集》，作为"凿死了"以往自我的"坟墓"。他在序言中写道：

> 我从前是尊重个性、景仰自由的人，但在最近一两年间与水平线下的悲惨社会略略有所接触，觉得在大多数人完全不自主地失掉了自由，失掉了个性的时代，有少数的人要来主张个性，主张自由，未免出于僭妄。
>
> ……
>
> 在大众未得发展个性、未得享受自由之时，少数先觉者倒应该牺牲自己的个性，牺牲自己的自由，以为大众人请命，以争回大众

商务印书馆出版《社会组织与社会革命》

人的个性与自由。

所谓"我不入地狱，谁入地狱？"便是这个意思。

这儿是新思想的出发点，这儿是新文艺的生命。

"我不入地狱，谁入地狱？"郭沫若为自己的人生行旅确认了一个新的航程、一种新的境界——去做"为大众人请命"的事业。这样一来他发现，羁身日本离国内的社会现实太遥远了，离国内的文坛太遥远了。他信告成仿吾说："我要回中国去了，在革命途上中国是最当要冲。我这后半截的生涯要望有意义地送去。"

1924 年 11 月，郭沫若携全家从福冈回到上海。甫到上海，他就准备动手翻译《资本论》，他要直接从马克思的经典著作中去深入学习、研究马克思主义。

郭沫若为此制定了一个"五年译完的计划"，也得到商务印书馆编译所庶务主任何公敢等一些朋友的赞同、支持。然而，这个翻译选题在商务印书馆的编审会上没有通过。后来，在流亡日本期间，郭沫若又一次准备翻译《资本论》，仍然因为出版的缘故未果，终是留下一个遗憾。

12 月初，郭沫若应孤军社之邀，与创造社小伙计周全平一起往江苏宜兴一带地区进行社会调查，调查江浙两地的地方军阀卢永祥、齐燮元前不久交战所遗留的战祸情况。调查工作历时一周，时间不算长，但这是郭沫若生活经历中一次非常有意义的活动，他初次得以带着理性的目光去实地观察、认识中国的农村、小镇和那里的现状。

郭沫若在调查记录中这样写道："一个阶级吃一个阶级。有一个吃的阶级，同时便有一个被吃的阶级。田地里劳苦着的农民，一天一天地被城里的坐食阶级吃食，他们的血汗熬尽了，剩着的枯骨也还要熬出油来，滋润老爷、揪脚们的肠胃呢！""像这样的形势，不仅是限于江南，我恐怕我们全中国都是一样罢？泱泱中国一天一天地沉落向一个无底的深渊。"

认识到这样的中国社会现状，郭沫若批评那些关于中国的经济制度究竟是取资本主义还是社会主义的喋喋不休的争论，不过是些"饱读了东西洋杂志的论客"无谓的争辩。他认为，中国社会的现实迫切需要进行"社会主义的政治革命"，以便施行国家资本主义——适合于中国社会现实的社会主义革命的一个阶段。

二　内山书店"见面会"

为泰东图书局做编辑没有固定收入，郭沫若全靠稿酬维持一家生计，时常会陷入捉襟见肘的境地。转过年来的 1925 年春，他应了大夏大学讲师的聘约，讲授文学概论。虽然是为了果腹应聘，已经踏入文坛的郭沫若，倒因此而"起了一种野心，很想独自树立一个文艺论的基础"。他想借撰写文学概论课讲义，在文艺理论方面做些深入系统的研究著述："文艺总论，再就诗歌、小说、戏剧等以作分论，以构成所悬想着的'文艺的科学'。"

郭沫若的这个规划是很不错的，但需要阅读多方面的参考书。他自己一直在医科大学读书，并没有什么文艺理论方面的藏书。大夏大学是个弄堂大学，"在开散学，图书馆是没有的"。那时的上海也没有可以利用的公共图书馆。怎么办呢？郭沫若想到了离家不远，位于北四川路魏盛里的一家日本人开的内山书店，便"每每跑到北四川路的内山书店去借阅或立读。为着一礼拜两点钟的讲义，总要牺牲好几天的工夫"。

内山书店的老板叫内山完造，书店创办于 1917 年。内山完造到中国来最初是在各个大学做眼药广告宣传。后来他发现大学里许多在国外留过学的老师，需要购买国外的原版书籍，在上海却买不到，于是先以他夫人的名义开了这家书店，专门经销日本原版书。开始只是个很小的门面，经销的书籍种类也不多，但是随着有留学经历的中国人对于哲学、科学、法律、文学、宗教、美术等各方面日文书籍的需求不断增长，以及书店在顾客之间的口碑相传，内山书店此时已经是除东北之外中国境内最大的一家日本书店了。当时在上海，但凡研究日本学问和需要日文书籍的中国人，可以说没有人不知道内山完造和内山书店的。

日文原版书的售价不菲，所以郭沫若去书店多是"立读"，就是站在书架前取了书架上的书来阅读。这是郭沫若在留学时就熟稔的一种读书方式，他称之为"书店渔猎"。不过内山书店为联络顾客，在店堂里放着桌子和长椅子，来买书的顾客可以坐在那里阅读，或是一边喝茶一边交谈。这倒让郭沫若有了一个很好的读书场所。一本书可能要好几次才能读完，郭沫若于是成了内山书店的常客。一来二去他便与老板内山完造熟络了，再加上安娜是日本人，两家之间也有了来往。

在内山书店"立读"的成果就是撰写了《文学的本质》《论节奏》等几篇文艺论著，但在大夏大学的任教没能持续，那个"悬想着的"文艺学论著便也搁置下来。郭沫若后来编《文艺论集》的时候，将它们辑录其中。

1926 年 1 月下旬的一天，郭沫若接到内山完造一个邀请，请他去内山书店参加一次"见面会"，说是为到访上海的日本作家谷崎润一郎接风洗尘，介绍几个朋友彼此认识，一起吃个饭。内山完造由于经营书店，已经与新文坛的许多作家都很熟悉了，特别是郭沫若他们这些曾在日本留学的作家们。内山书店也常常成为作家们见面聚会的场所。

谷崎润一郎在日本文坛是唯美派的代表人物，郭沫若在留学时期，就从《改造》《中央公论》等杂志上读到过他的作品。谷崎润一郎 1918 年曾到过中国，并试图结识中国文坛一些"新的文学家"，可惜未能如愿，那时中国的"文学革命"才刚刚开始。五四前后迅速崛起的中国新文坛，让谷崎润一郎知道了许多新文学作家，其中就有郭沫若，那是被日本评论界称为"中国的森鸥外"的新诗人。所以他这次到上海游历，非常希望能借机认识这些中国的新文学作家们。

谷崎润一郎是 1926 年 1 月 14 日乘船抵达上海的，刚刚在酒店住下，就从号称"掮客宫崎"的经纪人宫崎仪平那里得到这样的指点："你亲自到内山书店看看吧。你知道内山书店的主人吗？书店的主人与中国的文学家有联系和交往。"几天后，谷崎润一郎由朋友带着去往北四川路魏盛里的内山书店。

内山完造当即答应由他出面邀请一些中国作家，以接风宴请为谷崎润一郎组织一次"见面会"。内山完造特意向谷崎润一郎介绍了郭沫若、田汉、谢六逸三位作家。大概因为谷崎润一郎在日本文坛属于唯美派作家，郭沫若、田汉是早期创造社成员，而创造社作家是被认为具有浪漫、唯美倾向的，内山完造投其所好才选择他们的吧。谢六逸同样有留学日本的背景，虽是文学研究会成员，正在编辑《文学旬刊》，但谢六逸专门研究日本古典文学，此时正在翻译日本古典文学名著《万叶集》和《源氏物语》。除了文学创作，内山完造还对谷崎润一郎说："郭君夫妇俩非常好。他们把那么多的孩子抚养带大，一直到今天还是很辛苦的。郭君是了不起的，那位日本妇人非常感谢他。"

"见面会"宴请安排在内山书店二楼。此前由于《申报》报道了谷崎润一郎抵达上海的消息，有不少得知消息的人想参加"见面会"，但内山书店的会场不大，不能满足所有想来的人的愿望，只邀请了几个圈内人。参加"见面会"的中国作家，除郭沫若、田汉、谢六逸之外，还有欧阳予倩、方光焘、徐蔚南、唐越石。谷崎润一郎对这个聚会安排非常高兴，觉得"好像是一个梦"。

聚会那天，谷崎润一郎刚走进内山书店，一眼便"看见在火炉前面有一位身穿黑色西服、戴着眼镜、弯着腰的青年人，那就是郭沫若君"。他事后用文字描绘了他眼中郭沫若的形象："有着一幅圆圆的脸、宽宽的额头，一对柔和的大眼睛，不柔顺的硬头发松散地直立着，就好像每一根都能清楚地数得过来似的从头顶上放射出来。由于稍微有点驼背，从体形上看像个老成人。"这几乎是仅有的一幅由同时代人以文字为郭沫若留下的素描像。

聚会的话题主要围绕日本文学作品的翻译问题和中国文坛与剧坛的现状。谷崎润一郎希望尽可能多地收集一些翻译作品带回去。郭沫若、田汉介绍了有许多日本文学译作,大多还只是翻译者手中的译稿,因为书局不肯出版单行本,只能在同人杂志上发表,而这些杂志的生命往往是短暂的。谷崎润一郎感觉,中国文坛的状况与日本"新思潮"时代的文坛相似。郭沫若感慨道:"剧坛方面也与日本的那个时代相同。所以,我们即使写出剧本,无论如何不能指望在剧场上演,只有外行人偶尔进行的小规模的试演罢了。"

聚会大约在十点钟时散了,谷崎润一郎觉得谈话还未尽兴,便邀郭沫若、田汉一起边散步边交谈,到了他在一品香旅馆的住处。在一品香,他们一起饮着绍兴酒,又把话题转到现代中国青年的种种苦闷和中国社会的现状上来。谷崎润一郎对于中国的了解是来自日本的所谓"中国通"们,郭沫若大不以为然,他对谷崎说:

中国人虽然在经济上是伟大的人种,却没有政治上的能力。不仅没有,他们还是极端的个人主义者,认为政治不算什么。国家的主权被外国人夺去了,他们还心平气和的勤奋地工作,连续不断地储钱。在这方面,中国人虽然有弱点,也有在变化中的坚强之处。中国自古以来虽然多次被外国人征服,但是中华民族不但没有衰弱反而发展了。而征服者却被中国的固有文化征服,结局是被溶于"中国"这口坩埚之中。

不过,以前的入侵者都是比我们文化低的民族。中国与比自己文化高的民族相遇,这次是历史上的第一次。他们分别从东南西北向中原入侵。不只是经济上的入侵,而且干了各种坏事,引起我们国家的不安。他们贷款给军阀并卖给军阀武器,同时又建立被称为租界的中立地带。如果不这样,就不会发生今天国内的动乱,乃至战争持续不断。中国从前也有过战争，可是，像今天这样的野蛮人的侵略，与单单内乱的性质是不同的，这一点我们是亲眼所见的。不，这次不只是我们，而且全国人民都有了一种以今天的野蛮人为对手、必须真刀真枪地与之对抗的觉悟。我想，国家这一观念恐怕没有比现在更加深入人心了。

在一品香旅馆的交谈一直持续到深夜。谷崎润一郎后来说，他能理解郭沫若、田汉他们"郁积在胸中的烦恼"，也尊重郭沫若表达的那些见解。

《申报》为内山书店的这次"见面会"做了报道。1926 年 1 月末，田汉和欧阳予倩在徐家汇路的新少年影片公司组织了一个"文艺消寒会"，以破文艺界"年来沉闷的空气"。他们邀请了谷崎润一郎。

谷崎润一郎到达"文艺消寒会"会场时，第一个见到的又是郭沫若，他正站在阳台上挥舞着帽子。参加"消寒会"的人很多，挤满了客厅，椅子都不够用了。因为多是文艺界人士，许多人登台献艺：小提琴演奏、舞剑、大鼓说唱、民谣小曲……突然，郭沫若跳上椅子，拍着手说："诸位，谷崎君还有拿手好戏哪！"搞得谷崎润一郎不知所措，急忙把郭沫若从椅子上拉下来，郭沫若又跳上去，谷崎又把他拉下来。最后，谷崎润一郎只好以讲话代演节目，由郭沫若为他翻译。这一晚，谷崎润一郎酩酊大醉，郭沫若把他送回了旅馆。

这一次的上海游历让谷崎润一郎难以忘怀，返回日本后，他写了一个长篇游记，详细记述了在上海的经历。他专门托朋友将自己新出版的小说《吃蓼的虫》带给郭沫若，此后也一直关注郭沫若的消息，但他们再一次有机会见面已经是三十年后。

郭沫若对谷崎润一郎说的那番话，可能让谷崎感到意外，一个浪漫派诗人，"中国的森鸥外"对诗歌以外的世界发生了强烈兴趣。

从《女神》时期昂首天外，以飞扬凌厉之姿俯视人生社会，到把目光放到了水平线下，直面中国社会的严酷现实，浪漫主义诗人郭沫若转换了自己人生的方向标。与此同时，他和创造社的朋友们也开始了文学活动方向的转换。

郭沫若与创造社在文坛发起了无产阶级革命文学运动。他接连撰写了《文艺家的觉悟》《革命与文学》《英雄树》《桌子的跳舞》等文章。明确提出，"我们现在所需要的是站在第四阶级说话的文艺，这种文艺在形式上是写实主义的，在内容上是社会主义的"。第四阶级就是无产阶级。他论述了无产阶级革命文学产生的必然性："社会上有无产阶级便会有无产阶级的文艺"，"无产阶级的文艺是倾向社会主义的文艺"，是"为大多数人们的文艺"。他希望"矢志为文学家"的青年们"要把自己的生活坚实起来"，"到兵间去，民间去，工厂间去，革命的旋涡中去"。

在《桌子的跳舞》一文中郭沫若写道："我们中国老早就在跳舞了。我这桌子跟着我们中国一齐跳舞。"这意思取自《资本论》的一条脚注："其余的世界都好像静止着的时候，中国和桌子们开始跳舞起来——想去鼓舞别人。"郭沫若和他的创造社朋友们想鼓动文坛中的人们一起跳舞——跳无产阶级革命文学之舞。

从五四前夕的"文学革命"，到无产阶级革命文学运动的展开，五四新文学进入一个新的发展阶段。

三 铁马金戈一书生

就在郭沫若满腔热情地倡导无产阶级革命文学之际，1926 年的 2 月，他接到广东大学校长陈公博的邀请，欲聘请他担任广东大学文科学长。陈公博在邀请函上热诚地写道："我们对于革命的教育始终具有一种恳挚迫切的热情，无论何人长校，我们对于广东大学都有十二分热烈的希望。""现在广州充满了革命紧张的空气，所以我更望全国的革命的中坚分子和有思想的学者们全集中到这边来，做革命青年的领导。深望先生能趐日南来，做我们的向导者。"

国民党人此时正在广东大学革故鼎新，以使它成为为国民革命培养人才的最高学府。他们注意到了活跃在上海文坛的创造社，觉得那是一批有革命热情的文化人才，想把他们网罗过来。瞿秋白恰好也在此时特别推荐了郭沫若，他与沫若是前一年在上海相识的。

经过商议，郭沫若接受了聘约，郁达夫、成仿吾、王独清几员创造社干将也都被广东大学延聘。郁达夫任英国文学系主任，成仿吾、王独清任文科教授。

郭沫若于1926年3月起程乘船南下，到达广州时，已先期抵穗的成仿吾来码头接船，当即带他去林伯渠的住处接洽。在林伯渠的寓所，郭沫若初次见到了毛泽东。不久后，他又结识了在黄埔军校任政治部主任的周恩来。从此开始了郭沫若与他们之间半个世纪的友谊。

此时中国的南部地区，工人运动、农民运动正不断兴起。广州是广东国民政府的所在地，国共合作，使这里已经成为国民革命的策源地，正如火如荼地酝酿着北上进军，以便打垮控制着中国大部分地区的军阀势力。这正是郭沫若决定从日本回国时所期待的，也是他参加了宜兴战事调查后所期待的——一个亲身投入社会革命的机会。他来到广州不久，就在一篇题为《我来广东的志望》的文章中写道："我这次到广东来，本是抱着两个小小的志望来的"，"第一个，我是想在国民革命的工作上实际贡献一些绵薄"，"第二个志望是想在珠江流域的文化上加添一些儿涓滴"，"我们要改造中国，同时更要改造世界，那我们在破坏之外，同时必须养成一番建设的本领。所以我们从事于革命工作的人，我们是负担着两种使命的：一种是打破现代一切不合理的制度，其他一种是创造一种更高级的新的制度"。

广州的生活与在福冈和上海的生活是大不相同的，已经几乎没有余暇留给曾经的自我，留给诗情诗意，甚至留给文学。除继续撰写了少许文艺杂论、政论，郭沫若的主要精力用在教学管理、参与筹备组建中山大学的工作和参加各种社会活动方面。

他进校不久就发起革新教学的计划。当有学生联名请求学校辞退所有"不良教师"时，郭沫若与此时任校长的褚民谊商议，考虑了学生的要求，做出革新教务的决定，并以两人名义发出布告，公布文科新开科目，允许学生自由选修科目，允许学生自动选择教师。此举得到学生的欢迎，却遭到一批并无真才实学的教员的反对，他们以罢课要挟学校免去郭沫若文科学长之职。由是，在广东大学掀起了一次风潮。

郭沫若革新文科教学的举动，得到全体学生的热烈支持，也得到国民党广东大学特别党部、中共广东大学总支的肯定。国民党广东大学特别党部在给国民党中央执行委员会的报告中特别指出："各科学长，只有文科学长郭沫若先生，很能帮助党务的进展"，"他的文字和演说，很能增加党化宣传的声势"，"能够在重大问题发生的时候，有彻底的革命表示和主张"。这场由革新引起的风潮，以一部分罢课肇事教员"自行"解聘而告结束。

在教学之外，郭沫若参与发起组织四川革命同志会。他应邀为广州农民运动讲习所做报告，并担任了第六届广州全国农民运动讲习所教员。所有这些社会实践活动都在转变一个浪漫诗人的心性、一个海外学子的书生意气。郭沫若说，他现在宁愿做一个"标语人""口号人"，而不必一定要做一个诗人。

广州农民运动讲习所

已经宣称成为马克思主义信徒的郭沫若，向中共广东大学总支提出了加入共产党的申请，但一时未获批准。国民党方面则由广东大学校长褚民谊介绍他于 1926 年 5 月中旬加入国民党。在国共两党合作的局面下，这倒也是很寻常的事情。

国民党这时非常器重郭沫若。他甫一入党，6 月初，即受命为国民党广东省党部青年夏令营讲习班的教务工作负责人之一，并将讲授"革命与文艺"课程。其他将开设的课程有：蒋介石讲授的"北伐计划与国民党政策"、周恩来讲授的"国民革命与党"等。紧接着，他又与吴稚晖、张太雷、何香凝等受聘为国民党广东大学特别党部暑期政治研究班教授。

酝酿已久的国民革命军北伐军事行动终于在 7 月开始了。还是在 6 月中旬的时候，郭沫若就与共产党人周恩来、恽代英等应国民革命军总司令部政治部主任邓演达的邀请，多次参加讨论、拟订政治工作的方案。

当时由陈独秀主持的中共中央，对于这一军事行动并不积极，也不抱"过分之希望"，而是把"国民会议"作为这一时期党的"总的政治口号"。陈独秀认为，广东当时还需要积聚北伐的实力而不应冒险，北伐的时机尚不成熟。

6 月底，郭沫若与阳翰笙、李民治（一泯）一起约定了去参加北伐进军。由于在广东大学任职的出色表现，郭沫若被任命为国民革命军总司令部政治部宣传科长。

不久前在文章中希望文学青年们"到兵间去，民间去，工厂间去，革命的旋涡中去"的郭沫若，率先身体力行了自己的主张。

共产党人孙炳文在为郭沫若饯行时，赠送了他一个徽号"戎马书生"，这对于他是最恰当不过的了。五四文坛上叱咤风云的诗人即将成为北伐战场上挥斥方遒的书生。郭沫若在四川革命同志会为他举行的欢送大会上表示："我们要从宣传民众，组织民众中夺回政权来！"他为人题写了录自《论语》的一段话："士不可以不弘毅，任重而道远。仁以为己任，不亦重乎？死而后已，不亦远乎？"以此励人，也以此自励。

在 1926 年 7 月 9 日北伐军出师的誓师大会上，郭沫若慷慨激昂地致辞说："革命不成功，誓不回广东！"会后，他即把安娜和孩子们暂时安置在广州，于7月21日随北伐军总政治部出发北上。在广州黄沙车站，创造社的同人们特意赶来为他送行。

集十万兵力北伐的国民革命军分三路，分别向盘踞在湘、鄂、闽、浙、赣几省的军阀吴佩孚、孙传芳进攻。郭沫若是随向两湖一路进军的部队行动。他们这支政治部队约有千人，管随军宣传鼓动、组织祝捷的日常工作，还要分管军事行动以外的一切政治工作及地方工作。郭沫若充分发挥了他那支笔杆的力量，他这时也真的成了"标语人、口号人"。

郭沫若（右）在北伐途中

北伐军的军事行动可谓势如破竹，所向披靡。战事的发展十分顺利，政治部每天的工作几乎都是在迅疾的行军中进行。从广东到长沙，郭沫若都是一路步行，从长沙出发时才给他配了马匹。不过因为骑术不好，他的马不是用来驮行李，就是让给别人骑。进入湖北境内，行军路线多是崇山峻岭，天气又热，郭沫若却照样跑得精神抖擞。他还常常为部队打前站，找休息和宿营的地方。他抽空给安娜写了一封信，信上说："我是异常的顽健，连自己都出乎意外。"

北伐军攻打到武昌城下的时候，遇到了敌军以城墙作为工事的顽固抵抗，几次进攻都未能攻克。政治部的人一部分被派往四乡征集梯子，一部分留在前线扎云梯，郭沫若亲手扎了三四架云梯。

1926年9月5日的又一次攻城行动，郭沫若率政治部的人上了最前线。在这次战斗中，俄国顾问的翻译纪德甫被敌军的枪弹击中，郭沫若亲自为他验伤，取出已经炸裂为三的子弹头。纪德甫终因失血过多不幸身亡，郭沫若特为这位战友作悼诗四首。其中一首吟道：

> 一棺盖定壮图空，身后萧条两板铜。
>
> 沉毅如君偏不禄，人间何处吊英雄。

10月10日，正当汉口军民集会纪念辛亥革命15周年之际，武昌城终于被攻克。与此同时，另两路北伐军也取得了节节胜利，国民革命军已经控制了长江中下游广大区域。这时，已经兼任总司令部汉口行营主任和湖北省政务主任委员的邓演达，无暇再管总政治部的工作，遂由他提议，任命郭沫若为总政治部副主任，军衔为中将。

11月初，北伐军在江西战场打败了孙传芳的主力，连克南昌、九江。蒋介石把总司令部设在了南昌，郭沫若奉命往南昌主持总政治部在南昌分部的工作。蒋介石很看重郭沫若的才气，想把他拉为亲信，所以对郭沫若总是摆出一副礼贤下士的姿态。每次郭沫若去总司令部，蒋介石都会起身迎送，而不是像对待其他部属那样。后来又私自任命郭沫若为总司令部行营政治部主任，并许诺将来将长江下游的几省都交给他管辖。

进入1927年，随着北伐进军的战果不断扩大，蒋介石逐渐抛去了革命的外衣，露出了他代表大地主、大资产阶级利益攫取中国统治权力的真正目的。他在赣州唆使流氓地痞制造事端，杀害了赣州总工会委员长；在九江雇佣暴徒捣毁了国民党左派掌握的市党部和总工会；在安庆制造了袭击各民众团体的安庆惨案。郭沫若开始还被蒙在鼓里，后来从蒋介石手下的一个心腹那里得知了事情的真相，他敏锐地觉察到蒋介石已经背叛了国民革命。

3月30日，郭沫若化名从安庆回到南昌，住进第二军党代表朱德的家中。次日，他奋笔疾书了《请看今日之蒋介石》一文，公开揭露了蒋

1927 年春，郭沫若（前左二）与李富春、林伯渠、李民治等在南昌

介石背叛革命、背叛民众、成为一切反革命势力的中心力量的真正面目。这是一篇讨伐蒋介石的檄文。

也正是从这时起，中国共产党人对于郭沫若给予了特别重视。周恩来在上海第三次武装起义特别委员会会议上首次提出，在民众方面，推举郭沫若为知识分子的领袖。

1927 年 4 月初，已经被武汉国民政府任命为总政治部上海分部主任的郭沫若，受命前往上海组建上海分部。4 月 8 日，郭沫若到达南京，获知总政治部上海分部已被蒋介石查封，分部人员也已经被捕，但他仍然于 4 月 14 日乘火车前往上海。此时的上海，经历了"四一二事件"，白色恐怖正达到高潮。

郭沫若抵沪后立即前往内山书店与总政治部上海分部秘书李民治会面，晚间在李民治家见到周恩来。他向周恩来谈了蒋介石在九江、安庆捣毁党部、工会，屠杀民众的情况。周恩来后根据蒋介石在江西、沪、宁等地叛变革命的行经，起草了致中共中央意见书，即《迅速出师讨伐蒋介石》一文。

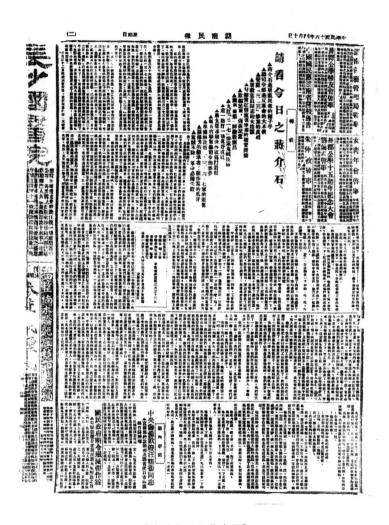

《请看今日之蒋介石》

　　1927年5月6日，蒋介石在南京把持的国民党中央批准总司令部特别呈文，以"趋附共产"为名，开除郭沫若国民党党籍，并严令通缉。10日，南京国民政府也向各省、各军、各总部发出了对郭沫若的通缉令。

　　7月，宁汉合流，汪精卫的武汉政府与蒋介石的南京政府走到了一起，屠杀共产党人，屠杀革命群众，轰轰烈烈的大革命被葬送了。郭沫若也面临在自己人生旅程中必须做出一个重要选择的时刻。

二次北伐期间，郭沫若（前右二）与汪精卫、孙科等在郑州车站

中国共产党人并没有被吓倒，被征服。1927年8月1日，由周恩来任前敌委员会书记，共产党人在南昌组织了北伐军三万余人的武装起义。

武装起义完全是由中国共产党人策划和领导的，但起义部队的主体是张发奎的第二方面军，所以从策略上考虑，武装起义仍然打着国民党的旗号。起义之时，即召开了一次国民党部分中央委员及各省区特别市海外各党部代表联席会议。会议发表宣言表示要继续革命，选举组成中国国民党革命委员会。这个委员会的核心机构是一个由国民党左派人士组成的七人主席团，七人分别是：宋庆龄、邓演达、谭平山、张发奎、贺龙、恽代英、郭沫若。郭沫若同时被任命为宣传委员会主席、起义军总政治部主任。

因为8月1日的军事行动是比原定计划提前了的，所以郭沫若未能赶上，他当时还在九江张发奎部队驻地。张发奎是第二方面军的总指挥，郭沫若任该方面军副党代表兼总政治部主任。

8月3日，南昌起义的消息传来，张发奎与郭沫若商量部队的去留。张发奎也是革命委员会公布的主席团成员，但他不准备参加起义军，遂与郭沫若商量好，解散总政治部，人员不作留难，并以礼遣送。他邀郭沫若一起去日本，郭沫若婉言拒绝了，表示坚决去南昌。当天，他就与李民治、阳翰笙、梅龚彬几位中共党员动身前往南昌。

南浔铁路因为南昌的军事行动已经中断了行车，在九江车站，郭沫若他们得到铁路工人的热情帮助。几个工友自告奋勇用两辆手摇扳道车送他们去南昌。工友们很卖力气，但是以手摇作为动力毕竟很吃力，所以每隔二三十分钟就得换班。这时，只要车上的工人一招呼，就会有沿线道班的工友上来替换。看到这种情景，郭沫若从心里敬佩工人阶级的力量。

涂家埠是南浔线中间的一个大站，郭沫若一行到达此站后准备与南昌方面电话联络，不料却遭遇从南昌溃退下来的程潜、朱培德部散兵的袭击。所幸人员并无伤亡，但行李被抢劫一空，最让郭沫若痛惜的是他在北伐途中所记的几本日记都丢失了。

没有了行李，车行的速度倒是快了起来，8月4日晚，郭沫若一行到达南昌。由贺龙的部队接进起义军指挥部，他们在这里见到贺龙、周恩来等人，周恩来当即将随身携带的一套蓝布军装送给郭沫若。得知起义部队凌晨即将出发，郭沫若庆幸他们终于赶上了。

起义军指挥部所在的旧总督署，曾经就是蒋介石的总司令部，半年前，这里是郭沫若经常出入的地方，如今却物是人非。

8月5日凌晨，起义军举行了进军广东、发展革命、再行北伐的誓师大会，随即出发南下。起义军一路全靠徒步行军，经临川、宜黄、广昌到达瑞金，在瑞金休整了两天。周恩来找到李民治商量，由他们二人做郭沫若的入党介绍人，随即为郭沫若还有贺龙举行了入党仪式。

起义军选择南下广东，在策略上说是一个失误，而且革命的形势已经与北伐开始时大不相同，所以起义军的处境越来越困难。10月3日，革命委员会在流沙召集将领会议，周恩来总结了此次南征的行动。会议做出决定，武装人员退往海陆丰，革命委员会成员则去掉国民党头衔，分散到各省活动。会议尚未结束，敌军的追兵即已接近流沙，于是部队马上出发往云陆行进。但路上还是与敌军遭遇而战，队伍终至流散。

郭沫若在与部队失散后，由当地农会干部做向导引路到达神泉。这里是个出海口，他决定先经海路去香港，然后再往上海。当地的农会主席在把他送上船后，留给他一句临别赠言："大家努力吧，后会有期！"

1927年11月初，郭沫若终于从香港秘密返回上海，与住在窦乐安路一栋弄堂小房子里的安娜及子女会合。安娜他们是此前由孙炳文帮助从广州辗转到上海的。

以被通缉之身，郭沫若不能公开露面，于是，他蛰居在家中，先把《浮士德》第一部的旧译稿找出来，重新补译、整理，用了十天时间。完稿后，即由创造社出版部出版。收到作者赠书后，郭沫若特意把一本题词赠给安娜。他又与安娜同往内山书店，亲手将《浮士德》赠送内山完造。隔天，内山完造专门送来葡萄酒，祝贺《浮士德》的出版。而《浮士德》的第二部，郭沫若直到1947年才译完。

题赠安娜的《浮士德》

在广东大学任教和北伐期间，郭沫若几乎没有精力从事文学活动。一回到上海，他立刻投入到创造社倡导无产阶级革命文学的活动中，陆续撰写了多篇文章，阐述无产阶级革命文学的理论。为隐蔽起见，郭沫若用了一个新的笔名——麦克昂，取英文"maker"和"I"的音译。

在上海从事文化工作，总蛰居在家中不是个办法，党组织决定送郭沫若和他的家人一起到苏联去。那时中苏外交关系已经破裂，郭沫若被安排搭乘苏联驻沪领事馆撤退人员的最后一艘船去海参崴。然而，未等到出发，郭沫若在1927年12月初突染重病，高烧40摄氏度。次日，在内山完造帮助下，住进长春路353号日本医师石井勇寓所治疗。这是一家私人医院，石井勇医师也是九州帝国大学医学部校友。郭沫若这一住就是一个月，差点连性命也丢掉了，直至转过年的1月4日，才病愈出院。病愈后，他的听觉进一步受损，当然，也完全失掉了去苏联的机会。

从一场大病中死里逃生，郭沫若有种复活了的感觉，可这不仅是生理上的，也是精神上的。养病期间，郭沫若静下心来回顾了从日本回国后三年的生活经历与思想变化，他毫不后悔自己所做的人生选择。大革命虽然失败了，但经历了大革命血与火的洗礼，郭沫若却感觉着一定会有新生的希望。这种感觉又一次化作诗兴，不时地袭入他脑海中，躺在病床上的郭沫若，经历着第三次"诗的爆发期"。他创作了《恢复》集中的大多数诗篇。在《战取》一诗中写着：

诗集《恢复》

我已准备下一杯鲜红的寿酒，
　朋友，这是我的热血充满心头。
　要酿出一片的腥风血雨在这
夜间，
　战取那新生的太阳，新生的
宇宙！

153

第九章 去国流亡路漫漫

一 跨过东海开拓新路

在郭沫若的病体完全恢复之后，安娜提出了全家回日本去的考虑。这时已经是 1928 年 1 月的下旬。拖着四个儿女，每天伴随着一种不安定感的生活，让安娜觉得难以支持。大点的两个孩子已经过了入学年龄，也需要一个安稳的环境就学读书。郭沫若从内心里不愿意再回到日本去，起码是不想在日本旅居，但思来想去，一时没有更好的办法，便同意了安娜的想法。不过，这还需要征得党组织的同意，他通过李民治向周恩来报告了情况。

1928 年 2 月上旬的一天，周恩来和李民治一起来到郭沫若家中，告诉他，组织上同意他一家暂去日本，待国内形势变化后再做新的安排。订下 2 月 24 日的船票，安娜开始整理行装，创造社的朋友们纷纷为郭沫若饯行。

2 月 23 日晚，李民治让郑伯奇传来消息说，卫戍司令部已经探悉到郭沫若的住所，次日就要来拿人。于是，郭沫若与成仿吾匆匆去往内山书店，经内山完造联系，当晚住进一家日本人开的八代旅馆。

2 月 24 日清晨，郭沫若独自一人前往码头，登上开往神户的日本邮船"卢山丸"号。到汇山码头送行的只有内山完造。买船票时郭沫若用了一个假名"吴诚",职业为南昌大学教授,名片也是由内山完造帮助印制的。安娜和孩子们已经先于他乘"上海丸"号赴神户。这样安排是为了避人耳目。

2月27日上午,"卢山丸"号抵达神户港。那时中日之间人员往来不需要签证,所以入境十分顺利。出港后郭沫若会合了先一步到达的安娜和孩子们,一家人乘上开往东京的火车。

事实上,直到踏入日本海关,郭沫若也没有想好应该把家安置在什么地方。去东京是肯定的,"大隐隐于市"。作为一个政治流亡者,他需要尽量遮蔽自己的生活,大都市的东京可以使他这个外国人不那么引人注意。但到东京住在什么地方好呢?在火车上安娜想到一个人,提议说:"我们可以先去投奔桂毓泰博士的夫人花子的娘家。"

桂毓泰是郭沫若在九州帝国大学的同期同学,毕业后到中国工作,在广东大学医学院时与郭沫若也算同事,而安娜则与其妻花子关系很好,形同姐妹,花子患急症刚刚去世。花子的父亲是个木匠,家里还出租着一些多余的房间补贴日用。郭沫若也觉得这是当下最合适的去处。于是,他们在东京前两站的品川驿下了车,花子的娘家就在这儿。

花子娘家姓斋藤,两位老人都健在。他们见到郭沫若一家这不速之客十分意外,但两位忠厚的老人由衷地表示欢迎,并且马上安顿郭沫若一家住下来。斋藤家的多余房间原本已经都租出去了,住的是几个中国留学生,他们知道郭沫若,立即热情地腾出一间房让郭沫若一家住用,还关心地嘱咐他不要引起警察的注意。

悬着的心暂时放了下来,至少不需要去租住旅店了,那样的话,费用既高,又不安全。但斋藤老人这里毕竟只能暂居一时,非久留之地,还是得找一处能比较安稳地让一家人住下来的地方。在颇费了一番寻思后,郭沫若想到作家村松梢风,因为某一天他在街上看到一本刊名《骚人》的杂志,主编是村松梢风。

还是在1923年时,郭沫若就在上海结识了到中国游历的村松梢风,后来在广州时也见过。他想，也许村松有办法，至少可以请他出出主意。

按照杂志上印的地址，郭沫若在饭田町找到了《骚人》编辑部的办公室。村松梢风很热情地接待了突然造访的郭沫若。待听罢郭沫若对自己目前处境的讲述，村松梢风思索片刻，娓娓道出了一个建议：住到与东京毗邻的千叶县市川市。这样"一方面适宜于孩子们的健康，一方面也适宜于写作生活"。市川与东京之间有电车相通，交通便利。特别是因为它地处千叶与东京的交界处，出了什么事情，两地警察（一方隶属县政府，一方隶属警视厅）往往互相推诿，也就有了回旋的余地。村松梢风还说到他的一个朋友横田兵左卫门，是在当地交游很广的一位击剑名手，东京的首席思想检事（检察官）即是他的同学。横田人颇侠义，可以请他出面关照。

郭沫若听到这样的建议——岂止是建议，应该说是很周到的安排——当然很满意。他觉得村松梢风颇具一种"富有人情味的了解力"，"一切的问题差不多都不等你向他开口，便这样那样的先替你想到了"。

翌日，村松梢风亲自陪同郭沫若和安娜去了市川。他们先去拜访了横田兵左卫门。横田果然是一副侠义剑客的做派，很热情，满口答应给予关照，并且马上带郭沫若和安娜找好了租住的房子。横田家族过去是仙台的士族（武士阶层），他与安娜叙起家族的事情时，发现彼此都是知道的。安娜的祖上也是仙台的士族，到她的祖父一辈仍然任着仙台藩的"剑道指南番"（剑术教官）。横田的一个妹妹与安娜在仙台读书时虽不在一个学校，也都认识。这一番叙旧，更拉近了彼此的关系，横田特意留郭沫若与安娜吃了午饭。

经过横田的奔走联系，东京的那位首席思想检事同意，郭沫若只要和地方上的负责人接个头，便可安顿下来。他还给市川的樋口检事写了一封介绍信，由横田陪同郭沫若去拜访了樋口。交谈之中郭沫若得知，樋口也是六高出身，只是同他不在一期。樋口又亲自带着郭沫若去见了市川的警察局长，说明了在此地寄居之意。从法律程序上说，没有检事的传票，警察是不能擅自逮捕人的，所以警察局长对樋口亲自关照的人自然不会刁难。而且他还主动授意，为了孩子上学不受同学歧视（市川的小学没有收过外国学生），他们可以从母亲的姓登记。所以郭沫若和安娜的孩子在日本一直都用安娜娘家的姓氏佐藤。郭沫若安顿下来后，从国内直接寄给他的信，便都写"佐藤和夫收"（其长子名），他后来也使用过一个日文名字：佐藤贞次。

在市川安顿下来后，郭沫若与国内的朋友恢复了联系，当然不是公开的；与在东京流亡的钱介磐、杨贤江等人也有了来往。据杨贤江说，北伐时期，郭沫若及其家人的照片都上过日本的报纸，他是被日本人视为中国"左派的要人"的风云人物，所以他劝郭沫若不可在日本久留。

不久，成仿吾也从国内来到东京，但他只是去欧洲途经这里。成仿吾给郭沫若详细介绍了国内左翼文化运动的最新动态。他还告诉郭沫若说，在前不久日本大肆搜捕日本共产党的"三一五"事件后，国内有谣传说他已经被日本政府递解回国，而且遭了大辟，很多朋友为他担忧。北平的报纸上登出"郭沫若成了断头鬼"这样的消息，激起了许多年轻朋友的哀思，有人写了长诗悼念他。郭沫若听到有那样多的人关心他，心里十分感动，也感觉着是一种激励。

日本左翼作家藤枝丈夫和山田清三郎借成仿吾来日的机会，专程采访了郭沫若与成仿吾。他们两人都是刚刚成立的全日本无产者艺术联盟（简称"纳普"）的成员，他们将采访后写成的文章刊登在纳普机关刊物《战旗》上。文章赞扬郭沫若、成仿吾是"中国无产阶级文学运动的先驱者"，称郭沫若"与其说是个文艺评论家，毋宁说是一名钢铁战士"。在采访中郭沫若得知，全日本无产

流亡日本的郭沫若

者艺术联盟的负责人，正是在六高时期教过他德文课的老师、后来成为作家的藤森成吉，他想，应该找个机会去拜访一下这位昔日的老师、今日的同行。

郭沫若很关注国内的无产阶级文化运动，但他以流亡之身，无法像在北伐前那样张扬地参与其中。他需要为自己的文化活动寻找新的切入点，需要开辟新的领域。

二　寻访中国古代社会

初到日本的几个月时间里，因为完全没有什么活动，郭沫若读了大量社会科学方面的书籍：哲学，历史，经济，马克思主义的辩证唯物论、历史唯物论，以及文艺理论，等等。他头脑里一直在思考关于辩证唯物论、历史唯物论的问题。郭沫若认为，"辩证唯物论是人类的思维对于自然观察上所获得的最高的成就，那是毫无疑问的"。但是，只是作为一种纯粹的思维方法的这一理论被介绍到中国后，并没有得到广泛接受，也没有起到应有的效用。所以必须运用辩证唯物论去进行认识的实践活动，在实践过程中，使这一理论"中国化"。郭沫若自己很想尝试这样的实践。

他有了一个学术上的野心：运用辩证唯物论的思想方法来研究中国思想史的发展、中国社会的发展，也就是整个中国历史的发展。反过来，这个研究过程，也将是对于辩证唯物论在中国"适应度"的一个检验。

这是一项与郭沫若一直从事的文学活动完全不同的工作，与铁马金戈的革命军旅生活更是相去甚远。没有慷慨激昂，没有诗兴勃发，没有轰轰烈烈。需要的是沉浸在书海与资料中默默耕耘，需要的是"十年磨一剑"的耐心与精细，这些似乎并不适合他的个性，但他还是毫不犹豫地为自己的人生道路选择了新的生存方式。

在一封给张资平的信里，郭沫若这样写道："我可以说一句开诚布公的话：我们都是因为有了老婆和很多的孩子。假使我们是单身，无论怎样冲，我们都冲得来的，而且不仅是在口头。不过我们尽管不能做怎样轰轰烈烈的活动，我们的志趣操守总是正确的。"

现实境遇的确是郭沫若选择从事学术研究最直接的诱因，作为一个政治流亡者，又是拉家带口地生活在异国他乡，他无法再拥有无所顾忌的潇洒，像当年在上海滩时那样。但是，真正支撑这一选择的心理动机，主要还在于他富于创造意识的文化个性，这样的个性使他总是愿意接受具有挑战性的工作。郭沫若沿袭的是中国文人传统的学问之道，但他决不会做那种"我注六经，六经注我"式的学问。他期望自己的研究具有开拓性，是学术创造，他有这样的自信。

而一旦有了这个学术上的野心，郭沫若头脑里立刻涌现出一股迫切的冲动，如同诗的灵感袭来一般。他首先想到小时候就背诵得滚瓜烂熟的《易经》，要从中国古代思想文化的源头去进行思考、研究。

这其实也正是他在《女神》时期就已经着手进行的学术思考——对于传统文化精神，对于像庞贝古城一样被湮没了的古代思想文化进行发掘、梳理。只不过那时候的郭沫若还没有获得唯物主义的认识论、方法论，那时的他更多拥有的是诗人的激情，缺少思想批判的锐利与深刻，这项研究没有深入进行下去。

在东京生活的一个好处是，总能够轻易地找到与中国文化特别是传统文化相关的东西。果然，郭沫若在神田书店街的一家旧书店里找到一本日本版的《易经》，还是明治时代水户藩的藩学读本，只花了六个铜板，就把它买了下来。

用了一周时间，郭沫若撰写出他的关于中国古代社会研究的第一篇论文《周易的时代背景与精神生产》。紧接着，写下第二篇《诗书时代的社会变革与其思想上的反映》，这是他对于《诗经》《书经》的研究。然后是第三篇、第四篇……

在这些分别考察先秦时代中国社会的组织结构、生产形态、文化思想等方面的论文中，郭沫若有一个非常重要的认识，就是中国古代社会经历过奴隶制的社会形态，从学术上讲，这是对于否认古代中国存在过奴隶制社会的观点的反驳。但郭沫若的认识比作为一种学术观点更为重要的意义在于，他的考察和论断，验证了马克思、恩格斯关于人类社会的发展历经五种形态的理论是具有普遍意义的，在中国也是适用的。因为当时对于马克思主义是不是适合中国国情，在政治思想界、学术界都存在很大争议，反对者正是借中国古代未曾有过奴隶制时代的观点，来否定马克思主义对于中国社会革命的理论价值和指导意义。

沉浸在艰深的历史研究中，郭沫若并不觉得枯燥，相反，当那一幕幕仿佛被复活了的古代社会生活的场景展现在脑海中的时候，他感觉着一种莫大的兴味，这也是一种探索，一种发现，是对已经模糊了乃至消逝的历史的重新发现。不过，他不时地得把这项研究搁置一下，因为生计问题。刚开始流亡生活的时候，每个月还能从创造社出版部得到一笔生活费，后来创造社被国民党查封，便失掉了这一进项。

流亡生涯，无法谋职，老婆孩子需要吃饭，这种纯学术的研究一时并不能解决生计问题。安娜持家是很节俭的，炊扫浆洗等所有家务她都自己承担下来，对外的琐事也多由她出面处理。但巧妇难为无米之炊，在最艰难的时候，郭沫若连每天工作离不开的笔砚都差点成了问题，毛笔写秃了，将就着用，砚台坏了，找块青石砖代替凑合着使。于是，郭沫若得花费许多精力撰写各种文章，以稿酬维持日常开支。他开始写自传，翻译了辛克莱的几部小说，翻译《美术考古发现史》……

在断断续续进行了一年多后，郭沫若终于写完了他研究中国古代社会的最后一篇论文《周金中的社会史观》。这时已是 1929 年的初冬季节。画上文章的最后一个句号，郭沫若一个人静静地坐在斗室中。虽然时间已近午夜，但他心里还在默默纪念着一件事：今天是 11 月 7 日，是苏联"十月革命"纪念日。

郭沫若把这件心事记在了文章的结尾。在研究中国古代社会的过程中，他的头脑里越来越清晰地呈现出这样的认识："对于未来社会的待望逼迫着我们不能不生出清算过往社会的要求。"

在五四时期，郭沫若曾经以一个浪漫主义诗人的激情不断呼唤毁坏旧世界，创造理想的新中国。但是这个理想的中国应该是个什么样子，他还只有一些朦胧的感觉。"十月革命"后的苏联可以是一个效法的对象，但是有着数千年古代文明史的中国经过怎样的实践，才能实现一次现代意义上的革命？这是郭沫若还没有看得很清楚的问题。新文化运动的先驱者们曾喊出"打倒孔家店"的口号，对于传统思想文化采取了几乎全盘否定的态度，这是郭沫若所不赞同的，所以他在那时就把思考的目光投向了中国古代社会，试图用现代思想去阐释、弘扬中国传统文化精神。

现实的中国社会是从古代的中国社会走来的，未来的中国社会也将从现实的中国社会走过去。"认清过往的来程，才好决定我们未来的去向"。世界文化史上关于中国方面的记载，还是一片白纸，恩格斯的《家庭、私有制和国家的起源》没有写到古代中国社会，不过，郭沫若现在有了充分的自信，辩证唯物论、历史唯物论可以让他科学地认识中国古代社会，他是在为恩格斯的《家庭、私有制和国家的起源》续写新章。

生活虽然清苦，这样的研究过程，却让郭沫若有种如沐春风、顿开茅塞的舒畅。他觉得自己真正参破了"人生和学问上的无门关"。

"把中国实际的社会清算出来，把中国的文化、中国的思想，加以严密的批判"，让人们看清楚"中国的国情，中国的传统"，"目前虽然是'风雨如晦'之时，然而也正是我们'鸡鸣不已'的时候"。郭沫若的确有理由拥有这么强烈、执着的自信，他对于中国古代社会的研究完全打破了传统国学的窠臼，跳过了抱残守缺的"国故派"们的陈腐、盲目，认清了"古代的真实"。他为这一学术领域开辟了一片新的天地。

1930年3月，以一组论文汇集而成的《中国古代社会研究》一书，由上海联合书店出版发行。该书在思想界、学术界引起极大关注，它初步奠定了郭沫若在中国现代史学史上的地位。在研究中国古代社会的过程中，郭沫若掌握了辩证唯物主义、历史唯物主义的方法论，成为中国马克思主义史学派的开拓者。

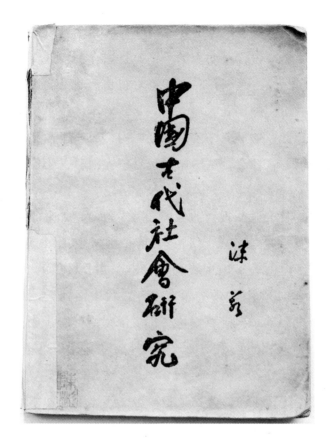

初版本《中国古代社会研究》

三　在警视厅成阶下囚

　　还是在郭沫若刚刚落笔完成《周易的时代背景与精神生产》一文的第二天（1928 年 8 月 1 日），午饭过后，他正想小憩一会儿，六七个人闯进了玄关。安娜急忙迎上去询问，那些人却已经进了房间。郭沫若一眼看出他们是着便衣的警察"刑士"，因为他们的便衣都是清一色的黑西服。

　　"你就是中国人吴诚吧？我们是东京警视厅的人，请跟我们到东京的警署走一趟，有事情要谈。"

　　郭沫若心想事情不妙，但他没有表示出惊讶，从到达神户的那天起，就预料着可能会有这一天。

"马上就走吗？"郭沫若起身披上外衣镇定地问道。

安娜见此情况，走上来与刑士们分辩，想阻止他们带走丈夫，又说要去她也一起去。郭沫若劝止住安娜，说："你不用怕，即使有什么问题，也到不了会枪毙我的地步。你还是和孩子留在家里的好。"

带了些零用钱，郭沫若随警视厅的刑士走出家门。在门口，他看到在市川市警察局见过的那个刑士显出一点难为情的样子。郭沫若明白，他来市川居留下来的经过，东京来的这些刑士们一定已经调查清楚了。

两个便衣刑士"陪同"郭沫若去东京，其他人留下，查抄了郭沫若与他人往来的书信、他的日记、一些书刊等等。

到了东京，郭沫若被带往位于日本桥的拘留警察署，这是东京警视厅专门办理涉外事件的一个警署。郭沫若被直接引进一个像会议室的房间。询问他的人，是一位脸色苍白、神情严峻的中年男子，自称是警视厅的外事课长。

"你不叫吴诚，你是郭沫若。"这位外事课长兜头便道。

"是的。"郭沫若坦然应答，这时已不需要隐瞒什么。

接下去，外事课长详细询问了郭沫若的履历、安娜的履历，询问了郭沫若来日本的经过，郭沫若都一一如实作答。然后，他抓住郭沫若化名入境并且寓居下来这点，反复讯问郭沫若肩负什么秘密使命，在日本有什么活动。郭沫若解释说，使用假名，当初只为在上海离境时瞒过中国的警察，在市川仍用这个假名寓居下来也有此意，而且是经过当地检事和警署同意的。几个月来，自己只从事写作、著述，完全与日本无关，更不要说有什么不利于日本的活动了。

"谈话"反复在这一问题上进行了三个小时，问话的人也感觉不耐烦了，便命刑士将郭沫若带到拘留所去。

被东京警视厅发现自己的真实身份，郭沫若并不感到特别意外——这只是早晚的事。但因此而遭拘留，还是有点出乎他的意料。虽然他身为国民党政府通缉的对象，匿名流亡日本，但据他所知，当时的日本政府对于来自中国的政治流亡者，只要不从事被认为是危及日本社会的政治活动，一般不会给予监押或驱逐，一定是哪个环节出了纰漏。

拘留所的建筑像地下室似的黑洞洞的。进门之后，郭沫若便被要求交出身上所有的东西，包括腰间的皮带。他想发火，却又无可奈何，只能以看守怕他自杀自我解嘲。可是当一个武装警察要将一张写有"郭沫若"几个字的白纸别在他胸前拍照时，郭沫若愤怒地拒绝了："我还不是犯人！"他觉得这是平生第一次遭受的奇耻大辱。当然，最后还是得照，而且前后左右各照一张。折中了一下，在照背面像的时候，那张纸被贴在椅子背上。

拿了一床毯子，郭沫若被带进监房。监房两面是铁窗，只有六平方米大小，勉强可睡两个人，已经有一个被看守叫作秃松的人在里面，那人确实是个秃顶。秃松见又有人来，挺高兴，客气地招呼着郭沫若。

已经到了晚饭时间，看守从门旁一个狗洞样大小的方孔递进两盒饭。饭是发黑的米，有股酸味，菜只有几片咸萝卜。郭沫若一点食欲也没有，在秃松的劝说下，勉强吃了几口。秃松精神很好，一边吃，一边不停地说着。他是个贩米的商人，自称住遍了东京的拘留所，却不说什么原因，郭沫若也不便问。秃松说据他的经验，像郭沫若这样的情况，顶多是驱逐出境："你是外国人，日本的法律是不能制裁你的。"

郭沫若也考虑到这种可能性。那样一来，走出东京的拘留所，就意味着走进上海或南京的监狱。但无论如何，做刀下鬼还不至于做了日本人的刀下鬼。

这一夜，郭沫若彻夜未眠。一股按捺不住的激愤反复涌现在脑海里，他想喊出来："鬼子，你侮辱了我！我爱了我的祖国，我爱了我祖国的人民，这就是罪吗？是的，这就是罪，你不单侮辱了我，你更侮辱了我的祖国！侮辱了中国人民！整个中国都睡在这狭隘的监牢里了！"

清晨六时开始放风，这是一天中仅有的一次。郭沫若踱出监房去洗漱，却意外地在另一间监房中看到一个熟人小原荣次郎。"他也被拘捕了，是受自己的牵连吗？"郭沫若马上想到这一点。

小原荣次郎是个商人，在东京开有一个店铺"京华堂"，专门经销中国的文房四宝、瓷器印章、假古董及一些杂货。一次偶然带回在中国不值什么钱的兰草，却在东京卖火了，发了财。此后，他专门在上野建了兰圃，办兰花展，办杂志，主编写兰花的书，被人戏称为"兰花博士"。小原荣次郎常到中国进货，与在上海经营书店的内山完造是朋友，由此结识了也在上海的郭沫若，常来往。北伐时期，他在广州还给安娜拍过许多照片。郭沫若流亡日本后，他在国内所得的稿酬，国内一些朋友寄来的信件，就通过他的"京华堂"转收。

"如果小原荣次郎因自己而受牵连，那大概还有村松梢风了？"郭沫若越发感到忐忑不安。

近中午时分，郭沫若被看守提出拘留所。他以为是放他离开警署了，孰知却是又一次"谈话"，但换了一个问话人。开始问的还是昨天的问题，后来问起钱亦石。钱亦石也是大革命后来日本的，郭沫若知道他已经到了苏联，便说了钱在东京的地址，心想让他们查去吧。又问起成仿吾，郭沫若知道警察一定是搜到了成仿吾在苏联时写给自己的一封信。仿吾早已在柏林了，日本人知道他的情况也无妨，于是他就详细讲了不少成仿吾的情况。

这次讯问只有一个小时，结束后还给郭沫若备了一份西餐盒饭，大概是优待外国人，郭沫若想，管它呢，昨天饿了一天，吃饱了再说。

又回到拘留所，秃松一见却说不妙，警察玩起了猫捉老鼠的游戏。按日本法律，拘留只能拘24小时，不起诉就得放人。但是警察若不想放人，可以永远让你拘留，办法就是每隔24小时把你提出拘留所，然后再一次拘留你。郭沫若一听此说，心情不免又暗淡了几分。

"随它去吧，横下一条心，你真能把我拘留到天荒地老？！"

村松梢风的确也被拘留了，是在另一个警署。

就在郭沫若被拘捕的那天深夜，外出了一天的村松梢风刚回到位于神田区的家，便被守候多时的警察拘捕，带到了附近万世桥的警察署。这个警署的拘留所，在东京是条件最差的，一间牢房里要关押20个人，像个猪圈。人与人之间只有紧挨着才能躺下，村松梢风索性倚靠在墙角坐着。虽然在外奔波了一天，此时的村松却毫无睡意，从刚才拘捕他的警察话语中，他察觉事情与郭沫若有关。但左思右想，他觉得顶多算个知情不报，应该不会有什么大问题，于是，也就安下心来。

第二天上午，警署的检事审讯了村松梢风，果然是关涉他与郭沫若之间关系的事情。

大概因为村松是有些名气的作家，那位检事的态度还算客气。他详细讯问了村松帮助郭沫若一家到市川安顿下来的经过，反复讯问村松与郭沫若交往的活动、内容。村松梢风承认自己知道郭沫若化名居留日本，却没有向当局报告是考虑不周，也坦然讲述了自己与郭沫若交往的经过：包括早在1923年，他们在上海的初次相识；包括1925年郭沫若去广东前，他们又在上海见过面；等等。他不认为这会有什么麻烦。而且至今，他都为自己1923年那次上海之行感到骄傲，因为就是那一次的上海之行，让他结交了郭沫若、田汉、成仿吾等创造社作家。他在日本作家中第一个结交了中国新文坛上的青年作家们。在他之前，著名作家芥川龙之介、谷崎润一郎都曾游历过中国，想要结识中国新文坛的作家，却未能如愿。

那位检事对这些事情显然并不感兴趣，他想了解郭沫若匿名居留在市川的这半年之中，村松与他有些什么样的交往和活动。于是，他拿出两封村松梢风写给郭沫若的信——这是警察在郭沫若家中查抄到的。他指着其中议论日本时政和被当局列为具有“危险思想”的社会团体的文字，讯问村松梢风这该如何解释。村松梢风看到这两封信，心里一沉，他知道，单凭这些所谓危险言论，警察当局就可以起诉他，并判他以重罪。

审讯回来，村松梢风辗转不安。白纸黑字，有口难辩，他有些后悔与郭沫若的交往不太慎重。急切之中，村松梢风突然想起在警视厅任职的同乡朋友大谷，于是，要求会见了大谷。

村松梢风将他与郭沫若交往的来龙去脉通通讲述给大谷，请他帮忙。

大谷知道村松不是那种会做些什么出格事的文人，便出面担保，万世桥警署于是释放了村松梢风。这时，已经是他被拘留的第四天了。

出了拘留所，村松梢风原想直接回家，但又担心郭沫若此时大概还因为被怀疑与自己有什么政治性活动被拘留着，便径直去了东京警视厅。他把事情的原委又向外事课长讲述了一遍，说明郭沫若在日本什么活动也没有搞。外事课长听完后当着村松的面拿起电话，通知拘留警察署释放郭沫若。村松梢风这才放了心，虽然受郭沫若之累进了拘留所，毕竟自己那些写在信中的文字也连累了郭沫若。

警方对村松梢风的怀疑解除之后，对郭沫若的怀疑也随之消除。一个小时之后，郭沫若也走出了拘留所。

郭沫若没有回家，先去了与警察署隔街相对的"京华堂"，想询问一下小原荣次郎的情况。但小原托故未见，并让他的夫人转告郭沫若："以后不要再由我们这里兑款子了。"随后，郭沫若又奔《骚人》杂志社而去，他觉得应该问候一下村松梢风。

《骚人》编辑部里聚集了许多来慰问村松梢风的人，村松正在那里很兴奋地讲述在拘留所的经历，这对一个作家不啻为难得的生活体验。郭沫若一走进办公室的门，就感觉到村松和夫人冷淡的态度，其他的人更用异样的眼光盯着这位不速之客。郭沫若没有勇气再待下去，他觉得周身都在作寒作冷，这是比拘留所铁窗还要肃杀的目光。他意识到，自己已经被这里的人们视为瘟神了。

郭沫若几乎是狼狈地告辞了《骚人》编辑部，他得赶快回到家中去，只有那里还存有人间的温暖。

事实上，东京警视厅这次拘捕郭沫若，并不是因为他匿名入境并寓居下来，而是怀疑郭沫若可能与日本的无产阶级文艺运动有关联。这一时期的日本政府正在一步步加紧钳制国内思想文化界的活动，1928年3月曾在全国范围内搞了一次对日本共产党的大检举，即"三一五事件"。之后，日共受到重创，一度很活跃的左翼文学运动、马克思主义的研究介绍等活动不断遭受打击。

郭沫若进入警方视线，起因是《战旗》杂志上刊登的藤枝丈夫、山田清三郎采访郭沫若与成仿吾的那两篇文章：《中国的新兴文艺运动》《访中国的两位作家》。文章中写明了采访是在日本进行的，两位"中国无产阶级文学运动的先驱者"与"纳普"作家一起谈论无产阶级文学运动，而成仿吾还将经苏联的西伯利亚赴德国。这不能不使东京的警视厅感到不安，因为这可能涉及中国、日本、苏联之间的无产阶级文学运动的联系，何况郭沫若这位北伐时中国政坛上的风云人物，原本就是以著名左派人士的身份被日本方面所关注的。

警视厅很快查清了郭沫若来日本的经过和行踪。《战旗》1928 年 7 月号刊登了那两篇文章，郭沫若在 8 月 1 日被警视厅拘捕。

对郭沫若的拘捕，又带出了帮助郭沫若一家安顿在市川的村松梢风和为郭沫若转收从中国寄来邮件的小原荣次郎。而在郭沫若寓所内搜出的村松梢风的几封信，特别是成仿吾从欧洲寄来的一封信，无疑进一步加重了警方怀疑郭沫若在日本有左翼政治活动的担心。这样就演变成了几个人相继被捕，且均被拘留数天的事件。

说起来有点可笑的是，原本让日本警方疑心郭沫若与赤色苏联也有联系的成仿吾的那封来信，后来反倒使他们吃了定心丸。成仿吾的信很长，用中文写的，警方专门请了人来翻译。成仿吾在信中客观叙述了他途经还处在动荡之中的西伯利亚地区一路到莫斯科的见闻，其中表示了对于他所看到的苏联现状的几分失望与批评，因为这与他们从五四时期就憧憬的那个理想中的苏联有着不小的差距。这个结果使警方感觉有些意外，却也因此而消除了对郭沫若与赤色苏联有关系的怀疑。

没有证据表明郭沫若来日本后从事过任何政治活动，警方只能解除对郭沫若的拘留。在拘留所的几天，郭沫若虽未受皮肉之苦，却感受到巨大的精神创痛。他后来在撰写流亡日本时期生活的一篇文章时，写下这样的题目——"我是中国人"，其愤愤之心可见一斑。

从这次拘捕事件以后，郭沫若被警方列为公开监视的对象。时不时会有当地警署的警士来家中"拜访"，而且驻扎在千叶地区的宪兵也会

"光顾"，这是一种双重监视。从郭沫若亲笔记录下他流亡日本后期两个月生活的一段文字中，仍可以见到警察"来访"有五六次之多。

郭沫若在市川市须和田的寓所

曾经有段时间，郭沫若凡出去办事，身后总会跟着一个便衣警察。他便索性将提包交到便衣手中，自己在前面昂首阔步地走。便衣也愿意如此，因为这样一来，跟踪对象就不会脱离他的视线。于是，一个文质彬彬的学者在前面走，后面一个壮硕的跟包——这成了市川街头的一景。不过那昂首阔步的身影内郁积着的屈辱和愤懑，是可想而知的。

第十章　爰将金玉励坚贞

一　解读甲骨金文的秘密

郭沫若关于中国古代社会研究的第二篇论文《中国古代社会研究》，是通过《诗经》《书经》的内容考察中国古代社会的变革与思想文化。论文在 1928 年 8 月底就完成了，但郭沫若把它搁置了几个月后，又进行了改作，因为在研究的过程中，他开始对所研究的史料产生了怀疑。

"《易经》果真是殷、周之际的产物吗？在那样的时代，何以便能有辨（辩）证式的形而上学的宇宙观，而且和《诗》、《书》中所表现的主要是人格神的支配观念，竟那样不同？"郭沫若想到，《诗经》在孔子时代就已经是经过删改的，《书经》有今文、古文之别，也是经过了历代传抄翻刻，失去了它们本来的面目，那么《易经》同样可能不是其本来的面目。这样一来，要论说中国古代社会，仅仅依据这些文字资料显然是不行的。

"在出发点上便已经有了问题。材料不真，时代不明，笼统地研究下去，所得的结果，难道还能正确吗？"郭沫若意识到，在这个研究领域的研究是不能急于求成的。即使有辩证唯物主义的方法，如果所依据的史料失真，也无法得到正确的结论。那么下一步应该怎样进行呢？他想到了考古发掘的资料。那些来自地下，像被火山熔岩湮没的庞贝古城一样保存了数千年的历史遗存，应该是第一手的史料，它们所包含的文化符号应该是最可靠的。

郭沫若先去了上野图书馆。这是东京最大的公共图书馆，藏书很丰富，但考古学方面的专业书籍很少，只找到一部罗振玉的《殷虚书契前编》。书中汇集有安阳殷墟出土的甲骨文拓片，郭沫若知道这正是他所需要的资料。但书中拓片上的文字是毫无考释的，郭沫若得首先读破它们，解开它们的秘密，然后才能利用它们。

上野图书馆解决不了问题，郭沫若想到另一个途径。他记得当年读一高时，一个朋友带他到学校附近一家叫"文求堂"的书店去逛过，那是专门经销中国古代典籍的一个书店，于是他去了文求堂。果然在书店里满满堆放的线装书中，郭沫若找到了急需的《殷虚书契考释》，一问价钱，要十二元，这是他当时绝对掏不起的数目。急于翻阅此书的郭沫若也顾不得是不是唐突，便用商量的口气向老板提议说："好不好我以身上所有的六圆钱做抵押，把书借回去看几天？"

书店老板叫田中庆太郎，犹豫了一下，委婉地拒绝了。不过，他告诉郭沫若一个更好的门路："要看这类书，小石川的东洋文库应有尽有。你只要有人介绍，便可以随时去阅览。"郭沫若很感谢田中庆太郎提供的这个线索，就与他攀谈起来，这成了他们的初次相识。

在与田中庆太郎的交谈中，郭沫若得知东洋文库的主任是藤森成吉在东京大学的同期学友，自然非常高兴。从文求堂回去后，他联系到在北伐时结识的日本记者川上，请他帮助找到藤森成吉的住址，并一起去拜访了昔日的老师。

藤森成吉当然记得六高的学生郭开贞，也知道中国新文坛上的著名作家郭沫若。他非常热情地欢迎了郭沫若的到访，并且马上为他写了一封给东洋文库主任的介绍信。此后，郭沫若与藤森成吉一直保持着往来，他们在一起谈论文学、绘画，师生兼同行之谊其乐融融。

郭沫若当时还没有公开自己的姓名，去东洋文库时，川上就让他使用了自己在中国采访时用过的中文名字"林守仁"作为假名。东洋文库是一家私立图书馆，属川琦家族。当初是靠购买了清末浙江藏书家陆心源藏书楼中的大批宋版书建起来的，其中所藏中国古代典籍、地方志、金文甲骨等资料十分丰富。郭沫若检索了书库的书目后，简直大喜过望，他需要的图书资料基本上都有。特别是文库中丰富的甲骨文、金文，几乎没有别人来查阅，于是，它们便被郭沫若独自揽入囊中。

东洋文库

郭沫若开始天天往返于千叶县市川的寓所和东京市内的东洋文库之间，那是一段非常辛苦的阅读资料和学习的过程。每天早出晚归，中午就简单吃点安娜为他准备的便当，所有时间都泡在阅览室。阅览室里冷冷清清，没有几个读者，倒是很安静。没过几天，郭沫若注意到有一个青年和他一样天天到文库来泡在阅览室里查阅资料。中午休息时他们攀谈起来，相互认识了。

郭沫若得知这位日本青年叫林谦三，曾就读于东京美术学校雕塑专业，是位雕刻家。林谦三对东方古典音乐有浓厚的兴趣，正在撰写一部研究中国古代隋唐乐调、乐谱，及其与西域各国的音乐和传入日本的唐乐调之间关系的学术著作《隋唐燕乐调研究》。有些中国古籍的资料，林谦三会向郭沫若请教。二人"茶余饭后每就所得者相与谈论,恒乐而忘疲也"。郭沫若"深有感于林君之奋发,无形之中受其鼓励者不少"。他们在无心之中彼此成为益友。

林谦三的《隋唐燕乐调研究》完成后,他愿意将这部研究中国音乐史的著述能先以汉语发表,郭沫若也希望能借此书使中国的学界在中外文化交流史的视野中去研究中国音乐史。于是,他操刀为林谦三翻译了书稿。初稿译出后,他与林谦三又用了八九个月的时间进行推敲,增改,使之精益求精。之后亲自多方联系《隋唐燕乐调研究》的发表、出版事宜。与此同时,郭沫若撰写了一篇研究历史人物的论文《隋代大音乐家万宝常》。几经周折,郭沫若后来将《隋唐燕乐调研究》交沈尹默在上海主持的孔德研究所,由中法文化出版委员会编辑,上海商务印书馆出版。他的《隋代大音乐家万宝常》一文则以日语译出,发表在《日本评论》杂志。这称得上是学术交流史上的一段佳话了。林谦三为感谢郭沫若,还曾专为他塑了一尊胸像。

在东洋文库用了近两个月时间,郭沫若把文库中所藏甲骨文、金文的资料和王国维的《观堂集林》全部读了一遍,还读了不少其他相关书籍。有关中国各地的考古发现的记载,郭沫若也差不多都读到了,并对考古学做了广泛的涉猎。他觉得自己有了充分的自信。运用这些资料,他完成了《卜辞中之古代社会》一文。

在查考东洋文库所藏金文甲骨的资料时,郭沫若注意到,在已经发现的甲骨文中能够识读的只占一小部分,他要"利用"这些资料,必须自己去做基础的研究工作。事实上,1899年,在河南安阳小屯才首次发现了带有文字的甲骨骨片,当时并没有引起世人注意,那些甲骨片甚至被卖到药铺去做中药。进入20世纪以后,王国维、罗振玉等人开始整理这些龟甲片,并做了识文断字的工作。所以,当郭沫若接触到这些甲骨文资料的时候,甲骨文研究还处于刚开始阶段。这对于他又是一次挑战:进入这个新的学术领域,去做开拓性的工作。郭沫若已经敏锐地看到:"中国之旧学自甲骨之出而另辟一新纪元。"

　　郭沫若是由王国维的书引进甲骨文研究领域的，他非常敬佩王国维已经做出的业绩，但同时他也发现，王国维的研究，包括其他人的研究，一直局限在释字的视界里。"对此绝好的史料，只是零碎地发挥出好事家的趣味，而不能有系统的科学的把握"。他需要寻找一条新的路径，以"读破"这些甲骨文所能传递的古代社会的历史信息。

　　郭沫若感到，不能仅仅把这些龟甲骨片上的象形符号看成一个个文字，需要一个综合的视野。于是，他根据某一甲骨文字的原始形义，结合古代文献典籍上有关的解释，参考民俗学的相关资料，再把它们还原到已经为社会学和历史学所证明了的相应的社会发展阶段之中，进行综合的考察研究，再得出最后的结论。郭沫若落笔写下了第一篇研究甲骨文的文章《释祖妣》。

　　在这篇考释"祖妣"二字的文章中，郭沫若从人类学家摩尔根的《古代社会》一书中发现，崇拜祖妣应该源于血族群婚和原始宗教，从而揭示了"生殖神之崇拜，其事几与人类而俱来"。根据祖妣包含的这一历史信息，郭沫若认为，殷代作为氏族社会末期，还保存着"亚血族群婚之遗习"，以及"母权中心之痕迹"。同时，他的考释还论证了"帝"是"蒂"之初文，以"帝"为尊，实际上反映的也是古代的生殖崇拜。

　　像这样的考释和见解，大大开拓了甲骨文研究的思路，发人所未见，让人耳目一新。郭沫若接着陆续撰写了《释臣宰》《释岁》《释支干》等十几篇考释的文章。他释读这些龟甲残片上的符号，并"非拘拘于文字史地之学"，而是从中去了解古代社会的形态。譬如《释臣宰》，从"臣宰"二字论证殷周社会的奴隶身份，认为"臣民"均为古代的奴隶，"一部阶级统治史，于一二字即已透露其端倪"。学术界评价郭沫若的考释，"不落窠臼，不受束缚，多有创获"。当然，由于郭沫若是在对"古代社会总的认识下解释卜辞"，因此有些字说可能不尽正确。

　　辨认龟甲上的刻文需要丰富的古文字学知识，但由象形结构出的文字有时又需要想象，那是一个富有乐趣的猜想过程，郭沫若把这种乐趣带进了日常生活中。有段时间，每天傍晚一家人聚在一起吃晚饭时，他总要把一两块甲骨片或是一张拓片拿到饭桌上，让孩子们都来辨认，"猜猜这是什么字？"孩子们把这当成猜谜，极有兴趣，争先恐后报出自己的"谜底"，博生猜中的次数最多。每当有谁猜出一个字，郭沫若都给予口头奖励，孩子们则齐声欢呼，就连安娜在备好饭菜后也会过来凑热闹，一家人其乐融融。

在研究金文甲骨的过程中，郭沫若更明确地认识到，古文字、古器物学研究是历史学研究的一种必要的课程，它们需要新的、科学的方法，而新的甲骨文研究成果，将促进"以新兴科学的观点来研究中国社会的古代"。

1930 年初，郭沫若把汇集成书稿的《甲骨文研究》寄给北平《燕京学报》，有意将其发表在《燕京学报》上，但因无法以手稿影印而作罢。中央研究院的傅斯年知道了，希望在《历史语言研究所集刊》连载，然后由中央研究院出单行本，且稿酬从优，只是要用化名。郭沫若则不愿意用化名，亦不想由官方的机构出版。后来，经过李民治交涉，由上海大东书局于 1931 年 5 月影印出版了《甲骨文字研究》，同时出版的还有《殷周青铜器铭文研究》。

接到书局寄来样书的那天，安娜特意煮了红豆饭庆贺。按日本习俗，逢年节或有特别值得庆祝之事才煮红豆饭。写书出书，在郭沫若自是寻常事，但《甲骨文字研究》的出版的确值得庆贺。它与《中国古代社会研究》一起证明，郭沫若研究金文甲骨，不像有些人以为的"真正在发疯了"。他不但很快进入这一学术领域，而且一出手，就站在一个学术高点和学术前沿的位置上。

正在一家人欢快地吃着红豆饭的时候，负责监视佐藤家的宪兵走了进来，他们从来都是不打招呼就进门的。

"听说有大批的东西送到了，是什么宝贝呀？"问的人话中有话。

郭沫若明白，宪兵一定怀疑这些东西是宣传品。

"是呀，是很好的'宝贝'呢！无价之宝！"安娜指着堆在走廊上还没有开封的一部分包裹对宪兵说。

郭沫若走过去，索性当面打开两封书拿给宪兵看。那些画符似的象形文字，他当然看不明白，旁边释文的汉字还是认得的。越看越尴尬，脸上的表情就像吃了一嘴粪，口中讷讷地说着什么，灰溜溜退了出去。

红豆饭吃罢，郭沫若把书局寄来的总共40部样书每种只留下两部，其余的用一张大包袱皮包裹起来，叫上大儿子和夫，两人一起把书扛上电车去了东京。书托文求堂去卖，打了七折，当即拿到现金。孩子们都刚刚开学，正是用钱的时候。

郭沫若流亡日本期间，正是甲骨文研究为旧国学辟出一片新园地的时期，是甲骨学从草创阶段走向成熟的时期。这与当时中国的考古工作正处于一个"发现的时代"几乎是同步的。从1928年至1937年的十年间，中央研究院先后组织了15次对殷墟的发掘，共寻得甲骨近两万五千片。郭沫若间接地得到其中部分拓片，先是著录了《卜辞通纂》，后来又根据更多、更重要的甲骨资料编撰了《殷契粹编》。每当有新的考古发现，郭沫若总是及时跟进，深入研究，以之补充或修正自己已成的研究成果。

与甲骨文研究同为一个学术领域的是金文研究，就是对于殷周青铜器铭文的研究。郭沫若在这方面也投入了大量的学术精力。他根据世界学术前沿的美术考古理论，提出了根据青铜器的"花纹与形式以定一时之器之楷模"，复"就所得之楷模以为测量它器之标准"的观点，为殷周青铜器研究确立了标准器断代理论。郭沫若陆续编撰了《殷周青铜器铭文研究》《金文丛考》《两周金文辞大系图录》《两周金文辞大系考释》等著作，取得了丰硕的成果。

郭沫若独辟蹊径的研究方法，以及与新的考古发掘保持同步的研究工作，使他在古文字研究方面既领开拓之功，又能一直站在这一学术领域的前沿。他的成就，在学术界有目共睹。钱玄同创"甲骨四堂"之说。唐兰和之，阐释曰："雪堂导夫先路，观堂继以考史，彦堂区其时代，鼎堂发其辞例"。雪堂为罗振玉，观堂是王国维，彦堂乃董作宾，鼎堂郭沫若居其一。唐兰的释说，非常准确地概括了四人各自在甲骨之学方面的卓越成就和独到的贡献。

二　十年文字神交

当郭沫若每天早出晚归在东洋文库查阅甲骨文资料的时候，他还不知道远在千里之外的河南安阳小屯，学者董作宾主持的首次殷墟试发掘正在进行中。一年后，《中国古代社会研究》完稿付印，在联合书店即将出版的时候，郭沫若得到信息：董作宾以殷墟出土甲骨辑选编纂的《新获卜辞写本》刊印出来了。他立即去信联系《燕京学报》的主编容庚，"乞代购一部"，并请沪上的朋友寄去书款。他希望自己的《中国古代社会研究》能够引用到最新的资料，为此他还请联合书店暂缓一下出版时间。

很快，容庚给他邮寄来《新获卜辞写本》，是他自己的用书。《新获卜辞写本》只是安阳殷墟考古发掘报告的一部分，郭沫若这时还无法看到全部《安阳发掘报告》，所以阅读过《新获卜辞写本》后他还有些微词，谓其成书"却嫌草率"。不过他大赞其："足为中国考古学上之一新纪元，亦足以杜塞怀疑卜辞者之口。"他据此为《中国古代社会研究》撰写了《殷墟之发掘》等三篇"追论及补遗"的文字，与全书正论作为初版本一并出版。

容庚、董作宾从此成了郭沫若在古文字研究方面最重要的朋友。

郭沫若进入历史学和古文字学领域，完全没有学院背景，他靠的是自己的学习领悟。因之，在研究中能有师友请教或相互切磋讨论，是他求之不得的。与容庚的交往就在这样的情形下开始了。

那是在1929年的8月间。郭沫若初步完成了《甲骨文字研究》的书稿，但是觉得还有一些文字的释义需要斟酌，他很想有人来做学问上的讨论。书稿的出版，自然也还没有着落，郭沫若想到了容庚。容庚此时正在北平的燕京大学任教并主编《燕京学报》，郭沫若与他"并无一面之识"，但是他记起了王国维和王国维为《殷虚文字类编》写过的一篇序文。王国维在序文中所提到，并颇为赞许了四位治古文字学的青年学者：

唐兰、容庚、柯昌济、商承祚。郭沫若其实早就心仪这几位青年学者，只是隔着东海无缘相识。这时，他突然想到可以按照《燕京学报》的通信地址去信联系容庚。于是，郭沫若就"以仿佛年青人那样的憧憬，也仿佛王国维还活着的那样"，径直去信容庚，向其请教两件青铜器铭文中的两个疑难字。信中写道：

> 曩读王静安先生《殷虚文字类编·序》，得知足下之名。近复披览大作《金文编》，用力之勤，究学之审，成果之卓荦，实深钦佩。仆因欲探讨中国之古代社会，近亦颇用心于甲骨文字及古金文字之学，读足下书后，有欲请教者数事，不识能见告否？

接着，郭沫若在信上对于两个青铜器铭文中文字的释读和辨义提出疑问，并写下自己的看法。他希望"足下有以教之也"，又表示："此外欲磋商之事颇多，惟冒昧通函，未经任何人之介绍，不敢过扰清虑。上二事乃仆急欲求解答之问题，如蒙不我遐弃，日后当更有请益。"在信的末尾，郭沫若署名为"未知友"。

容庚很快有回信来，并寄上所录两件青铜器铭文。郭沫若得信后欣喜万分，又去信与容庚讨论两器铭文，并告以正在撰著的《甲骨文字十五释》（即后来成书的《甲骨文字研究》）。他说："属稿屡不易就，且以遁迹海外，无可与谈者，甚苦孤陋，今稿将垂成，欲求先进者审核，足下如乐与相商，当即奉上。"于是，二人开始了通信往来。郭沫若称："近得与足下订文字交，已足藉慰生平，此外别无奢求也。"

两人对于青铜器铭文的文字、器物拓片的花纹形制等许多问题，以书信频繁地交换看法，或相互请教，讨论、切磋各自的见解。他们各自的著作会在完稿或出版后第一时间寄给对方，譬如，郭沫若的《殷周青铜器铭文研究》、容庚的《武英殿彝器图录》等，听取对方的意见，相互交流、评说。他们之间的讨论、评说，有时甚至有"悖刻语"和"太不客气"的文字，但彼此一直以讨论学术的方式坦诚相处。因为他们以为，

"学问之道，是是非非，善固当扬，恶不必隐，由是辩证始能进展"。

郭沫若与容庚书信交往，除了探讨古文字研究、青铜器研究的问题，他从容庚那里经常能得到图书资料的帮助。身处海外，郭沫若在学术研究中，常常有"惜资料过少，恨无用力之地"的感觉。凡遇到这样的难处时，郭沫若多会想到请容庚帮忙，或借阅，或复印，或代购，或索求拓片，或了解学术信息。而每当他提出这样那样的请求，容庚总是会尽力而为，帮助解决。

有一段时间，郭沫若为研究所需，经常要查阅《殷虚书契前编》一书，但购置一部书"需二百金则囊涩无法也"。他只能每查一字，便往返一次于东京的图书馆与千叶县的家。这样很不方便，而且费时又多，于是，郭沫若向容庚提出"不情之请"，请他设法代为借阅一部，以使用一个月为期。不久，郭沫若就收到了容庚寄来的《殷虚书契前编》和其他一些书籍。后来，书是使用了一年才奉还。《古史新证》《宝蕴楼图录》等书籍，都是自容庚处借阅，《殷墟书契后编》则由容庚代购。编撰《殷周青铜器铭文研究》时郭沫若需要一些拓片资料，他立即给容庚去信说："急需右列诸器以作参考，兄处如有珍藏，能暂假须臾，是所渴望。"郭沫若所列四种拓片，容庚帮他找到了三种。在编撰《两周金文辞大系》时，郭沫若于《金文器》中有六种器物及铭文未见，遂询问容庚"有拓墨否？能将其辞抄示亦可"。听闻李济主持安阳殷墟第二次、第三次发掘的信息，郭沫若致信容庚询问，因以得知大龟四版的发掘出土。《泉屋清赏》是日本住友公司将所藏青铜器精品印制成的图片集，极难得见。住友所藏"多瑰异之品，其木印之美，他国莫及"。《泉屋清赏》为非卖品，北平图书馆以千金欲购此木印本，亦不可得。容庚联络了一些朋友，决定"合资摄影"拍摄《泉屋清赏》青铜器照片。郭沫若编纂的《卜辞通纂》"正需此"，询问了容庚之后他也参与其中。容庚很快就为他寄来了《泉屋清赏》的照片。

当然，郭沫若对于容庚提供的这些资料和帮助，都一一记在了他著作的序跋之中。郭沫若在日本有了学术资料方面的信息，也会询问容庚是否需要。譬如,他从友人处得到楚王戈照片二张,上有鸟书铭文十余字,他马上想到容庚新作《鸟书考补正》,即问容庚是否见到此铭文,谓:"如尚未,当奉假,以补大著《鸟书考》之遗。"随后邮寄了照片给容庚。

随着时间推移,郭沫若与容庚的学术交谊逐渐发展成朋友的情谊。生活中的大小事,甚至像容庚牙痛,郭沫若嘱其应拔掉智齿这样的事情,都会出现在他们的信中。容庚的母亲过世,郭沫若亲自撰写一副挽联,并特别托杭州的亲戚制成后直寄广东东莞容庚的家中。

有一件事儿,让郭沫若一直铭记在心。那是1931年4月间发生的事情:一位刚出狱的友人得了急性阑尾炎,须入医院做手术,"药石之费,苦无着落",寻求郭沫若的帮助。郭沫若即联系容庚,表示愿意将新近所著《两周金文辞大系》交中研院以"鼎堂"的笔名出版,"预支版税日币四五百圆",以解病友燃眉之急。此前一年,郭沫若因"耻食周粟"未同意中研院出版《甲骨文字研究》需更用署名的条件,这时完全为了济友人之难,放弃了当初的坚持,足见其侠义之心。而容庚一时之间实难解决郭沫若书稿出版的问题,遂自掏腰包汇款给郭沫若以济人之难。此事郭沫若从未忘记,终在二十年后《两周金文辞大系》于国内重印之时,从稿酬中汇款五百元给容庚以偿旧债。

董作宾与郭沫若相识,应该说与容庚相关,也就是说,与1929年末郭沫若从容庚那里借阅到《新获卜辞写本》相关。郭沫若对于《新获卜辞写本》的意见,容庚想必是转达给董作宾了。但郭沫若与董作宾直接有交集,已经到了1932年夏秋之际,那时他开始着手编撰《卜辞选释》(成书后题作《卜辞通纂》)。

郭沫若与董作宾第一次联系是请董为他找寻一殷墟陶器上的刻文,董作宾很快亲自用素缣摹录了该陶文并寄到日本。初次联系就得到这样实实在在的帮助,郭沫若很感动,于是,特意写了一首七绝并且手书一条幅,赠送给董作宾。诗是这样写的:

清江使者出安阳，

七十二钻礼成章。

赖君新有余且网，

令人长忆静观堂。

郭沫若用《庄子》中写宋元君之事的典故，极力赞誉董作宾在 1928 年秋所主持的安阳小屯殷墟发掘甲骨文之事，称其发掘出土了大量甲骨，好比余且网捕到大白龟一样。郭沫若一开始进入甲骨文研究领域，就非常推崇王国维的研究，而他又以董作宾为王静安之后最有影响的甲骨文研究者，所以，他在诗的结句会写到"令人长忆静观堂"。

短短四句诗，关联到后来被学界称作"甲骨四堂"中的三人，即：王观堂（国维）、董彦堂（作宾）、郭鼎堂（沫若）。这也是很有趣的事情。

从这时起，郭沫若与董作宾隔着浩瀚的东海开始了密切的文字往来，如同他与容庚之间的交往那样。这是一种推心置腹的学术交流的往来。

在从容庚处得知小屯殷墟第二次发掘出大龟四版的消息后，郭沫若急切想看到大龟四版上的刻辞，经过董作宾和主持第二次发掘工作的李济的帮助，他很快就得到了大龟四版的拓片。在接到邮寄来的拓片的那天，郭沫若兴奋不已，当即给好友田中庆太郎写了一封快信，告之："三千年前大龟四片已从北平寄到。请来一游，将奉以龟之佳肴也。"后来他又将李济、董作宾"以新拓之大龟四版及《新获卜辞》之拓墨惠假，并蒙特别允许其选录"之事专门记入《卜辞通纂·述例》中。

与董作宾相识时，郭沫若刚刚开始编撰《卜辞通纂》，于是，他与董作宾的文字往来，差不多全是关于《卜辞通纂》的。1932 年冬，郭沫若从董作宾来信中得知其有甲骨文断代研究之作，分世系、称谓、贞人、坑位、方国、人物、事类、文法、字形、书体十项，很感兴趣。这也是他准备撰述的问题，他本计划在《卜辞通纂》书成后，附以一卜辞断代表。郭沫若遂复信董作宾讨论甲骨文断代问题，很快，转过年（1933

年）来的 1 月末，他就得到董作宾寄示其《甲骨文断代研究例》的三校稿本。读后，郭沫若"以其体例綦密"，决定自己原拟作的卜辞断代表，"不复论列"。他称赞《甲骨文断代研究例》："如是有系统之综合研究，实自甲骨文出土以来所未有。"同时，又与董作宾讨论彼此意见相左的"阳甲与沃甲之互易""帝乙迁沫事之有无"二事。

其实，《卜辞通纂》此时已经付印了。郭沫若在读过董作宾《甲骨文断代研究例》稿本后，发现自己在编纂甲骨刻辞时因王襄《簠室殷契征文》一书拓片不精，疑为伪品而摒弃未用之误，特选取董作"足以证佐余说"的"仅见之例"，译录数片以作补充。他将这些事情都记入 1933 年 2 月 8 日夜所作的《卜辞通纂·后记》中。

但事情还没有结束。郭沫若在《卜辞通纂·后记》中论及董作宾《甲骨文断代研究例》所引"五示""虎祖丁"二辞，"因未见原契，故多作揣测语"。董作宾得知后，摹录了那两片甲骨刻辞，于 3 月中旬寄给郭沫若。郭沫若特作《书后》，"爰揭之于次，以补余书之未备"。董作宾大概是考虑到《卜辞通纂》已在影印制作中，随后又将两片甲骨刻辞的照片直寄郭沫若。郭沫若收到照片很高兴，因"书尚在印刷中，爰一并采入"。他也为此又写了一段《书后补记》的文字，特别表示："余于此对于彦堂之厚谊深致谢意。"

《卜辞通纂》由文求堂出版后，郭沫若给田中庆太郎开列了一个二十人（处）左右的赠书名单，请他代为寄送，其中国内学者唯有三人（处），其中之一即为住在上海曹家渡小万柳堂的董作宾。郭沫若请田中庆太郎寄给董作宾的赠书有三部，包括赠历史语言研究所的一部，可见董作宾在郭沫若心中的分量。

容庚、董作宾与郭沫若一直都是以书信交往，是"文字交""神交"，这是真正的学者之间的学术之交。然而，尽管他们之间结缘了深厚的友情，却始终因两地暌违未得面识。

到了抗战期间的 1942 年，董作宾从中研院史语所所在的宜宾南溪县李庄到重庆开学术会议，第一次见到郭沫若。董作宾谓之："十年神交，握手言欢。"郭沫若也很高兴，赋诗一首相赠：

> 卜辞屡载正尸方，
> 帝乙帝辛费考量。
> 万蟡千牛推索遍，
> 独君功力迈观堂。

诗中"正尸方""帝乙帝辛"是甲骨上的刻辞，"万蟡千牛"意指刻有卜辞的甲骨（"蟡"为龟，"牛"指牛胛骨）。郭沫若显然回忆到编撰《卜辞通纂》时与董作宾的交谊。"独君功力迈观堂"，比之初识题赠董作宾的诗中谓"长忆静观堂"，此时称其"功力迈观堂"，郭沫若对于董作宾的评价当然是很高的，但其中也不免含了几分人事沧桑的慨叹。

容庚与郭沫若相见要更晚，直至 1946 年他自北平往广西大学任教，途径重庆时他们才初次见面。容庚非常珍视与郭沫若的文字交。他后来把与郭沫若来往的这些书信，精心保存了半个世纪，并且深情地说："五十年来，我一直把它看作友谊的象征，郑重地珍藏起来。"在这期间，容庚和家人"历经连连战乱，白色恐怖，加之人事变迁，举家南移，家藏图书器物无不散失"，但郭沫若这些书信始终完好地被保存下来。

日本有关中国古代典籍和古文字史料的收藏很丰富，也有一批汉学家从事汉学研究，但是更多的史料和这方面学术研究的根底还在中国。所以，郭沫若关于中国古代史和古文字的学术活动，离不开与国内学者和学术环境的联系。容庚、董作宾之外，郭沫若与许多国内学者、收藏家，譬如商承祚、唐兰、于省吾、张政烺、张丹斧等人的联系，对于他的学术研究大有裨益。

1936 年夏，郭沫若接待了一位从国内来访的青年金祖同。他们此前已经有过通信往来，金祖同来日本是准备研习甲骨文的，他给郭沫若带来一批甲骨文拓片——《书契丛编》，一共有二十册之多。这是收藏家刘体智托他带来交给郭沫若的。

刘体智是清末四川总督刘秉璋第四子，曾在清廷户部银行任职，民国时出任中国实业银行总经理，与郭沫若并不相识。刘氏一生嗜古，搜求古物，收藏有甲骨 28000 余片、青铜器 400 余件，并曾将其藏品印行 10 种目录。刘氏所藏甲骨之多且精，"殆为海内外之冠"。郭沫若曾向正在刘体智处担当整理其收藏的释述工作的金祖同表示："刘氏所藏甲骨，如能全份拓墨见示，期必有以助。"金祖同将此意告诉了刘氏。刘体智仰慕郭沫若的学问，而且也一直希望所藏甲骨能够有人加以利用，进行研究，于是，尽管素昧平生，他借金祖同赴日之机，将已经拓出文字的二十册甲骨文拓片带给郭沫若。郭沫若从中辑选了 1595 片，辑录成《殷契粹编》一书。他在序言中赞称刘氏，"如此高谊，世所罕遘"，此言不虚也。

沈尹默是以另外的方式助力郭沫若的学术研究的。他与郭沫若是 20 世纪 20 年代初就在日本相识的老朋友，30 年代时，沈尹默在中法文化交流委员会下设的孔德图书馆主持馆务，这是一个用庚子赔款建立起来的学术研究机构。他延请郭沫若为孔德图书馆做些研究工作，却并不给予规定的课题，这样，郭沫若既可以按照自己的学术思路去做既定的古文字研究，又能够在生活上得到一定补贴。他的《石鼓文研究》和《周易的构成时代》两部学术著作，就是作为"孔德研究所丛刊"出版的。沈尹默特为《石鼓文研究》作序，并向学界力荐该书，称："得此一书，则石鼓文之精英悉备于斯矣。"又谓："唯于建石之意推阐无遗、而持论精辟者，固当推此著为第一。"

三　文求堂的座上客

对甲骨文的研究，还给郭沫若带来一个额外的"收获"，即，他成为文求堂的座上客。而田中庆太郎则成为他流亡日本期间最重要的朋友。

第一次在文求堂与老板田中庆太郎见面，郭沫若对他的印象似乎并不太好，尽管田中氏为他指点了去东洋文库寻找资料的门路。田中庆太郎给他的感觉，"是经过一种日本式的封建趣味所洗练过的"。但是多次去过文求堂，与这位田中老板熟悉之后，郭沫若发现，田中庆太郎不是个一般的书店老板，他通晓中国书画，对于中国古代文献典籍的版本有着丰富的知识，甚至远远超过一些大学的教授、专家。当时最著名的日本汉学家内藤湖南就说过："在今天的东京，学者之中对于古书的鉴赏能力而言，没有一人能与'文求堂'主人相匹敌。"

老板是这样一个人物，文求堂当然也不是个普通的书店。它专门经销汉籍图书文献，同时兼营出版业务，主要出版有关中国古代典籍、版本书、考古、古文字方面的编纂、著述。在日本凡研究汉学的学者，几乎没有不进文求堂的。

更让郭沫若感觉到兴趣的是，文求堂在学者们或有志于汉学的年轻学子们眼中除了是一处购书之地，还是一个聚谈、交往的场所。东洋文库的主任石田干之助说，文求堂像个学者俱乐部，青年学者在这里能见到许多"学界文坛的老前辈"，"也就得到了接触珍贵的高论卓说的机会"。一位外地学者半开玩笑地说，"如果上京的话一是去东洋文库拜读，二是到文求堂来听讲，都是绝对不能少的"。郭沫若就是直接间接地通过文求堂和田中庆太郎，逐渐接触和结识了日本学界一些从事考古、中国古代历史研究的学者、收藏家们。

文求堂书店

田中庆太郎显然是个很有眼光的人，他识人、识才，也很了解汉学研究领域的学术动向。郭沫若的学识、才气，使他们很快成为朋友。1931 年，在《甲骨文字研究》出版后，郭沫若又完成了《两周金文辞大系》一书的编撰。田中庆太郎在文求堂影印出版了这部书稿。这是郭沫若与作为出版人的田中庆太郎和文求堂的初次合作。他后来对朋友说过："在我刚把《两周金文辞大系》纂成的时候，也就是我在日本生活最窘困的时候，我不能忘记他以三百元买我这一束稿子，使我能在日本立足，识我于稠人之中。"从这次开始，到郭沫若归国之前，他所有关于金文甲骨研究方面的编撰著作（共有九部）都是由文求堂出版的。

郭沫若与田中庆太郎和文求堂的合作，并非一般作者与出版商之间你拿书稿来我出版的关系方式。常常是郭沫若在编撰书稿的过程中就开始得到田中庆太郎的帮助和支持。这包括：参考书、工具书的借阅、提供、购置，拓片、图片的摄制、翻拍，资料的查找、核对、抄录，等等。关于书籍版式、开本、用纸的考虑，图片、图版尺寸大小等问题，也要经过反复的书信相商。

文求堂主要经营与中国古代典籍有关的图书，从中国购进图书的渠道非常畅通，而且具有极好的信誉。这为郭沫若提供了一个很大的便利，即借阅、委托代购所需书籍。差不多只要是他有所需求，一纸信片，田中庆太郎就会为他把需要的书籍或寄到或遣人送到手里。在编纂《两周金文辞大系图录》时，郭沫若曾向田中庆太郎一次便开列出所需书籍八九种，而且有版本上的要求，他写信说："尊处如有，乞寄下；缺者，请设法函购。"有时他急需什么书，就会在信上写下"急欲一阅"的字句，而田中庆太郎也会在第二天把书寄出。

"请就《缪篆分韵》之类著书，考汉篆'宽'字之结构，抄示为祷。""日前查核'太行山'时，似见府上有地理辞典，乞据以查核'河内'地名。"这是郭沫若在两封信函中请田中庆太郎帮助他查抄资料的要求。像这样的要求，在郭沫若与田中庆太郎的交往中不时可见。"五日夜手书奉到。查考迅速周密，感佩无似。此问题务请彻底解决，终究是一种见识。"这是郭沫若在给田中震二的一封复信中写到的。田中震二是田中庆太郎次子，一度跟郭沫若学习甲骨文。显然在查找资料之外，还帮着郭沫若做了考证研究的工作。可以说，文求堂和田中庆太郎实际上成为郭沫若从事撰述工作的一个可以信赖的图书资料室。

比这种关系更进一步的是，郭沫若对一些编纂著作的选题，会与田中庆太郎商量之后再最后确定。譬如，《卜辞通纂》《两周金文辞大系图录》《殷契粹编》几部书稿得以编纂的缘起都与田中庆太郎有关，郭沫若都就选题的具体设想与田中庆太郎商议，得到他的支持。而与这些选题分属不同学术领域的另外一个选题，是关于中国文学史的，却没有得到田中庆太郎支持，郭沫若也就放弃了。

郭沫若想写的中国文学史还是很庞大的，要分三部，不是一两年可以完成的，所以特意征询田中庆太郎"有何良策见教"。田中庆太郎应该是出于出版方面的考虑，出于书店经营方针的考虑，没有支持郭沫若的想法。而郭沫若放弃了这个选题其实是对的。他当然具有撰写一部中国文学史的学术水平和能力，但是撰写一部从先秦开始迄于明清的文学史，耗费的时日肯定不短，他是否还会有《卜辞通纂》《古代铭刻汇考》《两周金文辞大系图录》《殷契粹编》这些著作的相继问世呢？

与文求堂和田中庆太郎之间这种关于撰述选题的商榷和达成的默契，使郭沫若在近十年的时间内能专心于既定学术领域的研究，也使他们之间的著作者与出版人的关系，具有了学界朋友的意义。

郭沫若在流亡期间刻意保持一种低调的生活，所以他社交的圈子并不大，而且多是在做学问意义上的往来。与文求堂和田中庆太郎的交往，却远远超出了这一关系模式，他们之间发展为很亲密的朋友。流亡在异国他乡的郭沫若，常常免不了陷入一种苦涩的心境，这时，他会向田中庆太郎倾吐胸中的郁闷，田中则是个很好的倾听者。有时，他们会以诗文唱和的方式进行交流。

相对一尊酒，难浇万斗愁。

乍惊清貌损，顿感泪痕幽。

举世谁青眼，吾生撼白头。

诗人学者郭沫若

人归江上路，冰雪满汀洲。

这是郭沫若 1933 年初写给田中庆太郎夫妇二人的一首无题诗。前一日，郭沫若在大雪中往访田中庆太郎，他们对酒而坐，相谈竟日。郭沫若归家后已是凌晨，但思绪中仍然浮动着两人相谈的话题，于是写下这首诗，并当即寄给田中庆太郎夫妇。诗中抒写的就是郭沫若那种流亡异国他乡的漂泊感、孤寂感。而宣泄、抒发这种情感内容的诗，在郭沫若写给田中庆太郎的诗中是有不少的，像另一首绝句中写道的："阳光疑雾复疑烟，桃叶因风舞自怜。柔管闲临枯树赋，牢愁如海亦连天。"郭沫若愿将一个羁困于方寸之地的背井离乡者那种无可奈何而又不甘寂寞的情绪感受，不止一次地写在给田中庆太郎的诗中，表明在他自己的那片精神家园中，田中庆太郎是一个可以被接纳、被信赖的朋友，是一个他能获得情感慰寄和精神交流的对象。

郭沫若在与人交往时是个热情洋溢的人，田中庆太郎也不是一个呆板拘谨的人，他们之间在大多数时候，还是以一种很随意、放松的方式往来的。"嚣斋夫子剧能谭，口角流沫东西南。姻缘虽是前生定，说破全凭舌寸三。舌底无端恼御寮，红线良缘是解消。如此老人充月下，人间何处赋桃夭。"嚣斋即是田中庆太郎。这是郭沫若用了戏谑的口吻，为田中一次失败的月老经历写给他的一首打油诗。

还有一次，郭沫若为田中庆太郎的夫人问诊，误以为其怀孕了，结果，他为"谢诬腹之罪"，也写了一首打油诗给田中夫妇："月华偶被乌云著，误把乌云当成月中兔。幸只打诊未投方，不然已把夫人误。世间正苦竹薮多，从今不敢攀黄而问素。"他们之间可以以这样轻松、诙谐的方式言及夫妇隐私、家庭私事，就算至交也不过如此吧！

郭沫若与田中庆太郎亲密的朋友关系，使两家之间也发展为可以随意相互出入门户的关系。他们夫妇之间不时相偕过访，子女之间也互有往来。田中庆太郎夫妇都喜欢书画，田中庆太郎之妻晴霭夫人曾专门为郭沫若作画，画扇面，郭沫若也为她的画题诗、题字。田中庆太郎次子

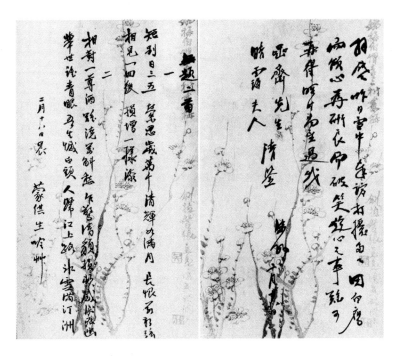

致田中庆太郎信及题诗

田中震二曾专门陪同郭沫若去京都进行学术走访，还翻译了郭沫若的《青铜器研究要纂》（《殷周青铜器铭文研究》），由文求堂出版。二十六岁时田中震二因病不幸早逝，田中庆太郎特意请郭沫若为其题写墓碑。

与文求堂和田中庆太郎的往来，是郭沫若流亡日本十年间非常珍视的经历，因为它对于郭沫若在金文甲骨学术领域的耕耘，对于郭沫若当时的生存环境有着不同寻常的意义。这种交往关系所反映出的，其实是使郭沫若得以延续十年学术生涯的那一社会文化背景的缩影。

1937 年的 6 月底，郭沫若将《甲骨文字研究》基本誊写完毕。前一年的 10 月，他与田中庆太郎商定，由文求堂出版《甲骨文字研究》的增订版，再检查一遍誊写稿，就可以送去文求堂了。然而，1937 年 7 月 24 日，战争让郭沫若只身一人悄然离家归国，当然也没有向田中庆太郎打招呼。从此，他与田中庆太郎和文求堂中断了往来，《甲骨文字研究》增订版的出版也不了了之（1952 年才由人民出版社印行了改订本）。

四　减轻记忆的负担

流亡日本期间，郭沫若与田中庆太郎和文求堂之间所建立的那种亲密关系，在他所有的人际交往中差不多是绝无仅有的，这多半得益于他所从事的中国古代社会和金文甲骨文研究。

事实上，在这样的研究工作之中，郭沫若在日本也渐渐有了一个学术交往的圈子。其中多为日本的汉学家、收藏家们：原田淑人、梅原末治、长泽规矩也、滨田耕作、河井荃庐、石田干之助、中村不折、水野清一、内藤湖南……这些名字可以说已经涵盖了此时日本汉学界的翘楚。

当然，这些日本学者或收藏家们对于郭沫若在学术上的了解和认可，也是逐步在学术交往中建立起来的。1932 年，郭沫若前往关西的京都进行了一次学术走访：结识同行学者，寻访金文甲骨资料。这是他避居在东京乡下后仅有的一次外出活动。田中庆太郎原准备同行，但因事缠身，于是给郭沫若写了几封介绍信，由田中震二陪同西下。

在京都，郭沫若寻访到京都大学考古学教室，得见该室所藏甲骨四五十片，并结识主持该考古学教室的内藤虎次郎（内藤湖南），及滨田青陵（滨田耕作）、梅原末治等人。他还结识了东方文化研究所研究中国古典文学的吉川幸次郎。

日本汉学界有东京学派和京都学派之分，京都学派推崇王国维，内藤湖南是其领军人物。郭沫若在甲骨学领域也推崇王国维，所以他很高兴能结识内藤湖南。参访京都大学之外，郭沫若又专门前往恭仁山庄拜访内藤湖南。在那里，内藤湖南给郭沫若展示了其所藏甲骨二十余片，并且相与交流了关于甲骨文金文研究的见解。

当时的郭沫若对于内藤湖南而言，还是在金文甲骨研究领域的初出茅庐者，所以，他虽然觉得郭沫若"很有天才，但对甲骨文字的解释有些异想天开"，他的研究具有"冒险性"，自己不大同意他的一些见解。对于郭沫若的金文研究，他也认为研究方法还比较"粗漏"。但是未几，随着郭沫若研究新作不断，内藤湖南在与朋友通信中，已经开始担心日本的汉学要被"郭沫若等人超过去"了，吁称"吾辈要奋发努力"。

这一次的京都行，郭沫若是很满意的。一方面他寻访到了大量甲骨文资料，另一方面与京都的汉学家们相识并建立了联系。所以他在返回东京后立即作了一首题为《访恭仁山庄》的诗，请田中庆太郎代为转寄给内藤湖南。然后，他又请田中庆太郎将《金文余释之余》分别寄送水野清一和梅原末治。《卜辞通纂》出版后，郭沫若给文求堂开列的赠书名单中，内藤湖南等几位京都的学者均为其赠书对象。

由于在学术上不断积累的建树，郭沫若得到日本学界同人更多的认同，这也使他有了更好的学术交往的条件和环境，有更多的朋友给他以学术助力，像提供拓片、藏品，寻找资料，交流研究所得，等等。郭沫若在研究撰著中，从内藤湖南、水野清一、梅原末治等人那里都得到过所需拓片资料的照片，而在已故学者富冈君㧑家中一次见到的甲骨就有七八百片之多。

收藏家河井荃庐曾让郭沫若观看了他的甲骨藏品，并出借了明代锡山安国十鼓斋《先锋本》《中权本》《后劲本》三种石鼓文拓本的照片，这是他从不示人的资料。该拓本在中国国内时只有收藏者安氏家人得见，而流入日本后，"得窥其全豹者仅一二人"。郭沫若即据此拓本，将其原作《石鼓文研究》一文补充修订，改做成书。

郭沫若非常珍视这种因学术结缘而成的友谊，除了互通有无（金文甲骨的资料），他在每一部学术著作出版之际，都会给文求堂开列一份长长的赠书名单，首先把自己的研究成果赠予这些学界朋友。即使后来在战争时期，他与他们中的一些人也保持着这样的联系，一直持续了几十年。

郭沫若在学术上的声誉日盛，甚至延及学术圈之外。或许因为中日两国古典文化之间有着深远的渊源关系，日本政界有些大人物也对郭沫若的学术著作产生了兴趣。在1932年"五一五事件"中被兵变士兵杀害的时任首相犬养毅，是"已经熟读了"《两周金文辞大系》的，"临死前还从上海发行所预订了"《甲骨文字研究》。西园寺公望读郭沫若的书，更是被说成"邂逅知音"那样带有传奇色彩的故事。

西园寺家族是日本最古老的公卿之一清华家族的后裔，西园寺公望三岁即继承公卿名位，幼年时代是作为明治天皇的游玩伙伴度过的。他22岁留学法国，专攻政治学，10年后回国，任文部大臣等职务。后作为政友会的总裁，在明治39年和44年两度担任总理大臣。西园寺公望是历经三朝（明治、大正、昭和）的政界元老，在昭和时代，唯一有可能与军部势力抗衡的政界人士就是他。在东京一家书店送去郭沫若所著四册《金文丛考》的时候，西园寺公望立即就翻开阅读，当晚居然就读完了三分之一。读罢《金文丛考》后，西园寺公望专门给郭沫若写了一封"最高级别的感谢信"。信中谓，"难获良书"，"多谢启蒙"。之后，他又亲去到郭沫若在千叶县须和田的寓所探望。东京的一家报纸，为此专门刊登了整整一版的文章报道。

这个事情传到国内，却有了郭沫若意想不到的反应：骂他的人，借此造谣说他领取日本人津贴，是汉奸；需要他的人，借此说事儿，炒作他与日本政界大人物有关系。郭沫若自己则淡淡地说，他与西园寺公望只是作者与读者的关系。

以郭沫若在流亡期间的那种特殊境遇，在书斋里深居简出的他，能得到如此多的学界和各方朋友的友情与帮助，应该说是很幸运的，也着实令人羡慕。但尽管如此，在他精神生活的一隅，他仍然常常感到孤独、寂寞，仍然会因为缺少可以面对面进行心灵与情感交流的朋友而烦躁不安。他与安娜和孩子们组成的那个家，虽然在很大程度上已经融入了日本社会，但他本人始终是站在这个社会边缘的。

1932年2月的一天，郭沫若在文求堂与田中庆太郎畅谈了一天，此时他与田中庆太郎已经很熟稔了。返回家中的次日，他在写给田中的信中说道："日前厚扰，得以畅吐胸膈，为四五年来未曾有之快事。""四五年"的时间概念，意味着从他流亡日本开始，直到与田中畅谈的这一天，他胸中的郁积居然就从未得到过尽情释放，那一种憋闷与苦涩是可想而知的。所以在他笔下会写出这样的诗句："小庭寂寂无人至，款款蜻蜓作对飞。芍药开残还自谢，荼藤如醉为伊谁？"他还写过一篇文章叫《自然底追怀》，文中感喟着要把失落了的自然抓回来。大自然，那是他在《女神》时期创作的诗歌中经常援用的抒情对象，或许此时就成了他唯一触手可及的东西了。

"我是中国人"，这是郭沫若在流亡十年间一刻也没有淡忘的，它不只表现为一种民族意识，也体现着浓重的文化意识。而这种文化意识，在很大程度上又联系着他过往的人生经历与文化活动——文学的、历史学的活动。郭沫若开始了自传的写作：《我的幼年》《反正前后》《黑猫》《创造十年》《北伐途次》……一直到结束流亡生涯为止，他此前的人生经历后来被写成自传的，有八成以上完成于这个时期。

1928 年至 1937 年上半年，这是郭沫若处在四十岁前后的一段时期，就人生旅途来讲，应该还没有行走到一个需要去回首往事的阶段。人生不惑之年的前后，正是一个人发展事业的黄金时段，郭沫若以他所从事的学术研究也在表明这一点。尽管他在中国古代史和古文字研究方面的著述似乎远不如他在五四新文坛的诗歌创作那样声名大噪，但这无疑是其人生行旅中的一段值得书写的辉煌成就。与此同时，郭沫若却用了不少的时间精力，或者说他在"安贫乐道"中却有这样一份心情——不说闲情逸致吧——去追忆往事，发怀旧之幽情，究竟出于什么样的动机呢？

生计所迫，应该是郭沫若大量撰写自传的一个直接起因，他需要赚取稿酬养家糊口。但更重要的动因，应该是来自情感上、精神上的需要。他在《自然底追怀》一文的文末写道："我写这篇文章，不过是作为减轻我记忆的负担的一种工具而已。"这是一种心理动机，是为怀旧情绪所左右、驱遣的一种文学冲动。

怀旧是一种心态，人们常常是生理年龄趋于衰老时，这种心态才会油然而生。但是，当一个人的生存环境骤然发生了剧烈的变化，他会需要，或是试图从岁月流逝的屐痕中去寻求心理上的平衡感和精神上的慰藉，这也会让他沉浸在怀旧的心绪中。郭沫若显然就是因此而表现出浓重的怀旧情绪的。

人们完全可以想象得出，在经历了人生道路上一番轰轰烈烈而又大起大伏的波澜之后，不得不只身蛰居在异国他乡，融入陌生的社会环境和文化环境中，郭沫若会多么渴望在沉静下来之际有一个能够进行情感交流和思想表达的机会和空间啊！但这是遥不可及的，他只能在自我的心灵之旅上去寻找这样的机会和空间。在这一点上，郭沫若与司马迁的心境应该是最相近的，他的自传性写作，也是在记录历史。

郭沫若曾经创作了一篇历史小说《司马迁发愤》，是有所寄托的。司马迁遭缧绁之辱，郭沫若获流亡之灾，在人生最艰难的时刻，他们都用历史的写作来平复心灵的创伤，来获得精神上的满足。其实这也是一个从历史的写作中肯定自我、反思既往、获取自信心的精神磨砺的过程。

不可否认，怀旧情绪是包含了对于现实的某种不安，也带着些无可奈何的情绪，但这并不意味着怀旧一定是在试图避开现实的烦恼、纷扰，以得到心灵的超然、宁静。郭沫若的自传性写作背后有一种怀旧的心理动机，也希望借此找回一些失落的人生感觉，但是他的自传写作完全不是情绪性的宣泄，而是有着理性的清晰思路和意识到的历史责任感。这与他所从事的历史学的研究著述工作不无关系，他可以把关于人生的怀旧情绪包容在一个历史学家的学术心态之中去。

郭沫若写作自传体作品，既是一个文学创作的过程，也是一个历史书写的过程。他说把这样的写作作为减轻记忆负担的工具，其实表明这是一个为了忘却而记忆的写作过程——把自己的生活经历从个人的回忆变成历史的记录，把记忆里的生活做成历史的文本。

其实，任何一位作家的自传都是一种历史的叙述，是关于一个人的历史。郭沫若自传的最大特点则是，他在落笔时就力图从个人的经历中去反映一个时代的风云变幻和脉搏跳动，他写出了历史中的"这个人"。

> 我不是想学 Augustine 和 Rousseau 要表述甚么忏悔，
>
> 我也不是想学 Goethe 和 Tolstoy 要描写甚么天才。

我写的只是这样的社会生出了这样的一个人，

或者也可以说有过这样的人生在这样的时代。

这是郭沫若为《我的幼年》写下的几句前言。他的自传既是一个人生存的历史，也是在历史中生存的一个人。从这个意义上说，郭沫若的自传作品在历史学、文化学方面的含义要丰富于其在文学创作上的内容。

不过在中国现代作家之中，像郭沫若这样在其作品库里拥有数量如此之多的自传体作品的，大概还没有第二人，这又可以说是郭沫若文学创作中一道醒目的景观。

第十一章 "渊深默默走惊雷"

一 憾无一面遍招魂

《甲骨文字研究》在上海大东书局出版后，郭沫若曾特意托李民治给鲁迅赠送了一部。鲁迅收到书后，也托人带信给郭沫若，对于能看到他发表文章表示高兴，希望他常能公开出来写文章及进行文学活动，又嘱他设法避免引起当局注意。

《甲骨文字研究》是郭沫若流亡日本期间古文字研究方面的第一部著作。从该部著作开始，郭沫若每有古文字研究的新著，鲁迅都会在书出版后即亲自从书店购买，并将其记入自己的书账中，总计有 10 种。这些以作者清书手稿影印的书，书价都是很高的。其中只有《殷周青铜器铭文研究》一种例外，该书出版一年多后方为鲁迅购得。大概因为该书非由日本文求堂出版，鲁迅没有注意到该书的出版信息，后来才知道了，于是托弟弟周建人找到该书买了来。周建人为鲁迅买来该书，鲁迅还特意送了他一瓶酒表示谢意。看来鲁迅很重视郭沫若在金文甲骨领域所进行的学术研究。

这些情况鲁迅都记在日记中，郭沫若当然并不知道。

自从流亡之初与成仿吾在东京相聚数日后，郭沫若再未有机会见到昔日上海滩上一起在新文坛并肩奋斗的创造社一班朋友。1929 年初，创造社被国民党当局查封，郭沫若与他们之间连通信联系也几乎中断了。偶有一二从国内传来的朋友们的消息，都会令他兴奋不已，同时也就更感觉着一种难以排遣的孤寂。

随着时间的流逝，郭沫若对于这些文坛旧友的思念之情非但没有冲淡，反倒变得更加强烈，所以他在自传里写到闯荡五四新文坛那十年经历的时候，给这部分书稿拟定了《创造十年》的题目。那叙述的既是他自己的文学生涯，也是他与创造社朋友们一起走过的风雨之路。当朋友们的音容笑貌和一段段往事、一个个细节流泻在笔端的时候，郭沫若似乎得到了一种精神上的慰藉。

1936 年 5 月的一天，郭沫若从来访的一位客人那里得知了成仿吾的一些消息。听说仿吾已经随红军辗转到了西北地区，那是一个非常艰苦的地方，他既钦佩老友对人生道路的选择，也为仿吾的身体担心。想了解得更多一点，可惜访客也就知道这一点点。

这一天，郭沫若恰好在编订一个新的作品集子——《豕蹄》，他于是抑制不住内心的思念，专门为仿吾写下一首《献诗》。在诗中，他把仿吾比作一匹辛勤的蚂蚁。他赞美这匹蚂蚁，"和着一大群蚂蚁，/在绵邈的沙漠"，"正热心地/呐喊而又摇旗，/把他们自己/塑成为雪罗汉的/春季"。

写完这首诗后，郭沫若又特意在《豕蹄》的序中表示，"要把这个集子献给我的一位朋友，一匹可尊敬的蚂蚁"。只是他不知道，远在偏僻遥远大西北的仿吾能不能看到这本小书呢？

实际上《豕蹄》出版时，已经到了 1936 年的深秋。拿到样书，郭沫若觉得了却了一桩心事，《豕蹄》毕竟是他第一部结集出版的历史小说作品。然后，他又开始撰写一篇关于《资本论》中译本和日译本中一处错译问题的文章，《资本论》一直是他想自己动手翻译的论著。

写完这篇文章，已是 1936 年 10 月 19 日傍晚上灯时分。郭沫若收起文稿，顺手拿起当天的晚报，一条鲁迅于当日凌晨在上海病逝的消息，让他愣在那里。他先是怀疑这条消息不准确，于是到邻居家翻看另外的报纸，结果报道是相同的。

"今年真是个多事之年！"郭沫若不得不相信了这一消息。

整整四个月前，苏联最伟大的作家高尔基病逝，消息传来，郭沫若嗟叹不已。他曾有可能去苏联，那就会见到这位世界无产阶级文学巨匠，但终是失掉了那次机会。就在两三年前，高尔基想要创作一部描写中国革命的长篇小说，希望能有一位中国作家与他合作，郭沫若成了最合适的人选，却也因为他的处境而未能实现，又是令人遗憾的事情。现在鲁迅先生走了，留下了多少遗憾呢？

其实，就在高尔基病重的消息传来时，人们也得到了鲁迅生病的消息，都为他担心。但在高尔基病逝后，鲁迅先生似乎是征服了病魔痊愈了。因为从那以后，鲁迅先生的文章不断出现在刊物上，其中就有与郭沫若等人争论"两个口号"问题的文章。郭沫若那时还惊叹，被疾患不断地内蚀着生命的鲁迅先生，"一边与病菌健斗，一边挥起他的健笔，那情形真有一种拿着剑倒在战场上的勇士的风貌"。然而仅仅隔了四个月，这颗巨星坠落了。

这一夜，郭沫若思绪万千，他回想起了过往的那些年与鲁迅先生之间的关系。

郭沫若第一次读到鲁迅的作品是在 1920 年。那年 10 月，上海《时事新报》文艺副刊《学灯》的一期上同时刊登了他的诗剧《棠棣之花》和鲁迅的小说《头发的故事》。郭沫若非常欣赏《头发的故事》，觉得这是他第一次看到的"中国的近代小说"。他佩服作者"观察很深刻，笔调很简练"，但那时还不知道鲁迅是何许人。不过，他对于《学灯》将《头发的故事》编排在周作人的一篇翻译小说之后颇为不平。为此，还特意给编辑写信，主张："翻译是媒婆，创作是处女，处女应该加以尊重。"

后来，郭沫若留学归来在上海从事文学活动，鲁迅则一直在北京，他们无缘相识。当然，因为他们所持的文学主张不尽相同，一为现实主义，一为浪漫主义，所以彼此之间的看法也就不免都有偏颇之处，但他们都是在为五四新文学而奋斗。

1926年，郭沫若赴广东大学任教，鲁迅到了厦门，待鲁迅到广东时，郭沫若已经参加了国民革命军北伐。鲁迅在起身前往广东前曾表示，他是想"与创造社联合起来，造一条战线，更向旧社会进攻"。

南昌起义部队南下失败后，郭沫若辗转香港回到上海，重又拿起笔从事文学创作和后期创造社的文学活动。在白色恐怖笼罩的严峻形势下，郭沫若想到应该与鲁迅联合起来，一道向旧社会开战。他因为不能公开活动，就请郑伯奇与蒋光慈去与鲁迅联系。鲁迅欣然同意，并且主张不必另办刊物，可以恢复《创造周报》，作为共同的园地。

很快，在上海《时事新报》上便刊登了《创造周报》复刊启事，郭沫若以麦克昂的笔名，与鲁迅、成仿吾、郑伯奇、蒋光慈等一同列名为该刊"特约撰述员"。接着，在《创造月刊》上，鲁迅、麦克昂、成仿吾、蒋光慈等以编辑委员名义联名发表《创造周报复活了》的预告宣言。

但是好事多磨。郭沫若在确定与鲁迅联合作战的计划时，成仿吾到日本去了。郭沫若满以为仿吾会同意这个计划，不料，仿吾在日本时为创造社联系了一批新锐青年，他们也拟订了一个计划，便是要让创造社作为一个文化思想的阵地，宣传辩证唯物论和历史唯物论。这一批思想激进的青年——李初梨、彭康、朱镜我、冯乃超等，革命情绪高涨，为了推行这一计划，把临到大学毕业的考试都抛弃了，陆续回到上海。他们认为鲁迅已经落伍于时代了，因而对于与鲁迅合作的事情很冷淡。结果是两个计划犹如火碰到了水，以至于出现了一个僵持不下的局面。

郭沫若很为难，如果他坚持既定的主张，创造社有可能分裂。这是他最不愿意看到的局面。新锐青年们的计划虽然有点冒险，但自己是赞同他们关于思想文化革命的主张的，毕竟亲身经历的那场政治革命，使他此时的思想也倾向于激进。于是，他选择了退让。与鲁迅合作的事情终于没有成功，而且不仅于此，在后期创造社发起的文化批判运动中，鲁迅、茅盾都被视为批判的对象。郭沫若自己也卷入其中，这恐怕是他所始料未及的。

　　鲁迅倒没有把后期创造社对自己的批判完全看成坏事，他说："我有一件事要感谢创造社的，是他们'挤'我看了几种科学底文艺论，明白了先前的文学史家们说了一大堆，还是纠缠不清的疑问。"

　　应该说，郭沫若与鲁迅之间的关系称不上密切，他们"未尝一面"，又每"笔墨相讥"。但尽管如此，用鲁迅先生的话说："大战斗却都为着同一的目标，决不日夜记着个人的恩怨。"的确，他们以"笔墨相讥"，并非出于个人恩怨，而是体现了对于发展五四新文学方式的不同认识和选择。

　　郭沫若曾经在一篇文章里不无自豪地说过，"中国的文坛大半是日本留学生建筑成的"，所以"中国的新文艺是深受了日本的洗礼的"。这里所谓的"日本留学生"，主要指的就是周氏兄弟、语丝社成员与创造社一班同人。但是，他现在仔细想来，虽然同样留学日本，鲁迅与自己和达夫、仿吾等人分属于两代人，经历了两个不同的时代。鲁迅在明治时代留学日本，而自己这一班人东渡日本时已经到了大正年间。

　　明治时代日本开始变法维新，在思想文化领域有一个启蒙运动，主题是关于人的觉醒、自我意识的觉醒。像他们的启蒙思想家福泽谕吉主张欲立一国，必先立人，鲁迅关于立人的思想和他那毫不留情地揭示国民劣根性的现实主义文学创作，应该是受到了这一影响吧？到了大正年间，日本已经从社会组织结构上基本完成了从古代封建社会向近代资本主义社会的转换，于是文化主义思潮开始泛滥，整个社会更加注重对于精神文化的自由主义追求。哲学、艺术、文学、美学，成为知识阶层热衷的话题，自然主义、浪漫主义、唯美主义种种思潮流派各行其道。自己和创造社这些同人们不正是在这样一种思想文化氛围的影响下，举起了"创造"这面浪漫主义大旗吗？这大概是他们与鲁迅的选择有所不同，而且彼此感到有些隔膜，甚至产生矛盾的一个主要原因吧。然而，鲁迅对于旧封建专制制度和伦理道德的那种深刻认识、犀利的解剖和现实主义的批判，的确是无人能及的。

　　回想着这一切，郭沫若在灯下铺开纸，提笔写下《民族的杰作》这个标题。"中国文学由先生而开辟出了一个新纪元，中国的近代文艺是以先生为真实意义的开山。"他写道:"先生的健斗精神与年俱进,且至死不衰。""古人说,'盖棺论定',先生现在是达到了容许人们慎重地下出定论的阶段了。要论评先生,我自己怕是最不适当的一个人,但我现在敢于直率地对着一些诽谤者吐出我直觉的见解:鲁迅先生是我们中国民族近代的一个杰作。"

写罢这篇悼念鲁迅先生的文章,已近凌晨。郭沫若只浅浅地睡了一会儿,就听到有访客来的响动。走出去一看,是从东京来的一个名叫魏惕生的青年学生。看到对方情绪激动却欲言又止的样子,郭沫若料想他是为鲁迅逝世的消息而来的,于是把魏惕生让进书房,把自己连夜写出,还摊在书桌上的《民族的杰作》一文给他看。没想到魏惕生读着读着便哽咽起来,读完时已泣不成声。

原来,魏惕生闻知鲁迅逝世的噩耗后,准备到此就郭沫若与鲁迅之间的所谓矛盾"理论一番",问罪于他,及至读罢郭沫若连夜写下的《民族的杰作》一文,魏惕生为文字中所表露的诚挚的感情大受感动。

待魏惕生离去后,又有非厂来访,报告鲁迅逝世的消息。他也看到《民族的杰作》一文,当即索要去,准备在《质文》月刊发表。

这篇祭文在郭沫若的文章手稿中是绝无仅有的,非用稿纸起草写就,而以毛笔书写在一帧约三尺阔的日本纸(专作书画用,类似中国的宣纸)上。这样的书写形式本身,就是书者在骤闻噩耗后,表达对于逝者真挚感情的一种方式,一种祭奠的方式,而且是很传统的方式。郭沫若或许想着能够携这一纸祭文,亲至鲁迅葬礼或墓前诵读拜祭吧。

接下去的几天,郭沫若又先后为东京帝国大学的《帝大新闻》以日文撰写了《坠落了的巨星》,为上海《光明》半月刊撰写了《不灭的光辉》,以哀悼鲁迅的逝世。

1936年11月3日,郭沫若前往东京日华学会,参加由东流文艺社、质文杂志社、中华留日戏剧协会等留日学生团体联合举行的追悼鲁迅大会。会场上摆放着他亲笔撰写的一副挽联:"方悬四月,迭坠双星,东亚西欧同殒泪;钦诵二心,憾无一面,南天北地遍招魂。"郭沫若在追悼会上做了发言。他讲道：

"'鲁迅精神'是早在被人传宣着的，但这精神的真谛，不就是'不妥协'的三个字吗？对于一切的恶势力，鲁迅的笔不曾妥协过一次。乃至对于病菌，他的精神也不曾妥协过……他不曾示弱于谁，他不曾对谁吐出过弱音。这种精神，这秉着剑倒在战场上的精神，这死不妥协宁玉碎毋瓦全的精神，这是永远值得我们纪念，值得我们继承的。""鲁迅的死是最伟大最光荣的，三代以来，只此一人。而鲁迅的精神是永远不死。"

后来国内成立鲁迅纪念委员会，纪念委员会特别托内山完造联系郭沫若加入，他立刻回信表示同意，并建议应该成立鲁迅学院。不久，许广平又托人带赠郭沫若一部《鲁迅书简》。郭沫若复信说："蒙赠《鲁迅书简》一部，今日奉到。隆光精气，皎然不淬，当常置座右，以生廉立。"

然而，就在鲁迅尸骨未寒，大家还在沉痛悼念这位文化伟人时，却有小人叫骂上阵。苏雪林在1936年11月18日以致胡适书信的方式撰写了一篇《与胡适之先生论当前文化动态书》，肆无忌惮地攻击、辱骂鲁迅。胡适也给她回复了信，但没有斥责她的辱骂，只是劝其不要攻击"私人行为"，论人"总须持平"。苏雪林将《与胡适之先生论当前文化动态书》和胡适给她的复信，都公开发表在刊物上。郭沫若读到这些文字后十分气愤，随即提笔，"做文驳斥"。

这时，郭沫若正在构思一篇史论《借问胡适》，是在学术上讨论辩驳胡适《说儒》一文的。苏雪林是胡适的学生，她攻击鲁迅是借致胡适信函的形式，于是，郭沫若在《借问胡适》的开篇先写了一节《替鲁迅说几句话》，接着写了《论胡适的态度》一节，下面才是"驳说儒"的内容。

郭沫若在文章中首先抨击了苏雪林攻击鲁迅的种种"不成话"，然后批评胡适"说平实话"，"听平实话"，自命"持平"的态度，"不是既已借刀杀人，而又来假惺惺地装个正经吗？"说到鲁迅因"骂人"受人责备，郭沫若说："他所骂的对象，既成的社会恶，为无染的青年所未具有。鲁迅之骂是出于爱，他是爱后一代人，怕他们沾染了积习，故不惜呕尽心血，替青年们作指路的工夫，说这儿有条蛇，那儿有只虎，这儿有个坑，那儿有个坎，然而也并不是叫他们一味回避，而是鼓励他们把那蛇虎驱掉，把那坎陷填平。"所以，"为蛇虎坎陷者要恨他"，"为青年者要爱戴他"。

经此一事，郭沫若对于与胡适握手言和后对胡适的那份好感，也淡去了。

二 "此夕重逢如梦寐"

1936 年 11 月中旬的一天，郭沫若正伏案写稿，最小的鸿儿跑过来告诉他说有客人来访。郭沫若向玄关望去，是两个人，一位熟悉的是改造杂志社编辑，另一个人有着消瘦的身影，"啊，达夫！"郭沫若大感意外地喊了出来。他怎么也没有想到会在这里见到郁达夫，他们有十年没见过面了。

原来郁达夫两天前刚到日本，这天是应改造社之邀，参加该社为编译出版《鲁迅全集》而召开的一个会议。他在会前特别提出要见郭沫若，改造社于是马上派人带他来到须和田，并且邀请郭沫若一起参加会议。

自从十年前郁达夫因写了《广州事情》一文而脱离创造社后，他与郭沫若之间连音讯也未通过。达夫年来即应福建省主席陈仪的邀请，在福建省政府任参议兼公报室主任。他这次来日本，一是为省政府采购印刷机械，二是应日本一些学校的邀请讲学。

郭沫若与达夫彼此问候着的时候，安娜和孩子们也围了上来。安娜和郁达夫当然很熟悉，丈夫当年的挚友来家中拜访，她也是欣喜异常，她平时能感觉到丈夫无法与那一班朋友联系的孤独。阿佛和淑子还依稀记得这个叔叔。

"在上海和广东的时候，我可是抱过你们呢。"达夫抚摸着他们的头说道。

"大的两个呢？是和夫与博生吧？"

"都在东京读书，住着寄宿舍，礼拜日才偶尔回来。"

鸿儿一点也不认生，扯着达夫的衣襟问他是谁。

郭沫若告诉达夫说："这个是最小的鸿儿，才五岁，还是我自己接生的呢。"

"那你这个医学士可大材小用了。"

说了一会儿话的工夫，改造社一起来的人就催着赶快走，鸿儿已经缠着郁叔叔要跟着到东京去了。

"礼拜天再来，看大的两个孩子。"达夫上车后挥手对安娜说。

在前往东京市内的途中，达夫与沫若说起十年间的往事，又特别谈起报纸上最近流传着"仿吾的死耗"，唏嘘不已。郭沫若不大相信或者说不愿相信这消息，前一阵不是还听到仿吾在西北的消息吗？但他还是不由自主地感叹了一句"《广陵散》绝倍苍凉！"晋嵇康在临刑前曾自叹"《广陵散》于今绝矣"，他这是以嵇康来喻仿吾。

赶到东京市内改造社的编辑部时，编译会已经差不多开完了。社长山本实彦拿起一份拟订的目录，请郭沫若发表意见。郭沫若接过仔细看了一遍，觉得鲁迅已经发表的著作大致是收齐了。但既然改造社有这样的考虑，应该"趁着出全集的机会，最好是把鲁迅未发表的遗著全部都搜罗起来"，他说出了这个意见。同时，他又想起内山完造前两年曾与文求堂联系，说是鲁迅有意出版自己所搜集的隋唐墓志铭，因出版费用过高而未果。他虽然没有见到这批拓片，但是对于古代社会的研究让他感觉这批拓片一定会很有价值的，于是便建议，把这些历史资料编辑出版，可山本实彦对此似乎不以为然，没有接受这个提议。

这倒并不奇怪，不要说在当时的日本，就是在当时以及之后的几十年间的国内，又有几人意识到鲁迅一生所搜集的这些碑拓的学术价值呢？郭沫若显然是凭着他作为学者的学识与对鲁迅作为一个学者的认知，而看重这些"朴学式的"东西的。所以，他尽管并不很喜欢鲁迅小说的创作手法和风格，但是非常推崇鲁迅的学术著作《中国小说史略》，称：

"王国维的《宋元戏曲史》和鲁迅的《中国小说史略》，毫无疑问，是中国文艺史研究上的双璧。不仅是拓荒的工作，前无古人，而且是权威的成就，一直领导着百万的后学。"当然这是后话。

晚上，郭沫若受邀参加了改造社在赤坂一日本料理店为郁达夫接风举行的聚餐会。佐藤春夫、林芙美子等几位熟悉的日本作家也在座。

郁达夫（前中）访日与郭沫若（前右二）及日本文学界友人

达夫虽然多年没来日本了，但在座的多是老友故交，所以大家都开怀畅饮。意兴阑珊时，已经快深夜了。店主人吩咐侍女拿来一些斗方，请大家随意题诗题字，郭沫若趁着酒意连写了几张。

"这一张写给我，沫若。"坐在旁边的达夫拿过一纸斗方说，"我要带回国去。"

郭沫若沉吟片刻，题写了一首七绝：

十年前事今犹昨，携手相期赴首阳。

此夕重逢如梦寐，那堪国破又家亡。

"还记得吗，达夫，首阳山的故事？"郭沫若一边把题好的斗方递给过去，一边问道。

"记得啦，沫若，孤竹君之二子嘛。"郁达夫想都没想就冲口而出。

他们说的是当年《创造》季刊创刊号出版后，两人自比孤竹君之二子，在四马路上相携着去一家一家小酒馆豪饮买醉的往事。

周日那天，郁达夫果然又来到须和田看望沫若和孩子们。在东京上学的两个孩子只有博生回来了。达夫提议一起去东京吃夜饭，他做东。安娜怕鸿儿太小熬不到那么晚没有去，于是达夫和沫若带着两个男孩子一路去了东京，在神田的一家北京餐馆吃了中餐。饭毕出来已经很晚，东京的冬夜还是很冷的，沫若只穿了一身和服，达夫怕他着凉感冒，转去一家洋货店里买了一条驼绒围巾送给他，郭沫若一下想到了古人所说的解衣推食之举，心里十分感动。

当晚回家后，郭沫若又想起了成仿吾。那天在改造社举行的聚餐会上，他给达夫题写的那首七绝，原是打算把"《广陵散》绝倍苍凉"一句写进去的，但想到报上传的消息未必属实，便改为国破家亡之句。然而，与达夫的会面让他更加思念仿吾，也更为仿吾的生死境遇担忧。这一夜，他又写下一首诗《怀 C. F.》，以寄托内心的情感。C. F 是成仿吾英文拼写的缩写。诗中写道：

C.F.！
我们相别已经八年了。
你是变成了一个蚂蚁
随着有纪律的军旗
无声，无臭，无息，无休。

爬过了千里的平原，万重的高山，浩荡的大川，要在沙漠的边际，建立起理想的社团。

我赞美那有纪律的军旗，我赞美着成了蚂蚁的你。

……

C.F.！

八年以来我是一刻也不曾忘记过你。

我虽然和你隔离，

我虽然受着重重的束缚，累赘，

让我这菲薄的蚁翅，

一时总飞不起。

……

我现在是在悬念，但我也在祈愿，

我怕你在渡过 Xuan-Xo 的时候，

是已经成了造桥的蚁砖一片。

你的脚是有鹤胫风的，

近来已经不发了么？

你的鼻是有鼻菌的，

近来已经不塞了么？

现在天气已经逐渐生寒，

我这儿已有霜，你那儿怕已经冰雪布满？

你是尚在冰雪上坚持，

还是已成为了冰雪下的泥滓？

我现在，在电灯光下写着这首诗，

生则作为我对于你的献辞，

死则作为我对于你的哀祭。

但只愿你生是作为一匹蚂蚁而生，

你死也是作为一匹蚂蚁而死，

理想的蚁塔总有一天要在砂漠中建起！

诗写成，搁下手中的笔时，郭沫若已经泪流满面。

郁达夫在东京逗留期间，每周都要同郭沫若见面，有几次是在社交的场合，有几次是他专程去沫若寓所。

又是一个礼拜日，郁达夫一早就到访郭沫若家中，昨天原已安排好的一场讲演被警视厅禁止了，他心里很窝火。郭沫若提议一起去附近的真间山和江户川畔散步，边散步边聊天。

郭沫若知道达夫昨天准备讲演的题目是关于中国的诗，听众则是研究中国文学的学人，应该没有被禁止的理由。

"是不是你讲了什么过激的话吧？"

"还没开讲，就被禁止了。"

"那一定是组织者没有办妥相关的手续？"

"也不是。大概是因为我挂着个省政府官员的身份吧。"

中日之间的政治关系的确是越来越敏感了。于是，话题就从这里说开去。

"你怎么会想到去陈仪的手下做个小官吏呢？"郭沫若不明白，以达夫那样的气质和心性，怎么能忍受官场的繁文缛节。上一次见面时，达夫还说过想去欧美游历。郭沫若大为赞同："你的使命依然是做个文艺作家，与其为俗吏式的事务所纠缠，倒应该随时随地去丰富自己作家的生命。"

"是呀，官场绝不是我的归宿。在目前的形势下，我也只是想为国家做一点实际的事情。"郁达夫念起了来东京之前的路上作的两句诗："逢人怕问前程驿，一水东航是马关。"马关是当年李鸿章与日本签订"马关条约"的地方。

"不过将来我还是要放歌江湖的。沫若兄，倒是你该考虑回国的问题了，回去干一番事业吧。"

"我何尝没有考虑过这个问题呢！近十年了，可以说我无时无刻不在想着回国的事情。可是当局的那纸通缉令一直没有取消。"

"我回去后可以请陈公洽（仪）想想办法，由他在南京方面做些疏通的工作，毕竟如今国内的政治形势与十年前是大不一样了。"

......

这一天，郭沫若与郁达夫边走边谈以至竟日，午饭是在市川市内吃的。但是他们无论如何也没有想到，在江户川畔的这一番谈话，竟为日后的一个悲剧埋下了前因，那是在郭沫若终于回到国内以后。

郭沫若秘密归国，在日本影响颇大，马上就传出了是郁达夫在这次访日期间联系了郭沫若回国事情的说法。之后，曾与郭沫若、郁达夫、田汉等人交好的佐藤春夫，又以此为题材写了一篇小说《亚洲之子》，把郁达夫描写成一个南京政府的间谍，策划了郭沫若的秘密归国。佐藤春夫是日本著名作家，但在日本侵华战争开始后投向了军国主义。他的小说当然影响很大，郭沫若、郁达夫和中国文坛的作家们都因此而与佐藤春夫断绝了关系，两国作家之间的来往也在实际上中断了。更甚者则是因为有此一说，后来滞留在日军占领区的郁达夫竟遭日本宪兵逮捕。

1936年12月底的一天早晨，郁达夫离开东京回国。郭沫若起了一个大早，从市川赶去东京为达夫送行。可是赶到东京车站时，发车的哨子声已经响起。也不知达夫坐的是哪一节车厢，郭沫若便沿着站台从列车最前面一节车厢起一节节往后寻找，直到最后一节车厢擦身而过，才在车厢尾部的凉台上看到达夫一个人站在那里，挥着手中的帽子向送行的人们告别。郭沫若一边挥起帽子喊着："达夫！达夫！"一边跟着列车跑动。但已经加速了的列车很快远去，他不知达夫是否听到了他的喊声。

三 "坐见春风入棘篱"

尽管浩瀚的东海使郭沫若不得不远离了国内文坛，但许多朋友其实一直还在关注着他。一些有机会到日本拜访过他的朋友，总要写上一篇访问记之类的文章刊登在国内的报刊上。《宇宙风》杂志还特意索要了他的照片、题字发表出去。他的新著旧作也不断地在现代书局、光华书局、北新书局等好几家出版社出版，尽管有些出版事宜的合作并不那么顺利和愉快。譬如：《黑猫》明明是《反正前后》的末章，出版社却把它

"割裂了"，做成一本不足七十页的书，且只支付了百元稿酬。

让郭沫若恼怒的事情也时有发生，就是他著作的盗版书大量出现。有一次在文求堂一次就看到几种他著译作品的盗版本书，郭沫若当日即致信容庚，询问那家地址在前门外的中华印刷局的情况。

盗版书有些印制得相当好，一般读者根本看不出来。也有许多印制粗糙，甚至是很拙劣的编印本。盗印的形式也是五花八门，有直接将正版书做成盗版印行的，有将他的文章作品七拼八凑编成一本书出版的。甚至郭沫若正在刊物上连载的作品都有被盗印成书印行的。譬如，《北伐途次》在《宇宙风》杂志上还未连载完，就有一家名为"上海潮锋"的出版社将已经连载发表的部分，以郭沫若的名义编印出一本《北伐途次》出版，而且明目张胆地印上"版权所有翻印必究"的字样，接着又出了增订版。郭沫若怒斥其为幽灵出版社。还有的出版社把不相干的作品著述以郭沫若名义出版，包括苏曼殊的《断鸿零雁记》、成仿吾的文艺评论集、崔万秋翻译日本夏目漱石的《草枕》，甚至鲁迅的散文，以及不知何人翻译的外国文学作品，真是令人匪夷所思。

郭沫若被盗版印制的作品多达三十余种四十余个版本或版次，以至他几次在报上特别登出"警告侵犯著作权启事"之类的文字，申明自己多种已出版著作、译著的权属，做个立此存照。

郭沫若曾经作为新诗人驰骋新文坛，所以朋友们也更关注他的诗歌创作。郭沫若在回复《榴花诗刊》的约稿和青年诗人任钧的问询时，一再感慨"久没有作诗"了。的确，流亡日本后，郭沫若少有自由体诗歌的创作。大概因为他的自由体诗创作一直是一种激情写作，远离祖国的现实生活，令他难有那种激情澎湃的诗兴。

可在本质上是个浪漫诗人的郭沫若，在生活中总是离不开关于人生、关于自我情感的诗性感悟，离不开诗意方式表达的需要，于是他回到旧体诗的写作。这似乎是一种最适于抒发感兴、寄托情怀的表达方式。

主治金文甲骨之学，以及与文求堂的交往，使身处异国他乡的郭沫若实际上活动在一个充满中国古典文化元素和文化氛围的环境里：各种中国古代典籍、多用中文书写的信函、题诗唱和、书法、绘画、往来的日本汉学家，乃至小小的信笺，等等。这样营造出的文化环境，当然更会激发郭沫若创作旧体诗的诗兴。

其实写作旧体诗，对于中国文人而言，与文学创作，与是否为诗人是两码事，所以讲"诗词余事"。但是诗词歌赋的写作之于中国文人的文化传统，又是不可或缺的。它所体现的，是文人的一种生活方式、情感方式，是一种文化涵养、精神境界。于是，转向旧体诗的写作，对于此时的郭沫若，成了一个很自然的过程，就如他在一首诗中所云："坐见春风入棘篱。"

郭沫若写的这些旧体诗并不为发表，多留在书、画、信函里。它们书写的内容，主要是咏物抒情、人生感悟和有关人际交往的记述。

"呢喃剪新谱，青翠滴清音。对此欣欣意，如窥造化心。"这是郭沫若题赠东洋文库主任石田干之助的一首诗。郭沫若正是得到石田干之助的帮助，从查阅东洋文库中收藏的所有甲骨文资料开始，进入古文字领域的学术研究。这在他的人生轨迹上是一个重要转折，也可以说是其流亡生涯的一个起点。诗中表达了他在做出这样一个新的人生选择之后充满自信、欣欣雀跃的心情。

1933 年春，郭沫若结识了到日本东京帝国美术学校作研修生的青年画家傅抱石，从此开始了他们之间几十年的交谊。郭沫若为傅抱石的许多画作写过题画诗，在《笼鸡图》上他题写了这样的诗句："笼中一天地，天地一鸡笼。"极其生动形象地道出了他对于流亡生活的那种刻骨铭心的心理感受。"信美非吾土，奋飞病未能。关山随梦渺，儿女逐年增。五内皆冰炭，四方有谷陵。难甘共鱼烂，矢得一升腾。"这种客居异乡、思念故里、心有所望却又无可奈何的心境，应该也是一直伴随在郭沫若流亡生涯之中的。

郭沫若的性情多诗人的浪漫，又不失豪放，他是拿得起放得下的人。"有酒且饮酒，有山还看山"，"此意竟何似，悠悠天地宽"。诗也是为题画而作，所寄托的情思当是他自己的。身处亡命海外的窘境，却有海阔天空的豁达，实属难能了。而"何时握手话巴山，与君重振旧旗鼓"，已是在与老友重温北伐旧事，抒发企盼重振雄风的豪情壮志了。

在郭沫若的这些旧体诗作中，不仅跃动着他的拳拳之心，而且让人仿佛能触摸到真实律动的历史脉搏。

郭沫若这时的旧体诗写作多题赠友人，或为题画而作，与此相关联，他在这一时期真正开始了书法创作。

书法习练是中国传统教育的一项内容，是中国文人应该掌握的一"艺"。这也同写诗一样，表现为文人的一种文化涵养和质素。青少年时代的郭沫若，有过刻意习练书法的经历，也打下相当的功底。

在流亡期间他会属意于书法的另一个原因，与他的古文字研究密切相关。研究金文甲骨之学一个最基本的学术准备，就是文字的释读、书写，中国的书法艺术实际上也是从汉字构成的基本特征与其发展进程中而来。郭沫若所有古文字研究的著述，均以手写，再影印出版。在这样的学术研究过程中，写字之于郭沫若，显然不再仅仅是文字内容的表达，也成为一个具有审美意义的书写方式的表达。他许多释文的手迹和为这些著作手写的篇名，都是很用心的书法之作。

郭沫若此时的书作，已经涉及篆、隶、楷、行、草等各种书体。而且他的书法活动还深入东京书法（日本称"书道"）家活动的圈子里。

1934年7月的一天，郭沫若接到徐祖正一封来信，说是周作人邀请他到东京一见。周作人娶的是个日本老婆。他此次是携夫人一起到日探亲，"小寓江户"（东京），徐祖正陪同他。

郭沫若于是带着女儿淑子去拜访了周作人。他们"共谈良久而去"，这是他与周作人初次见面。

周作人也回访了郭沫若，并托请郭沫若为他介绍认识了文求堂的田中庆太郎、学者中村不折等人。郭沫若还陪他一起去观瞻了日本著名作家森鸥外的旧居观潮楼。

但是与周作人的这次交往，却让郭沫若有点耿耿于怀，不是对周作人，而是对日本人。

参加东京书苑活动合影

　　周作人虽为探亲，却是以作家和学者的身份在东京活动，所以接待他的是日华学会、明治文学谈话会、《中央公论》社等文化团体。这与作为流亡者的郭沫若的境遇是截然不同的。郭沫若那几天正好带了家人去千叶县临海的浪花村洗海水浴，他一到村里，当地警方的刑士就来例行"拜访"。也正好在这天，郭沫若接到周作人邀约见面的信，他不由得愤愤不平道："岂明先生是黄帝的子孙，我也是黄帝的子孙。岂明夫人是天孙人种，我的夫人也是天孙人种。而岂明先生的交游是骚人墨客，我的朋友却是刑士宪兵。"

　　郭沫若还是很欣赏周作人的文章作品的，他曾赞誉周作人一篇谈文字狱的文章，"觉得写得极好"。这次在东京面识后，他们有了信函联系，过年期间会以贺年卡互致问候。郭沫若后来在《国难声中怀知堂》一文中称赞周作人，是"能够在文化界树一风格，撑得起来，对于国际友人可以分庭抗礼，替我们民族争得几分人格"的不多的几个文人之一。那时，周作人已滞留在沦陷了的北平，郭沫若却是离别妻儿回到国内，投身抗战。他真诚地希望周作人能离开北平南下不要附逆，可两人终是走了不同的道路。

　　1935 年夏，郭沫若意外地接到一张从美国纽约寄来的当地华文报纸

《先锋报》，邮件是柳亚子女儿柳无垢寄出的，《先锋报》上刊载有一封瞿秋白写给他的信。郭沫若顾不得去想一下这究竟是怎么回事，急忙展开报纸读秋白的信。

信中写道："多年没有通音问了。三四年来只在报纸杂志上偶然得知你的消息，记得前年上海的日本新闻纸上曾经说起西园寺公去看你，还登载了你和你孩子的照相。新闻记者的好奇是往往有点出奇的，其实还不是为着'哄动'观众。可怜的我们，有点像马戏院里野兽。最近，你也一定会在报纸上读到关于我的新闻，甚至我的小影，想来彼此有点同感罢？""这期间看见了你的甲骨文字研究的一新著，《创造十年》的上半部。我想下半部一定更加有趣。创造社在五四运动之后，代表着黎明期的浪漫主义运动，虽然对于'健全的'现实主义的生长给了一些阻碍，然而它确实杀开了一条血路，开辟了新文学的途径，而后来就像触了电流似的分解了，时代的电流使创造社起了化学的定性分析，它因此解体、风化"。秋白在信中还回忆起北伐时期，两人在武汉时曾一夜喝了三瓶白兰地的豪兴。最后不无留恋地写道："当年的豪兴，现在想来不免哑然失笑，留得做温暖的回忆罢。愿你勇猛精进！"

放下报纸，郭沫若陷入了沉思，他与秋白之间的确有不少相似、相同的地方。不过很久后，他才知道了事情的原委。

那是 1935 年 5 月底的事情。一直被囚禁在福建汀州监狱中的瞿秋白，已经怀着一颗平静下来的心写完了《多余的话》，可是他还觉得想对谁说点什么。一天，他与监狱中一个同情革命的军医闲谈起文学创作和翻译，谈着谈着，他们就说起了郭沫若，说到他的《创造十年》。这勾起了秋白对往昔与沫若相处的回忆。得知这位军医可以设法转交信函，他于是提笔写下那封信。半个多月后的 6 月 18 日，瞿秋白在刑场上英勇就义。给郭沫若的信，便成了他留在人世时写给友人的最后的话。

瞿秋白被害后，这封信被辗转邮寄到正在美国劳伦斯大学留学的柳无垢手中。她不知如何联系到郭沫若，就去纽约找到《先锋报》的常务编辑陈其瑗，将此信刊登出来。后来，柳无垢从其父那里得知郭沫若在日本的地址，在原信一时无法寄出的情况下，将《先锋报》寄给了郭沫若。

1937年的6月间，郭沫若先后收到两封署名德谟从陕西三原发来的信。信是辗转经过内山完造、文求堂才到了他手中。德谟是李民治，郭沫若知道他必是出于谨慎才署了这个不为一般人所知的名字。

李民治小他十岁，但从北伐开始二人就在一起共事，南昌起义以后还成为他的入党介绍人之一。返回上海后，他邀民治一起参加了创造社的活动，流亡之初也一直保持着联系。《甲骨文字研究》《殷周青铜器铭文研究》两部书稿，就是民治在上海帮助他联系大东书局出版的。此后民治被派往中央苏区工作，与他断了联系。

在来信中，李民治叙述了他在苏区的经历，讲到了红军长征北上抗日，也讲到陕北新的根据地。此时的李民治已担任中共陕西省委宣传部部长。他还说到了成仿吾在陕北公学工作的近况，这让郭沫若终于放下了那颗为仿吾担忧的心。

每一次得到这些老朋友的消息或信函，郭沫若都很兴奋，但同时又会有种深深的失落感，感到一个弄潮儿却成了池中鱼一样的无奈。他在那天的日记中感慨万端地写道："五年不通音闻。故人尚无恙，但已相形得自己之落后矣。"他不知道该写一封什么样的回信。

不过几天后，郭沫若还是提笔复信李民治。他写道："你的行动，我间接地早知道得一些。""二万八千里（原文如此——笔者注）的行程，我的肉体未能直接参加，我是十二分抱歉的。但我始终是和从前一样，记得前些年辰早就写过信给你，说我就骨化成灰，肉化成泥，都不会屈挠我的志气。"他是不会甘于做池中之物的。

四 长剑耿耿倚天外

郭沫若身处日本这一特定的政治环境和社会文化环境中，不得不在生活上刻意低调。他选择研究古代历史和古文字，显然也有着这一方面的考虑。但是这种以近似退隐的方式，沉浸在书斋里安贫乐道，著书立说，并不意味着他真的愿意以这样一种方式生存下去。以郭沫若富于理想主义精神的文化个性而言，他从来就不是一个甘于寂寞的人。

在完成《金文丛考》后，郭沫若在书的标题背页曾题下这样几句话：

> 大夫去楚，香草美人。
> 公子囚秦，《说难》《孤愤》。
> 我遘甚恶，愧无其文。
> 爰将金玉，自励坚贞。

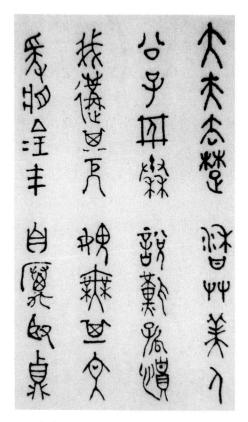

《金文丛考》书页上的自题诗

这显然是学了太史公《报任安书》那样的口吻，郭沫若在以司马迁自比、自况。他说，因为"有朋友为我耽（担）心甚至对我失望，以为我会玩物丧志"，故题此以作表白。这是在 1932 年，在这前后，郭沫若多次书写过《庄子·逍遥游》："北冥有鱼，其名为鲲。鲲之大，不知其几千里也。化而为鸟，其名为鹏。……水击三千里，抟扶摇而上者九万里……"也写宋玉的"方地为车，圆天为盖。长剑耿耿倚天外"句。他以这些文字自题或题赠友人，显然，它们表露的都是同样一种在平静的生活境遇下内心深处潜动着的欲望、诉求、希冀。

郭沫若曾经给田中庆太郎写过一首五律《画意》，颇有几分王维诗的味道。田中庆太郎感觉到并指出了这一点，郭沫若在几天后的一封回信中特别表白道，"摩诘我非真"，并且后来还曾以"王假维"作为署名。郭沫若喜欢王维的诗，喜欢陶渊明的诗，但他从未有过出世之想。

往观郭沫若的人生之旅，大都与激情澎湃、呐喊高歌、轰轰烈烈联系在一起。能持续多年静静地在书斋做学问，至多也只是表明，处于特定环境之中的郭沫若在心境上达到了一种耐得住寂寞的襟怀。他研究中国古代社会、研究金文甲骨的根本动机和祈望达到的目标，仍然有着明确的社会功利目的，体现的是一种积极入世的人生态度。

果然，在 1935 年前后，郭沫若的这种生活状态开始有所变化。他的社会活动逐渐多起来，人际交往的范围扩大了，尤其是与国内来日本留学的青年学生们的交往日见频繁。他在文学方面于写作自传性文章之外的著述活动也明显增加了。这些现象表明：郭沫若此前那种平和、淡泊的心态翻起了涟漪。他开始不甘沉寂了。

这一变化的出现，是以"左联"为背景的文化活动，尤其是文学活动作为契机的。直接的起因，则是郭沫若与当时在东京的一批留学青年建立了日渐频繁的交往关系。他们激活、释放了郭沫若内心世界那些不时在骚动的欲望。

从投身文学活动的那天起，文学就是郭沫若表达他对现实的全部期求、臧否的寄托所在，更是他直接参与现实人生的生存方式，即使是参加北伐那样的社会政治革命斗争，也是由文学活动延伸而起的。所以，在郭沫若的人生行旅中，他与现实关系的疏密程度同他的文学活动如影随形。

1933 年以后，由于国内政治文化情势的变化，一批左翼文化青年先后来到东京留学。他们在国内大多即为"左联"成员，其中一些人来日本的使命，就是以留学为名在中国留日学生群体中从事左翼文化活动。很快，他们恢复了"九一八事变"后已经中断的"左联"东京分盟在东京的活动。郭沫若在"左联"成立时即为其盟员，又一直在左翼文坛享有盛名，所以，这批左翼文化青年中的许多人一到东京，就开始与郭沫若频繁交往。郭沫若的学术生活不再那么平静了，相对舒缓、平和的书斋生活节奏，在不知不觉中改变了、加快了。

1935 年夏的一天，魏猛克、陈辛人、孟式钧几位"左联"东京分盟的负责人专程到须和田拜访了郭沫若。在交谈中，郭沫若表示同意参与"左联"东京分盟的活动，并应允为即将创刊的《杂文》杂志撰稿。

此后，任白戈、魏猛克等"左联"东京分盟的负责人时常去"向他汇报工作，听取他的意见"，"大家把他当作一个亲密的同志，更把他当作一个敬爱的领导人"。特别是遇到一些文艺思想理论方面和文艺组织活动方面具有原则性的和比较复杂的问题，他们都要专程到郭沫若家里去请教。郭沫若就放下手边的工作，听他们讲，然后一起分析问题，得出结论，往往一谈就是半天。

有一次，"左联"为在东京留日学生中宣传抗日思想，孤立国民党当局派遣的亲日派学生，拟请郭沫若做演讲，但担心警视厅方面的阻挠，郭沫若便出了个主意：打着邀请名人讲演的招牌，组织一次日本著名作家藤森成吉的演讲会，由他出面致欢迎辞，然后再次集会，就由他讲演。任白戈等人按这个建议成功地举办了一次郭沫若演讲会。留学生们听了讲演之后，"爱国热情大为高涨，许多人逐渐接近和参加左翼文化活动"。

郭沫若在"左联"东京分盟没有担任领导工作，但就是在这样的交往过程中，郭沫若以他的声望和影响力，在实际上成为"左联"东京分盟领导工作的一个重要参与者与指导者。

有着丰富文学活动经验的郭沫若，对于"左联"东京分盟创办的《东流》等三个刊物给予了的大力支持。东流社出版的"东流丛书"（只出了两种）：陈子谷的诗集《宇宙之歌》、张天虚的长篇小说《铁轮》，都由郭沫若作序。质文社策划出版的"文艺理论丛书"，请郭沫若带头翻译了马克思的文艺论著《艺术作品之真实性》。这套"文艺理论丛书"的出版，在20世纪30年代关于马克思主义文艺理论的介绍、传播中有着不容忽视的意义。郭沫若对《质文》杂志更是倾注了巨大的热情。

《质文》是"左联"东京分盟办得最出色的一个刊物，曾经有鲁迅、郭沫若、茅盾三人的文章同时刊登在一期《质文》上，这在国内的大刊物上也是难以见到的。《质文》从创刊起就得到郭沫若全力支持。

《质文》原名《杂文》，创刊于1935年5月，由鲁迅题写刊名，出版第3期后即被国民党当局所查禁。质文社开会讨论换个名称继续出版的问题，郭沫若提议："就改名'质文'吧，歌德有本书叫《质与文》。"大家一致赞成，并由郭沫若题写了刊名，第4期起以新刊名继续出版。《质文》在出版发行之初的经费周转上遇到困难，郭沫若为之联系了上海杂志公司经理张静江，由该公司代理发行以解决印刷资金的筹集问题。郭沫若差不多每个月都要到东京市内三贤庄的《质文》编辑部去。《质文》从创刊到终刊的一年半时间里，出版了共计2卷8期，每期上都刊登有郭沫若的作品，有时一期上即同时发表四五篇，总计有19篇之多。

不时有这样的情景出现在须和田郭沫若的寓所：《质文》编辑部来人约稿，而且立等要取，他就让来人在客间里等，放下手头的工作赶写出来，像历史小说《孔夫子吃饭》《司马迁发愤》就是这样撰写或构思的。郭沫若对《质文》编辑出版的热忱、关注和所付出的精力，甚至与他当年办创造社刊物时的情形不相上下。

对于国内的政局，郭沫若这时似乎也有了些不同以往的感觉。他在一首诗中写道："故国今是昨朝非，於虎之骨政渐稀。"当然回国的愿望

郭沫若（前中）与质文社邢桐华、任白戈等人

也因此更强烈了，"亏得年年啼血遍，人间今见赤城归"。这是借杜鹃啼血的神话传说来表达埋藏在心底的执念。

1936 年，由于国际国内政治形势的变化，建立抗日民族统一战线的问题摆在了左翼文化阵营面前，由此出现了一场关于"国防文学"与"民族革命战争的大众文学"两个口号的论争。春季，在质文社的一次编委会上任白戈传达了上海方面提出的"国防文学"的口号，征询大家的意见。郭沫若认为："用'国防'二字来概括文艺创作，恐怕不妥吧。"他以为"国"是蒋介石在统治着的"国"。其他人也不赞成"国防"的提法。任白戈为此专门回到上海请示，返回日本后传达说是中国共产党的决定。在此期间，郭沫若读到了林林（质文社成员）为他带去的《八一宣言》，因此理解、确认了中国共产党关于抗日民族统一战线的思想，并表示愿意为此尽力。于是，在 1936 年 6 月初动笔撰写出第一篇关于"国防文学"口号的文章。

不久，胡风以个人名义提出一个"民族革命战争的大众文学"的口号，而实际上这是鲁迅、冯雪峰等一起商定的。于是，左翼文艺界内部围绕这"两个口号"展开了激烈的争论。

1936 年 7 月下旬，郭沫若收到一封国内来信，收信人署为"佐藤和夫",这是郭沫若长子的名字。国内来信通常用这个写法,是为掩日本警察的耳目。信封上寄信人署名"沈惕若","惕若",郭沫若记得是茅盾使用过的一个笔名。他与茅盾多年来并无通信联系,这大概不是一封平常的信函。果然,信封内茅盾的信文只有两句话,他主要是为转寄潘汉年特意致郭沫若的一封信函。昔日作为创作社"小伙计"的潘汉年,此时的身份可是不一般。他是中共驻共产国际代表团的成员,从莫斯科回国,参加国共谈判联络工作。他先要去往陕北,联系长征后到达陕北的中共中央。

潘汉年的信先寒暄问候了多年未见的郭沫若,并讲述了与郭沫若流亡生活有关的一些人、事。接下去写道:

> 国内文化界情况想深知一切,宗派与左稚倾向依然严重,我们有许多意见,要你、茅盾、鲁迅三人共同签名发表一个意见书公开于文化界——内容侧重文学运动,与你所写反对卖国文学的联合战线诸论点差不多,已由茅盾兄起草,恐来不及经你过目,可是我们相信发表后不会使你不满意,或少有未尽善尽美之处,盼你另文补充,发挥。我们认为在原则上不会有不同意见,所以擅越替你签名了,请原谅。

潘汉年还建议郭沫若:"能够利用各方面向你讨稿子的机会,发挥一下你的写作是有很大的意义。可是那些年青朋友闹意气,包办、自负的纠纷,能够适当地给他们一个纠正,在目前特别有意义……"

原来,潘汉年回国后看到上海左翼文化界为"两个口号"争得不可开交,觉得这不利于在文化领域建立抗日民族统一战线的工作,所以趁着在上海与冯雪峰接洽,等待安排去陕北的间隙,决定做些工作,尽快消弭无谓的口号之争。

潘汉年出国前,有两年时间是在上海以中共中央宣传部"文化工作委员会"书记的身份领导左翼文化运动,"左联"就是在他任内成立的,所以他对上海左翼文化界的情况非常熟悉，与各方的关系都很好。于是，他与鲁迅、茅盾、冯雪峰商议，提出由鲁迅、郭沫若、茅盾三人联名发表一封意见书平息这场纷争。因为在"两个口号"论争中，鲁迅、茅盾主张"民族革命战争的大众文学"这一口号，郭沫若则赞同"国防文学"的口号，而在新文坛尤其是左翼文学界，鲁、郭、茅三人的声望和影响力是无出其右的。

为意见书的事，郭沫若与茅盾又继续通过几次信。联系上郭沫若后不久，潘汉年去了陕北。

"国防文学"与"民族革命战争的大众文学"两个口号的先后提出，以及之间发生的论争，实际上反映的是中国共产党内对于如何建立抗日民族统一战线的不同思想认识，以及确认统一战线思想的一个认识过程。周扬领导的上海地下党文委，在失去与中央联系的情况下，根据共产国际第七次代表大会和《八一宣言》的精神，提出"国防文学"的口号。冯雪峰作为中央特派员到上海的任务之一，就是根据瓦窑堡会议所确定的党的抗日民族统一战线政策做统一战线工作，而瓦窑堡会议确定的统一战线基本原则是"反蒋抗日"。所以他与鲁迅等人商议，提出了"民族革命战争的大众文学"这个口号。

随着时局的发展，口号之争所内含的一些原则显然已经落后于这种变化。中共党内关于建立抗日民族统一战线的指导思想也有所变化。1936 年 8 月中旬以后口号之争渐渐平息。

郭沫若在论争中关于"国防文学"口号的阐述，以及对于论争采取的立场虽略有偏颇，但基本上是恰当的、持中公允的。尤其是在论争的后期，为使文化界结束论争，弥合分歧，形成共识，郭沫若以他在文坛的影响力发挥了很大的作用。

1936 年 9 月，由鲁迅、郭沫若、茅盾牵头，文化界各方面各派别代表人物共同签名发表了《文艺界同人为团结御辱与言论自由宣言》。它标志着文化界在抗日救亡的原则下消除了分歧，达成共识，初步形成统一战线局面。10 月，潘汉年返回上海任中共办事处主任，冯雪峰担任他的副手。

1936 年 12 月"西安事变"爆发，但以和平方式解决，中共"反蒋抗日"的统一战线政策变为"逼蒋抗日"。

密切关注时局的同时，郭沫若在这一阶段也投入更多精力思考文学创作和文艺理论问题，发表了数量可观的论著。他的这些理论思考，接续着倡导无产阶级革命文学时期的观点、主张，又表达了他在这几年沉静中生发的新的见解，在他整个文艺思想的发展过程中成为一个承上启下的阶段。在关于浪漫主义、现实主义、社会主义的现实主义等理论问题的思考和阐释中，郭沫若既纠正了倡导无产阶级革命文学时的过激之论，也将五四时期主张的浪漫主义文学理论演绎得更为成熟。

1935 年 6 月，郭沫若创作了历史小说《孔夫子吃饭》，接着连续创作了《孟夫子出妻》等几篇历史小说，旋即结集出版了《豕蹄》。虽然同是借写过往之事表达现实情怀，这些历史小说与他前两年的回忆之作中表露的那股怀旧情绪是有很大不同的，作品的现实喻义也更为直接、强烈。

尽管远在异国他乡，郭沫若这一时期的这些文学活动都与国内的文坛动向、文化动向、社会动向息息相关。人们又看到了曾经熟悉的那个郭沫若的身影，他自己也一定是又找回了当年在五四新文坛呐喊呼唤，在倡导无产阶级革命文学时期叱咤风云的那种人生感觉。

也是在 1935 年，郭沫若为傅抱石的画作《苍山渊深》题写了一首七绝。傅抱石刚刚在东京举办了他的第一次个人画展，有多幅画作都是请郭沫若作题画诗。《苍山渊深》即是其中之一。这是一幅山水画，诗是根据画意创作的：

> 银河倒泻自天来，入木秋声叶未摧。
> 独对苍山看不厌，渊深默默走惊雷。

显然，诗中蕴寄着一股内在的激情。"渊深默默走惊雷"，不由得让人想起鲁迅的"于无声处听惊雷"，那股涌动的激情已经勃然欲喷。郭沫若应该不会在书斋久留了，惊雷将在悄然无息中炸响。

第十二章　"鸿毛泰岱早安排"

一　"登舟三宿见旌旗"

　　郁达夫结束访日回国不久，中国政坛发生了一件大事——"西安事变"。事变和平解决之后，蒋介石以休假、休养为名去了奉化。转过年（1937 年）的 2 月，蒋介石从奉化回南京参加国民党中央执行委员会会议。

　　鉴于"西安事变"后时局的变化，蒋介石不能再死抱着原来的内外政策不变了。他准备邀请各界人士在 1937 年 5 月召开一个谈话会讨论国是，地点定在庐山。在离开奉化前，他对行政院秘书长翁文灏、政务处长何廉二人指示道："准备一张名单，你们认为政府应邀请哪些人来参加在庐山举行的讨论国事问题的会议。"

　　1937 年 3 月的一天，翁文灏、何廉去上海见正在那里的蒋介石，向他递交了一份二人起草的拟邀请与会人员名单，名单上赫然列着郭沫若的名字。蒋介石一眼就看到了这个名字，对翁、何二人说道："啊，好得很，我对此人一直是十分清楚的。他现在哪里啊？"何廉说 1933 年他在东京参加一个经济会议的时候，见到过郭沫若，但不知现在住在何处。"让王芃生去打听一下吧。"蒋介石讲完这句话，便没再说这个话题。

王芃生曾在驻日使馆工作过，是个日本通，此时担任"国际问题研究所"主任。他主持的这个研究所实际上是一个对日情报机构，隶属于国民政府军事委员会，在日本有不少情报人员。

在蒋介石身边发生的这一幕，郭沫若当然不知道，郁达夫也不知道。事实上，它并不是蒋介石下的一道什么命令，但是它传达了一个对郭沫若至关重要的信息：悬在他头上的那个通缉令虽未取消，但他回国的障碍被悄悄挪开了。

进入1937年5月后，已经复任行政院长的蒋介石与行政院转到避暑胜地庐山牯岭办公。6月初，开了一系列会议，最后敲定庐山谈话会应邀与会者名单及会议的日程等事项，陈立夫、陈布雷、潘公展也参加了。邀请名单得到蒋介石的最后认可，谈话会称"牯岭国事会议"，定在7月6日开始。

在最后敲定"牯岭国事会议"各项事宜之前的5月下旬，郭沫若接连收到郁达夫两封信，通知了他这个信息。"因接南京来电，属我致书，谓委员长有所借重，乞速归。"郁达夫大概并不知道南京政府欲借重郭沫若的缘由，但显然他是经南京方面授意，向郭沫若传递这个消息的。

6月初才最后确定一个7月初召开的会议，即使邀请到郭沫若，他也未必就参加得了。蒋介石的本意自然并不拘泥于此。事实上，"牯岭国事会议"因"七七事变"突然发生，推迟至7月中旬开始，19日结束。会议的主题也由原定各方人士交换意见改为具体讨论抗日统一战线问题。当时各界许多著名人士参加了会议，像胡适、张伯苓、杜月笙等。会后，蒋介石在南京发表了一个声明，表示中国决心抗战。紧接着，原来持反蒋态度的桂系李宗仁、云南龙云、四川刘湘等纷纷到南京声明支持蒋介石抗日。

这大概是蒋介石同意邀请郭沫若参加庐山那个会议的根本考虑。在当时的政治情势下，经历了"西安事变"的蒋介石，显然非常需要作为"领袖"的某种政治展示，所以才会有召开一次国是讨论会的考虑。取消对郭沫若的通缉令，允许他归国，在蒋介石的政治棋盘上可能只是对一个小小棋子的安排。但郭沫若在文化界、政界都算是大名鼎鼎，当时在日本学界也有相当的知名度，取消对他的通缉，既可以显示自己的宽容大度、既往不咎，也可以让郭沫若回国后为己所用，表现国难之际延揽人才的诚意。这在国人面前无疑是一次很好的政治展示，即便只是作秀式的一个政治姿态，蒋介石也会很好地利用这一机会的，他一直精通这种政治权术。

接到郁达夫的来信时，郭沫若并没有去想南京政府或是蒋介石欲借重自己些什么，他反倒觉得"消息殊突然"。从前一年与郁达夫谈起回国之事后，半年之间没有任何动静，郭沫若一时拿不准这"借重"后面有些什么名堂，不过他在骤然之间意识到去国已经十年。拖儿带女困苦于此十年，有家归不得，在这十年间又有母亲和长兄两个对他最为重要的亲人相继去世，想到这些，郭沫若的一时不免有几分茫茫之慨。

1937 年夏全家合影

此后的一个多月时间内又没有任何消息，这让郭沫若感到有些惴惴不安。

226

1937 年 7 月 8 日，郭沫若从早报上得知了卢沟桥事变的消息，心情格外沉重。这天下午，多日没见的警署刑士又来家中走了一遭，是来看看他有什么动静的吧。郭沫若下了铁定回国的决心。

与此同时，王芃生也开始秘密安排让郭沫若回国的事宜，蒋介石把这件事交由他经办。王芃生将具体操作的事情交给了在东京的一名情报人员钱瘦铁。钱瘦铁又通过正在东京的金祖同联系上郭沫若。金祖同前一年到日本后，曾跟随郭沫若学习甲骨文，因而与他过从甚密。钱瘦铁没有向郭沫若、金祖同透露自己的身份和使命，他只是以朋友的名义出面帮助郭沫若与驻日使馆联络接洽，筹措旅费，安排船期。金祖同这时也准备回国了，跑腿的事情就交给他去办。

有意思的是，日本警方其实已经掌握了靠治金石篆刻及绘画旅居东京的钱瘦铁的情报人员身份，把他列入被监视的间谍网中，郭沫若一度甚至也被列入这一间谍网。不过警方只是从谍报活动的角度监视着他们，而未想到郭沫若这个政治流亡者的回国之举。

1937 年 7 月 25 日凌晨四时许，郭沫若已经起身，披上一件和服，走进书房。他几乎彻夜未眠，因为这一时刻就在眼前了——他将与家人不辞而别，回到自己的祖国去，"佐藤贞次"这个日本化名大概再也用不着了。

在回国的问题上，郭沫若不是没有犹豫过，甚至直到最后的时刻还在彷徨。他曾在一首诗中写过，"若问缘何犹作客，只因欲劝率滨归"。他不想家庭被拆散，他希望能举家一起回到心系的祖国去，但这显然是办不到的。他很清楚，在中日之间爆发战争的局势下，他的出走对于妻子、儿女，对于这个家庭意味着什么。而在中华民族面临生死存亡的危急时刻，他只能而且必须舍家报国。

对于秘密回国所要面临的风险，郭沫若也有心理准备，他甚至预先写好一份"遗言"，让金祖同交给钱瘦铁带回国内去，以备万一身陷不测时能在国内发表出来。

不过，在临行前的这个清晨，所有经历的一切，果断也好，犹豫也罢，都已经置之度外，溢满郭沫若胸中的只有离情别绪。

铺开纸张，郭沫若略事斟酌，提笔给安娜和五个儿女分别写下了留言。连只有六岁的鸿儿，他也用日语的片假名为他留下一段祝福的话，祈望他无病无灾，健康地成长起来。

留言写好，郭沫若踱回寝室，安娜已然醒来，开了灯，倚在枕上看书，似乎没有觉察出什么异样。郭沫若的眼眶润湿了，掀开蚊帐，在安娜的额头轻轻一吻，心中默默叹息道："你，苦难的圣母！"安娜没有知会他的用意，目光还在书本上逡巡。

走进孩子们的卧室，孩子们还浑然不知地在沉睡中。郭沫若把给孩子们写的"勤勉"二字贴在墙上，又把给鸿儿写的那张纸片放在他的枕边，转身迈出了玄关。

庭院里的花木似乎也都在沉睡中，只有洁白的栀子花浓郁的香气在微风中荡漾。左邻右舍还没有人活动，背后的真间山在未放明的晨曦中若隐若现。郭沫若避开正门，穿过篱栅外稻田的田垄埂上大道。他只穿了平日居家穿的和服，脚蹬一双木屐，匆匆赶到事先约定的电车站。

足足等了有一小时，钱瘦铁和金祖同才从东京市内赶到。他们今天将护送郭沫若先往神户，然后金祖同陪同他从那里乘船回国。

郭沫若的一身装束，让钱瘦铁和金祖同哭笑不得，这如何上得路呢？于是，三人不得不先折回钱瘦铁在东京的寓所。钱瘦铁找出一套西装、皮鞋、衬衫、袜子，让郭沫若换上，又拿出一顶草帽和一根文明棍交给他。经过一番乔装打扮，他们才雇了一部汽车赶往东京火车站，好在东京每天发往神户的列车有许多趟。

下午五时许，他们三人到达神户。傍晚，化名杨伯勉的郭沫若与金祖同一起走出神户港的海关，登上一艘加拿大邮轮"日本皇后"号。1928年2月，郭沫若就是从这里进入这个东瀛之邦，开始他的政治流亡生涯的，十年了，这不能不令他唏嘘不已。

前一天，郭沫若曾为此行赋诗一首，其中有句云："又当投笔请缨时，别妇抛雏断藕丝。""欣将残骨埋诸夏，哭吐精诚赋此诗。"他走出了书斋，挣脱牢笼，即将投身于一个宏阔的历史场景之中去了。

船驶离神户港后，金祖同劝郭沫若待在舱房里不要到外面活动，怕被人认出来。郭沫若也想到了在最后离开日本海域之前，不是没有被发现而被扣留下来的可能。但他既然决定了回国，就已经把个人生死置之度外，此时此刻，更让他揪心的还是安娜和孩子们。郭沫若禁不住提笔又写下一首绝句：

> 此来拼得全家哭，今往还将遍地哀。
> 四十六年余一死，鸿毛泰岱早安排。

1937 年 7 月 27 日清晨，估摸着"日本皇后"号已经驶进东海，郭沫若走上甲板，急切地向祖国大陆方向眺望。甲板上有人认出了他，过来打招呼："郭先生也回国了。"船上的旅客中有不少是在日本留学或旅居的同胞，他们都是回国去的。一时间，"鼎堂先生回国了"的消息在他们中传开，有人就拿着他的著作，跑来请他签名。

午后，随着一声汽笛长鸣，"日本皇后"号驶进黄浦江口，郭沫若终于可以让他那颗在颠沛流离中浸透了泪与血的心回归家的港湾了。

"去国十年余泪血，登舟三宿见旌旗"。这是一次长达十年的人生行旅。

二 "两全家国殊难事"

来码头接船的只有几个知道消息的朋友。一位学者模样的人迎上前，递过名片，自我介绍说："我是何廉。鼎堂先生住下来后，我们可以谈谈国内和南京方面的情况。"郭沫若依稀记起这个名字，看名片上写着"国民政府行政院政务处长"的字样，他还没有想与政府的官员打交道，客气地寒暄了两句，便由朋友陪同直接去往孔德图书馆沈尹默处。

郁达夫是随后才赶到孔德图书馆的，原来他到码头晚了一步，碰到也得知消息赶到码头的施蛰存、陶亢德，便一起到了孔德图书馆。李初梨、张凤举、姚潜修等人亦闻讯赶来，大家马上商量起郭沫若回国后的去向问题。

沈尹默建议郭沫若继续做学问。孔德图书馆就是隶属于中法文化交流委员会的一家学术机构，郭沫若在日本时已经与它有了联系。但郭沫若明确表示不作此想，他的心早就飞出书斋了。况且要搞学问，留在日本也可以，何必冒着生死之虞跑到上海来呢？不过，他也没有从政的打算，他希望以文化人的身份，以文化的方式从事抗日救国运动。

郭沫若秘密回国的事情立刻成了一条重要新闻，报纸、杂志争相报道。他在离开日本前夕及在船上写的两首"归国吟"，也在上海滩上流传开来。回到上海的第二天，郭沫若搬到沧州饭店暂住，夏衍、阿英、郑伯奇、叶灵凤、沈起予等朋友陆续来访，一时间可谓门庭若市。

1937 年 7 月 30 日，国民党中央执委会正式撤销了对于郭沫若的通缉令。

几天后，在中国文艺协会上海分会和上海文艺界救亡协会举行的欢迎宴会上，郭沫若动情地说："此次别妇抛儿专程返国，系下绝大决心，盖国势危殆至此，舍全民族一致精诚团结、对敌抗战外，实无他道。沫若为赴国难而来，当为祖国而牺牲。"为表寸衷，他当场朗诵了《归国杂吟》中的诗句：

> 又当投笔请缨时，别妇抛雏断藕丝。
> 去国十年余泪血，登舟三宿见旌旗。
> 欣将残骨埋诸夏，哭吐精诚赋此诗。
> 四万万人齐蹈厉，同心同德一戎衣。

在座的人听后，无不为此感奋不已。

8 月 6 日，国民政府《内政公报》"取消通缉事项"公布："奉令取消郭沫若通缉令"。

夏衍在见到郭沫若那天，曾问起他还带了些什么行李没有，郭沫若指了指上衣口袋说："只带了一支笔。"他就是要以这支笔为武器，投身于抗日救国的滚滚洪波之中。郭沫若与夏衍、阿英等人很快办起了《救亡日报》，他任社长，夏衍做主编。没有经费，郭沫若运用自己的声望筹集资金，他亲笔题写报头，并不断撰写评论、杂感、诗歌、战地报道等文章、作品。《救亡日报》深受各界读者的欢迎，成为激励上海民众爱国热情，坚定抗战胜利信念的一个宣传阵地。在人来人往的街头报摊上，常常会出现这样的情景：匆匆而至的买报人冲报摊上说一声"买郭沫若"，小贩就会递过一张《救亡日报》。

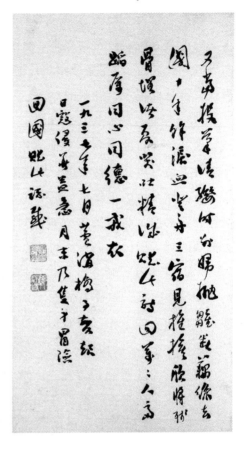

《归国杂吟》

1937 年 8 月 13 日，在上海驻扎的日军向国民党军队发起进攻，驻上海的第九集团军立即奋起反击，淞沪会战打响了。《救亡日报》迅速报道战局的情况，郭沫若亲自去前线访问、慰劳抗日将士。《救亡日报》报社一时则成了上海军民的一个联络站，各界民众纷纷送来各种慰劳物品，请报社转交到前线去。

在前线访问、慰劳，郭沫若遇到的国民党将领多是北伐时期旧识，张发奎、陈诚、黄琪翔、冯玉祥等。听着前方的炮声，看着这些熟悉的面孔，郭沫若仿佛又回到了硝烟弥漫的北伐战场上。有一次，冯玉祥向郭沫若提了一个问题：为什么北伐的时候，我们的士兵在前线打仗，能得到民众大力支持，而现在，在前线战壕里抗敌的将士有时一两天不见饭，得不到后方民众的支持？郭沫若答道："北伐时代，三大政策尚未抛弃，国共合作尚未破裂，军中有政治工作。军队到的地方，就是政治工作到的地方，民众被发动起来，组织起来，自然前后方能打成一片。"他向冯玉祥提议说："军中政治工作应该恢复，民间组织应该开放。要信赖群众，这是取得军事胜利的保证。"听了这番话，冯玉祥沉思未语。

1937年9月的一天，郭沫若正在陈诚部队的驻地访问，突然接到陈诚转来的蒋介石的电报，要他到南京去会面。郭沫若犹豫要不要去，他不想再直接与蒋介石打交道。周恩来建议他去，"一切以大局为重。见过蒋介石，你今后的工作也可以更主动"。周恩来与朱德这时正代表中共，应蒋介石之邀，与国民党方面谈判国防问题。就在这次谈判后，红军主力部队改编为国民革命军第八路军，开赴抗日前线。

9月24日晚，蒋介石在住所接见了郭沫若——这位被他通缉了十年的故旧。寒暄后，蒋介石问起了郭沫若的金文甲骨研究，又问到有没有朋友可以做宣传工作。他希望郭沫若留在南京，多做些文章，并说可以给郭沫若一个相当的职务。

郭沫若回答蒋介石说："文章我一定做，我的工作以做文章最为适宜。名义我不敢接受，因为耳聋，我无法参加任何机构。"

"一切会议你都不必出席，你只消一面做文章，一面研究你的学问好了。"

郭沫若没再多说什么。告辞时，蒋介石一直把他送到大门口。蒋介石一定已经想好了，还要起用这个当年他的总司令部行营政治部主任。

利用在南京逗留的时间，郭沫若拜访了叶剑英、邵力子、叶挺、孙科、张群、汪精卫、陈铭枢等北伐时期的朋友和熟人。从叶剑英那里，郭沫若了解到不少陕北的情况，那里有他一直记挂的老友成仿吾。1936年达夫到日本去的时候，正有传言说仿吾牺牲了，郭沫若差点把他的哀挽之情写入诗里。前些天，他还托一位友人给仿吾带去一些生活用品，只是不知何时才能见面。

1937年11月中旬的一天，郭沫若接到安娜的一封来信，这是他回国后第一次确切地得知家人消息。安娜告诉他，在他秘密归国后，自己和长子和夫都被警察局拘禁，还遭到毒打，家也被查抄，留在家中的文稿都被搜去。在警察局关押了一个月，他们才被释放回家。

读过安娜的信后，郭沫若心绪难平，忧心忡忡，一下午都默默地坐在窗前。虽然这是可以预料的情况，但真的发生了，还是让他心痛不已。一边是家，一边是国，他无愧于国家，却不得不愧对安娜和孩子们。

夜深了，郭沫若提笔写下一首诗，遥寄安娜，尽管他知道这诗是无法寄到安娜手中的。诗写道：

> 相隔仅差三日路，居然浑似万重天。
>
> 怜卿无故遭笞挞，愧我违情绝救援。
>
> 虽得一身离虎穴，奈何六口委骊渊。
>
> 两全家国殊难事，此恨将教万世绵。

第二天，郭沫若给驻日大使馆写去一信，希望使馆能够出面设法营救家人，并准许他们来中国。可是后来日本方面以安娜是日本国籍为由，拒绝放她和孩子们前往中国。残酷的战争生生拆散了一个家庭。

淞沪战局终于无法挽回，1937年11月12日上海沦陷，成为孤岛。文化界的朋友们陆续离开上海南下，或是辗转去了大后方。《救亡日报》在上海肯定是办不下去了。11月21日深夜，郭沫若为《救亡日报》写下沪版终刊致辞："我们的抗战是长期的、全面的，所争的是整个民族、整个国家的生存"，"我们目前所失掉的并没有什么，只是做奴隶的镣铐而已"。

11月27日晨，他从上海码头登上一艘挂有红十字旗帜的法国邮轮，与何香凝、邹韬奋等人一同去往香港。

在香港略做停留，郭沫若于12月初到达广州。到广州后，他马上着手恢复编辑发行《救亡日报》。为筹款，他先后走访广州市市长曾养甫、国民党广州市党部主席吴铁城以及余汉谋等人，几经周折，从余汉谋那里筹得每月一千元的办报经费。1937年年底，郭沫若做好了复刊的全部准备工作，并写了一篇《复刊词》，文中写道："救亡就是我们的旗帜，抗战到底就是我们的决心，民族复兴就是我们的信念。"

1938 年 1 月 1 日，粤版《救亡日报》在广州正式出刊。郭沫若即致电尚在上海的夏衍，要他速来广州。夏衍抵穗后，郭沫若向他交代了《救亡日报》的工作，准备北上武汉。他嘱咐夏衍说："《救亡日报》的工作，一切听恩来的指示，具体事情由你负责。只有一条，我是社长，打官司的时候可以找我。"说罢，把自己的图章留了下来。

在广州期间，郭沫若的情感生活中又走进了一个女性——于立群，他们是在上海时认识的。于立群是郭沫若流亡日本时期的好友、《大公报》记者于立忱的胞妹。于立忱不幸早逝，郭沫若认识于立群后，就把她看作小妹妹一样地给予呵护。于立群既有大家闺秀的端庄、文雅，又有热血青年慷慨激昂的一面。她一直想要到陕北去，郭沫若预先给她写了一首小诗作临别赠言，诗中说："陕北陕北我心爱，君请先去我后来，要活总要在一块。"他们两人在相处的几个月中，已经不知不觉萌发了爱的情愫，于是自然而然地结合在了一起。

郭沫若到武汉是应陈诚之邀。陈诚只说有事情要商量，但没有具体说是什么事，所以到武汉的当天，郭沫若便先联系周恩来。晚上，在八路军办事处周恩来的房间里，郭沫若见到了周恩来、邓颖超、王明、博古、林伯渠、董必武等人。除了与王明是初次见面，其他都是熟人。大家一起热烈地叙旧之后，周恩来谈起了国民党准备恢复政治部的事情，这也是陈诚要郭沫若来武汉商量的事情。

这次恢复成立的政治部隶属于国民政府军事委员会，由陈诚任部长，周恩来、黄琪翔任副部长，下设三个厅，准备让郭沫若做主管宣传工作的第三厅厅长。政治部的组成实际上是国共合作在国民政府组织机构层面上的一个形式。郭沫若却表示自己不愿意接这个差事。他认为在国民党支配下做宣传工作，只是替他们卖膏药，欺骗世人。王明马上批评了郭沫若的想法，他讲的都是原则性的道理，但的确让郭沫若无从反驳，于是表示要考虑一下。

与于立群（右二）等《救亡日报》先遣队成员在广州

对于在北伐时期就已经担任国民革命军总政治部副主任的郭沫若来说，政治部的一个厅长之职当然有点委屈他了。但郭沫若并不是计较职位的大小，在北伐期间从政的经历，让他看到了国民党官场内的许多腐败、龌龊现象，他不屑与那些官僚政客、庸俗小吏为伍。他觉得，要是自己做了这个官，青年们是不会谅解他的，不如处在自由的地位说话更有效力。

周恩来语重心长地说："考虑是可以的，不妨多听听朋友们的意见。在必要上我们也还得争取些有利的条件。但我们可不要把宣传工作太看菲薄了。我倒宁肯做第三厅厅长，让你做副部长啦。不过他们是不肯答应的。老实说，有你做第三厅厅长，我才可考虑接受他们的副部长，不然是毫无意义的。"

率领中共代表团与国民党全面协商国共合作事宜的周恩来，这段时间忙得不可开交，除了与国民党协商谈判，每天还要做各方面的统一战线工作。他在国民党以及各方面的人际关系又非常广，酒宴饭局有时都应酬不过来，但这也是工作和斗争，是谈判桌之外的工作与斗争。

1938年春节那天，周恩来到天官府看望郭沫若，郭沫若一看便知他已经喝了不少酒，神情也有些疲惫。落座后，周恩来即嘱郭沫若为他题写"单刀赴会"四字，说是要留作纪念。原来他是刚从一个酒宴上抽身出来的，餐桌上那阵势俨然就是一个酒阵。大家都知道周恩来能豪饮，于是人人与他碰杯，周恩来自是来者不拒，尽显豪爽之气。郭沫若也知周公（大家对周恩来的亲切称呼）酒量大，但这样喝法是要伤身体的，于是，在题罢"单刀赴会"后，他另外写下一段话："恩来同志应人招饮从酒阵中突围而归，嘱写此四字以为纪念。但此事不妨有一，不望有二。"他在为周公担心。"单刀赴会"是《三国演义》里关云长的故事，看来酒阵之中或许暗藏了几分杀机。

周恩来看了郭沫若题写的这段话，接过笔在纸上补写了几句："……十年海外作楚囚，一朝慧剑斩情魔，脱樊归来，喜煞我老周。我们的肩膀上又添了一只手。"他这说的是郭沫若从日本回国之事。周公话说得很轻松，还有那么点调侃之意，郭沫若看了却感到很内疚："是呀，我应该分担周公肩上的重任。"

三 扭转乾坤共担当

事实上，陈诚之所以邀请郭沫若出任政治部第三厅厅长，是基于这样一个时局背景：国共两党在1937年已经成立了一个国共两党关系委员会，协商合作抗日的问题。1938年初，两党关系委员进入具体讨论起草两党共同纲领、改组政府和军事委员会各部等问题的阶段。国民党方面组建军事委员会政治部，要请周恩来担任政治部副部长，而请郭沫若主政三厅是两方都同意的。但是有一些具体问题还在协商中，周恩来和中共代表团形成意见后，也要与延安联系，等中共政治局会议最后同意。所以，有些情况郭沫若一时并不清楚。他为避开职事，曾离开武汉去了长沙。

后经过一番周折，在人事安排上，中共从国民党方面争得了最好的结果，特别是从蒋介石那里得到"不限制各方对主义的信仰，无意取消各党派"的许诺。周恩来于 1938 年 2 月 17 日给郭沫若写信，告知"我已在原则上决定干"，同时希望郭沫若"也能采此立场"。在继续与陈诚商谈组建三厅诸事，并已"运用好"后，周恩来于 1938 年 2 月 24 日再次致信郭沫若，信中这样写道：

> 前日去会辞修，适你的来信正到，他看完后给我看，并说"限制思想言论行动"问题已解释过，并要我将上次所谈的写一个文件交辞修转呈蒋先生批准，便可便利我们工作。关于副厅长，他说可即要范扬先生担任，厅长仍唯一希望于你。假使你要在长沙耽搁，可先要范扬来组织。他并要我及黄琪翔兄写信给你，劝你早来，他也即复你信。陈还说，为地位计，请你以指导委员兼厅长。
>
> 我根据他谈话的情况，认为你可以干。现托立群姊送信给你，请你：（一）速催范扬先生即来；（二）速将宣传纲领起草好，以便依此作第三厅工作方针；（三）请寿昌兄同来；（四）电汉年转催胡愈之兄速来。
>
> 我这里已电翰笙，催其速由重庆赶回，以便着手组厅。各厅编制草案中，均裁专员。陈说要请之专员，均可作为设计委员。
>
> 我担任写的文件，须由延安出来始能写成。我今日飞延安，约一周出来，你得陈复信后，最好五天后来此，先我来此两三天较同到为好也。

郭沫若接此信后迅即返回武汉，就任政治部第三厅厅长。

不久之后，他的中共党员组织关系被秘密恢复了。

1938 年 4 月 1 日，三厅在武昌城内的昙华林正式成立。三厅内设五、六、七三个处九个科，分别掌管动员工作、艺术宣传、对敌宣传工作，由胡愈之、田汉、范寿康分任处长。另有四个抗敌宣传队、九个抗敌演剧队、漫画宣传队，以及孩子剧团等附属团体。洪深、张志让、杜国庠、徐悲鸿、冼星海、马彦祥、冯乃超等知名的作家、学者、艺术家都在三厅内任职。可以说，三厅几乎延揽了文化界的大部分著名人物。

陈诚看到三厅组成人员的名单时，真是大喜过望。他虽然是一介武夫，但对这些文化人的名字还是知道的。政治部成立已经两个月了，工作上却开展不起来，一直无声无臭的，这下，他可以指望这批文化人来给他这个政治部部长长脸了。蒋介石也很满意三厅的人员组成，他很清楚这里已经聚集了国统区内的文化精英，他知道这些人的活动能量。社会上后来把三厅称作"名流内阁"。

三厅成立后马上着手搞了一项大规模的抗战宣传活动：扩大宣传周。陈诚希望借此扩大政治部的影响，周恩来和郭沫若则希望以这样的方式展开广泛的抗日宣传，同时，也由此展开三厅的工作。扩大宣传周用一周的时间，每天确定一种宣传方式：第一天为开幕大会及文字宣传日，第二天为口头宣传日，第三天为歌咏日，第四天为美术日，第五天为戏剧日，第六天为电影日，最后一天在武汉三镇举行大游行活动。

郭沫若很快拿出了扩大宣传周的策划书，陈诚立即开了一个拨付三厅临时活动经费的手条给他。时间紧迫，郭沫若决定打破过去国民党"包办"——包而不办的做法，改为办而不包。三厅的人力毕竟有限，郭沫若邀请了武汉三镇各个重要的机关团体共同来筹办宣传周活动。其中有国民党的中宣部、汉口市党部、汉口市政府、各商会、文化团体、新闻记者和学生组织，连卫戍司令部也拉了进来。虽然那些衙门只要名而不出力，但借它们之力宣传周的各项活动就能畅通无阻地组织进行起来了。

由于充分调动了社会上各个方面的积极性，也充分发挥了文化人各个方面的特长，整个宣传周的活动搞得有声有色，轰轰烈烈。歌咏日那天的开幕式，田汉要郭沫若致个开幕辞，郭沫若即兴吼了一篇《来它个"四面倭歌"》。他说："歌咏是最感动人的。歌咏的声音能把人们的感情意志立即融化成一片，化为行动。""我们要用我们的歌声来更加团结我们自己的力量，把一切的失地收复，把全部倭寇驱除。"

　　台儿庄大捷并没有遏止住日本侵略军的进攻行动，徐州陷落，日军沿陇海线西进，武汉的形势越来越严峻。在这种情形下全面抗战爆发一周年的日子来临了。为鼓舞人民斗志，三厅决定搞一个"七七纪念"活动，由郭沫若拟了一个计划上呈。在三厅正着手做着一些筹备工作的时候，郭沫若接到委员长侍从室电话，说蒋介石要见他。

　　郭沫若赶到蒋介石那里，才知道还是单独"召见"。蒋介石询问了"七七纪念"活动的计划，亲自批了一笔活动经费。在郭沫若起身准备离去时，蒋介石又叫住了他："啊，还有件事情。那三种文告，哎，就是告人民、告前敌将士、告国际，你们给我拟好后送来我看。你以后随时都可以到我这里来。要用钱，随时告诉我啦。"蒋介石仍然器重郭沫若的才华，但郭沫若眼中的蒋介石早已不是北伐初期的那个蒋总司令了。

　　在这期间还发生了一件让人啼笑皆非的事情。有一次郭沫若与三厅的设计委员范扬闲话间谈到了国民党党籍的问题，他告诉范扬说，自己入国民党大概比陈诚还要早，但宁汉分裂时被开除了。范扬说现在恢复党籍是很容易的。郭沫若答道："当然很容易，不过在目前党籍的有无反正是无足轻重的了。"范扬是陈诚的亲信，就把这次谈话当成个事报告给了陈诚。几天后，国民党中央社发了一条通讯稿，报道国民党中央的一条决议，恢复三十几个人的党籍，其中就有郭沫若，还包括毛泽东、周恩来等共产党人的名字。郭沫若惊异不已。可几个钟头后，中央社又发出另一条通讯，国民党中央取消前次的决议，原来，第一次消息发出后，中共办事处迅速提出了严正抗议。

　　这件可笑的事情，实际上已经透露出国民党蒋介石试图把抗日民族统一战线统一在他们的一个政党、一个领袖之下。三厅的工作从一开始也就不可避免地反映出统一战线内部既有合作又有矛盾冲突的情况。郭沫若在这样一种情势下，让三厅的工作充分体现出中国共产党关于建立最广泛的抗日民族统一战线的指导思想。

　　日军的步步逼近，让国民党当局喊出了"保卫大武汉"的口号。三厅在武汉三镇搞了一次全民献金，这是"七七纪念"活动的一个组成部分。全武汉搭建了五座固定的、三座流动的献金台，以献金的方式激励人们的抗战信念。

由于宣传工作做到了家喻户晓，每天从早到晚，人们川流不息地涌向那几座献金台。码头工人、黄包车夫、学生、商人、为人打工的老妈子、擦皮鞋的小孩子、澡堂子里的擦澡工、茶楼酒肆的跑堂……甚至街头的乞丐，都争着献出自己的一份绵薄之力。收到的献金，除了中外纸币、银圆，还有各种各样的物品：金首饰、金手表、银杯、银盘、银首饰、服装、食品、药品，乃至大刀、草鞋。凡搬得出来的东西，几乎应有尽有。人与人之间、台与台之间像竞赛一样比着来。武汉三镇沸腾了，献金的人群形成一股巨大的抗战狂潮。

原定三天的活动，延长了两天。五天献金活动收到的现金和物品折价成的现金，总计超过了法币一百万元。这是整个"七七纪念"活动中最成功的一项活动。这个结果让郭沫若也感到出乎意料。因为这不仅是百万元的金钱，还是同仇敌忾的民意、民心，是被激发起来的爱国主义精神。郭沫若和三厅的同人们，为献金狂潮体现出的中华民族不屈不挠的意志所深深感动。

献金活动中所收到的款项，全部用来购买前线急需的药品、医疗器械、战地慰劳用品，还成立了慰劳总会，统筹战地慰劳工作，这些工作都是由三厅组织进行的。

到前线进行宣传鼓动或慰劳演出，组织战地文化服务处，是三厅一项非常重要的工作。所属的九个抗敌演剧队、四个抗敌宣传队常年巡回在各战区工作，给战地输送精神食粮。三厅还训练送出了四个电影放映队，孩子剧团则流动在后方进行抗日宣传演出。战地文化服务处是建在各战区的文化服务机构，名义上是各机关联合组织，实际上隶属于三厅。战地文化服务处与慰劳总会的工作相互配合，相辅相成，一个提供物品、物资的慰劳，一个提供精神文化的宣传服务。郭沫若也亲自参加战地慰劳团赴前线做战地访问。

在抗战文化宣传中，演剧活动是最受重视的。在中国这个以农民为

1938 年，郭沫若在武汉街头带领群众游行宣传抗日

主体的社会中，戏剧、戏曲是广大农村地区乃至城镇文化阅读的主要方式。处于文盲、半文盲状态的农民们——当时中国军队的主体即是这些农民——在很大程度上正是通过常年在乡镇活动的各种戏曲演出，而获得历史的、文化的知识。所以抗战一开始，戏剧演出的形式就成为向军队和广大民众宣传救亡的重要手段。

政治部甫一成立，即做出决议："每一师处应组织随军抗敌剧团"。郭沫若随即以主管厅长的名义，就各师旅政训处设立随军抗敌剧团的具体办法，给政治部签呈了报告，统筹策划，督促各军师旅政训处组织抗敌剧团的工作，让这些随军抗敌剧团更好地发挥宣传作用。

三厅还有一个处是专管对外宣传工作，郭沫若于是特别想到了组织一些反对侵华战争的日本人来做这方面的宣传工作。三厅刚组建，他就向陈诚推荐了日本反战作家鹿地亘、池田幸子夫妇，把他们从香港接过来，担任三厅的设计委员。后来陆续加入这方面工作的有绿川英子、刘仁夫妇等。

有一次在前线，郭沫若亲眼看到一个刚刚被俘的日军士兵从口袋里掏出三厅印发的"通行证"，上面附有日文的优待俘虏规定，这是三厅印发的许多日文宣传品之一，这让他很为三厅的外宣工作自豪。后来，鹿地亘等人还在桂林、重庆等地成立了日本反战同盟，把日本俘虏组织起来，进行教育，并到前线向日军进行反战宣传。

政治部里国共之间的摩擦、矛盾，在人事安排的问题上总是表现得很突出。黄琪翔在处理一件与中共人员有关的地方案件时被国民党认为违反了原则，便被调离政治部，张厉生、贺衷寒分别升任副部长、秘书长。这一人事变动让郭沫若很恼火。贺衷寒是复兴社的特务头子，与这样的人共事，还要受到他的约束，实在令郭沫若难以接受。于是，他接连三天没去上班，以示不愿在此二人手下工作。周恩来知道后严肃地责备了郭沫若。他分析说，抓好三厅的宣传工作，可以促使民众认识到自己的力量，同时也可以抵消一部分顽固势力颠倒黑白、投降分裂的企图，三厅这个岗位是值得重视的。"为了革命的利益，一切都须得忍受。我们受的委屈，比这大得多呢！"周恩来的批评让郭沫若思想上很受震动，他打消了辞职的念头，决心做好这份工作。

"保卫大武汉"的口号早就喊了出去，战场上的日军却在一步步推进。1938 年 9 月底，长江上的要塞田家镇失陷，武汉的门户差不多等于洞开了。国民政府的机构开始撤往西南大后方，政治部也分批撤往长沙。

在离开武汉的前夕，郭沫若意外地见到了从华北前线飞来武汉见蒋介石的八路军总司令朱德。这是他们在南昌起义南下的征途上阔别后的首度相见。朱德来去匆匆，临走之前，到郭沫若的书房与他畅谈了一个早上。告别时，他们相互题诗留念。朱德在给郭沫若的诗中写道：

> 我还须支持华北抗战，
> 并须收复中原；
> 你去支持南天。
> 重逢又别，相见——
> 必期在鸭绿江边。

第十三章　非净胡尘剑不收

一　"鸡鸣风雨际天闻"

1938 年 10 月 25 日，郭沫若、胡愈之与三厅留下的人员最后撤离了武汉。他们辗转长沙、衡阳、桂林、贵阳，于 12 月 29 日到达重庆。国民政府的机构都已经转移到重庆，许多学校、工厂、文化机构也迁移到了重庆，这里一时成为国统区大后方的中心。

在城里天官府和乡下赖家桥两处将三厅的办公地点安顿好后，郭沫若马上开始了紧张的工作。家乡亲友得知他回到重庆的消息后，不断有人来敦促他回乐山省亲。郭沫若因为工作繁忙，总是不能安排，直到 1939 年春，才抽出时间回了一趟沙湾场，这是他离川 26 年来第一次回家乡。

沙湾场的老屋依旧，只是多了几分斑驳，但已经物是人非。老父亲年迈力衰，母亲和大哥先后辞世，人生蹉跎，郭沫若的心不免有几分沉重。他先去拜祭了母亲，然后才接待亲友们的来访。在一些亲友看来，他二十多年后的这次重返故里可谓衣锦还乡，郭沫若却更加感受到肩上那份历史使命带来的沉重压力，所以一有机会就向亲友们讲解抗日救国的道理。

返回重庆前，郭沫若在乐山重登凌云山，访尔雅台，这是他 30 年前读书时常常与同学结伴访游的地方。远眺秀丽的峨眉山，俯瞰缓缓流淌着的青衣江，郭沫若不由得感慨万千，嘉州这一片美丽的山河虽然依旧，但大片的国土已经沦丧在敌人的铁蹄之下。睹物思人，他想起了正浴血奋战在抗日前线的朱德，遂吟诗一首：

> 依旧危台压紫云，青衣江上水殷殷。
> 归来我独怀三楚，叱咤谁当冠九军？
> 龙战玄黄弥野血，鸡鸣风雨际天闻。
> 会师鸭绿期何日，翘首嵩高苦忆君。

重庆在夏季是个"火炉"，所以三厅在乡下的赖家桥还有一处办公地点，那是一处乡间的大院子，大家称它"全家院子"。入夏，郭沫若一家和三厅的工作人员就搬到了这里来。一天，全家院子来了一群小客人——刚从外地演出回来的孩子剧团的孩子们。郭沫若热情地接待了这群小朋友，留他们住在家中。白天天气热，有些孩子贪图凉快，晚上露天睡在院子里，郭沫若发现了，就一次次地把自己的被子、毛毯和衣服抱出来替他们盖上。他从三厅组建开始，就和这群孩子们结下了友谊，一直关心着他们的生活、工作和健康成长。

孩子剧团最早的一批成员，是郭沫若在上海救济会的难民收容所里认识的。他们来自各省，年龄大的不过十五六岁，小的只有八九岁。收容所把他们组织成一个小剧团，到电台做广播，或到各个收容所演出，做服务工作。上海成为孤岛后，他们化整为零，装成难民，辗转到武汉。孩子们多次向武汉的党政机构请求收编，但都遭到拒绝。后来是郭沫若专门找陈诚做工作，借成立三厅之机，把孩子剧团收为三厅第六处的附属演出剧团。

为了孩子们的安全考虑，郭沫若安排孩子剧团去演出的地方都是在大后方。剧团回来休整时，他总是抽空给孩子们讲科学文化知识，为他们揭示宇宙的奥秘。有时还会跟他们一起玩"弹豆子"的游戏。孩子剧团办了一个刊物《抗战儿童》，是郭沫若亲笔题写的刊名，而且一连写了四五个，让孩子们自己挑。他给《抗战儿童》写过一篇文章，叫作《大人物与小朋友》。其中写着：

> 要有集体的锻炼，根据科学，通力合作。
> 要有前进的思想，坚定志趣，终身不挠。
> 要知道生之可贵，但不可苟且偷生。
> 要知道死不足惧，但不可以轻易言死。
> 生要生得有精神，死要死得有气概。
> 要永远学习大人物的本领。
> 要永远保持小朋友的心情。

这既是郭沫若对于孩子剧团的小演员们的谆谆告诫，也是他对于天下所有小朋友们的殷切期望。

武汉沦陷，国民政府迁往西南大后方的重庆。抗战形势进入一个战略上的相持阶段，国民党的政策开始发生变化。1939 年 1 月，国民党在五届五中全会上提出了"防共、限共、溶共、反共"的方针，接着制定了《限制异党活动办法》等一系列规定。中共中央在全面抗战两周年之际，针对时局，提出"坚持抗战，反对投降；坚持团结，反对分裂；坚持进步，反对倒退"三项政治口号。统一战线内部的矛盾斗争愈益加剧，三厅工作上的掣肘也越来越多。

1940 年，军事委员会改组政治部。这已经不是政治部第一次进行改组了。实际上在国共合作抗日之初，蒋介石就意图将各党派一统于国民党之内，只不过以此为政治前提，根本不可能建立一条各党派合作的抗日民族统一战线，所以当时他没有坚持这一点。但在抗战的政治态势、军事形势都发生了很大变化的此时，他认为至少在军政系统内必须是国民党"一统天下"。

1940 年 3 月 26 日，蒋介石函电陈诚一份手谕，讲"政治部事"。他根据调查，指出政治部七点缺失，提出五项改进办法。七点缺失中有两点是："各党派利用政部机构及名义发展其各自之组织"；"因容纳各党派，故一切机密不能保守"。五项改进办法中即有两项针对于此："对各党派只可罗致收容其个人，绝不许有政治组织关系之人员参加政治部"；"除由中指定人员外，无论上、下级干部人员必须入党，绝不许另有组织作用"。

蒋介石所依据的调查，就是此时任政治部秘书长的贺衷寒秘密给他的一份关于政治部内部人事、工作情况的报告和建议。其中主要报告了政治部内非国民党籍人员的情况，特别提及的就是郭沫若、阳翰笙、朱代杰等人，称郭沫若任用的干部"如阳翰笙等，均系共党分子"。报告提出了对于第三厅、第四厅人员（包括厅长，朱代杰时任第四厅厅长）调整的建议。

1940 年 9 月，郭沫若被调离三厅，专任政治部副部级的部务委员。这明着是升职，实际上剥夺了郭沫若的实权。同时，政治部以蒋介石的手谕强令三厅人员集体加入国民党。郭沫若在全厅大会上对已经接任政治部部长的张治中说："入党不入党，抗日是一样抗的；在厅不在厅，革命是一样革的。"对于郭沫若被调离第三厅，三厅的进步人士都表示愿与他同进退，于是纷纷交上辞呈。

周恩来找到张治中，直截了当地说："三厅的这批文化人，在社会上都是有名望的无党派人士，他们为抗战而来，你们不要，我们要。请你给安排车辆，我们请他们到延安去。"这无疑将了国民党方面一军。张治中感到事情棘手，报告了蒋介石。

几天后，蒋介石突然在官邸召见了郭沫若、阳翰笙、杜国庠、冯乃超、田汉等人。他对众人说："国难当头，正是国家用人之际，你们都不要离开。可以另外成立一个机构嘛，譬如叫文化工作委员会，还是由三厅的人参加，仍然请郭先生主持。这叫离厅不离部。"这是张治中想到的一个办法。

回来后，郭沫若把蒋介石的谈话报告了周公。周恩来与大家分析、商议后认为，"挂个招牌有好处，我们可以展开工作，可以进行有理、有利、有节的斗争。国民党意在画地为牢，束缚我们的手脚，我们就跳出这个圈子，以个人身份到社会上进行活动"。

1940 年 11 月，文化工作委员会正式成立。郭沫若任主任委员，阳翰笙和国民党方面的谢仁钊任副主任委员。茅盾、老舍、杜国庠、翦伯赞、陶行知、田汉、王昆仑等 20 人任委员。下设国际问题研究、文艺研究、敌情研究三个组。原在三厅的那一批进步文化人全部参加了文工会的工作。办公地点仍设在城里天官府和乡下赖家桥全家院子两处。

文工会不是政府的行政机构，所以不再具有三厅那样的行政权力，国民党限定它只能进行学术文化活动。郭沫若与大家便充分利用现有的条件开展了在各自领域的学术研究。文工会聚集的这一批文化人，在文学、史学、经济学、社会学、自然科学，以及各门艺术领域都是著名专家、学者，所以，天官府和赖家桥一时被誉为"齐之稷下"。

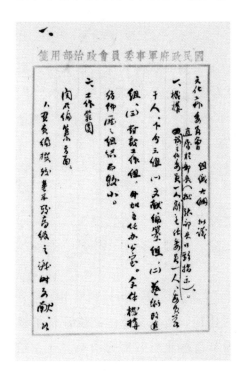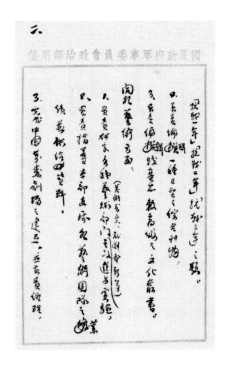

郭沫若草拟的"文化工作委员会组织大纲"

岁暮，郭沫若在参加文工会辞岁晚会时即席作七绝《书怀》一首。咏道："旋转乾坤又一年，冲涛破浪似行船。蒙庄犹自齐生死，善牧羊群重后鞭。"

1941年，全面抗战已经进入第五个年头，这是战争处于相持阶段的艰难时刻。全面抗战初期那种不分东西南北，不分贫富贵贱，同仇敌忾，整个中华民族一致抗日的热烈气氛，由于国民党内投降分裂势力的抬头而遭到破坏，统一战线内部的矛盾愈益加剧。

1941年元旦刚过，国民党当局制造了"皖南事变"。郭沫若闻讯悲愤不已，即作七绝《为江南死国难者志哀》："江南一叶奇冤史，万众皆先天下忧。泪眼揩干还苦笑，暂忘家难赋同仇。"他抄写了《新华日报》发表的周恩来为"皖南事变"的题诗及悼词，嘱文工会工作人员到街上去广为张贴。

"皖南事变"后，国统区出现新的反共高潮，国民党当局的政治、文化禁锢也愈益加剧。

1941年深秋的一天，周恩来与阳翰笙来到天官府郭沫若的寓所，提出下个月准备为他举办一个祝贺50岁寿辰与创作25周年的纪念活动。郭沫若谦辞道："我没有多大的贡献，不必搞什么纪念活动了吧。"周恩来说："在目前的形势下，给你祝寿，是一场有政治意义的斗争。我们可以借此发动一切民主进步的力量，冲破敌人在政治上和文化上的法西斯统治。"

为此，周恩来责成阳翰笙主持一个筹备组，并要他代中共南方局起草一个通知，将这项活动的安排发给延安、成都、昆明、桂林、香港等地的党组织。

1941年11月16日，纪念活动揭幕。《新华日报》当天刊发了纪念专刊，周恩来撰写了《我要说的话》作为代论。他在文章中高度评价了郭沫若所走过的道路和为新文化运动、为革命事业所做出的贡献。他总结了郭沫若一生的三个特点，即："丰富的革命热情""深邃的研究精神""勇敢的战斗生活"。他说："郭沫若创作生活二十五年，也就是新文化运动的二十五年。鲁迅自称是'革命军马前卒'，郭沫若就是革命队伍中人。鲁迅是新文化运动的导师，郭沫若便是新文化运动的主将。鲁迅如果是将没有路的路开辟出来的先锋，郭沫若便是带着大家一道前进的向导。"

重庆各界的著名人士、友好人士五百余人参加了在中苏文化协会举行的庆祝茶会。他们纷纷在会上致辞、演讲、献诗，称赞郭沫若在创作上、学术上的成就和为国家所做的贡献。郭沫若在答谢辞中谦逊地以燕昭王筑黄金台求贤，师事郭隗，贤士闻风而至的典故，表明纪念活动的意义。

在纪念活动中举办了"郭沫若创作生活25周年展览会"，上演了他的历史剧《棠棣之花》。延安、成都、昆明、桂林、香港、新加坡等地，也同时举行了纪念活动。

1941 年 11 月，在庆祝郭沫若创作 25 周年及 50 寿辰活动中与文工会同人合影

五幕历史剧《棠棣之花》，是从诗剧《棠棣之花》发展创作而来的，这一次上演前，郭沫若又重新加以增改，通过战国时代聂嫈、聂政姐弟杀身成仁、舍生取义的故事，表达了伸张正义、团结起来反对暴政的现实性主题。该剧上演后社会反响极为强烈，许多人多次观看演出。剧团在两个月内不得不三度公演，打破了当时所有舞台演出的纪录。由于观众的巨大热情，剧团破天荒地在报上刊出向仍未得机会观看演出者表示道歉的声明，同时吁请"已看过三次者请勿再来"。

二 "不完整的时代纪录"

郭沫若主政三厅，成了公务人员，但并没有搁置文学创作。抗战期间，作为诗人的郭沫若写作了大量旧体诗词，这成为他在抗战期间文学创作的一个重要方面。

从武汉撤退后，郭沫若是在 1938 年 12 月底到达重庆的。离乡背井二十多年后首度回到四川，郭沫若感慨良多，"依然落落一庸才，廿六年后始归来"。1939 年春，长沙商务印书馆准备出版郭沫若在日本撰写的学术著作《石鼓文研究》，托故宫博物院马衡给他带信，请他为书稿作序。郭沫若撰写序文的时候，不由得想到了从日本秘密归国以来的这段经历，写了一首诗《初用寺字韵书怀》：

> 秀弓寺射弓已寺，尝从猎碣考奇字。先锋后劲复中权，宋拓良与今石异。排除万难归峨岷，立言未减当年闰。东书不观事奔奏，深知野性实难驯。海外漂流十二载，沟壑随缘元尚在。耻食周粟入西山，誓不帝秦蹈东海。犹然俯首拜公卿，只为神州锋镝惊。豹死留皮供践踏，谁顾区区身后名。

诗的开篇是写他在日本时研究石鼓文的事情，但全诗可以称为一首明志的诗。郭沫若在 1937 年从日本秘密回到国内的前后写过若干首旧体诗《归国杂吟》，以表达他在民族危亡之际，舍家报国、舍生取义的一腔报国之志。这些诗真切地反映了他在面临关乎人生大节的选择时那种慨当以慷、昂扬兴奋的精神心态。可是回国以后，他所面对的是一个非常复杂的政治环境。当时，全国正面临一种需要结成最广泛的抗日民族统一战线的情势，而其中必然包含着不同党派、不同政治势力、不同社会阶层的利益和诉求。郭沫若乃一介文人，但他实际上又具有国共两党政治背景，所以，以什么样的身份和方式投入抗战之中，在开始时是让他颇为踌躇的。就任军事委员会政治部第三厅厅长，郭沫若是经历了一番思想斗争的，也因此而遭到一些非议，譬如，有人指责他对蒋介石前倨后恭。

郭沫若即借此诗以明志："东书不观事奔奏，深知野性实难驯。""耻食周粟入西山，誓不帝秦蹈东海。"伯夷、叔齐不食周粟而入首阳山、鲁仲连宁蹈东海不帝秦，郭沫若以此喻其亡命海外的经历。但归国之后，他之所以"犹然俯首拜公卿"，只因为神州陷入战争的烽火之中。"豹死留皮，人死留名。"郭沫若反其意道："谁顾区区身后名。"

郭沫若之所以用寺字韵的方式写下这首诗，是因为当时"重庆诗人盛行用寺字韵，叠相倡和，成为风气"。郭沫若亦觉得用这种方式写诗，比一般绝句、律诗能有更大的记事和抒发情志的空间，所以接下去，他又写了"再用寺字韵""三用寺字韵""四用寺字韵"等诗。1939 年一年之内，他写下了十余首寺字韵诗。

写这些诗，郭沫若都是有感而发，绝非仅为文人风雅之事的泛泛唱和之作。从这些贯穿于 1939 年一年的寺字韵诗创作中，可以看到时局的动荡，看到郭沫若在此期间经历的事情，以及他在精神心态上的一些变化。

1939 年，全面抗日战争进入第三个年头，战争进入相持阶段，政治军事形势都发生了许多变化，与全面抗战初期相比有了很大不同。

1 月，国民党五届五中全会确立了"溶共、防共、限共、反共"的政策，并成立了"防共委员会。"

4 月，身为国民党总裁，已经出逃越南公然叛国投敌的汪精卫与日本首相平沼订立《汪平协定》，纵容日军在中国进一步的军事占领。

6 月，国民党军队包围并杀害新四军平江通讯处全体人员，制造了"平江惨案"。国民政府颁布《限制异党活动办法》。

7月，中共中央发表《为抗战两周年纪念对时局宣言》，提出"坚持抗战，反对投降；坚持团结，反对分裂；坚持进步，反对倒退"的三项政治口号。

9月，德国进攻波兰，英国、法国相继对德国宣战，第二次世界大战爆发。汪精卫与伪临时政府主席王克敏等在南京商定成立伪中央政府事宜。

12月，蒋介石命胡宗南进攻陕甘宁边区，掀起第一次反共高潮。

在这一年中，日本侵略军在各个战场仍处于进攻态势，又有大片国土沦丧。从1938年12月起，日军正式开始对重庆进行战略轰炸。1939年5月3日、4日，日军连续轰炸市中心区，给重庆市造成了巨大的人员、财产损失。从1939年春季起，已经西迁至成都（经由陆路）、重庆（经由水路）的故宫文物，开始陆续运往为其选定的存放之地——岷江上游的乐山、峨眉，至9月间"始移运完竣"。军事委员会政治部在这一年开始调整总部和各级机构。

把郭沫若这些寺字韵诗的写作置放在这样的时代背景上，可以非常清晰地看到，1939年发生的那些事件及与之相应的时局，都直接、间接地记录或反映在郭沫若的诗文中。

初到重庆时郭沫若对于三厅的工作似乎还是心气很高的，从《初用寺字韵书怀》明志的诗句中就可以看出来。重庆作为抗战大后方的中枢之地，各方豪俊云集，人才济济，呈一时之盛。《再用寺字韵》用了赞叹的诗句描述这番情景："四方豪俊会风云，一时文藻壮山海。"亦足见郭沫若当时乐观、昂扬的情绪。但是，随着政治时局的变化，他的心境也在逐渐改变。既有对抗战已逾二载，"至今和战交争阋"的不满，也有对汪伪卖国行径的愤怒，还有对于"阋墙兄弟今仍在"的深深忧虑。

《五用寺字韵》控诉日军"无边浩劫及祠寺，机阵横空作雁字。由来倭寇恣暴残，非我族类其心异"，怒斥"南都北阙伪公卿，婢膝奴颜宠若惊"，称"何时聚敛九州铁，铸像一一书其名"。

《六用寺字韵》表达的心绪有点复杂。一方面是担心时局的险恶，

"才闻敌破五台山，又报南侵入北海。应战仓惶召六卿，邕宁一失众心惊"。另一方面忧心于"中原板荡载复载，阋墙兄弟今仍在"的现实。"厅务闲闲等萧寺，偶提笔墨画竹字。非关工作不需人，受限只因党派异。殊途同归愧沱岷，权将默默易闾闾。百炼钢成绕指柔，鸿鹄狎之如鹥驯。"原本同仇敌忾的抗日民族统一战线，因国民党排斥异己、"防共"、"反共"而致矛盾冲突，作为一厅之长的郭沫若居然是"厅务闲闲"。这种状况让他既无奈又愤慨，指斥国民党这种做法阻塞言路，愧对世人。

《六用寺字韵》一首写在 1939 年 11 月末，从春季《初用寺字韵书怀》慷慨激昂的感怀，到初冬之际的无奈与愤慨，在不足一年时间里，郭沫若心境的变化却呈云泥之别。他个人这种心境的变化，折射出这一年间政治时局的变化。面对这样的局面，郭沫若是心有不甘的，百炼钢虽可化作绕指柔，鸿鹄的高远志向又岂可驯服？这似乎已经预示了他在下一年的政治去向。

国事之外的家事，是郭沫若在整个 1939 年间很重要的活动和个人经历，三次返乡，并居家守父丧近四个月时间，其间，郭沫若撰写了许多首旧体诗，在这十余首寺字韵诗中亦有三首的写作与返乡之事相关。弱冠之年远去异国他乡，"将届知命"之际才得重返故乡，浓浓的乡情当然是诗的主调，这种乡情主要是通过对于家乡山水风物的赞美和咏叹来表达的。

但是与此同时，在"烽火连三月"的战争年代，乡情中也饱含着忧国忧民的情志："抗战以来逾二载，剩有蜀山犹健在"，"薰莸自古难同器，赢得千秋万岁名"。乡情与抗战情怀相融相济，构成这几首诗作的一个特点。

1940 年 1 月，中国电影制片厂为拍摄电影《塞上风云》，组织了西北摄影队，在隆冬季节前往条件艰苦的塞外工作。郭沫若得知消息殊为感动，提笔撰写了叠用寺字韵诗两首，以为赠别。诗中谓摄影队"远举俗尘惊"，赞誉其"欲把风尘写塞上，艺功当与佛齐名"（当时中国电影制

父亲八十六寿辰在沙湾场的全家照

片厂与一喇嘛寺比邻而建）。郭沫若慨叹："若无伟绩震寰区，抚抱坚冰眼瀚海。众情慷慨迈苏卿（就是那个在大漠戈壁牧羊的苏武——笔者注），我亦瞠然自叹惊。三唱诸君万万岁，千秋青史垂芳名。"

除夕那天，郭沫若参加了在重庆的九州帝国大学同学会的团年会。席间，他应一校友闵刚侯索求，作寺字韵诗一首并书赠之。诗中痛斥九大校友中个别"俯首附敌"者，也谴责了九大老师中一些人（包括教过他的小野寺）附和日本军方，写些"诱和""怪文字"的行径，称"流芳遗臭各千载，薰莸一器难同在"。诗中还写到几天前刚刚发生的中统特务刺杀汉奸丁默邨未遂之事，放言，"今晨闻刺丁默邨，明朝定死周佛海"。

抗战期间，文化界的一件大事是故宫文物的南迁、西迁。在国民政府决定临时迁都重庆之后，已经南迁至南京的故宫文物开始从陆路、水路西迁入蜀。走水路的文物溯江而上先至汉口，复经宜昌运到重庆。走陆路的文物先由陇海线运至宝鸡，再经汽车运往陕南南郑县，再转运至成都。1939年春，这些文物又分别经水陆两路从成渝两地起运，在年内运往了为其勘定的最后存放地。

《十二用寺字韵》一诗写到的就是从陆路移运文物之事。或许是文字音韵古意的巧合，也可能是有意为之，郭沫若因得知故宫文物石鼓已经移运入蜀的消息而写的这首诗，正好呼应了因石鼓文而起兴的《初用寺字韵抒怀》。他在诗中为故宫文物在蜀中得以安全存放——"暴寇无由攘过海"——而感到宽心；更对文物经蜀道移运过程中的艰难发出由衷的赞叹："扶持神物走天下，宇宙恢恢乘大名。"

如果将郭沫若这十余首寺字韵诗视为一组诗，它们实际上是记录了1939 年抗战史的一组诗。这十余首诗的写作，只是郭沫若抗战期间旧体诗词创作的一个缩影，但可以窥一斑而知全豹。郭沫若在将其抗战后期所写的一些诗作编成《蜩螗集》时，谦称那些诗"作为诗并没有什么价值，权且作为不完整的时代纪录而已"。这十余首寺字韵诗，自然也可"作为不完整的时代纪录"，但这是在历史叙述的文本中所难以见到的记录。

三　献给现实的蟠桃

抗战文化的需求，对于戏剧，尤其是更加容易贴近现实的话剧创作，是一个很大的推动。话剧这种外来的艺术形式（包括与话剧形式相似的街头剧、活报剧等），前所未有地为广大民众所接受。当时的一份调查报告曾称："救亡剧队的工作，给整个中国社会以充分认识话剧价值的机会，各社会阶层里都在组织起救亡剧团来，使中国变为戏剧的中国了。"

《棠棣之花》的改创和演出，无疑大大激发了郭沫若创作历史剧的热情。"据今推古"，"借古鉴今"，他发现用这样的创作演出，可以更有效地宣传抗战，冲破国民党的思想文化禁锢。

还在《棠棣之花》第二次公演时，演员江村等人就向郭沫若提出，请他再创作一部新剧。其实这样一个想法已经在郭沫若的头脑中酝酿了，这部剧作的主人公，就是他最为钟爱的历史人物屈原。

1942 年元旦过后的第二天，郭沫若开始动笔。事前得知消息的记者已在元旦的报章上刊出预告："年内将有《汉姆雷特》和《奥赛罗》型的史剧出现。"

早在《女神》时期，郭沫若就以屈原为题材创作了诗剧《湘累》，并借屈原之口做"夫子自道"。从 30 年代开始，他就以一个历史学家的目光研究了屈原和屈原时代。屈原这一历史人物对于郭沫若而言，早已熟稔于心。他所需要的只是把心目中的屈原用戏剧的形式表现出来。

进入创作状态的郭沫若感到"头脑特别清明"，"提笔写去，即不觉妙思泉涌，奔赴笔下"。这种创作欲勃发的状态，在他自己都觉得多年未遇了。郭沫若只是不停地写，由于写得过猛，一枝新派克笔的笔头都被折断了。他一边写，一边就把写出的原稿送到文化工作委员会去刻印，常常是刻蜡纸人的速度赶不上他写作的速度。

郭沫若在落笔之前曾对全剧有一个构思，可是写的过程中，原有的构思全打破了。屈原的一生完全被浓缩在一天的戏剧故事结构里，各幕的进展和许多情节，也是在写作的过程中逐渐涌现出来的。五幕历史剧《屈原》的创作仅用了十天时间，可谓一气呵成。

剧作通过描写屈原与强暴势力和卖国求荣者的冲突、斗争，颂扬了伟大的爱国诗人屈原"独立不移，凛冽难犯；光明磊落，大公无私"的精神品格，表现了屈原忧国忧民的炽热情怀和勇于献身的伟大气节。屈原成为崇高美的化身。剧中所展现的屈原的时代，与当时国统区弥漫的政治气氛非常相似，它强烈地抨击了社会现实中的投降分裂行径和专制独裁的黑暗统治，传达出广大民众的心声。郭沫若"把时代的愤怒复活在屈原的时代里去了"。

得知郭沫若完成了《屈原》的创作，许多报刊登门索稿。出于策略的考虑，郭沫若决定把剧本交给孙伏园主编的《中央日报》副刊发表。《中央日报》是国民党的党报，孙伏园却是老朋友，当年郭沫若写的那篇讨蒋檄文《请看今日之蒋介石》，就是由孙伏园发表出去的。

果然，《屈原》的剧本在《中央日报》连载后，国民党中宣部副部长潘公展立刻察觉到了作品针砭现实的春秋笔法。他大发雷霆，下令撤了孙伏园的编辑之职，但《屈原》已经发表的既成事实是改变不了了。

1942年3月初，中华剧艺社开排《屈原》。在这之前，许多戏剧界的朋友已经多次在郭沫若位于天官府的家中聆听了他的剧本朗诵。周恩来也来了，对于《屈原》大为赞赏。大家一致同意以最强的演艺阵容上演此剧：陈鲤庭为导演，金山饰屈原，白杨饰南后，张瑞芳饰婵娟，顾而已饰楚怀王。剧组实际上集中了在重庆话剧界的全部精英。

当局得知此讯后试图禁演，但剧社以"《中央日报》刊登的剧本，为什么不能上演"，将其堵了回去。当局又威胁国泰剧院的老板夏云瑚不要接此戏，夏云瑚则以剧院需要演戏才能维持生存为借口，顶住了压力。

排戏是在国泰对面的一处小院落里，郭沫若经常抽空来看排练。他有时会插进来为大家说戏，休息的时候就请大家到附近茶馆里品茶。有一次在金山家中聚餐，郭沫若酒后兴起，把床当作舞台，跳上去充满激情地吟诵起剧中屈原那段长篇独白《雷电颂》："……你们风，你们雷，你们电，你们在这黑暗中咆哮着的，闪耀着的一切的一切，……尽量发挥你们的力量吧。发泄出无边无际的怒火把这黑暗的宇宙，阴惨的宇宙，爆炸了吧！爆炸了吧！"吟咏毕，郭沫若才意识到自己踩在什么上，抱歉地看向金山。金山看着"惨遭蹂躏"的床单，却道："值得！值得！"

1942年4月初，《屈原》正式公演。不少人闻讯，半夜便带着被子在剧院外等票，还有许多人专程从成都、贵阳跑来看戏。首轮公演17天，场场爆满，在重庆激起了一个狂欢般的观剧热潮。报刊上纷纷发表剧评，朋友们赋诗唱和。

剧中屈原独白的一曲《雷电颂》撞击着每一个人的心灵，让人们热血沸腾。"啊！这宇宙中的伟大的诗！你们风，你们雷，你们电，你们在这黑暗中咆哮着的，闪耀着的一切的一切，……尽量发挥你们的力量吧，发泄出无边无际的怒火把这黑暗的宇宙，阴惨的宇宙，爆炸了吧！爆炸了吧！"很快，《雷电颂》变成了民众的怒吼声，它响彻山城大街小巷，冲破了雾都阴霾的云层，飞向四面八方。

《屈原》写完后还没等排演，郭沫若又接连创作了《虎符》和《筑》

两个剧本。那时，郭沫若书房里正好摆放着一只虎符，是前一年从一个轿夫手里买来的。虎符是秦汉之际的兵符，以青铜制作，三寸多长，对剖为两只，合并成一体，用以调兵遣将。郭沫若很喜欢这只虎符，放在书桌上，既用作镇纸，又能随时把玩。这只虎符让他想到了《史记》中魏公子信陵君窃符救赵的故事。于是，以这个故事为题材创作了历史剧《虎符》。

《虎符》一剧通过描写信陵君窃符救赵的经过，颂扬了维护团结正义、反对侵略投降的精神。塑造了为求得"把人当成人"，而"杀身以成仁"的如姬夫人的刚烈形象。同时也借魏安厘王的消极抗秦，积极反信陵君，影射了国统区的政治现实。所以《虎符》写完后，国民党当局迟迟不准上演，后经反复交涉，才允许上演经审查修改过的本子。在这个本子里信陵君口中"魏国人民""赵国人民"的称谓，都被改作"国民"这样的现代词语，舞台提示中的"舞台左翼""舞台右翼"，则被改为"左边""右边"。那些国民党的审查老爷们也真是草木皆兵。

后来，当《虎符》出版后，郭沫若给毛泽东寄去了一本。不久，董必武转来一封毛泽东给他的电报。电报上说："收到《虎符》，全篇读过，深为感动。你做了许多十分有益的革命的文化工作，我向你表示庆贺。"

《筑》的题材也取自战国时代，是根据"荆轲刺秦"的故事创作的（后改名《高渐离》）。郭沫若在剧本中借表现秦始皇的暴政，直接抨击了蒋介石的专制独裁统治。该剧一直未能获准搬上舞台公演。

天官府4号的小楼被戏称为"蜗庐"，年久失修，已经破旧不堪。郭沫若和家人蜗居在三楼，沿着木制楼梯上楼，每踏一步，就感到楼梯在颤动。四壁的墙灰大片大片地脱落了，里面的木条都暴露出来。木地板上也裂出许多缝隙，有时调皮的孩子打闹碰翻了尿盆，尿就顺着缝隙淌到楼下去，搞得郭沫若和于立群十分尴尬。他们这时已经有了四个孩子，不大的房间就显得更加拥挤。好在没有什么家具，郭沫若的书也只是码放在由四个炮弹箱垒起来的"书柜"里。就在这小小的"蜗庐"，郭沫若创作了《屈原》《虎符》，还撰写出许多史学论著。

　　1942 年夏，郭沫若应卢子英之邀去合川的钓鱼城访古，在那里了解到许多宋末钓鱼城军民抗击元军的史迹。他有意以此为题材创作一部历史剧，返回重庆后便继续翻看有关元代的史料。然而在查看《元史》《蒙古史》等史书的时候，郭沫若被其中记载的元代云南大理总管段功与梁王的女儿阿盖公主的爱情故事所吸引，以至改变了原来的创作意图。初秋时节，他仅仅用了五天时间就创作出四幕历史剧《孔雀胆》。

　　《孔雀胆》没有《屈原》《虎符》那样鲜明的现实喻义，主要是表现善恶美丑之间的对立冲突。段功为人正直、坦荡，行事以对于梁国和天下大局有无利害为准则。他曾在危难时刻挽救了梁国，但也因此而遭梁王猜忌，被丞相车力特穆尔谗害。车力特穆尔和梁王阴谋假手梁王的女儿、段功的妻子阿盖，用掺了孔雀胆的酒毒死段功，把阿盖推向了强烈的悲剧冲突中。阿盖绝不肯陷害自己深爱的丈夫，又不能违背父亲的意愿，甚至无法对段功泄露阴谋的秘密。她虽然制止了用毒酒杀害段功的阴谋，但是段功仍然遭遇刺杀身亡。最后，阿盖自饮孔雀胆酒而死，她期望在一切罪恶昭彰后，会"呈现出一片干净的世界"。

　　郭沫若在少年时代便读过阿盖的故事，心中也曾存了要把阿盖的悲剧写成戏剧或小说的念头。当他从史书上又看到段功和阿盖的史料，自然会触动心存的那个念头。但是能促使郭沫若中途改变原有的创作计划而写下《孔雀胆》的故事，恐怕主要还在于阿盖面对父亲与丈夫的抉择所身陷其中的悲剧情境，与他自己的人生经历之间有着某种相似之处，从而激起他情感的共鸣。《孔雀胆》是郭沫若的历史剧作中最富戏剧性和悲剧冲突的一部，上演后极受欢迎。

　　1943 年春，郭沫若又把明末爱国诗人夏完淳的史迹搬上了舞台。他根据夏完淳在抗清斗争被捕前后直至牺牲的一段史实，创作了历史剧《南冠草》。表现了夏完淳"挺立两间扶正气，长垂万古做完人"的民族气节，颂扬了他"知其不可为而为之"、慷慨殉难的爱国精神。

　　从《屈原》到《南冠草》，在一年多一点的时间里，郭沫若创作了六部大型历史剧。他还根据自己的创作实践，总结、阐述了一系列关于悲剧、浪漫主义历史剧创作的戏剧理论。这是他创作生涯中的又一项辉煌成绩。

郭沫若写这些历史人物，不是仅仅叙述一个历史故事，而是要写出"这样的人在这样的时代应该怎样合理的发展"，所以他笔下的人物都是崇高美的化身，他的历史剧充溢着强烈的浪漫主义精神。同时，郭沫若又以一个历史学家的审慎和睿智去面对历史，因此他不仅是在"发掘历史精神"，还是在努力去"发展历史精神"，为"杀身成仁，舍生取义"这样的道义信念赋予新的生命。他以一系列古代英雄人物的故事，演绎了鲜明的现实性主题：坚持抗战，反对投降；坚持团结，反对分裂；坚持进步，反对倒退。这几部历史剧的每一次上演，都激起了热烈的社会反响。

在郭沫若的带动下，国统区的许多进步作家纷纷以历史题材进行创作，并有佳作问世，如阳翰笙的《天国春秋》、欧阳予倩的《忠王李秀成》、阿英的《碧血花》等等。一时间，国统区的话剧舞台上蔚为大观，极大地激励了广大民众的抗战热情。国民党当局的文化钳制被打破了。

国统区历史剧创作及演出的兴盛，在中国话剧史上开创出一个历史剧繁荣的局面，成为一道引人注目的抗战文化景观。

四　白果树下著新说

没有了事务性工作缠身，郭沫若得以继续已被搁置了的中国古代史研究。

还是在归国前夕，郭沫若撰写过一篇长文《驳〈说儒〉》（初作《借问胡适》），借驳论胡适的《说儒》，论述了儒的发生与孔子的地位等先秦思想史的问题。郭沫若称该文及同时所作的《读实庵字说》，是他关于中国古代社会研究的"结晶"。现在有了比较充裕的时间，他想先从对墨子思想的研究入手，然后是韩非、庄子、荀子、黄老学派、法家思想……进而，把整个先秦思想史梳理一番。

郭沫若对于先秦诸子思想的考察和批判，遵循了这样一个标准：看它们是否顺应当时社会变革的潮流；是否站在代表人民利益的方面。

在重庆天官府寓所书斋中读书

根据这样的标准，郭沫若从作为孔子思想体系核心的"仁"的概念切入，对孔子的思想、言论进行了"清算"。他认为，"大体上他是站在代表人民利益的方面的，他很想积极地利用文化的力量来增进人民的幸福。对于过去的文化于部分地整理接受之外，也部分地批判改造，企图建立一个新的体系以为新来的封建社会的韧带"。与此相对的是墨子的思想体系。

郭沫若认为，墨子肯定鬼神的天地观，实际上肯定的是大奴隶主王权统治的权威。墨子的"兼爱""非攻"，重心不在人而在财产，它们维护的依然是统治阶层的所有权，所以墨子的思想是把"现实引向'王公大人'本位上去了"。

对于其他各家思想，郭沫若循此——进行清算，写成十篇批判书。早在五四时期，郭沫若就打算，并且开始了对先秦思想的梳理和阐释。现在可以说，他基本上了却了这一学术夙愿。

在对于先秦思想史梳理、研究、批判的过程中，郭沫若把思考的目光再一次对准了中国古代社会。这一方面是因为学术界有几部关于古代史的新著作出现，对于他的一些见解持否定意见，需要进行学术上的争鸣。另一方面是因为，思想史的梳理、考察，离不开对于社会组织结构和基本形态的研究。同时，这也是郭沫若对于流亡日本期间所进行的古代社会研究的一次清理。他觉得做学问跟人生一样是一个登山的过程。但登山不纯是往上爬，有时候是往下跳。爬过一个高峰要到达另一个高峰，必须跳下一个深谷。所以，他为这篇论文写下的题目就叫《古代研究的自我批判》。

在研究中，郭沫若把他历来对于古代社会的论述集中梳理总结，修正了一些材料运用上的错误和判断上的错误，将不成熟的观点重新审定，进而阐述了新的见解。他把对于殷商社会性质的认定，改氏族制末期为奴隶社会。由否定井田制改为肯定井田制，但对井田制性质的论述不同于西周封建说的观点。他提出殷代不是金石并用时代，而是青铜时代。提出并确定了西周奴隶社会说，并基本形成了战国时代进入封建社会的主张。

为了避开市区的喧嚣和暑日的燥热，郭沫若在进行学术写作的时候，总是搬到乡下赖家桥的全家院子，院子里一株百年之龄的大白果树是他无言的伴侣。白果树又叫银杏，是一种中国独有的十分古老的树种。郭沫若称它是"东方的圣者"，"中国人文的有生命的纪念塔"。

郭沫若格外喜爱银杏，特意写了一篇抒情散文来赞美这"东方的圣者"：

"你的株干是多么的端直，你的枝条是多么的蓬勃，你那折扇形的叶片是多么的青翠，多么的莹洁，多么的精巧呀！

"在暑天你为多少的庙宇戴上了巍峨的云冠，你也为多少的劳苦人撑出了清凉的华盖。"

…………

"秋天到来，蝴蝶已经死了的时候，你的碧叶要翻成金黄，而且又会飞出满园的蝴蝶。"

…………

"当你解脱了那一切，你那槎桠的枝干挺撑在太空中的时候，你对于寒风霜雪毫不避易。

"那是多么的嶙峋而又洒脱呀，恐怕自有佛法以来再也不曾产生过像你这样的高僧。

"你没有丝毫依阿取容的姿态，而你也并不荒伧；你的美德像音乐一样洋溢八荒，但你也并不骄傲；你的名讳似乎就是'超然'，你超在乎一切的草木之上，你超在乎一切之上，但你并不隐遁。"

…………

"我是怎样的思念你呀，银杏！"

从夏到秋，有这株"中国人文的有生命的纪念塔"陪伴，郭沫若的思路似乎也变得更加活跃、顺畅。当他完成了这一系列"白果树下书"的时候，已经进入1944年的初冬。郭沫若并不以为自己的"见解就是绝对的正确"。但是他有充分的自信："秦汉以前的材料，差不多被我彻底剿翻了。考古学上的、文献学上的、文字学、音韵学、因明学，就我所能涉猎的范围内，我都作了尽我可能的准备和耕耘。""就我所能运用的材料和方法上看来，我的看法在我自己是比较心安理得的。"

先秦思想史和古代社会的研究告一段落，郭沫若汇辑了两部著作：《青铜时代》《十批判书》。杜国庠读了他的研究论著后赋诗称赞道："殷契周金早擅场，井田新说自汪洋。庐瓜一样堪菹剥，批判依然是拓荒。"

按夏历纪年，1944年是甲申年。三百年前的那个甲申年，在北京城里上演了一幕刀光剑影下的悲剧：李自成率领的农民起义军推翻了明王朝，建立起大顺政权。但是李自成的龙椅还未坐热，就被吴三桂引进山海关的清军所败，退出北京城。中国历史上最后一个封建王朝大清帝国入主紫禁城，神州大地上再一次经历改朝换代的历史剧变。

正经历着一场民族解放战争的中国社会的现实，尤其是国统区的政治态势和思想文化形势，让作为历史学家的郭沫若感到，可以从明王朝覆亡这段悲怆的历史中，获取一些对于现实中国社会有所启悟和鉴戒的思考。

1944年年初，郭沫若与于怀（乔冠华）以及一些进步思想文化界的朋友谈起这个问题，考虑借纪念明亡三百年，组织一些文章，纪念历史上那个甲申年。大家一致认为，柳亚子是明史泰斗，纪念明亡，非他开炮不可。于是，于怀就此专门致信正在桂林的柳亚子。

郭沫若自己也开始思考这个问题。恰好这时他读到一本清初的禁书

《剿闯小史》的古抄本。明末农民起义的史实引起了他的注意，也纳入他对明王朝覆亡的思考之中。1月到2月，郭沫若先后阅读和摘录了《明季北略》《明史》《芝龛记》等书中的相关资料，着手为著文做准备。

3月10日，题为《甲申三百年祭》的长篇史论脱稿。郭沫若通过对于明王朝的灭亡、李自成农民起义军从胜利遽然走向失败这一历史事变的详细考察，总结出了明王朝由政治腐败而一朝覆亡的兴衰中所包含的历史发展的必然律，也深刻地提出了关于农民起义胜败原因的思考。

文章连载于1944年3月19日至22日的重庆《新华日报》。文中写道："甲申年总不失为一个值得纪念的历史年。规模宏大而经历长久的农民革命，在这一年使明朝最专制的王权统治崩溃了，而由于种种的错误却不幸换了异族的入主，人民的血泪更潜流了二百六十余年。这无论怎样说也是值得我们回味的事。"文章特别指出了李自成农民起义从成功推翻明王朝统治，到建立新政权旋即失败的历史原因：其一，在过短的时期之内获得了过大的成功，大家都昏昏然，以为天下已经太平无事了。其二，对近在肘腋的关外大敌，全不在意。其三，李自成用人"有亲疏"，导致了更大的历史悲剧。其四，代表农民利益的运动迟早会变质。"自成的大顺朝即使成功了（假使没有外患，他必然是成功了的），他的代表农民利益的运动早迟也会变质，而他必然也会做到汉高祖、明太祖的藏弓烹狗的'德政'，可以说是断无例外"。

《新华日报》是中共在国统区发行的机关报，《甲申三百年祭》一发表，国民党方面当然立即嗅出了这篇史论在学术之中所表达的现实的、政治的含义。文章连载毕的第二天，《中央日报》即发表了曾为蒋介石起草《中国之命运》的陶希圣执笔撰写的社论《纠正一种思想》，攻击郭沫若的文章"鼓吹败战主义和亡国思想"，称"不能姑息和放松这种反常思想，听其谬种流传"。随后国民党文人不断对该文进行攻击，叶青还特别把这些文章搜集起来，编辑出版了《关于〈甲申三百年祭〉及其他》，说是"以供防毒消毒之用"。

中国共产党和毛泽东则对郭沫若的这篇史论非常重视。毛泽东在

1944 年 4 月 12 日撰写的《学习与时局》中说道："近日我们印了郭沫若论李自成的文章，也是叫同志们引以为鉴戒，不要重犯胜利时骄傲的错误。"延安《解放日报》于 1944 年 4 月 18 日、19 日全文转载了《甲申三百年祭》。中共中央宣传部、军委总政治部于 6 月 7 日联合发出印发该书通知，指出这部著作"对我们的重大意义，就是要我们全党首先是高级领导同志，无论遇到何种有利形势与实际胜利，无论自己如何功在党国，德高望重，必须永远保持清醒与学习态度，万万不可冲昏头脑，忘其所以，重蹈李自成的覆辙"。

11 月，毛泽东从延安致信郭沫若，写道：

> 你的《甲申三百年祭》，我们把它当作整风的文件看待。小胜即骄傲，大胜更骄傲，一次又一次吃亏，如何避免此种毛病，实在值得注意。倘能经过大手笔写一篇太平军经验，会是很有益的；……你的史论、史剧有大益于中国人民，只嫌其少，不嫌其多，精神决不会白费的，希望继续努力。

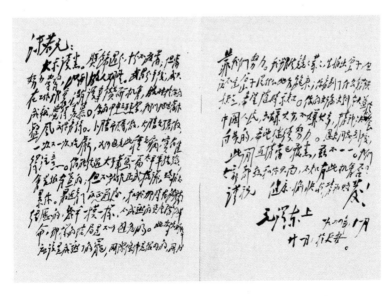

毛泽东从延安致郭沫若信

郭沫若对于自己的著作或创作的长文，发表后一般会有单行本集子出版，但《甲申三百年祭》根本无须他考虑出版的事情。文章发表后不久，即有单行本问世，而且不止一两种。在国统区和解放区（各个解放区），陆续出版的《甲申三百年祭》有十余种之多，有些版本还不止一个版次。

《甲申三百年祭》在抗战胜利前夕产生了这样大的社会反响和政治影响，是郭沫若始料未及的。当然，他也就更加无法预料到，这篇史论在中国共产党执政以后的历史行程中一再被提起。

几年后，毛泽东和他的战友们从西柏坡出发去北京"赶考"，他充满自信地说：我们不当李自成。

第十四章　争锋不尽在沙场

一　"五年春事倥偬过"

1945年3月30日，郭沫若接到国民党军事委员会政治部部长张治中一纸训令，着即"裁撤"文化工作委员会。他立即派人通知阳翰笙、冯乃超等人来寓所商量善后问题。

此时，国内外反法西斯战争的形势已经到了接近胜利的最后时刻，显然，国民党当局觉得不需要再维持什么统一战线了。

第二天，国民党当局"裁撤"文化工作委员会的消息便见诸各报，传遍了重庆。郭沫若在天官府的家中整天都在接待上门表示慰问的各界友人。《新华日报》在刊发消息报道时特别加了编者按语，写道："郭沫若先生于七七抗战爆发后，自日本只身逃归祖国，领导战时抗敌宣传工作。"文化工作委员会"在郭先生领导下，对于抗战文化，贡献宏伟，驰誉友邦朝野，这次突被解散，闻者颇感惊异"。

在重庆的中外人士对于文工会被"裁撤"，都表示极为关切。各民主党派领导人、文化界知名人士、新闻记者，以及苏联、美国、法国等国家驻渝的外交人员，纷纷前往文工会办公处慰问，《新华日报》报社还以"代邮"的形式转达读者"甚表震惊"和"深表同情"的来函。

　　4月1日是当年政治部第三厅成立的日子，为纪念三厅成立七周年，文工会举行了一个聚餐会。在聚餐会上，郭沫若奋笔疾书："始于今日，终于今日，憎恨法西，毋忘今日。"撂下笔后他解释说："所谓'始于今日，终于今日'，不是说文化而是说'花瓶'。今日我们是被解放了，我们恢复了本来的面目，我们是更自由了。"

　　几天后，在出席重庆各党派领袖和文化界人士举行的宴会上，郭沫若致辞："文工会是解散了，文化工作却留下了，从今天起我们要真正开始工作。"他说："我随时随地可以死，但是只要我一息尚存，在诸位先生鼓励下，我仍要做一个民主、文化、文艺的小兵。"大家都高度评价郭沫若多年来对文化的伟大贡献，指出，"郭先生是国家的至宝，为全国人民所热爱，他是永远不会孤立的"。

　　文工会被解散后，赖家桥乡下全家院子的办公处也就撤销了，无由再去。已届暮春时分，郭沫若不由得想起了全家院子的樱桃树，应该已经发花了。那些樱桃花年复一年陪伴了他们从三厅到文工会五年的紧张工作，真是有些怀念呢。于是，他作了一首七绝《忆樱桃树》："窗外樱桃道又红，花时不得一相逢。五年春事悾偬过，独倚南楼怅晚风。"

　　文工会被撤销，意味着郭沫若不再是国民政府体制内的公务人员，他开始主持中苏文化协会研究委员会工作，任主任委员。作为一个作家、学者，他会以无党派民主人士的身份活跃在社会政治生活中。

　　没有了固定的薪资，就是打破了饭碗。弟弟郭开运闻讯从沙湾家中汇来几万元。郭沫若"甚感骨肉情分之厚"，复信郭开运说："兄实私庆得以还我初服，望今后能长此感得'一身轻'也。"在感谢回复昆明朋友们的慰问时，郭沫若也说："本是预料中事，解散实同解救。唯少数友人因生活忽然脱节，在两三阅月之间，自不免稍受影响耳。全人类远识之士，正多牺牲生命以争取德先生之胜利，仅仅打破饭碗，殊不足道。受诸君子之鼓励，自当勉力，期不致成为时代落伍者。"对于一家人的生计，郭沫若并不担心，可以靠稿酬维持。这对于他而言不是一件多难的事。

　　临近"五四"，郭沫若撰写了一篇纪念文章《"五四"课题的重提》。他认为，"'五四'运动的课题是接受赛先生（科学）与发展德先生（民主）。这课题依然还是一个悬案"。"我们今天的任务，依然要继续'五四'精神，加紧解决我们的悬案：接受科学并发展民主。""要做到这一层，总要有政治的民主化以为前提，学术研究得到自由，科学者的生活得到保障，一切都以人民为对象，科学才能够脱掉买办性质，而不致遭受恶用。科学精神也才能够得到鼓励而发扬起来。"所以，郭沫若强调，"我们必须重提起'五四'精神，为拯救中国，为拯救全人类而努力。"

　　1945年5月，世界反法西斯战争在欧洲战场上已经取得了最后的胜利，苏联红军和盟军攻克柏林，希特勒自杀身亡，纳粹德国签署了无条件投降书。月底的一天，苏联大使馆的费德林参赞登门造访，给郭沫若送来苏联科学院的一封邀请函，邀请他赴莫斯科、列宁格勒，参加该院成立220周年纪念大会，并访问苏联。这真是一件大好事。十几年前与去苏联的机会失之交臂，郭沫若没想到竟意外地又得到这样一个机会。

　　郭沫若于6月9日从九龙坡机场乘美军军用飞机起程。由于中苏之间没有直达航线，他转道印度、伊朗等国，中途几经周折，6月25日才到达莫斯科，纪念大会已经开始好几天并转到列宁格勒去了。

　　次日一早，郭沫若乘飞机赶去列宁格勒。他先给费德林参赞写了一封信，说："我在昨天晚上到了莫斯科，就像一位巡礼者达到了圣地一样，很愉快。"

　　在列宁格勒，郭沫若参加了后半程的纪念活动，他作了一篇《祝辞》给科玛洛夫院长。《祝辞》写道："全人类都在景仰着苏联的伟大的成就，在不足三十年期间建立了一个光辉灿烂的社会主义的共和国。全世界都在庆祝着苏联的伟大胜利，在不足四年的卫国战争中把最凶顽的法西斯野兽希特勒的第三帝国消灭了。这空前的成就和胜利决不是偶然的。今天我们迎接着苏联科学院第二二〇周年纪念，恰巧提出了一个极深长的启示。在这儿，科学院是纯粹为人民服务的，科学和人民结合了。这便增加了科学的力量，也增加了人民的力量。"

郭沫若在纪念活动中还见到了一位同行，也是研究奴隶制问题的历史学家、苏联科学院东方学院院长司徒鲁威。司徒鲁威说："中国的古代以前都蒙在迷雾里面，经过你的研究，把迷雾扫清了。我们很高兴，人类社会发展的历程，没有一个民族形成了例外。"郭沫若当然为他的研究成果受到国外同行的高度重视而感到很高兴。

纪念大会后，郭沫若应邀在莫斯科的东方大学、历史研究所、苏联对外文化协会等单位多次做了"战时中国历史研究""战时中国的文艺活动""中国文学的两条路线"等学术报告、讲演。在"战时中国历史研究"的报告中他告诉苏联的同行们：在抗战时期残酷的战争环境中，中国的历史学研究者们从未停止过自己的工作，从未放下过自己的手。"中国需要现代化和工业化——这是历史科学指给我们的历史的必然。人民已经醒来了，中国历史要从'帝王家谱'的时代进到'人民历史'的时代。"

学术交流活动结束后，郭沫若由苏联方面安排，参观了许多文化古迹、博物馆，还飞往斯大林格勒、塔什干两地参观访问，目睹了这个世界上第一个建立起来的社会主义国家在各个方面欣欣向荣的气象。

在参观托尔斯泰庄园的时候，郭沫若觉得"像一个巡礼者来到雅坡，呼吸着伟大的哲人所遗留下的静肃的空气，我更具体地认识了托翁的崇高的人格。他的书斋、寝室、客厅、书籍，虽然都被寂静地遗留着，但他们都好像在告诉我：'先生刚出去，正在林子里面散步'"，"我为同胞爱和人类爱的情绪所饱和了"。

郭沫若准备起程回国的前夜，苏联大使为他举行了饯行宴会。就在宴会进行中，电波传来了日本天皇宣布无条件投降的消息。所有在场的朋友们齐声欢呼"乌拉！"胜利的日子终于到来了，郭沫若兴奋不已，开怀畅饮。

那一夜，他沉醉了。

八年全面抗战，中国人民历尽艰辛，浴血奋战，玉事于成。近代以来一个世纪的历史上，中华民族第一次彻底取得了民族解放战争的胜利。

经历了战争浩劫的人们渴望和平，也期待着在胜利的基础上重建一个崭新的国家。在苏联逗留了五十天时间的郭沫若，以他的所见所闻，对于重建国家的期待，自然就有了一个更清晰的目标。

二　为和平毕力同心

从莫斯科飞回重庆已经是 1945 年 8 月 20 日了，从机场到天官府的一路上，郭沫若仍能从大街小巷里涌动的人群中感受到胜利后的喜悦。但是回来后他很快得知，在胜利的背后已经潜伏着爆发内战的危机。蒋介石下令不准八路军、新四军受降，阎锡山的军队在上党地区向解放区发动进攻……这样的局势让郭沫若十分担忧。

一周后，郭沫若偕于立群又一次前往九龙坡机场。这次他是怀着一个希望去欢迎毛泽东和中共和谈代表团的。他希望和平谈判能够成功。

在这之前，鉴于中国的政治局势濒临爆发内战的险境，美国总统特使赫尔利以盟国调停者的身份，提出"停止内战，实现和平"的建议。蒋介石于是接连三次电邀毛泽东赴重庆谈判。他私下里打的算盘是，毛泽东不会亲往重庆，这样就可以给国民党以口实，他就可以在和平谈判问题上拖下去。然而，毛泽东来了。

对于毛泽东接受邀请，亲赴重庆与国民党谈判和平问题，中外舆论一致叫好，称"毛泽东的到来，是民主中国的曙光"，"毛泽东以一身系天下之安危"。所以当毛泽东乘坐的那架军用飞机在停机坪上缓缓停稳后，来迎接的人群中响起了热烈的掌声。郭沫若迎上前去，与毛泽东握手互致问候。他们上一次见面已经是近二十年前的事了。郭沫若觉得毛泽东没有多大的变化，只是原来略显清瘦的身躯变得魁梧了，但是举手投足之间的那种雍容大气和从容不迫，为毛泽东平添了几分领袖的气质。

9 月 3 日下午，预定了毛泽东来天官府来看望各界人士，许多朋友早早就等在了这里。可是因为当天有庆祝抗战胜利的大游行，车辆无法通行，会见临时改在毛泽东下榻的桂园。郭沫若赶到桂园时，翦伯赞、邓初民、周谷城、冯乃超等人已经先到了，毛泽东正与大家开怀畅谈。周谷城问他现在还写不写诗，毛泽东答道："近来没有那样的心情了。以前是白面书生，现在成了'土匪'了。"众人哄堂大笑。毛泽东又转身对郭沫若说："你写的《反正前后》，就像写我的生活一样。当时我们所到的地方，所见到的那些情形，就是同你所写的一样。"接着，毛泽东与大家谈起了抗战胜利以后的形势和这次与国民党所进行的和平谈判。

郭沫若很仔细地听着毛泽东对于时局的分析，不时点头称道。他注意到毛泽东用的是一只旧怀表，于是在告别时把自己的手表取下来送给毛泽东，毛泽东后来就一直戴着这块手表。

9月9日，郭沫若偕于立群又去红岩村八路军办事处拜访毛泽东、周恩来等人。晚餐的时候，大家说起郭沫若今后应该在文化界采取什么样的态度的问题，毛泽东表示，他同意郭沫若自己的看法："态度应该强些，不要妥协合作，要有斗争。"他还以"前途是光明的，道路是曲折的"勉励郭沫若。

国共双方经过艰难的谈判，终于达成了一个《国民政府与中共代表会谈纪要》，即《双十协定》，于1945年10月10日公布。次日，毛泽东即返回延安。郭沫若与周恩来一起到机场送行，他相信毛泽东所说的，"中国的问题是可以乐观的，困难是有的，不过困难都可以克服"。

还是在毛泽东逗留重庆期间，文化界中就传抄开了他的一首词《沁园春·雪》。郭沫若在柳亚子的手册上看到毛泽东书写的原文，他很欣赏这首词的雄浑豪迈、大气磅礴。重庆《新民报》晚刊在毛泽东离渝返延后刊载了这首词。一时间，人们赞不绝口，唱和之作此起彼伏，这让国民党中宣部大为紧张。他们一方面把《新民报》负责人召来，骂其投降共产党，另一方面授意《中央日报》《扫荡报》组织御用文人或借评论，或以唱和为名，对毛泽东和共产党加以诬蔑。郭沫若感到十分气愤，他也写了两首和毛泽东韵《沁园春》。其中一首写道：

　　说甚帝王，道甚英雄，皮相轻飘。看古今成败，片言狱折；恭

272

宽信敏，无器民滔。岂等沛风？还殊易水，气度雍容格调高。开生面，是堂堂大雅，谢绝妖娆。

　　传声鹦鹉翻娇，又款摆扬州闲话腰。说红船满载，王师大捷；黄巾再起，蛾贼群骚。叹尔能言，不离飞鸟，朽木之材未可雕。何足道！纵漫天迷雾，无损晴朝。

1946 年 1 月 10 日，由国民党、共产党和各民主党派、民主人士代表共同参加的政治协商会议在重庆召开。这一天，国共之间也签订了停战协议。

　　郭沫若是作为无党派人士代表参加会议的。他认为，会议的成功要靠大家去争取，民主的实现要靠全体人民的力量来争取。在会议上，郭沫若与中共代表一道对国民党专制独裁的政策进行针锋相对的批驳。他主张限制国府主席的权限，反对增设"伴食大臣"式的国府委员，提议根据各党派平等的原则另行组织参政会。这些建议都击中了国民党一党专政的要害。他在共同纲领组参与了《和平建国纲领》的拟订，这个纲领获得大会一致通过。

　　然而，对国民党来说，无论与中共签署停战协议还是召开政治协商会议，都不过是他们在政治上的权宜之计。所以，在政协开会期间，国民党当局在美国人帮助下向华北、东北运兵的行动非但没有取消，反而加紧在进行。他们在准备内战。

　　1946 年 2 月 10 日上午，重庆各界近万人在较场口集会，庆祝政治协商会议成功召开。李公朴为大会总指挥，郭沫若、沈钧儒、马寅初等人为主席团成员。李公朴尚未宣布大会开始，即有一伙自称是重庆各职业团体的代表蜂拥而上，抢过话筒，宣布开会，并推出一个所谓农民代表致辞。李公朴、章乃器上前交涉，台下马上有人高呼"他们干扰秩序"，于是台上台下响起一片喊打的声音。十几个早就守在台前的打手冲上台去围住李公朴殴打，郭沫若、马寅初等主席团成员上去阻拦，也遭殴打。李公朴被打得头破血流，郭沫若额头被打肿，眼镜被打落在地，胸部也受了伤，马寅初不但被打伤，连马褂都被抢去。目睹暴行，参加集会的群众异常愤怒，他们群起制止暴徒的行径，但暴徒变本加厉，当场打伤了六十余人。这就是震惊雾都的"较场口事件"。

"较场口事件"的幕后策划者是国民党重庆市党部，那些暴徒、打手都是国民党特务。国民党当局制造这一流血事件的目的就是反对政治协商会议的决议，同时也向郭沫若、李公朴等和平民主人士发出恫吓。郭沫若当然没有退缩，他当着邵力子、陈立夫的面义正词严地说："挨打在我倒是很大的收获。在我身上多挨几拳，便在朋友身上少挨几拳。在我身上多流几珠血，便在朋友身上少流几珠血。在我算尽了保护朋友的责任，我已经得到了精神上的满足。"在接受《新华日报》记者采访时，他坚定地表示："我身上还有许多血，我是准备着二次，三次再去流血的！"

2月下旬的一天，天官府来了一位小朋友郁飞——郁达夫的儿子，他带了一封信给郭伯伯看。信是刚从南洋回国的沈兹九写来的，告诉郁飞在南洋寻找其父的结果，他知道郭伯伯也一直在打听抗战胜利后父亲的去向。郭沫若赶忙接过信，反复看了两遍，然后陷入深深的悲痛之中。据沈兹九说，从目前了解到的情况看，郁达夫是被日本宪兵杀害了。

郁达夫于1938年底应星洲日报社邀请赴新加坡，主编《星洲日报》的两个副刊。在他主持下的这两个副刊，以宣传抗日救亡、发动侨胞支援国内抗战为宗旨，并且经常刊登中国作家的作品，以促进国内和新加坡之间的文化交流。1941年太平洋战争爆发，次年2月，日军逼近新加坡，郁达夫与胡愈之等人因得不到国民党当局签发的回国护照，被迫转移到荷兰占领下的印尼苏门答腊岛。不久，荷兰殖民当局向日军投降，苏门答腊陷入日军手中，郁达夫只能化名赵廉滞留当地。后来驻当地的日本宪兵发现他精通日语，便强迫他当翻译。借这一工作，郁达夫暗中保护和营救了许多华侨、印尼群众、抗日人士。在日本宣布投降后，他被当地日本宪兵秘密逮捕并杀害。

"达夫刚届知天命之年啊！"陷在悲痛之中的郭沫若不由得想起了他与达夫自从在东京一高预科同班相识以来30年岁月履痕的点点滴滴。他们一起激扬文字的日子，他们之间发生过的误会、龃龉，他们之间真挚的友情，都一幕一幕地闪现在郭沫若的脑海中。郁飞小朋友带来的消息，他不愿相信，又不得不相信。欲哭已无泪，悲痛的回忆渐渐化为了义愤填膺。几天后，郭沫若写下一篇长文《论郁达夫》，在记述了与达夫的交往后，他激愤难平地写道："假使达夫确实是遭受了苏门答腊岛的日本宪兵的屠杀，单只这一点我们就可以要求把日本的昭和天皇拿来上绞刑台！英国的加莱尔说过'英国宁肯失掉印度，不愿失掉莎士比亚'；我们今天失掉了郁达夫，我们应该要日本的全部法西斯头子偿命！"

1946年3月初，郭沫若得到一个令人欣慰的消息："皖南事变"后被国民党当局囚禁了五年之久的叶挺将军恢复了自由。他当天晚上就赶到中共代表团驻地去看望了叶挺。回家后已近深夜，郭沫若又把叶挺在监狱里写了送给他的那首《囚歌》找出来反复读着："……我只期待着，那一天/地下的火冲腾/把这活棺材和我一齐烧掉，/我应该在烈火和热血中/得到永生。"

诗是1942年11月叶挺的夫人在去监狱探望叶挺时带出来寄郭沫若的。在一周前，也就是郭沫若五十岁生日的那天，他刚刚得到叶挺从囚牢中送给他的一份祝寿贺礼，也是叶夫人带来的。礼物是叶挺亲手制作的一枚"文虎章"，用香烟罐的圆纸片做成，正中用钢笔写了"文虎章"三个字，周围环写了"寿强萧伯纳，功追高尔基"十个字。接到礼物时，他感动地流下了眼泪。

如今，叶挺将军终于昂首挺胸走出了监狱的大门。郭沫若与叶挺从北伐时期就认识了。叶挺从来就是一位军人，而不是诗人，但是他用自己的生命和鲜血在写诗。读着叶挺作的《囚歌》，郭沫若感慨不已，他要把叶挺的诗介绍给年轻的朋友们：

假使有青年朋友要学写诗的话，我希望他就从这样的诗里学。我敬仰希夷，事实上他就是我的一位精神上的老师。他有峻烈的正义感，使他对于横逆永不屈服；而同时又有透辟的人生观，使他自己超越在一切的苦难之上。……希夷征服了这一切，现在果真是"地下的火冲腾，把活棺材烧掉"，而他"在烈火和热血中得到永生"了。

他的诗是用生命和血写成的，他的诗就是他自己。

然而未几，却传来叶挺将军遇难的噩耗，他与王若飞、秦邦宪、邓发等人从重庆飞返延安途中遭遇了飞机失事的空难。郭沫若万分悲痛，连夜作《挽歌——献给若飞、希夷、博古、邓发及其他烈士》，发表在重庆《新华日报》上。后来还谱了曲，作《英雄们向暴风雨飞去》。挽歌深切哀悼死难烈士，以烈士们为"崇高的榜样"，"要把法西斯魔鬼们扫数灭亡，让人民安乐在红光明亮的地上！"

三 石头城风云际会

1946年年初以来，随着国民政府迁回南京，抗战期间陆续从各地迁到重庆的各机关团体、文化界人士也都相继返回原地。1946年5月上旬，郭沫若偕一家人离开战斗了六年半的重庆抵达上海。在离渝前夕，他对新华社记者发表谈话，谴责反动派妄图推翻政协决议的行径，表示相信中国的和平民主一定会实现。

想到此一别重庆，再次东出夔门，郭沫若不免多了几分乡情萦怀。他在给一个侄女的题词中写道："返蜀以来，转瞬八年，本拟再归乡梓，兼游峨眉，迄未如愿。今又当东出夔门，此去或无再返之期，念之不免惆怅。然国事正需人，亦不能作儿女子态也。"

八年前，郭沫若在撤离上海的前夜，曾为《救亡日报》写下"沪版终刊致辞"，他说过："我们决不是放弃了上海。也决不停止战斗。""我们目前所失掉的并没有什么，只是做奴隶的镣铐而已。"八年后回到上海，抗战已经取得了彻底胜利，但"做奴隶的镣铐"还没有被打碎。

在老友田汉为他设的洗尘宴上，郭沫若即席赋诗一首，抒发了初回上海的观感："适从山里来，上海今依旧。喧嚣声振耳，内战复何有？可怜满街人，茫如丧家狗。"他觉得上海滩的一切似乎都还没有头绪，人们或浑浑噩噩地奔波在日常生计中，或纸醉金迷于灯红酒绿的享乐，全然不觉国家爆发内战的局势正一天天严峻起来。由是，他也就愈加感到肩上担子的沉重：不仅要搞创作，要做自己的学术研究，还要参与南京参政会的活动，团结上海文化界的进步人士同国民党反动派继续斗争。

刚到上海时，郭沫若借住在徐家汇附近一个朋友家，后来搬到狄思威路（今溧阳路）的一幢西式小洋楼里。当时海外有传言说这是郭沫若用政府的美金买下的私宅，言下之意指他为南京政府所收买。实际上，这幢花园洋房还是借住的，不过是周恩来通过组织安排的。这里不只是郭沫若一家的寓所，像重庆天官府一样，这里也是文化界进步人士聚会活动的场所。

抵沪一个月后，1946 年 6 月 19 日，郭沫若乘火车赴南京，他是作为第三方面的代表参加促进国共和平谈判工作的。此时，距国共之间于1946 年 1 月签订的停战协议期限只剩下最后几天时间。

6 月 20 日晨抵达南京，郭沫若即先去了位于蓝家庄的民主同盟总部，他要在那里会晤第三方面的一些代表，一起商议下一步的促和工作。到蓝家庄时间尚早，郭沫若便与同行的冯乃超还有民盟的朱蕴山、罗子为等人去早点铺吃了早点，然后往附近的鸡鸣寺散步。

鸡鸣寺是南京一处有名的古寺庙，但经历了战乱后已经破败不堪。大雄宝殿被装饰得俗不可耐，殿背后山坡高处的观音阁则成了一个茶室。没有什么可看的古迹遗存，郭沫若一干人便在茶室坐下品茶休憩。

寺庙的墙外就是玄武湖，远处可见紫金山，这是个消闲眺望的好地方，郭沫若等人此时却无心观赏风景。他们边饮茶边谈论时事，都为紧张的时局担忧。罗子为指着不远处一段古城墙告诉郭沫若说，那一带就是梁武帝被叛军围困饿死处的台城，郭沫若马上想起了"无情最是台城柳，依旧烟笼十里堤"的诗句。可放眼望去，哪里还见得什么柳树呢！唐人韦庄感叹台城岸柳依旧的时候，早已是"六朝如梦鸟空啼"。如今连无情的岸柳也已经灰飞烟灭，金陵古城又该见证改天换地了吧！

离开茶室，见观音阁的神案下立着几个签筒，众人开玩笑说，求个签吧，看两日后停战期满了会怎样。

郭沫若先上去抽了一签，签文写着："衣冠重整旧家风，道是无功却有功。除却眼前荆棘碍，三人共议事和同。"大家看过就笑，"这签倒是切合了时事，好像是说政协会议将要重开，三人谈判小组（指由马歇尔居间，国共代表徐永昌、周恩来组成的停战谈判小组）也会有结果了"。

朱蕴山抽的是道下下签，签文上有"若把石头磨作镜，精神枉费一时休"之语。如果也与时事联系起来，却是个相反的意思。南京亦称石头城，石头难磨作镜，石头城内的局势怕是难得明朗化。如是一解，一干人又笑过。

当然，谁也不会把这抽签解签之事认了真。时局如何发展还得靠大家去努力争取好的结果。返回蓝家庄，梁漱溟、罗隆基、章伯钧等人已经聚在会议室了。梁漱溟给大家简单叙述了一下第三方面的活动和谈判的经过，局势已经非常危急。停战协定的最后期限是 6 月 22 日，而国民党方面在 6 月 19 日才提出一个整军方案，这个方案又是中共方面完全不能考虑的。大家约定了下午邀请国民党政府方面代表座谈，报告与中共方面的磋商，并听取国民党政府方面的意见。

国民党政府方面的代表是孙科、吴铁城、邵力子、王世杰、陈立夫。座谈会开了两个多小时，所有的发言都很有分寸，表明自己的立场，又不刺激对方，结果是什么问题也解决不了。散会后，场外记者围住参政会秘书长邵力子探听有什么好消息，邵力子一指郭沫若说："他有。"原来会前郭沫若把在鸡鸣寺众人求签的事当趣闻说给邵力子，他这时就用来做了个挡箭牌。邵力子摆脱了记者的发问，次日的报纸上却刊出"为和平着急郭沫若求签"一类的新闻。

梅园新村是中共和谈代表团的驻地，郭沫若在这里又见到了周恩来。与两个月前在重庆最后见面时相比，他觉得周公瘦多了。这一阶段的谈判又让他忙得不可开交，甚至明明是不可为之事，他也不肯放松，不能放松。周恩来曾对郭沫若感慨说，他的生命有三分之一是消耗在无益的谈判里。郭沫若则为像周恩来这样出类拔萃的人才，至今仍未能在建设的工作上大展身手而惋惜。他觉得这是民族的悲哀，不过他相信这样的机会的到来不会很远了。

国民党方面在最后时刻同意将停战期限延长 8 天，但接下来的和平谈判仍然没有任何进展。其间还发生了赴宁要求长期停战的上海人民代表在南京下关车站被国民党特务殴打致伤的事件，这无异于又一个"较场口事件"。郭沫若觉得再在南京待下去已经没有必要，便于 6 月 26 日返回上海。离宁前，周恩来、李维汉、范长江到旅馆为他送行。在旅馆大门口，郭沫若与周公紧紧地握着手，彼此都意味深长地说了一声"保重"。

就在这一天，国民党军队对中原解放区的进攻开始了，全面内战由此爆发。

回到沪上不久，从云南传来国民党特务在昆明先后暗杀了民盟成员、著名民主人士李公朴、闻一多的消息。两位民主斗士一瞬间便倒在罪恶的枪口下。

几个月前，郭沫若与李公朴一起经历了较场口流血事件，那时的情景还历历在目。1945 年应邀访问苏联，郭沫若途径昆明时与闻一多等老朋友相聚，曾问他要不要带什么书回来，闻一多说想要一部《马雅可夫斯基全集》。郭沫若回国时带了这套全集，准备有机会亲自交给他，可如今已天人两隔，这让他悲愤不已。

郭沫若马上与上海各方面的民主人士商议为李、闻二人召开追悼会，但几次都未能得到当局批准。直到 1946 年 10 月 4 日，由他与李济深、沈钧儒、邓颖超、史良等发起的上海各界人士追悼李公朴、闻一多大会才得以举行。

这一天参加追悼会的有五千余人，毛泽东、朱德、周恩来和中共代表团都送有挽联。郭沫若是主席团成员，并发表演讲。由于这是一个由国、共、民盟与无党派人士三方商议有"君子协定"才能举行的追悼活动，所以约定三方各出一人演讲，且发言中不得相互攻击。

郭沫若的演讲就是一篇祭文。他无比沉痛地说道：

> 天不能死，地不能埋，呜呼二公，浊世何能污哉！为呼吁和平民主而死，虽死犹生。与两仪兮鼎立，如日月之载明。刺林肯者使天下皆知有林肯，刺教仁者使天下皆知有教仁。无声子弹，虽能毁灭二公之躯体，而千秋万世，永不磨灭者，乃我二公为人民作前驱之精神。
>
> ……生死以之，正正堂堂。浩气长存乎宇宙，义声远播于重洋。衰起八代，永祀流芳。……
>
> 呜呼二公！前途洋洋，荣光在望。英灵永在，来格未尝。

尽管会前有不得相互攻击的"君子协定"，郭沫若演讲时还是在讲稿之外另加了两句话："杀人者终是杀人者，假的也终是假的！中国人民的需要和平和民主再没有比今天这样迫切了。"

追悼会后，郭沫若想起刚传来李、闻遇害的消息时，曾与陶行知有过一段对话。他用半是玩笑半是认真的口吻提醒陶行知小心特务的迫害："你是黑榜状元，应该留意呢。"陶行知笑答说："不是状元是探花，是黑榜探花。你也准定榜上有名的。"他们都意识到在李公朴、闻一多遇难之后，还可能有第三个、第四个为和平民主斗争的战士被反动派杀害，但是他们无所畏惧。

对于闻一多的遇害，郭沫若觉得不仅是失去了一位民主斗士，也是失去了一个杰出的学者。他与闻一多最初因写诗相识，后来又都研究古文字、古代文化典籍。他认为闻一多的学问正是做到了"把文化史批判的准备工作刚好完成，正有充分的资格来担当批判过去、创造将来的时候"，却不能一展才华，实在是一件恨事，"千古文章未尽才！"他后来亲自校读了吴晗等人编订的《闻一多全集》。

闻一多一直是个不问政治的学者，但是面对国民党反动派的倒行逆施终于拍案而起，所以郭沫若把"闻一多的刚"、"鲁迅的韧"和"郁达夫的卑己自牧"并称为"文坛三绝"。而另一位也是与郭沫若从20世纪20年代起就相识，一直以自由主义者自我标榜的学者胡适，却最终与国民党当局在政治上走到了一起。郭沫若与胡适之间的关系原来主要表现为学术上的分歧，这样一来便升格为政治领域的分野。

胡适有两句诗写自己所扮演的人生角色："做了过河卒子，只能拼命向前。"郭沫若看后专门写了一篇文章叫《替胡适改诗》，毫不留情地把"拼命"一词，改作"奉命"。一字之差，也彻底断绝了他们作为学者在学问之道上还可能有的交集。

1946年8月，郭沫若又为被国民党当局查禁的一家报刊撰写了一篇短文《自由在我——为纪念〈周报〉休刊而作》。文中写道：

> 人呢用无声手枪打死，报呢用无声手谕查禁，已经是司空见惯的事了。早被打死适足以证明是一位好人，早被查禁适足以证明是一种好报。
>
> 书是焚不完的，儒是坑不尽的，秦始皇是快死的。从左闾里已经有篝火起来了。
>
> 自由在我，不要受伪善者的欺骗，也不要向杀人犯求饶。

1946年11月，国民党方面决定单独召开"国民大会"，这意味着蒋介石已经关上了和平谈判的大门。在国民党官方公布的代表名单上也列有郭沫若的名字，他得知后立即对《新华日报》记者发表谈话，指出国民党政府单方面指定社会贤达参加"国民大会"是完全违背政治协商会议程序的，所以他拒不接受政府方面给自己指定的代表资格，也拒绝参加非法召开的"国民大会"。同时，他还对社会党领袖张东荪等人决定不参加伪国大表示敬佩，并劝阻张君劢不要与会。他们都是第三方面的代表。

民盟是第三方政治力量中的一个主要党派，在国民党当局决定召开伪国大之后，罗隆基、章伯钧等民盟的领袖正聚集在南京。民盟会不会参会，一时成了许多民主人士关心也担心的问题。郭沫若当然也在关注民盟的反应。他托人带了自己的史学论著《十批判书》、《青铜时代》和历史剧作品，作为礼物赠送给罗隆基，并向他致以问候。罗隆基开始有些惊讶，"郭沫若为什么在此时赠送十几本书给我，还专门托了人带到南京来？究竟什么意思？"细想之后他恍然大悟："明白了，这是叫我不要一着错，满盘输（书）的意思吧。"他对来人说："请回去转告郭先生，让他放心，放心，千万放心。"

四 "化作新人履新地"

国民党终于不顾中共方面与和平民主力量的反对，一意孤行，单方面召开了"国民大会"。为抗议伪国大召开，中共代表团周恩来、李维汉返回延安。周恩来在离宁前写信给郭沫若说："'国大'既开，把戏正多，宪法、国府、行政院既可诱人，又可骗人，揭穿之端赖各方。政协阵容已散，今后要看前线，少则半载，多则一年，必可分晓。到时如仍需和，党派会议、联合政府仍为不移之方针也。"

中国共产党人对于时局的发展已经成竹在胸。

但黎明前的夜空总有一刻更加黑暗。国民党当局在开动战争机器的同时，也加强了国统区的法西斯统治，白色恐怖愈为严酷。民盟被迫解散，郭沫若的"一切自由都被剥夺了"。考虑到他的安全，中共地下党组织安排他转移去香港。

1947年11月中旬，郭沫若与家人先后抵达香港。这时的香港已经聚集了一大批文化人和进步的民主人士，他们都在为迎接即将到来的新中国的曙光而继续战斗。民盟召开全会，宣布重建领导机构，恢复活动。李济深、何香凝等人组织成立了国民党革命委员会。郭沫若也投入紧张的文化工作中。

　　转过年来的 4 月初，中央研究院告知郭沫若，他被推选为中央研究院人文组院士。这是中研院第一次推选院士，推选工作前一年就开始了。郭沫若是由胡适提名为人文组"考古学及艺术史"院士人选的。胡适有提名权，但他开始考虑人选的首选是董作宾。当时在美国的董作宾知道后致信胡适，表示"关于考古学方面，希望您选思永或沫若，我愿放弃，因为思永兄病中，应给他一点安慰，沫若是外人，以昭大公"。思永是梁思永。所谓"外人"，大约是指郭沫若乃中研院体制外的学者。董作宾是真正的学者，他对于推选院士有他的考虑，但首先认可的当然是郭沫若的学术水平和学术成就。胡适显然也认同这一点。

　　不过对于国民政府而言，包括郭沫若在内的已经去往香港的大批进步文化人，是无论如何也不再会与之同行了。

　　1948 年的五一劳动节，中共中央根据毛泽东的倡议提出："各民主党派、各人民团体、各社会贤达迅速召开政治协商会议，讨论并实现人民代表大会，成立民主联合政府。"郭沫若与李济深、沈钧儒、何香凝、蔡廷锴等 12 位民主人士联名致电中共中央主席毛泽东，表示拥护中共的号召，同时致电国内外各报馆转全国同胞，呼吁大家响应中共中央的号召。

　　一年一度的端午又到了，这是一个与中国古代最伟大的诗人屈原联系在一起的传统节日，所以又成了诗人节。这个节日是 1941 年经于右任提议在重庆确定下来的，于是每逢端午之际，在民间传统的划龙舟吃粽子之外，诗坛上都会有诗人们自己的纪念活动。

　　香港半岛上这时正聚集了一批新老诗人，他们决定今年的诗人节要以一种不同以往的方式来纪念。郭沫若、柳亚子、聂绀弩、黄药眠等商量之后，由郭沫若领衔，发表了《我们的话》。这是诗人们对中国人民大众献上的一片赤诚之心："作为一个诗人，他不仅要带着他的歌唱来参加人民革命的行列，而且更要带着他的为人民服务的点滴实际工作，来共同创造人民大解放的史诗。"

　　香港的秋日没有北地的凉爽，已经仲秋之时还是一片溽热，而一件完全没有料到的事情，让郭沫若在溽热中又陷入有些尴尬的境地。安娜

郭沫若、茅盾、胡风及他们的夫人和孩子们在香港聚会时的合影

带着几个孩子突然寻到香港的家中，她从报纸上得知了丈夫的行踪。

事实上在抗日战争结束之后，安娜就开始为一家人团聚做准备。1947 年，她向日本有关方面申请办理与郭沫若婚姻关系的手续，并因此而放弃了日本国籍，但当时不知郭沫若身在何处。前不久，也就是 1948 年 8 月的时候，郭沫若应《华商报》副刊《茶亭》的主编夏衍之约，开始撰写《抗战回忆录》（后更名《洪波曲》），边写边在《茶亭》连载。安娜偶然看到了《茶亭》刊载的《抗战回忆录》，得知丈夫正在香港，于是，决定带着孩子到中国来与丈夫团聚。她是个果断而有主见的女性，决定的事情马上便付诸行动。她带着三个大的孩子先到了台湾，然后转道来到香港。

安娜和孩子们的到来，使郭沫若感到意外，安娜同样没有想到自己会面对一个难堪的局面：这里已经又有了一个家——一个母亲和他们的孩子们。事情一时僵在那里。郭沫若觉得很棘手，于是找到潘汉年、冯乃超、夏衍等老朋友商量，由冯乃超出面做安娜的工作，缓和了矛盾。安娜和孩子们又返回台湾。这是日本发动的那场罪恶的战争给一个跨国家庭带来的悲剧。不久之后，安娜和孩子们终于在周恩来的悉心关照下在中国得到了很好的安排。

光阴如梭，转眼就到了 1948 年末。这一年可以说是在人民解放战争节节胜利的炮火声中度过的。当蒋介石撕去一切和平伪装发动全面内战的时候，他无论如何也没有想到，仅仅两年多时间，战局便急转直下，蒋家王朝走到了覆灭的边缘。

1948 年 11 月初，辽沈战役结束，国民党在关外的军事力量丧失殆尽，东北地区已经基本解放。面对这样的大好形势，郭沫若在南方学院的一次演讲中，用诗一样的语言激情澎湃地对同学们讲道：

> 新中国在东方喷薄欲出了。建设新中国的神圣职责，落在年轻人的肩上。同学们！希望你们爱祖国，爱学习，学知识，练本领，为伟大的祖国贡献力量。
>
> 冬天来了，难道春天还会远吗？让我们举起双臂，欢呼新中国的春天的来临吧！

新中国的曙光已经在神州大地初现，人们都翘首以待旭日升起的那一刻。中共中央向各方面民主人士发出广泛的邀请，请他们赴解放区共商开国大计。

1948 年 11 月下旬的一天，身居香港的郭沫若写了几首诗，这是为留别夫人于立群而作的。诗中咏道："此身非我身，乃是君所有。慷慨付人民，谢君许我走。""中华全解放，无用待一年，毛公已宣告，瞬息即团圆。""毛公"即毛泽东。诗是写给于立群的，表达的却是许身家国的情怀。

1948 年 11 月 23 日夜，郭沫若告别妻子儿女，只身搭乘中华轮离开香港，北上赴东北。这是中共香港分局根据中共中央的决策安排的一次行动，将受到邀请准备参加政治协商会议的在港民主人士、进步作家、学者送至东北解放区。

是夜，乘中华轮同行者有马叙伦、翦伯赞、许广平、连贯、宦乡等三十余人。中华轮是一艘老旧的海船，只能在近海行驶，而沿途岛屿和就近的陆地，还有许多地方是国民党统治区，所以一路北上的航程还是有一定风险的，故而所有人都未携家眷。

与侯外庐在赴东北解放区的中华轮上

　　船起航后即进入夜间休息时间，但郭沫若辗转很久未能入睡。他心潮澎湃，激荡不已，去解放区的愿望已经盼了很长时间，但工作需要他留在国统区，所以一直不得成行。他想起了周恩来曾在一封信中所说的，"孤立那反动独裁者，需要里应外合的斗争，你正站在里应那一面，需要民主爱国阵线的建立和扩大，你正站在阵线的前头"，"我们这一面，再有一年半载，你可看到量变质的跃进。那时，我们或者又携手并进，或者就演那里应外合的雄壮史剧"，"艰巨的岗位，有你负担，千千万万的人心都向往着你"。这次终于可以实现自己的愿望了。而且这一次赴解放区，显然，既不是仅仅做参观访问，也不会停留于一地，全中国的解放已经指日可待，"雄壮的史剧"正在上演了。

　　破晓时分，郭沫若走出船舱踏上甲板。海面上风平浪静，远眺东方海天一线处已露出鱼肚白。一会儿，那一轮红日将冲破黎明前的黑暗，在海平面上冉冉升起。这大自然的景观让郭沫若更清晰地意识到"新中国在东方喷薄欲出了"。

长时间的行船难免寂寞，船上同行者都是文化人，于是大家想到办个壁报，舞弄舞弄文墨，既可一抒胸怀，又能排解寂寞。郭沫若说，壁报就名"破浪"吧，在海上航行恰好应景。或许他还想到了李白《行路难》中的诗句："长风破浪会有时，直挂云帆济沧海。"大家利用收音机每日收听各战场上的消息，每当电波中传来战场上的好消息，大家就吟诗相互唱和表示庆贺，漫长的海上之旅充满了欢乐。

船行第二日海上就起了风浪，中华轮走走停停，十天后才抵达东北安东（现称丹东）。郭沫若与一行人上岸，在这里转陆路去往沈阳。在安东石城岛暂泊时，郭沫若作了四首七绝。其中一首咏道："天马行空良可拟，踏破惊涛万里程。自庆新生弥十日，北来真个见光明。""天马"是中华轮的船标，航行十日来到解放区，一直在国民党统治区战斗生活的郭沫若的第一个感觉就是从黑暗中走到了光明处。

1948 年 12 月 6 日，郭沫若等人抵达沈阳，下榻于铁路宾馆。是日晚，他在住处正与许广平等人聊天，已就任辽北省（当时东北地区划分为九省）主席的阎宝航来访，并以七律一首见示。郭沫若当即和七律一首《戏和辽北省主席阎宝航候老妻赴任所之作》，云："我来仿佛归故乡，此日中行亦似狂。五十七年徒碌碌，八千里路甚堂堂。于今北国成灵琐，从此中华绝帝王。君候老妻我候少，今宵一梦谅无妨。"这一路北上的旅程中，郭沫若颇有股"老夫聊发少年狂"的意气风发，陆续作了二十余首诗。

12 月 8 日，郭沫若在见到安东省主席刘澜波时又赋诗相赠。诗中感喟："三十五年弹指过，鸭绿江头我再来。化作新人履新地，于今方觉眼才开。""雄师百万入榆关，底定中原指顾间。它日重来观建设，齐声共唱凯歌还。"是啊，到东北，特别是从安东（丹东）到沈阳这一路，郭沫若比同行的一众人都多了一份感慨。因为三十五年前，他正是沿相反的方向途经这一段旅程：从沈阳乘火车走安奉线，过安东（丹东），经朝鲜半岛东渡日本留学。那时他赴海外求学，为的是学习西方先进的科学文

郭沫若、翦伯赞、马叙伦、许广平等一行抵达东北解放区

化，寻找一条科学救国之路。三十五年弹指一挥间，再来鸭绿江头，所到之处已经改天换地，旧貌换新颜。郭沫若不只感喟时光的飞逝，他也感慨"履新地"要"作新人"。

在五四新文坛上已经成为诗人的郭沫若，要用"诗歌的这只芦笛"去吹响新时代的旋律。郭沫若此前已经阅读了不少解放区的文艺作品：赵树理的《李有才板话》、贺敬之的《白毛女》、康濯和邵子南的短篇小说等。他对这些作品非常赞赏，也很受鼓舞。称赞解放区作家记录了"一个新的时代，新的天地，新的创世纪"。他特意托周扬带信函去解放区，"向北方的朋友们致人民的敬礼"。

来到东北解放区，郭沫若专门给已经在解放区的女作家草明写信，说道："你到解放区后，工作是很有成绩的，我由衷地向你庆贺，而且今后当虔诚地向你和一切文艺解放战士学习。我在蒋管区实在等于坐了十几年的集中营，而今得到解放，正非认真学习不可，希望你时常加以鞭策。"谈及草明的作品，他说："我读了《我们为了他》和《无名女英雄》两篇，很真实动人。以后再慢慢读你的其他作品。前几天我在报上读了刘白羽的《红旗》，那实在太好了。我很愉快，得以看到真正的中国人民文学的诞生。今后必然是更有多量的磅礴雄伟的大作出现的。"不久后，他又一次写信给草明，评论了草明的长篇小说《原动力》，称赞"这是很成功的作品，不仅富有教育意义，而且很美"。

在东北停留期间，郭沫若参观了东北博物馆、东北图书馆、中国医科大学等单位，直接感受着这里到处发散的勃勃生机。这一年的除夕，郭沫若他们是在沈阳铁路宾馆度过的。在除夕夜的聚餐上，大家纵饮狂欢，还扭起了新学的东北大秧歌。

时间很快进入 1949 年。

第十五章　神州大地庆攸同

一　文艺进入新时代

1949 年 1 月 31 日，北平宣告和平解放。

2 月 25 日，中共中央派林伯渠为代表，专程从沈阳陪同郭沫若、李济深、沈钧儒、马叙伦、章伯钧等三十五位民主人士前往北平。他们乘"天津解放号"专车，途经天津，于中午抵达北平。郭沫若等人入住北京饭店。

次日下午，郭沫若出席了由解放军平津前线司令部，北平市军管会，中共北平市委、市政府在中南海怀仁堂举行的欢迎大会。他在大会上发表讲话，说："今天真正是光荣绝顶了。从来没有做过这样的梦，公然能够像皇帝出巡一样回到北平，又在皇帝的宫殿里讲话，真真是从来所没有梦想过的。我们能够得到这样的光荣，当然要感谢各位首长，感谢人民解放军，感谢无产阶级的先锋队中国共产党，感谢英明的人民领袖毛泽东主席。毛主席领导的人民武力，使中国人民翻了身，使我郭沫若也翻了一个身，我真是感谢无尽的。""我们享受着今天的光荣，我们还应该把这光荣永远保持下去。""这个光荣而神圣的使命，我们是应该努力完成的。在反动派统治之下，中国没有搞好，我们有话可以推诿。在今天人民政权之下，假使依然把中国搞不好，那我们就要成为历史的罪人了。""为了扩大我们的光荣，为了巩固我们的光荣，我们每一个人都应该扫除一已的私心，摒除一切的门户之见，要把全部的力量，全部的精神，全部的生命，无条件地拿出来，在中共领导之下，在毛主席领导之下，完成反帝、反封建、反官僚资本主义的任务，为建设新中国而鞠躬尽瘁。"会后，大家一起观看了华北大学文工团演出的文艺节目。

这时，已经有大批文艺界人士从各地陆续来到北平。3月3日，华北人民政府文化艺术工作委员会、华北文艺界协会为欢迎这些文艺界人士举行茶话会，郭沫若应邀出席。他与周扬、茅盾、田汉、洪深、徐悲鸿、俞平伯、冯至、许广平等人在会上相继发表讲话。郭沫若说："在延安文艺座谈会后，中国文艺进入了一个新的时代。中国文艺有优良的传统，文艺工作者认识程度虽有不同，但追求光明则是共同的品质。……现在到解放区来了，可以照着毛主席所指路径向前走了，希望文艺工作者把毛泽东旗帜随军事发展插到长江流域，插遍全中国。"

3月5日至13日，中共中央在河北省平山县西柏坡村召开了中国共产党七届二中全会。这是在一个重要历史节点上召开的一次非常重要的会议。毛泽东在会议上所做报告中，提出党的工作中心在全国胜利的局面下必须由乡村移到城市；规定了胜利后政治、经济、外交方面的基本政策；明确指出使中国由农业国转变为工业国，由新民主主义社会转变为社会主义社会的主要途径。告诫全党要继续保持谦虚、谨慎、不骄、不躁的作风，继续保持艰苦奋斗的作风。

由是，新中国成立的各项工作都提上日程，紧锣密鼓地进入具体实施之中，文化工作当然也在其列。新中国的文化事业即将开始。

3月16日，郭沫若出席北平军管会文化接管委员会在北京饭店举行的文化界座谈会，并做发言。他认为："我们目前进行的战斗，一方面是军事的一方面是思想的。今天在战争进行中能够讨论这个问题，是有很大意义的。我们在军事上摧毁反革命的力量，就目前形势看来，很快就能取得最后胜利，但在文化上，思想上摧毁反革命力量，则需要长期的努力。希望我们文化工作者加倍努力，取得文化上思想上的伟大胜利。"

3月22日，郭沫若出席了中华全国文艺协会（中华文协）总会与华北文艺界协会（华北文协）在北京饭店举行的理事监事联席会议。中华全国文艺协会的前身是中华全国文艺界抗敌协会，成立于1938年抗战期间，抗战胜利后改为此名，国统区进步的文艺工作者大多为该协会成员。华北文艺界协会由晋察冀边区文联和晋冀鲁豫边区文联合并而成，1948年8月成立于石家庄，周扬、李伯钊、沙可夫、贺绿汀等在解放区的作家为理事。

在这次联席会议上通过了决议：召开中华全国文学艺术工作者代表大会。郭沫若与茅盾、田汉、洪深、郑振铎、叶圣陶、周扬、徐悲鸿、柳亚子、俞平伯、胡风、贺绿汀、程砚秋等37人当选为筹备委员会筹备委员。郭沫若并当选为筹委会主任，茅盾、周扬为筹委会副主任。

3月25日下午，郭沫若与黄炎培、陈叔通、马寅初等民主人士到西苑机场，欢迎毛泽东、朱德、刘少奇、周恩来等中共中央领导人抵达北平。当晚，郭沫若即应毛泽东之邀在西郊聚餐，并谈论和战问题。至此，中共中央委员会和中国人民解放军总部迁到北平。

时局几乎每天都在发生令人欣喜的变化，郭沫若也在这一历史变化中不知不觉地转换社会身份。他不再单纯是一个作家或是一位学者。郭沫若到北平以后的种种社会活动，发表的讲话、撰写的文章等，预示着他将扮演一个新的历史角色，将有新的社会责任担当。

6月1日，郭沫若出席了文代会筹委会在北京饭店举行的会议。会上茅盾报告了筹委会的工作情况。这时，分别半年的于立群带着孩子已经从天津到达北平。郭沫若一家人相聚在北平。

6月6日，文艺界人士举行集会，纪念俄罗斯伟大的诗人普希金诞辰150周年。郭沫若出席了纪念会，并且致开会辞。他称赞说："普希金所以伟大，是因为他在一百多年前在俄国沙皇的暴政下，就站在人民方面，把人民作为自己的朋友，用人民的语言来写作，是值得我们文艺界学习的。"纪念会上戈宝权报告了普希金生平，柯仲平及凤子朗诵了纪念诗，白杨、舒绣文朗诵了普希金作品。

　　6月25日，郭沫若参加了文代会筹委会第七次扩大常委会，会议通过了各代表团负责人选。这一天郭沫若还撰写了题作《向军事战线看齐——为中华全国文学艺术工作者代表大会而写》的文章。文章中写道："十二年来我们主要依靠着手里拿枪的人民武力，已经打胜了敌人。""在这样的情势之下，手里拿笔的军队，在今天才得以大规模地会师北平了。文化上的五大野战军——文学艺术工作者，自然科学工作者，社会科学工作者，教育工作者，新闻工作者，——都先后决定在平召开代表大会，以期扩大并巩固今后的文化战线。这是空前未有的盛世，但在参加这支文化军队的朋友们肩头，责任的确是愈见加重了。""辉煌的军事胜利，所消灭的主要是有形的敌人，而两千多年来的封建思想，百余年来的买办思想，二三十年来的法西斯思想，这些无形的敌人，还须得文化战线来彻底地加以消灭。""拿笔的军队，必须向拿枪的军队看齐！"

　　郭沫若还写了一首歌词《庆祝文代大会歌》，由贺绿汀谱了曲。歌中唱道："我们是文艺的野战军，消灭有形无形的敌人。""学习向工农兵，服务向工农兵，在毛泽东的胜利的旗帜下，向现实主义的道路前进！"

　　6月28日，《人民日报》刊登了郭沫若以文代会筹委会主任身份发表的谈话，阐明文代会的主要目的和任务。他说："这次大会在人民解放军即将获得全面胜利的伟大时期中召开，这在中国文学艺术工作者，是富有历史意义的空前盛大的会议。筹备委员会已决定邀请的代表共有753人；计老解放区代表445人（已抵平者347人），新解放区与待解放区代表308人（已抵平者213人）。这些代表中，包括了反对帝国主义，反对封建主义，反对官僚资本主义的文学艺术工作者各方面的代表人物。在过去，这些文学艺术工作者被国民党反动统治分隔在两个根本不同的地区里，各自进行工作，绝大多数都经历了艰苦的斗争和考验，都有着相当的成绩；而老解放区的文学艺术工作者，近几年来更在毛主席的文艺方针下，在和工农兵群众相结合的基础上创造了许多范例。现在，我们是会师北平了。国民党反动派残余力量的全部肃清已为期不远，以建设为主要任务的中国革命的新时期业已开始。在这样一个令人兴奋鼓舞的时期，全国不同地区，不同工作部门，不同艺术作风的代表们聚集一堂，举行这一个空前盛大与空前团结的大会，主要的目的便是要总结我们彼此的经验，交换我们彼此的意见，接受我们彼此的批评，砥砺我们彼此的学习，以共同确定今后全国文艺工作的方针与任务，成立一个新的全国性的组织。我们相信这个大会一定能够胜利完成这些任务，而且全国文学艺术工作者们一定会在毛主席的明确指导之下，不仅要团结自己，还要团结人民，不仅要教育自己，还要教育人民，要好好地运用文艺这项武器来提高革命敌忾，鼓励生产热情，以期迅速完成反帝反封建反官僚资本的任务，而使新民主主义文化建设获得全面胜利。"

6 月 30 日，文代会筹委会召开预备会议，郭沫若被选为文代会总主席，副总主席为茅盾、周扬二人。

7 月 2 日，中华全国文学艺术工作者代表大会开幕，郭沫若致开幕词。他说："我们今天是处在我们中国人民的一个光芒万丈，伟大无比的新时代。"时代所给予我们这次大会的历史使命，"是要我们总结以往的经验，策划未来的方略，把文学艺术这项有力的武器，有效地运用来提高革命的敌忾，鼓励生产的热情，使新民主主义的建设迅速地得到全面胜利，稳步地过渡到更高的历史阶段。""我们，事实上是文化战线上的一支有力的野战军。自'五四'以来，我们一直在和一切有形无形的敌人作着艰苦的战斗。但在以前我们被反动政权分割着，力量不容易集中，指挥不容易统一，有时更甚至是人自为战，有不少的优秀的战斗员是在战斗上牺牲了。可是我们今天，实在是很值得庆贺，我们是集中在毛主席的胜利的旗帜之下，会师北平了。""毛主席在延安文艺座谈会的讲话，已经给予了我们明确的指示。这个讲话里的原则性的指示一直是普遍而妥当的真理。在今天我们应该明朗地表示：我们要一致接受毛主席的指示，把这一普遍而妥当的真理作为我们今后的文艺运动的总指标。"

在开幕式上，茅盾报告了大会筹备经过，冯乃超报告代表资格审查结果。

7月3日，文代会大会继续进行，郭沫若做题为《为建设新中国的人民文艺而奋斗》的总报告。报告阐述了自五四以来新文艺运动的性质和文艺界的统一战线问题，提出今后全国文艺工作者的任务。

在报告中，郭沫若根据毛泽东的《新民主主义论》阐释了"五四以来的新文艺"的性质。他说："毛泽东主席指出现阶段中国革命的性质是新民主主义的革命。他用最简单的话概括了新民主主义革命的特点，就是'无产阶级领导的人民大众反帝反封建的革命'。中国革命的这种性质就决定了中国的新文化和新文艺的性质。这就是说，五四运动以后的新文化已经不是过时的旧民主主义的文化，而是无产阶级领导的人民大众反帝反封建的新民主主义的文化；五四运动以后的新文艺已经不是过时的旧民主主义的文艺，而是无产阶级领导的人民大众反帝反封建的新民主主义的文艺。这就是五四以来的新文艺的新的地方。这就是五四以来的新文艺和以前的文艺在性质上的区别。""无产阶级领导又是最根本的特点。没有最革命的无产阶级的领导，没有最科学的无产阶级思想的领导，就不可能正确地规定革命的方向和政策，就不可能充分地发挥人民群众的力量，就不可能取得中国革命的胜利。在政治革命上是这样，在文化革命和文艺革命上也是这样。这一条最重要的真理已经为中国三十年来的历史所反复证明。中国人民在今天所已经取得的伟大的政治革命的胜利和文化革命文艺革命的胜利，都是和中国共产党的领导，和毛泽东思想的领导不可分开的。"

关于统一战线问题，报告回顾道："三十年来的新文艺运动主要是统一战线的文艺运动。这个文艺运动在初期就是由具有初步共产主义思想的知识分子，小资产阶级知识分子和资产阶级知识分子所联合组成的统一战线。从五四运动到第一次大革命这一个时期内，破坏了封建主义的和半封建主义的旧文艺的统治，建立了以反帝反封建为内容的新文艺。"大革命失败以后，"中国革命进入了一个新的时期，在文艺方面就产生了左翼文艺运动。左翼文艺运动是无产阶级为领导的无产阶级知识分子和革命的小资产阶级知识分子的统一战线的文艺运动。这个运动以鲁迅为旗手，在反帝反封建反国民党反动派上作了许多英勇的斗争，影响了广大的小资产阶级知识分子和青年学生走向革命，并且锻炼出来了大批的革命文艺干部。"抗日战争全面爆发后，"中国文艺界在抗日这个共同目标下组成了无产阶级为领导的广泛的统一战线。这个统一战线包含了无产阶级的文艺家，小资产阶级的文艺家，资产阶级的文艺家，以及其他一切爱国的新旧文艺人士"。

三十年间，"中国文艺界的主要论争是存在于这样两条路线之间：一条是代表软弱的自由资产阶级的所谓为艺术而艺术的路线，一条是代表无产阶级和其他革命人民的为人民而艺术的路线。三十年来斗争的结果，就是在欧美没落资产阶级文艺影响之下的为艺术而艺术的文艺理论已经完全破产了，为艺术而艺术的文艺作品也已经丧失了群众。曾经在这种为艺术而艺术的资产阶级文艺思想影响之下的许多文学家艺术家，也逐渐改变了他们的人生观和艺术观，接受了无产阶级文艺思想的领导。而无产阶级文艺思想领导的为人民服务的文学艺术，队伍日益壮大"。"现在，伟大的中国的革命的胜利震动了一切过去没有卷入革命的人们。这就使文艺统一战线也可能取得比过去更广泛的基础。""希望经过文艺界的批评和自我批评，经过文学艺术工作者本身的努力，能够完全达到文艺为人民服务的共同目标。"

关于文学艺术工作者今后的任务，报告提出三点：一是要加强团结，努力用文学艺术的武器来和全国人民一起为彻底打倒帝国主义、封建主义、官僚资本主义，建设新民主主义的人民民主共和国而奋斗。二是要深入现实，表现和赞扬人民大众的勤劳英勇，创造富有思想内容和道德品质，为人民大众所喜闻乐见的人民文艺，使文学艺术发挥教育民众的伟大效能。同时注意培养群众中新的文艺力量。三是要扫除半殖民地半封建的旧文学旧艺术的残余势力，反对新文艺界内部的帝国主义国家资产阶级文艺和中国封建主义文艺的影响。要批判地接受一切文学艺术遗产，发展一切优良进步的文艺传统。

　　郭沫若最后呼吁："一切反帝反封建反官僚资本的文学艺术工作者团结起来，为彻底完成新民主主义的政治革命而奋斗！为彻底完成新民主主义的文化革命文艺革命而奋斗！"

　　接下来的 7 月 4 日、5 日两天，郭沫若出席了代表大会全体会议，分别听取茅盾做《十年来国民党统治区的革命文艺运动》的报告、周扬做关于解放区文艺运动的报告。

　　7 月 6 日，毛泽东主席、周恩来副主席亲临文代会。周恩来并做政治报告。郭沫若代表与会人员说："我们诚恳的全部接受周副主席给我们的指示，努力改造自己，向人民学习，学习我们所不熟悉的东西，老老实实，恭恭敬敬的学习，热诚地做毛主席的学生。"

　　7 月 14 日，郭沫若出席代表大会全体会议。会议讨论并通过了《中华全国文学艺术界联合会章程（草案）》及选举文联全国委员会条例。17 日，大会选举出全国委员会委员 87 名。

　　7 月 19 日上午，中华全国文学艺术工作者代表大会举行闭幕大会，郭沫若以总主席身份做结束报告并致闭幕词。他说："这次大会是成功的，胜利的。在这次大会以后，我们新中国文艺界一定能够更加团结在毛主席的文艺方针之下，深入群众展开工作，努力创造思想性与艺术性高度结合的作品，建立科学的文艺理论批评，为建设新民主主义的人民共和国和展开新民主主义的人民文艺而共同奋斗。"闭幕大会上宣布中华全国文学艺术界联合会正式成立，同时宣布了文联全国委员会当选委员名单。

　　7 月 23 日下午，中华全国文学艺术界联合会举行首次会议，郭沫若当选为全国文联主席。茅盾、周扬当选为副主席。大会还通过了全国文联各部负责人名单，通过八个协会为全国文联会员。

　　文代会的召开，全国文联的成立，虽然先于中央人民政府的成立，但它不只是文艺界的事情，它的意义也不仅仅是在文学艺术领域，它是新中国文化事业的一个组成部分。此后，全国文联主席的工作，一直伴随着郭沫若后半生的人生行旅。这是他任职最久的职务。他在这个岗位上为新中国的文化事业克勤克俭，兢兢业业，付出了全部的心血。

二 高扬和平的凯歌

在近代以来的百年历史进程中，中华民族饱尝了战乱的磨难和痛苦，当然就更期望和珍惜和平。新中国的成立，将开创一片和平的天地。而在新中国成立前夕，郭沫若参与到了争取世界和平的事业之中。

也就是在1949年3月，在中华文协与华北文协理事联席会议决议召开全国文代会的同时，联席会议推选了郭沫若、郑振铎、田汉、洪深、曹禺、萧三、曹靖华、赵树理、古元、徐悲鸿、戴爱莲、程砚秋等12人，为赴法国巴黎参加世界拥护和平大会的代表。

参加世界拥护和平大会之事及其代表的推举，为什么有文协的理事会参与呢？原来这是中共中央考虑后的决定。这年初国际民主妇女联合会等团体发出了召开一个世界和平拥护者大会的倡议，中共中央决定响应这一倡议，组织一个中国代表团参加大会。由于这些国际团体是非政府组织，我国也还没有一个合适的机构来准备此事，于是，周恩来指示李维汉在北平动员组织二三十位社会人士以及文化团体、文艺界、科学界代表人物组团，参加世界和平拥护者大会。周恩来亲自拟定了名单，在李维汉提出增补意见后，周恩来特别强调说："郭沫若为代表团长必须去"。

3月24日，在北京饭店举行了出席巴黎世界拥护和平大会的各人民团体代表会议，郭沫若被推选为世界拥护和平大会中国代表团团长。29日，郭沫若率领出席世界拥护和平大会中国代表团启程，乘专车赴巴黎。这将是解放了的中国人民的代表在国际政治舞台上第一次亮相。

代表团是经东北，从满洲里出境的，然后横穿苏联西伯利亚到莫斯科再转往捷克斯洛伐克首都布拉格，从那里前往巴黎。但是在捷克斯洛伐克，行程受阻，因为法国政府拒绝给包括中国在内的一些国家的代表团办理入境签证。世界拥护和平大会做了一个决定：在巴黎和布拉格设立两个会场，同时举行大会。于是，中国代表团在布拉格分会场参加了大会。

4 月 20 日，世界拥护和平大会开幕，世界著名物理学家约里奥·居里任大会主席，郭沫若被选为主席团成员。在 23 日的大会上，郭沫若代表中国代表团发表演讲。他介绍了中国人民为保卫世界和平，反对煽动新的世界大战而与帝国主义所做的斗争，呼吁全世界爱好和平的人民更紧密地团结起来。在会议进行中，传来中国人民解放军解放南京的消息。郭沫若在会场宣布了这个消息，全场爆发出长时间的热烈欢呼与庆祝的歌声。各国代表纷纷上前与他握手、拥抱表示祝贺，郭沫若沉浸在胜利的喜悦中。

4 月 25 日，世界拥护和平大会在取得圆满成功后闭幕。大会通过了共同宣言，并选举出一个常设委员会。约里奥·居里担任常设委员会主席团主席，郭沫若当选为常设委员会主席团副主席。

会后，郭沫若率领代表团于回国途中飞抵莫斯科，对苏联进行了参观访问。返回东北境内，郭沫若等人致电毛泽东，请示是先行返北平，还是会齐代表团成员一同返北平。毛泽东很快回电，对他们的工作大加赞赏："先生等致力国际和平民主事业载誉归来，极为欣慰。请在沈阳稍候，俟马寅老等到后同车返平，俾北平人民得作盛大欢迎，以壮世界和平阵容，并慰贤劳。"

1949 年 10 月，中国保卫世界和平大会成立，郭沫若当选为全国委员会委员、主席。郭沫若在成立大会上的发言中指出：成立中国保卫世界和平大会，表示中国人民保卫世界和平、反对新侵略战争的坚强决心，并和遍及全世界的和平运动密切联系，互相配合，击破新战争挑拨者的战争政策，争取和平的胜利。

转过年来，中国保卫世界和平大会在《人民日报》新辟《保卫世界和平专刊》。郭沫若为专刊作《发刊词》，并题写刊名。《发刊词》说：为了完成保卫世界和平和本国和平的任务，"我们中国保卫世界和平大会工作委员会决定了要扩大我们的工作，要在全国各大城市刊行'保卫世界和平专刊'：一方面要加强国内的活动，动员全中国的人民来反对侵略，另一方面要加强国际的联系，动员全世界的人民来制止战争"。

未几，朝鲜战争爆发，新生的共和国又要经受一场战争炮火的考验。《保卫世界和平专刊》随即改为《抗美援朝专刊》，通过保卫世界和平运动在世界各地发声，声援中朝两国人民反对侵略的正义之战。

郭沫若与他主持的中国保卫世界和平大会代表新中国积极参与各种制止战争、维护和平的活动，活跃在保卫世界和平运动的国际舞台上。1950年底，郭沫若在波兰华沙举行的第二届世界保卫和平大会上满怀义愤地揭露控诉了美军在朝鲜和我国东北地区投掷细菌弹的罪恶行径，强烈要求就此事组织国际调查，得到约里奥·居里和许多和平理事会成员的支持。后来经过郭沫若和一些国际和平人士的推动，世界和平理事会决定在1952年春举行的执行局会议上讨论此事。在这次大会上，就世界和平理事会要不要干预朝鲜战争中使用细菌武器的问题展开了激烈的辩论。郭沫若会上尖锐地指出："支持不支持被侵略的朝鲜和中国的要求，关系到世界和平理事会的存亡问题。若不能主持正义，还有什么理由让世界和平理事会存在下去！"他与中国代表团成员们做了大量耐心细致的工作，大会最后终于通过了"告世界男女书"《反对细菌战》，同时，通过了组织"调查在朝鲜和中国的细菌战事实国际科学委员会"决议。

中国保卫世界和平大会的工作，在新中国成立初期，还具有民间外交活动的性质。当时与新中国建立了外交关系的国家还不多，通过这个平台，可以拓展外交活动的空间。也是从这时起，民间外交活动成为郭沫若一生做过的很重要的工作中的一种。

世界拥护和平大会在巴黎、布拉格大会后曾创办了《和平》杂志作为会刊。《和平》杂志原版为法文，杂志社也设在法国巴黎。后来相继出版有英文、德文、俄文、西班牙文、葡萄牙文、阿拉伯文、罗马尼亚文、匈牙利文等文版。世界拥护和平大会执行局一直希望能有中文版出版。

郭沫若觉得为了加强与世界和平理事会执行局的联系，为使世界和平运动的情况更广泛地为中国和亚洲人民所熟悉，应该出版中文版《和平》。1951年4月，中国保卫世界和平大会决定从第24期起，出版

《和平》杂志中文版。郭沫若特为《"和平"杂志中文版》作"介言"。
写道：

> "和平"杂志是一九四九年第一届世界保卫和平大会之后诞生
> 的，是全世界爱好和平的人民的喉舌。
>
> ……我们现在决定自"和平"第二十四期起出中文版，使和平
> 的凯歌更加高扬起来。
>
> 侵略集团的战争贩子们是害怕和平的，他们天天在叫嚣战争，
> 然而在战争中所表现的除极端的残暴与卑怯之外，战斗力却等于零。
> 因此，它们事实上也害怕战争。
>
> 我们是拥护和平的，谁敢破坏和平，我们便不惜为保卫和平而
> 战。我们的抗美援朝的爱国运动，就是这种精神的表现。因此，我
> 们既不害怕和平，也不害怕战争。
>
> 正义所在就是胜利所在，和平阵营的扩大与巩固一定会战胜侵
> 略者的一切罪恶阴谋。

世界和平运动不是开开会，发表个讲话、宣言什么的，而是需要在
不同民族、不同社会制度的国家之间做大量的工作，郭沫若为此付出了
许多心血。1951 年 12 月 20 日，"加强国际和平"斯大林奖金委员会在莫
斯科召开会议，决定授予郭沫若"加强国际和平"斯大林奖金，以表彰
他为世界和平运动做出的贡献。郭沫若得知获奖消息后特别作诗《光荣
与使命》，以表达自己的心情。同时发表书面谈话，称自己是"代表中国
人民接受了这一次应该属于全国人民的最高荣誉"。

1952 年 4 月 9 日，"加强国际和平"斯大林国际奖金委员会在莫斯科
克里姆林宫为郭沫若举行了隆重的颁奖典礼。郭沫若在接受颁奖后以朗
诵《光荣与使命》作答谢词：

> 维护国际和平的奖章，静穆地，悬挂在我的胸上。

> 我代表着保卫和平的中国人民，作为一个形象，
>
> 接受了几万万中国人民共同努力所得来的光荣，
>
> 但也接受了一个庄严的使命，在今天是意义深长。

在获奖后，郭沫若将所得奖金 10 万卢布全部捐献给中国人民保卫世界和平反对美国侵略委员会，作为保卫和平事业之用。在中国获得过"加强国际和平"斯大林奖的，只有宋庆龄、郭沫若二人。

三　五星红旗遍地红

参加新政治协商会议，是郭沫若来到北平以后要参与的最重要的事情。新政治协商会议的"新"，是区别于国民党搞的政治协商会议而言的。召开一次新的政治协商会议，是中共中央在 1948 年"五一"时发出的号召，已经得到各民主党派广泛的响应。

1949 年 6 月 15 日，新政协筹备会成立大会在中南海勤政殿召开。周恩来担任临时主席并致开幕词，毛泽东发表了讲话。他指出，召开新政治协商会议的时机已经完全成熟。这个筹备会的任务，"就是完成各项必要的准备工作，迅速召开新政治协商会议，成立民主联合政府，以便领导全国人民，以最快的速度肃清国民党反动派的残余力量，统一全中国，有系统地和有步骤地在全国范围内，进行政治的、经济的、文化的和国防的建设工作"。

郭沫若以无党派民主人士代表身份参加了筹备会，他在讲话中说："我感觉着，今天的新政协筹备会的开幕，正好像在黑暗中苦斗着的太阳，经过了漫漫长夜的绞心沥血的努力，终于吐着万丈光芒，以雷霆的步伐，冒出地平线上来了。""我不能不以满怀的热诚，庆贺这新生的太阳出土。我更不能不以满怀的热诚，庆贺这新生的太阳永远上升，永远不会下降。"

6 月 16 日下午，新政协筹备会第一次全体会议讨论通过了《新政治

协商会议筹备组织条例》。依据组织条例，会议选举了常务委员和常务委员会正副主任，主任为毛泽东，副主任为周恩来、郭沫若、李济深、沈钧儒、陈叔通。

9月21日，中国人民政治协商会议开幕。郭沫若出席了开幕式，并为主席团成员、无党派民主人士组召集人。毛泽东在开幕词中庄严宣告："占人类总数四分之一的中国人从此站立起来了。"会议确定的任务是：制定中国人民政协组织法与共同纲领，选举政协全国委员会暨中华人民共和国中央人民政府委员会，制定国旗、国徽和国歌，决定国都所在地和年号。亲身见证并参与到新中国成立最重要的这一历史时刻的活动，郭沫若心潮澎湃，激动不已。在大会召开的前夕，他创作了一首诗《新华颂》，热情讴歌新中国的诞生：

> 人民中国，屹立亚东。
>
> 光芒万道，辐射寰空。
>
> 艰难缔造庆成功，
>
> 五星红旗遍地红。
>
> 生者众，物产丰，
>
> 工农长作主人翁。
>
> 使我光荣祖国，
>
> 稳步走向大同。
>
> ……

接下来的时间，郭沫若全身心地投入到政治协商会议的各项工作中去。

9月22日，郭沫若出席政治协商会议，听取筹备会四项重要报告，由周恩来报告共同纲领起草经过和纲领的特点，在主席团会议上被选为常务委员，在政协设立的六个委员会中被选为宣言起草委员会委员和召集人。

9月23日，郭沫若出席政治协商会议，听取18位代表的大会发言。

9 月 25 日，郭沫若出席政治协商会议，以无党派民主人士名义发言，表示拥护《中国人民政治协商会议组织法》、《中华人民共和国中央人民政府组织法》和《中国人民政治协商会议共同纲领》三大文件。认为，这是本着实事求是的精神，集思广益的办法，经过了无数次的斟酌损益，反复商讨而草拟出来的，集中了全体代表的意见，字字句句都切合着中国革命的实际需要，是人民意志的总表现。

9 月 27 日，出席政治协商会议。会议讨论通过了《中国人民政治协商会议组织法》《中华人民共和国中央人民政府组织法》，确定国都定于北平，改名为北京，确定国旗为五星红旗，确定由田汉作词、聂耳作曲的《义勇军进行曲》为代国歌，确定使用公历纪年。

9 月 29 日午后，往颐年堂毛泽东住所，与毛泽东、周恩来、李立三、李济深、沈钧儒、陈叔通、黄炎培等人讨论毛泽东起草的就职公告稿。

9 月 30 日，出席中国人民政治协商会议第一届全体会议闭幕会，当选政协全国委员会委员、中央人民政府委员会委员。大会一致通过《中国人民政治协商会议共同纲领》。

10 月 9 日，中国人民政治协商会议全国委员会召开第一次会议，郭沫若当选为政协全国委员会副主席。

顺着郭沫若这段时间活动的轨迹，不仅可以看到他怎样投身于新中国成立的繁忙工作中，我们还可以感受到新中国成立之初那一时刻激动人心的历史脉动。

国事关系着家事，家事也连接着国事。

郭沫若在参加世界拥护和平大会后于 1949 年 5 月回到北平，与已经到达北平的于立群和子女重聚一堂。安娜与孩子们也有了很好的安排：和夫在大连大学研究所工作，安娜与他一起生活；佛生在沪上九兵团服务；淑瑀在北京燕京大学；志鸿在天津中央音乐学院。这时，还让郭沫若心心系念的就是沙湾故里的亲友了。侄子从成都来信说，成都那里传言沙湾正遭国民党匪军糟蹋，郭沫若忧心如焚。

已经被人民解放军打得落花流水的国民党军，试图凭借自然天险，以其残兵败将在西南地区负隅顽抗，守住他们在大陆这最后的一片土地，期冀日后"反攻"。但是，在人民解放军摧枯拉朽的强大攻势下，国民党军队的抵抗很快便消散瓦解了。

1949年年末，乐山、沙湾相继解放。转过年来的1月初，郭沫若接到了胞弟郭开运从沙湾寄来的报平安的信，悬着的心放下了。

他复信郭开运，不厌其详地一一询问家人的近况、生活。不能分身回到家乡，他又不耽琐细地一一叮嘱亲人怎样开始新的生活。有个侄孙以个人原因放弃了既有的工作返回老家，郭沫若批评他这样做"殊不应该"，教诲他"在地方上觅一机会学习，改造思想头脑。今时已非昔比，个人主义的想法当改革，应立志为人民服务，方能有用"。对于留居沙湾的五哥和胞弟，嘱咐他们"居乡应积极一点，多研究目前政策，能在乡间起带头作用最好。能积极发展工商业亦是好的"。

当年教过他的小学老师，郭沫若也没有忘记。几个昔日同窗学友联名来信告诉他，帅平均先生夫妇年迈体弱，生活上没有着落，郭沫若立即电告西南军政委员会主席刘伯承，并转达给乐山公署，以后会给帅平均按月送赡养费用。

郭开运是郭沫若最小的兄弟，一直留在沙湾的老屋生活。在父母相继过世后，实际上就因为有这个弟弟，才一直维系了郭沫若与沙湾故里的联系。郭开运曾在沙湾从事教育工作，懂医学并行医乡里，在沙湾还是颇有声望的。郭沫若也很放心这个弟弟，但是希望他做得更好。在给他的另一封信中郭沫若写道："你的行医的事怎样？你在乡下，望你在这一方面多多做些救人的事。教育工作也要多做，帮助农民大众提高文化水平。这样你便替社会立下了功，农民会爱护你的。祝你积极地为人民服务，改变从前洁身自守的态度。"

新中国成立后，郭沫若一直没有机会，也没有想到要重返故里。直到十余年后，他终于决定回沙湾看看家乡巨大的变化，人已经到了重庆，却又因为需要参加北京一个重要的会议而中断了返乡的行程。在这之后，郭沫若就再也没能有回到故里的机会了，这是后话。

　　中国文化传统中讲究离家在外的人发达了、有成就了，要衣锦还乡，那不只是件很风光的事情，其中包含有情、理、利等许多内容。郭沫若没能返乡，工作繁忙当然是一个原因，但"京官"的身份，或许也是他考虑不便回乡的一个方面。他肯定一直记得毛泽东在和他的战友们"进京赶考"时告诫全党的话：要继续地保持谦虚、谨慎、不骄、不躁的作风，继续地保持艰苦奋斗的作风。郭沫若在处理家事上，称得上"慎行"。

　　其实，郭沫若在离开香港北上前往解放区的前夜所写下的诗句，已经清楚地剖白了他对于家事与国事的心迹："此身非我身"，"慷慨付人民"。

第十六章　"高歌吐气作长虹"

一　光荣与使命

"我今天接受了无上的光荣，也接受了庄严的使命"。这是郭沫若在一首诗中写下的诗句。

1949 年 10 月 1 日下午，郭沫若出席了在天安门隆重举行的新中国开国大典。毛泽东在天安门城楼上庄严宣告中华人民共和国中央人民政府成立。就在庆祝大典开始之前，刚刚召开了中央人民政府委员会第一次会议，当选为中央人民政府委员的郭沫若，与毛泽东主席，朱德、刘少奇、宋庆龄、李济深、张澜、高岗副主席和全体委员宣布就职。

10 月 19 日下午，郭沫若出席中央人民政府委员会第三次会议。被任命为政务院副总理、政务院文化教育委员会主任、中国科学院院长。政务院总理是周恩来。担任副总理的还有董必武、陈云、黄炎培。

10 月 21 日上午，郭沫若在华文学校主持政务院文化教育委员会首次会议，宣布该委员会的成立。下午，出席政务院扩大会议。会议宣告政务院正式成立，并召开了政务委员会第一次会议。

在中央人民政府各机构人选名单公布后，郭沫若作为无党派民主人士，接受《光明日报》记者采访时特别指出，中央人民政府是一个货真价实、不折不扣的人民民主的联合政府。各方面都照顾得很周到，人选也配合得煞费苦心，将来在政权的运用上，在"共同纲领"的实施上，一定能够收到很好的效果，不负人民的重托。

接踵而来的一个个任命，对于无论是作为诗人还是作为学者的郭沫若而言，都称得上是一种政治上的光荣，当然也就意味着他被赋予了重大的社会责任和历史使命。毫无疑问，郭沫若的人生之旅开始了一个新的行程，他将以亦文亦政的方式在新中国的政治文化舞台上充任一个角色。

事实上，这种人生角色的转换也并非他一人独有，许多过去同他一样的文化人，像茅盾、老舍、田汉等，都在不同程度上经历了这样一个转换。作为中国知识分子中的一批精英人物，他们当然应该参与到共和国科学文化教育事业的管理工作中去，这是时代的需要，也是历史的抉择。

主持全国大学、中学教育工作会议，参加文化工作会议，制定审查各种工作计划，率领中国代表团频繁出席保卫世界和平大会，负责向全国政协、人大汇报文化教育工作……郭沫若殚精竭虑地投入到建设新中国的宏伟事业中。

郭沫若一身兼任数职，这还不算他在一些社会团体的任职，比之《女神》诗中那个"开辟鸿荒"的大我所表达的雄强自信，此时的郭沫若称得上意气风发、踌躇满志，但他还是有点惴惴不安，生怕做不好工作。他在给胞弟的信中说："兄任职太多，颇为忙碌。毕竟经验不够能力不足，时恐不能完成任务。"这一份谦逊、自省的清明，让郭沫若小心翼翼但全身心地投入到工作中。事实上，在新中国成立之初，郭沫若身上所体现的这样一种情怀，这样一种精神状态、工作状态，也是其他许多文化人所共有的。

在连续经历过全面抗日战争、解放战争十余年战火硝烟的洗礼后，新中国伊始所面对的是一个百废待兴、百业待举的局面。国家建设的许多方面都只有国民党留下的一个烂摊子，科学事业也是如此。

共和国的最高决策者们早就意识到迅速发展科学技术，对于建设新中国来说是非常重要的一个方面，所以还在新中国成立前夕的 1949 年春，中共中央就已经考虑了将要建立中国科学院的问题，并在 7 月召开了中华全国第一次自然科学工作者代表大会筹备会议，把科学发展和科学家队伍的建设提上了议事日程。

1949 年 10 月 31 日，中央人民政府主席毛泽东签署政府令，向郭沫若颁发中国科学院印信。

按照政务院第二次政务会议的决定：中央人民政府各部、会、院、署，一律于 1949 年 11 月 1 日正式开始办公，中国科学院也于 1949 年 11 月 1 日开始办公，并且此后即以这一天作为中国科学院成立日。

郭沫若受命担任中国科学院院长之后的首要任务，是建立起这个全国的科学研究机构，组建一个科学工作者的队伍，并确立科学院发展的方针大计。

在建院之初的一次干部会议上，郭沫若在谈到科学院今后的工作方向时说："执行共同纲领，发扬新民主主义的文化，即民族的形式，科学的内容，与大众的方向，及反对封建的法西斯主义的文化。""国家施政有缓急轻重，我们的国家现在必须要尽速医治战争疮痍，因此，现在的政治重点应该放在经济建设方面。提高发展生产需要科学技术、自然科学。现在人才太少，我们得赶快训练大批人才，掌握住进步的技术以达到发展生产的目的。"

国民党在撤离大陆时遗留有北平研究院和中央研究院的部分研究机构，这些研究机构大多科研设备落后陈旧、残缺不全，科研人员总共只有二百多人。在郭沫若的筹划和领导下，中国科学院建院工作首先围绕调整研究机构、调集科研力量、建设基础设施、制订科学规划几个方面展开。

在接收了原属北平研究院、中央研究院的研究机构以及一些独立的研究机构后，将它们重新组合调整为 21 个研究单位，同时筹建了 4 家新的研究单位，这样就顺利完成了中国科学院研究机构的组建任务。

1950 年 6 月，郭沫若在中国科学院扩大院务会议上，做关于中国科学院方针任务的报告。报告的第一部分阐述科学研究方向的确立：要确定科学研究为人民服务的观点。要根据近代科学研究发展的趋势，并吸取国际进步科学的经验，做有计划的理论及实验的研究，以期赶上国际学术水平。科学研究要有计划性与集体性。第二部分强调科学研究人才的培养与合理分配：加强研究人员的政治学习。与各大学及其他专门人才训练机构联系，相互协助，全面筹划专才的训练。同时调查全国科学人才，做有计划的分配与补充。号召并协助留学国外的科学研究人才返回祖国工作。第三部分说明科学研究机构的调整与充实。报告以《中国科学院的基本任务》为题发表在《新华月报》上，这就是中国科学院建院发展的方针大计。

与中科院几位副院长一起在北京郊区为中国科学院勘选新址

相比于研究机构的建立，科学家队伍的组建是一项更复杂的工作。除了原北平研究院和原中央研究院的研究人员，还需要争取和团结海内外的科学家们为新中国的科学事业服务。郭沫若为此做了许多细致的工作，著名地质学家李四光、物理学家赵忠尧回国事宜，都经由他亲自过问乃至做出具体安排。

李四光在新中国成立前夕赴英国参加国际地质大会,会后便滞留在英国。新政协已经把他列为委员,所以动员他一定要尽快回国。根据周恩来的布置,郭沫若利用前往布拉格出席保卫世界和平大会的机会,专门带了一封信给李四光。接到信后,李四光很高兴,马上就做了回国的准备。但是国民党政府驻英大使闻讯后,以扣押他为威胁,百般阻止李四光返回国内。在这种情况下,李四光不得不以旅游的名义先前往瑞士,再辗转法国、香港才回到内地。得知李四光到达香港后,郭沫若即以院长名义致函政务院文教委员会,告以:"本院李副院长四光,不日即从香港来京,本院一时尚无适当住所,拟请函政务院招待处暂行招待,以便觅屋为荷。"在李四光到达北京的那天,郭沫若亲自到前门火车站去迎接他。李四光回国后担任了中科院副院长,与郭沫若一起投入到建设新中国科学事业的工作中。

新中国成立之初,中央人民政府即号召海外专家学者返回祖国参加建设,留美的一批科学家钱学森、邓稼先、赵忠尧、鲍文奎等人立即响应了这一号召,纷纷决定回国,却因此受到敌视新中国的美国政府的极力阻挠。

1950年4月,中国科学院副院长竺可桢接到原中央研究院物理所钱临照教授的来信。信中告之:原子物理学家赵忠尧决定从美国归国,并拟在美国替中国科学院物理所购买一些仪器设备,以利于回国后开展研究工作。赵忠尧希望中国科学院能为他开具一张证明书并准备其他一些事宜。郭沫若得知消息后,立即批示:"同意,速办。"随后,他以中国科学院院长名义致电赵忠尧说:"欢迎回国,并请告知船名。"在得到赵忠尧将乘坐"威尔士号"邮轮于1950年9月19日到达广州的答复后,郭沫若联系了广州市市长叶剑英,请他代为照料,并通过叶剑英向赵忠尧发出欢迎电:"欣闻归国,谨致欢迎敬礼,盼先至京共商研究事。"

然而不久,情况突然发生变化,当"威尔士号"邮轮途经日本横滨港的时候,赵忠尧等三位科学家被驻日美军非法扣押。消息传来,郭沫若一方面致电安慰赵忠尧在南京的家属，另一方面致电在美国加州理工学院的一位中国教授询问赵忠尧等被扣押的具体情况，以便制订营救方案。同时，他又联系外交部，请求协助营救。

1950年9月25日，郭沫若以中国保卫世界和平大会委员会主席的名义致电保卫世界和平大会主席约里奥·居里，吁请该会号召全世界科学家谴责美国政府"蹂躏人权，摧残科学家的暴行"。9月26日，北京189位科学家和大学教授联名发表声明，抗议美国政府逮捕中国科学家，并经外交部同意后，向全世界发出了通电宣言。

在组织营救措施的同时，郭沫若得知赵忠尧在国内的家眷因其被扣押而失去了生活来源，他立即指示科学院有关部门，提前为赵忠尧核定任教授，月薪680元（这在当时是相当于中央人民政府主席的工资），在赵忠尧回国前先按月薪的70%支付给其家眷作为生活费，由中科院华东办事处南京分处按月交给赵忠尧的家眷。

经过两个月的多方努力，美国当局迫于舆论和正义的力量，不得不以"误会"为借口，释放了三位中国科学家。1950年11月28日，赵忠尧等三位科学家终于经香港通过深圳罗湖桥踏上了崭新沸腾的大地。

赵忠尧回国后，主持建造了我国第一台质子静电加速器，使我国原子物理研究的能力提高到一个新的水平，并为日后第一颗原子弹的研制提供了必要的准备。

从全国各地的一些大学、研究机构商调各学科的科学家的事，郭沫若也都是亲自过问。譬如，为从山东大学调请生物学家童第周、曾呈奎，从岭南大学商请数学家姜立夫到中科院工作，郭沫若都亲自致信联系，甚至为两位赴山东大学（时在青岛）做联系工作的动物研究所研究人员购买卧铺车票而致函北京东车站，请其提供便利。

新中国成立初期，在郭沫若的主持下，中科院组织力量，对全国科技力量和人才状况进行了两次详细的调查，基本上摸清了家底。在充分调研的基础上，选配了各个学科的带头人，聘请了二百余位知名专家学者作为中科院专门委员会成员，从国内外广纳人才，汇集了一批各学科的中坚力量，从而为中科院的长久发展，奠定了一个坚实的科研队伍基础。

随着新中国科学事业的发展，科学院在建立初期那种隶属于政府部门的组织形式已经不大适应发展科学技术的需要，它难以真正发挥作为国家科学技术最高学术机构的作用。1955 年 4 月，在郭沫若主持的一次院务工作会议上，通过了中国科学院给国务院的报告，提出改变中国科学院的组织形式，成立学部及各研究所学术委员会，确立我国的学术称号与学位制度，以院士大会为最高领导机关，使中国科学院成为在国务院领导下的国家最高学术机构，作为领导推动我国科学事业的中心。报告很快得到国务院批准。

1955 年 6 月 1 日，中国科学院举行了学部成立大会，宣布成立物理学数学化学部、生物学地学部、技术科学部和哲学社会科学部。郭沫若兼任哲学社会科学部主任。

1958 年 2 月，第一届全国人民代表大会第五次会议，通过周恩来提出的关于中国科学院院长、副院长任免程序的提案。提案指出："中国科学院过去是中央人民政府政务院的一个组成部分。院长、副院长是由政务院提请人民政府主席任命的。现在，中国科学院是国家的最高科学研究机关，受国务院指导。因此，院长、副院长的任免，建议由国务院总理提名，全国人民代表大会决定，中华人民共和国主席任免。"

2 月 11 日，毛泽东主席再一次任命郭沫若为中国科学院院长。

郭沫若在新中国成立后担任了许多职务，作为中科院院长的工作，大概是他花费精力最多的一项管理工作。从建院选址、机构调整，到建立规章制度，从研究所图书资料的建设，到研究人员的薪资待遇，事无巨细，郭沫若都亲力亲为。他特别重视各所的研究工作，将建院初期每周三次的院务会议改为每周只汇报一次工作，还曾提出在院务会议上宣读论文的建议，就是要求院所领导不能脱离科研业务。

郭沫若自己在科研方面身体力行，尽管行政管理工作繁多，仍不断有历史学方面的学术著作推出。对于一般研究人员的研究工作，能够过问的，他会大力支持。哲学所研究人员王明，编校恢复了一部失传的道教典籍《太平经合校》。书稿送到中华书局，书局为慎重起见致信郭沫若，征询出版意见。哲学史或宗教史，虽然不是郭沫若研究的领域，但他以历史学家的学识看到了《太平经合校》的学术价值，也看出了王明所下的功夫，所以明确表示意见："能印出来，大有用处。"后来又在中华书局正式征询出版《太平经合校》的信函上签署了希望尽快出版的意见。几个月后，《太平经合校》（全二册）由中华书局出版发行。

老学者杨树达将其所作《竹书纪年所见殷王名疏证》寄给郭沫若，郭沫若读后即为其代投稿至《光明日报》的学术副刊发表。另一位老学者江绍原将学术论文《剥卦解》寄送到郭沫若处，征询他对文章内容的看法和发表的意见。郭沫若详细做了回复，甚至悉心到嘱他使用有格稿纸誊写清稿，以便编排人员计算字数。像这样的事情屡见不鲜：学者们将完成的著作往作为中科院院长的郭沫若那里一送，他需要抽时间校读，提出具体意见，还得为他们考虑出版或发表的问题。这称得上事必躬亲了。

为了推动科学事业更快发展，1956年，国务院即成立了科学规划委员会，邀请了以科学院学部委员为主的全国各方面的四百余位科学家，制订了全国12年科学规划纲要。到1963年，纲要中规划的基本任务已经提前完成，新中国的科学技术发展到一个新的阶段。中国科学院也提前完成了所分担的任务，作为院长的郭沫若十分欣慰，他几次拿出自己的稿费，宴请有重大贡献的科学家们。

二 经霜红叶恋故枝

1955年12月1日，郭沫若率领中国科学代表团抵达东京，开始了对日本为期三周的访问。中国科学代表团的这次出访虽然是民间性质的，却是新中国成立初期一次重要的外交活动，是战后中日关系发展史上一次重要的访问。它对于郭沫若来说，也具有非同寻常的意义，因为这是他时隔 18 年后，再一次踏上那片他称之为第二故乡的土地。

事实上，邀请郭沫若访问日本，在许多日本朋友当中已经酝酿了很长时间。还是在 1953 年初，郭沫若在冈山六高留学时的老师藤森成吉曾给他写信说，相信还会有重逢的机会，希望能在日本再次畅谈。郭沫若于 1953 年 2 月 20 日从北京给藤森成吉复信，说："我收到您和其他三四位日本作家给我的信，我非常高兴。中日人民兄弟般的友谊是会永恒发展的。"不过，他此时还无法预料何时可以在日本与昔日的师友重逢。

1954 年秋，一位毕业于九州帝国大学医学部的校友柏木正一，找到郭沫若当年的老师小野寺直助，提出邀请郭沫若访问日本的想法，小野先生非常赞同。之后，他们便在九州大学（即原九州帝国大学）发起了一个邀请郭沫若访日的运动，并且得到日中友好协会副会长内山完造的大力支持。1955 年 8 月，九州大学正式成立了以山田校长为委员长的全九大实行委员会，10 月，以山田校长的名义向郭沫若发出了邀请信。

与此同时，日本学术会议会长茅诚司在 1954 年率团访问中国时，也向担任中国科学院院长的郭沫若多次表示了希望他能访日的愿望。回国后，他们为此做了大量工作。日本学术会议是一个全日本科学家的代表机构，直属于内阁总理大臣管理。经过多方准备，日本学术会议于 1955 年 9 月中正式向郭沫若发出访日的邀请。

这些日本友人之间的不谋而合，实际上反映了在新中国成立后，日本人民希望中日之间能够和平共处、缔结友好邦交关系的热切愿望。郭沫若则因为其二十年日本生涯的特殊经历，被人们视为一个表达、沟通美好愿望的使者。

郭沫若率领的中国科学代表团，是由中国自然科学和社会科学界最著名的一批专家学者组成的，包括茅以升、翦伯赞、苏步青、冯乃超、尹达、汪胡桢、冯德培等人。这绝对是中日之间一次高水平的学术交流活动，作为团长的郭沫若当然为此而骄傲。但是在团长这个身份之外，更让郭沫若期待的或许还有对于昔日友情与时光的回忆、寻访，毕竟那是留驻了他二十年岁月沧桑的一片土地。

中国科学代表团是在 1955 年 12 月 1 日晚上飞抵东京羽田机场的。代表团一行一走进候机大厅，就看到大厅挤满了欢迎的人群，其中有许多面孔是郭沫若所熟悉的，从这一刻起，他感到自己被浓浓的朋友情谊包围了。

次日一早，就有日本朋友到下榻的帝国饭店来拜访，其中一位是内山完造。内山完造此时担任日中友好协会副会长。二人寒暄过后，郭沫若即向内山完造问道："文求堂的田中先生还健在吗？"得知田中庆太郎已经故去，又问道："夫人现在怎样呢？我很想见她一次，请你帮助给联系一下。如果可能，我很想去为田中先生扫墓。"郭沫若告诉内山完造说："田中先生曾经帮了我很大的忙。我在日本写的书，如果没有文求堂，没有田中先生的帮助，是不可能写出来的呀！"

内山完造为郭沫若如此重友情十分感动，他当日便联系了田中庆太郎的夫人岭子。郭沫若在 12 月 3 日的正式活动后见到了岭子夫人和田中庆太郎的其他家人，12 月 4 日又专程前往叶山高德寺祭扫了田中庆太郎墓。

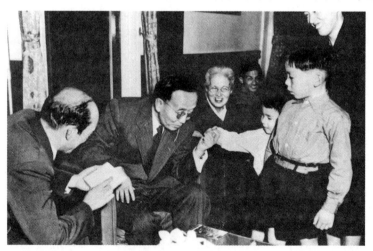

在东京探望田中庆太郎的遗孀和后人

代表团前两日的活动是在紧张的拜会、座谈、访问、宴请中度过的，然后，主人把代表团一行安排到箱根去度周末。箱根位于毗邻东京的神奈川县，地处关东丘陵地带，景色秀丽，温泉如注，是日本著名的游览胜地。虽然已经入冬，关东地区的气候如同北京的深秋季节。绵延起伏的丘陵地上处处层林尽染，放眼望去，全然一片红的、黄的色彩的旋涡。

郭沫若和代表团一行刚走进下榻的富士屋饭店，就见已经有几位老朋友等在大堂里，除了内山完造在东京已见过，他一眼便认出了其中的村松梢风和藤森成吉，他们正在大堂的一角交谈。郭沫若走过去，在村松的肩上轻轻拍了一下，说："少见了，村松先生！"村松也答以"少见了"，两人于是握手、拥抱。

当年，郭沫若与村松梢风在分别被东京警视厅拘捕后，村松有意拉开了与郭沫若的距离，两人之间的交往不免冷淡了起来。这一次当他知道郭沫若率团访日，忆起十几年前的旧交，还是感到很怀念、很亲切的。但是想到曾经对郭沫若的冷落，况且郭沫若如今是中国的大人物，村松觉得恐怕没有可能见到郭沫若，于是便写了一张明信片还画了几笔画，寄给郭沫若，对他的到访表示欢迎和祝贺，也算是表达一点旧友的情谊。让他没想到的是，第二天，便收到郭沫若托另一位日本朋友打给他的电报，邀请他晚上到箱根会面。

在会面时，他们谈到分别后各自的情况，关心地询问彼此都熟悉的两国一些作家的近况，但是谁也没有提起过去不愉快的事情。村松梢风后来把在箱根的这一次见面写在一篇文章里。他写道："如今，郭先生忘掉了过去的一切，怀恋他前后度过 20 年的第二故乡——日本，从心里高兴地接受着人们对他的欢迎。他对于像我这样的人，也既往不咎，而且作为老朋友把我请来，今晚竟做了郭先生个人的客人。他还把中国的各位学者介绍给我，使我度过了一个愉快的夜晚。"

藤森成吉在两年前给郭沫若写信，表示希望有机会再一次见面的时候，其实并没有想到机会这么快就来了。所以，得知郭沫若到达东京的消息后，即从位于逗子的寓所专程赶到箱根，会见这个长自己一岁，四十年前教过的学生。

四十年前，藤森成吉在冈山第六高等学校给郭沫若那个班级教授德语，那时讲课所用的课本是歌德等德国文学家的原作，这使郭沫若开始接触并喜爱上了歌德与德国文学。藤森成吉在六高任教的时间只有一年，但他清楚地记得郭沫若当时是一个很安静的学生，耳朵有些背，日语可以听讲，说起来还有些困难。于是他对静静地坐在后排听课的郭沫若说："郭君，你到前面来坐吧。"只是那时他无论如何也不会想到，这个总是静静坐在后排听讲的中国留学生，日后与他成了同行。

藤森成吉在辞去教职后专门从事文学创作。他的创作开始属于白桦派，后来转向新现实主义、无产阶级文学，并成为日本著名左翼作家。

不知是不是巧合，郭沫若在文学创作上所走过的道路，与藤森成吉很有相似之处。他在《女神》时期主张表现自我、充满理想激情的浪漫主义文学倾向，明显受到过主张以个性和自我为本、追求理想主义的日本白桦派的影响。1923 年，白桦派文学运动在实际上宣告结束，藤森成吉这时已经加入社会主义同盟，其创作内容转向无产阶级文学一派。稍晚一些，从 1925 年开始，郭沫若和创造社同人们也表明了"方向转换"，开始倡导无产阶级革命文学。

1928 年初，郭沫若流亡到日本的时候，藤森成吉刚刚当选为全日本无产者艺术联盟（纳普）的第一任委员长。在他主持下创办了《战旗》杂志，在 1928 年 7 月出版的第 3 期上刊登了作家藤枝丈夫、山田清三郎采访郭沫若、成仿吾所写的访谈记《中国的新兴文艺运动》《访中国的两位作家》，访谈的内容主要关于中国的无产阶级文学运动。这次采访实际上是两国之间无产阶级文学运动的一个交流活动。郭沫若与藤森成吉就是在那时续上了师生加同行的交谊。郭沫若后来选编翻译了一本《日本短篇小说集》，这是他卷帙浩繁的译著中唯一的日本文学译作，其中选译了藤森成吉的两篇小说。

流亡日本的十年间，郭沫若多次往访藤森成吉的家，他们在一起谈诗、品画。有一次，藤森成吉把他收藏的日本江户时期著名画家渡边华山的画拿出来给郭沫若看。华山的画上都有题画诗，藤森问这些诗中哪一首最好。郭沫若把每一首诗都用汉语出声地读了一遍，然后选出一首说："这首最好！"这是华山最为著名的一幅画作《老马图》上的题画诗。藤森成吉这时正在以华山的绘画生涯为题材，创作一部长篇历史小说《渡边华山》。对于两位作家来说，这样的交谈总是非常愉快和有趣的，不过战争中断了这样的交往。

这些往事，成了郭沫若与藤森成吉在箱根会面的主要话题，这让人感到十分亲切。藤森成吉在会面中一再诚挚地邀请郭沫若到家中去做客。盛情难却，郭沫若后来利用访问日程间隙的一个晚上，专程去藤森家登门拜访。当他们二人坐在榻榻米上一边品着日本清茶，一边鉴赏藤森成吉拿出来的藏画时，时光仿佛倒退到二十年前的一刻。

在箱根和以后几天的访问日程里，郭沫若会见了许多老朋友，也结识了一些新朋友：著名作家谷崎润一郎、被称为"棋圣"的吴清源、须和田故居昔日的邻居们……他特别安排参加了一直致力于日中友好和世界和平运动的大山郁夫的葬礼，专程祭扫了负有盛名的岩波书店主人岩波茂雄的墓。

他还应邀在日本著名学府早稻田大学做了一次演讲。没有用讲稿，历时两个小时，郭沫若滔滔不绝地从古至今，讲述了中日两国之间文化交往的悠久历史，也展望了中日之间关系的未来。会场上一直掌声、欢笑声不绝，演讲受到学生们极为热烈的欢迎。

在有一天访问活动结束后，茅诚司会长特意安排郭沫若一行去上野的一家荞麦面馆吃荞麦面。荞麦面是日本寻常百姓日常吃的一种大众食品，专卖荞麦面的小面馆在大街小巷比比皆是。郭沫若过去就最爱吃荞麦面，当然那时一直生活清贫的他和一家人，在外面也只吃得起像荞麦面馆这样的小餐馆。

他们光顾的是一家叫"莲玉庵"的面馆，汉字草书写就的匾额，原木本色的餐桌，陶制餐具，很古朴清雅的一家小店。荞麦面虽为大众食品，却有许多吃法，主人请郭沫若点自己喜爱的吃法，他点了"笊荞麦"。这种吃法是把煮好的荞麦面摆放在小笼屉上，另以酱油、白糖、料酒、鱼干做成调味汁，把面条放进调味汁里蘸过食用。吃时佐以葱花、萝卜泥，也可以放辣椒面。吃着久违了的"笊荞麦"，郭沫若十分高兴，一连吃了五屉。店主人又端上烫好的清酒，郭沫若与大家开怀畅饮。

用过餐后，店主人拿来斗方请郭沫若题字留念，他欣然提笔写下一张："荞麦五枚，清酒二十杯，满足了十八年之愿望。"意犹未尽，又在第二张斗方上题了两句诗："红叶经霜久，依然恋故枝。"这是他住在箱根的第二天一早写就的。那天清晨，郭沫若一觉醒来就听到外面清亮悦耳的鸟啼声，推开窗子望去，一面山坡上尽是深秋的红叶，他随口编吟出一首绝句："红叶经霜久，依然恋故枝。开窗闻小鸟，俯首拾新诗。"

像吃荞麦面这样的生活细节，在东京几天的访问中，几乎随时都伴随着郭沫若，使他不由得沉浸在美好亲切的怀旧思绪里。他曾经多次说过，日本是他的第二故乡。而这次访日，对他而言，不正好像经霜已久的红叶，依然眷恋故枝一样的吗？可是他来这里，毕竟不是为了怀旧，这是一次要把过去、今天，应该还有未来连接在一起的访问。"俯首拾新诗"，郭沫若希望新老朋友们一起去谱写生活中新的诗篇。

在东京地区的访问结束以后，郭沫若和代表团一行先后又访问了京都、冈山、广岛、福冈等地。日中友协副会长内山完造一直陪同郭沫若和代表团进行访问活动。日中友协虽然不是中国科学代表团访日的邀请方，但内山完造与郭沫若有多年老朋友的情谊啊！

在福冈，也就是郭沫若的母校九州帝国大学（战后更名为九州大学）所在地，郭沫若和代表团受到了更加热烈的欢迎。许多市民也参与到欢迎的活动中，日本方面还特意组织了一次由各界市民参加的演讲会，请郭沫若发表演讲。

九州大学是日本著名的国立大学，代表团的各位专家学者分别与九州大学的同行们进行了各种学术交流。

对于郭沫若来说，又见福冈，重返母校，当然别有一番滋味在心头，他的行程也包含了更丰富的内容。

一别32年，这里的一切早已不复旧时模样。原来校舍掩映其中的十里松原消失了，曾经在租屋左近的称名寺毁于战火，网屋町的小渔村代之以现代化的码头……依稀可见的只有母校校园内几幢残存的小楼。这里留下了郭沫若太多的记忆。

与母校老师的会面是非常轻松愉悦的。讲授内科学的小野寺直助教授、讲授病理学的中山平次郎先生、讲授生理学的坂垣政参先生，他们都已经白发苍苍，却依然精神矍铄。他们还记得这个中国学生，"你就是郭开贞啊！"郭沫若自称算不上一个"好学生"，这是指他自己在九州大学毕业后的弃医从文，但老师们还是为教过这样一位中国学生而感到自豪。

与年轻同学们的相见则是融在一片热烈欢快的气氛中。在学校组织的讲演会上，面对三千学子，郭沫若以一个校友的口吻亲切地与他们"漫谈"。

"……就这样，我在30多年前从我们的母校，从母校的老师们那里学到了许许多多的好东西：爱祖国，爱人民，爱真理，爱和平。我因为学习了这样一些宝贵的东西，假使说我同我的老师，同我们的母校相别了30多年多少还有一些成绩的话，那么今天要向我们母校，向我们的老师表示衷心的感谢……"

两个多小时的即兴"漫谈"，有深情的回忆，有谆谆教诲，也有诚挚的希望。会场内一直掌声、欢笑声不断。一个学生在演讲会结束后激动地说："最近一段时间，我从没有受到感动，只是得过且过地过着怠惰的生活。听了郭先生的讲演，好像从明天起我要获得重生，变成另外一个人。"

郭沫若率领的中国科学代表团在日本的访问，引起了热烈的反响，取得了圆满的成功。这次访问活动，在战后中日关系发展史上也具有重要的意义。而郭沫若以其独有的经历和富于亲和力的个性魅力，起到了他人所无法替代的作用。

毛泽东主席非常重视中国科学代表团的这一次出访。郭沫若和代表团刚一回到上海，正在杭州的毛泽东马上就把郭沫若请去，听他汇报了出访的情况。

三　创办中国科学技术大学

郭沫若在科学院的工作中，对于培养年轻的科技人才非常重视，每年都要选派青年科技人员到苏联和东欧的几个社会主义国家当研究生或进修，以提高业务水平。在国家制订了12年科学规划纲要以后，在全国范围内掀起了一个"向科学进军"的热潮。

为了实现科学技术现代化，尽快培养出各个学科的大量专门人才成为首要任务。1958年初，北京一些研究所的科学家提出，可以依靠科学院各研究所众多研究人员的优势办一所大学，培养科技人才。郭沫若觉得这个想法很好，5月9日，他联合一些科学家向党中央写出报告，建议由中国科学院创办一所大学，采取"全院办校，所系结合"的办学方式。

6月初，中共中央书记处经会议讨论后由邓小平做了批示，批准了这个报告，刘少奇、周恩来等领导人审核同意书记处的决定。中国科学技术大学在北京正式成立。中共中央宣传部于10月22日发公函给中国科学院党组，告以中共中央批准任命郭沫若兼任中国科学技术大学校长。

由于当年的大学招生工作在即，中国科技大学的筹建只有三个月时间，校舍、生源、教职员工、教学计划、后勤供应等一系列问题，都是迫在眉睫需要解决的，郭沫若一一亲自过问。校舍不足，他与中国科学院党组书记张劲夫出面奔波，向其他单位筹借礼堂、宿舍。没有教师，他主持校务委员会聘请了中国科学院一批著名科学家，像严济慈、华罗庚、钱学森、赵忠尧等任教。赶不及招生工作安排，报中央批准后，从当年全国各地考生中为中国科技大学优先录取了1600名成绩优异的新生。

郭沫若还亲自为中国科技大学撰写了校歌，专门约请著名作曲家、中国音乐家协会主席吕骥谱曲，并一起教学生学唱："迎接着永恒的东风，/把红旗高举起来，/插上科学的高峰！/科学的高峰在不断创造，/高峰要高到无穷，/红旗要红过九重。"

1958 年 9 月 20 日，中国科学技术大学成立大会暨第一届学生开学典礼举行，郭沫若以校长的身份致辞。这份讲话稿是他亲手起草的，并送周恩来总理审阅，周恩来看过后赞许其为中国科技大学的"施政方针"。

1958 年中国科学技术大学开学典礼上，与同学们一起观看文艺演出

郭沫若在致辞中提出了中国科技大学办学的"三纲""五化"。"三纲"为：政治挂帅，党的坚强领导；勤工俭学，教学、研究与生产劳动相结合；抓尖端科学技术，为国家服务。"五化"是：思想马列化，生活工农化，组织军事化，教学集体化，技能多面化。他强调在中国科技大学的办学中要"在实事求是的基础上大胆创造，在大胆创造的风格中实事求是"。要求学生们"不仅要创建校园，而且还要创建校风，将来还要创建学派"。开学典礼结束后，郭沫若与同学们一起在学校的大食堂吃午饭，下午又观看了同学们表演的文艺节目，他也亲自登台，朗诵了自己创作的一首新诗词，然后与同学们一起观看了一场电影。

借助中国科学院的强大实力，郭沫若极力主张实行"全院办校，所系结合"。中国科技大学所设立的 13 个系和 41 个专业，都是当时国内首次设立或是少有的新兴学科专业。它的办学目标，就是为国家培养急需的尖端科技人才，同时形成自己的特色。从那时开始，中国科技大学为我国的社会主义现代化建设培养出大批高质量的科学技术人才，许多活跃在当今科学技术各个领域的杰出人物，如人们熟知的张瑞敏、杨元庆、王永民、邓中翰等都是中国科技大学培养出来的学生。

1959 年的元旦，郭沫若是与学生们一起度过的。在庆祝会上，他当场为同学们赋诗三首，既是谆谆教诲，也表达了他作为校长的期望。诗是这样写的：

> 凡事不怕难，临事不须惧。
> 不作浮夸家，两脚踏实地。
>
> 绳可锯木断，水可滴石穿。
> 苦干兼巧干，坚持持久战。
>
> 路要两腿走，唱要有节奏。
> 既要专能深，还要红能透。

在第二个新学年开始的前夕，郭沫若根据中国科技大学办学一年的实践，精心准备了一份开学典礼讲话稿《勤奋学习，红专并进》。在这个长篇讲话中，他要求同学们在学习中首先解决为谁服务的问题，逐步形成正确的世界观、人生观，其次要重视基础学科知识的学习，为进入专业学习和搞好尖端科学打下根底。他提出要鼓励个人钻研，发扬个人的首创精神，敢想、敢说、敢做。同时强调要重视学习外语，提出学习科学技术的人起码应该掌握两门外语，以吸收外国先进的东西，赶上国际水平。他让大家考虑，高年级的专业课可以用外语讲授，并用自己的亲身经历说明做到这一点并不难。在讲话中，郭沫若还特别总结概括了中国科技大学的校风应该是："勤俭办学，艰苦朴素，红专并进，团结互助。"从此，这就成为中国科技大学的一个优良传统。

除了办学的大政方针，郭沫若对学校的许多具体事情都要亲自抓，亲自过问。每年一度的开学典礼、毕业典礼，只要是在北京，他都会出席并做讲话，许多讲话稿也是亲手动笔写。学生的事情、学生的来信，他总是亲自处理。

办学初期，正是国家处于经济困难的时期，许多学生是来自工农家庭的，经济上就更困难，有的同学入冬后还没有棉衣，睡草席。郭沫若和钱学森教授得知后，拿出几万元稿费给学生置办冬装。郭沫若还给每个学生发了一把计算尺，有的同学一直用到今天。春节期间，有许多学生不能回家与远在外地的家人团聚，郭沫若就到学校里与他们一起吃年夜饭，还自掏腰包，给几百个学生每人发上一份"压岁钱"。

有个学生因病休学时间太长，按规定要做劝其退学处理。这个学生给郭校长写了一封信，说明自己在病休中一直坚持自学，有信心跟上教学进度，请求校长能帮助他继续学业。那时的年轻学子们得到一个读大学的机会是很不容易的，郭沫若看到信后，将信转给学校有关部门，并建议可以考虑先让这个学生留校考察一段时间再做决定。学校有关部门同意了他的建议，经考察留下了这个学生，使他最终顺利完成了学业。

1959年适逢新中国成立十周年，宣传媒体当然会有许多新中国成立十年社会主义建设事业各方面成就的宣传报道。人民画报社想到要报道一年前建立的中国科学技术大学，于是联系了中国科技大学。时任中国科技大学党委书记的郁文，商请兼任校长的郭沫若亲自撰文介绍科技大学，为他准备了一些资料。郭沫若很快写成一文，并以手稿寄送人民画报社。人民画报社收到郭沫若手稿的当日就"打字发稿"。因为刊登文章的标题拟用郭沫若手迹，所以编辑部在退还作者手稿前，从原稿上剪下了标题。郭沫若这篇文章题作《中国科学技术大学》，配有一组照片，刊发于《人民画报》1959年第12期。郭沫若在文中写道：

　　我们的社会主义事业，终极的目的就是要不断地提高人民的物质生活和文化生活水平，因而我们要不断地扩展科学的基础。

　　中国科学技术大学建立的目的就是为了适应目前的时代而担当建设的任务。

　　这个大学直属于科学院，有它的特别便利的地方。科学院有不少的高级研究人员、高级专家可以到大学里来任课，大学的学生可以到科学院的各个专业研究所去实习，教学与研究是紧密地结合着的。

　　这篇文章虽短，却对中国科学技术大学做了很好的宣传报道。亲笔而为，这在那时的大学校长们里似乎还是绝无仅有的。

1963 年夏，与陈毅、聂荣臻副总理一起参加中国科技大学首届毕业生毕业典礼

　　中国科技大学是培养科学技术专业人才的工科大学，但作为校长的郭沫若还十分重视对学生文化素质的全面培养。他希望同学们也学习一些文科知识，他曾对学生发出号召："我们的年轻的科学家应当懂点文学，我们的年轻的文学家应当懂点科学。"6013 级的一个学生响应郭校长

的号召，利用课余时间阅读了不少文学书籍，并且创作了一些诗歌，然后拿给同学们传看。大家鼓动他把自己的诗作寄给校长，请他指点。这个学生于是大胆地给郭沫若写了一封信，寄上自己的作品。郭沫若接到邮件以后，认真地把这个学生的习作全看了一遍，并亲笔写了回信，鼓励他说："你在科学专业之外，文学上有这样的修养是不错的。我在你的年龄时就不曾写出你这样的诗。这说明我并不是'天才'。祝你努力，并注意健康。"

为让同学们开阔视野，增长各方面知识，郭沫若经常为他们组织各种报告会，多次请来陈毅、罗瑞卿、廖承志、荣高棠等给同学们做报告。请来川剧院、八一电影制片厂、北京电影制片厂的艺术家们演出文艺节目，与同学们联欢。为了丰富同学们的课余生活，郭沫若拿出自己的稿酬为学校建了一座游泳池。他把外宾送给他的一部16毫米电影放映机以及几部科普片和家中的电视机都送给了学校。

古稀之年的郭沫若，为中国科技大学的发展倾注了大量的心血。

第十七章 "江河洋海流新颂"

一 东风送暖到天涯

郭沫若在新中国成立后有了各种工作职务，他需要用大量的时间和精力去从事这些工作。但是，他仍然继续进行文学创作，而且有大量作品问世。在郭沫若的文学创作中，诗歌创作仍然是其文学写作的主要方式。

在新政治协商会议开幕前夜郭沫若撰写的《新华颂》一诗，发表在1949年10月1日的《人民日报》上，这可以称为他在新中国的开篇之作。诗人怀着巨大热情，以这首颂歌歌咏新中国的诞生。诗写得大气磅礴、豪情四溢。

1949年10月2日的《人民日报》又刊发了他的另一首诗作《四川人，起来》。这是一个游子呼唤故乡的解放之日快快到来的乡音：

> 四川人，起来！
> 像保路同志会
> 围攻成都府那样，
> 九府十三州，一百单八县，

全四川省的老百姓

一齐起来！起来！

拿着锄头起来，

拿着梭标（蛇矛）起来，

拿着板刀起来，

拿着菜刀起来！

牛耳炮也好，

鸟枪也好，

吊子刀，剪刀，锥针，

什么都好，

一齐拿到手里，

起来！起来！起来！

……

　　如说唱之词那样，通俗流畅、朗朗上口，口语化的语言生动、活泼，极富鼓动性和感染力。

　　《鲁迅先生笑了》是为纪念鲁迅逝世 13 周年而作，用叙事与想象结合的手法表达对于鲁迅的纪念："在西苑的飞机场上"，"在捷克首都布拉格"，"在先农坛的公共体育场"，"在中南海的怀仁堂"，"在天安门前的大广场上"，"我看见了你，看见你笑了"。"鲁迅先生，你是永远不会离开我们的，/……我仿佛听见你在说：'我们应该笑了，/在毛主席的领导之下，应该用全生命来/保障着我们的笑，/笑到大同世界的出现。'"

　　这几首诗都收入诗集《新华颂》，1953 年 3 月由人民文学出版社出版。这是新中国成立后郭沫若出版的第一本诗集，其中的诗作其实就是他在新中国成立后诗歌创作的范本，包含了之后其诗歌创作的几乎所有特点。它们所体现的创作理念和指导思想，也就是郭沫若一个月后在一篇谈诗歌创作的文章中所表达的：

诗歌应该是最犀利而有效的战斗武器，对友军是号角，对敌人则是炸弹。

因此，写诗歌的人，首先便得要求他有严峻的阶级意识，革命意识，为人民服务的意识，为政治服务的意识。

有了这些意识才能有真挚的战斗情绪，发而为诗歌也才能发挥武器的效果而成为现实主义的作品。

生活自然是必要的，没有生活便没有题材，没有斗争的生活甚至可以没有斗争的意识。

形式可以有相对的自由，歌谣体，自由体，甚至旧诗体都可以写诗，总要意识正确，人民大众能懂。但如所谓商籁体，豆腐干式的方块体，不遵守中国的语言习惯分行分节，则根本是脱离大众的东西，是应该摒弃的。

为了使人民大众能懂，诗歌的语言选择应该大费苦心。请采集民众的语言加以提炼，更从而提高民众的语言。

为了使语言丰富而品质提高，适当地吸收外国语法或铸造新词，仍然是必要的。但不能以好奇炫异为动机。

这些诗论所体现的核心观念是工农兵方向，是现实主义。这正是毛泽东《在延安文艺座谈会上的讲话》所确定的文艺方针。郭沫若已经将自己关于文艺工作的认识和思考纳入毛泽东文艺思想体系中，创作的文化语境发生了很大变化。

这样一种社会革命和政治态势之中的文化语境，决定了郭沫若的诗歌创作必然因应而变、因应而行。这一方面是郭沫若的个人选择，另一方面也是时代的选择。时代需要这样的诗人。其实，回看郭沫若的文学道路，从20世纪20年代中期倡导无产阶级革命文学开始，他曾不无夸张地宣称宁愿做个"标语人""口号人"，而不一定要做诗人，就已经预示了他的诗歌创作之路必然与社会革命紧密相关。

于是，这样的文化语境让郭沫若诗歌创作的走向出现了新的变化和特点。从形式到内容，题材的选择，审美意识的传递，诗歌表达的方式，语言的运用等，都与他此前的创作有所不同。

新中国成立后，如火如荼的社会主义革命和社会主义建设，激发了郭沫若诗歌创作的豪情与诗兴。总揽郭沫若的诗歌活动：他的新诗创作，再次焕发青春的激情，神采飞扬。旧体诗词创作更为圆熟，且不拘泥于陈规。他的创作方式大多直接描写现实生活的方方面面。正如《新华颂》所喻示的，郭沫若诗歌创作的一个基本主题和基本旋律是歌颂：颂扬社会主义革命和社会主义建设事业各个方面的成就，讴歌神州大地的大好河山，歌咏新时代的中国人，既有领袖人物、英雄人物，也有普通劳动者。

> 骆驼，你沙漠的船，
> 你，有生命的山！
> 在黑暗中，
> 你昂头天外，
> 引导着旅行者，
> 走向黎明的地平线。
> ……
> 看呵，璀璨的火云
> 已在天际弥漫，
> 长征不会有
> 歇脚的一天，
> 纵使走到天尽头，
> 天外也还有乐园。

这首名为《骆驼》的诗以丰富的想象、优美的画面，以及骆驼这个朴实无华的形象，热切地颂扬中国共产党领导社会主义革命和社会主义建设事业取得的巨大成就。

新中国成立后郭沫若的诗歌创作新旧诗体并重，题材遍及他所接触到的社会生活的各个领域和各个层面，包括各个地方、各行各业、各个历史阶段等，当然也包括国家政治生活中的大事。其题材之广泛前所未有：工业生产、农村新貌、边海防卫、水利工程、文艺活动、科学研究、教育工作、体育比赛、工农兵学商、妇女儿童各色人等的生活，在郭沫若那里无不能入诗，无不呈现在他笔端。他用诗记下了大千世界的万千景象。

当然，题材的过于宽泛，也会影响到诗歌的文学表达，并不是所有的生活场景都适宜用诗去吟诵。像宣传棉蚜虫的危害及防治办法的《防治棉蚜歌》，这样的题材写个快板书、大鼓词什么的或者还可以，作诗实在勉为其难了。

大量记游诗的写作，是郭沫若诗词创作的一个重要方面。郭沫若喜爱大自然，具有丰富的历史人文知识。因工作需要，他的足迹遍及神州大地。他在各地参观、考察，遍览祖国大好河山，且总是诗兴盎然。"雨后四山静，湖开一镜平。霞光映碧波，水色入心清。萼绿梅犹绽，芽黄柳待匀。东风孕生意，跃进遍江城。"诗人将所到之处的见闻、感触，激发的情怀，都写在记游诗中，每次少则十首八首，多则几十首。这些诗作新旧体形式都有，但以旧体诗词的形式居多，如：《遍地皆诗写不赢》（35首）、《豫秦晋纪游二十九首》、《广西纪游二十六首》、《咏福建二十二首》、《游大理十首》、《重庆行十六首》、《海南纪行八首》、《井冈山巡礼》（29首）等等。诗歌这一文体形式短小精悍，很适宜在这种生活情境中的审美表达。"爱山还爱海，山海皆爱之。山体森严律，海是自由诗。"一景、一物、点滴感触都能激发诗兴，即刻成诗。

1951年5月，全国妇联、全国文联、全国美术工作者协会等单位曾联合发起举办抗美援朝书画义卖展。何香凝、徐悲鸿合作画了一幅《枫鸽》，郭沫若为画作题诗："纵使天涯鹰隼多，不辞艰辛颂平和。熏风一片欣欣意，万里浮云送凯歌。"书画义卖展期间，郭沫若与多位画家合作了这样的作品。题画诗是郭沫若诗歌创作中很有特色的一种。

郭沫若擅书法，也能绘画，题画诗很早就成为他诗词写作尤其是旧体诗词写作的重要方面。新中国成立后郭沫若留下了相当多数量（尤其是在其集外佚诗中）的题画诗。他曾多次为齐白石、何香凝、徐悲鸿、陈半丁、傅抱石、关山月、李可染、关良、程十发、王雪涛、邵宇等许多著名画家的画作题诗。这些画作的题材广泛，而题画诗的诗意又不仅仅是在画意之中，更在画意之外，它们包含了丰富的社会、文化、史实、史事、人际交往关系等方面的内容。以题诗和书画三位一体呈现的艺术佳作，更是极富有中国文化传统特色的一种艺术创作。

郭沫若参与各种社会活动、对外文化交往的经历非常丰富，包括国务活动、外事活动、学术活动、文化活动、民间文化交流等等。他为此留下了大量诗词作品。1954 年，苏联和平大会邀请郭沫若在格鲁吉亚参观访问，其间他创作了二十余首诗。1955 年他率中国科学代表团访问日本，在这一次行程中，创作了近四十首诗。1957 年末，郭沫若率领中国代表团赴埃及出席亚非团结大会，其间撰写了十余首诗。这些诗作本身，可以说都构成了一段段的文化记忆、历史记忆。

新中国成立后郭沫若的诗歌作品在《新华颂》之外，陆续结集出版的有《百花齐放》《长春集》《潮汐集·潮集》《骆驼集》《东风集》《沫若诗集》等。此外，还有大量散佚于集外的诗歌作品，主要是旧体诗词。这些诗歌作品总计有 900 余篇（组），近 1300 首。

二 "紫万红千遍地开"

1958 年 3 月至 4 月，郭沫若在十天之内，一气呵成创作了一组诗《百花齐放》。"选出一百种花来写"，为每一种花创作一首诗（实际创作了 101 首）。

这样的选材、立意，气势不凡，实在出人意料，非能大手笔之人，是难做此想的（先不论全部诗作艺术上的优劣）。这组诗的创作显然是有起因和喻义的，那就是呼应"双百"方针，特别是"百花齐放"文艺方针，以之抒写对于文艺园地能够呈现百花齐放繁盛景象的热切期待。

"双百"方针的提出其实要早一些，是在 1956 年。那年 4 月，中共中央将"百花齐放，百家争鸣"确定为繁荣和发展社会主义科学文化事业的指导方针。也就在那一年夏季，郭沫若拟定了"百花齐放"的题目，准备选出一百种花来创作百首诗，并试作了三首。但诗没有写下去，因为思想政治领域开始了反右斗争，"双百"方针当然也未能很好贯彻。反右斗争结束就到了 1958 年，文艺界思想又活跃起来，大家在讨论革命现实主义与革命浪漫主义相结合的创作方法，这与毛泽东诗词的发表密切相关。

毛泽东继 1957 年发表《旧体诗词十八首》后又陆续发表了诗词《蝶恋花·游仙》（后改题作《蝶恋花·答李淑一》）、《送瘟神二首》。游仙词是旧体诗词中一种十分特别的体裁，内容多出于丰富的想象，借以表达词作者的高洁追求，具有浪漫主义色彩，词风豪放。毛泽东的《蝶恋花·答李淑一》非常典型地体现了诗词创作的浪漫主义色彩。

其实毛泽东的诗词创作，很多都运用了浪漫主义手法，富有浪漫主义色彩。而这种创作手法和包含的文学观念，在很长一段时间内实际上都是被将现实主义文学定于一尊的文学史所排斥，甚至否定的东西。所以，毛泽东诗词的发表，让郭沫若很振奋。

1958 年 3 月，郭沫若先后复函《文艺报》答其所问，复函《文艺报》主编张光年，又撰文《一唱雄鸡天下白》，在这些信函、文章中谈论、讲解陆续发表出来的毛泽东诗词。高度赞扬毛泽东的诗词创作"是革命的现实主义与革命的浪漫主义的典型结合"，称颂诗词中表达的浪漫主义情怀。他觉得毛泽东诗词具有标示性的意义：既以创作实践身体力行"双百"方针，也诠释了"百花齐放，百家争鸣"的精神。

6 月 20 日，郭沫若撰写了《浪漫主义和现实主义》一文。文章从"革命的现实主义与革命的浪漫主义"相结合的角度，在中国现代文学史发展的历史进程中阐释了两种文艺思想的关系。但如同他赞扬毛泽东诗词是两结合创作的典范一样，实际上他是在为多年被禁言的浪漫主义文学正名、张目。这从文章特意全文引录并解读毛泽东的词《蝶恋花·答李淑一》就可以看出来。文中写道：

> 在我个人特别感着心情舒畅的，是毛泽东同志诗词的发表把浪漫主义精神高度地鼓舞了起来，使浪漫主义恢复了名誉。比如我自己，在目前就敢于坦白地承认：我是一个浪漫主义者了。这是三十多年从事文艺工作以来所没有的心情。

"特别感着心情舒畅"，而且是"三十多年从事文艺工作以来所没有的心情"，可以想见作为诗人的郭沫若，内心翻涌着怎样的激动之情。

郭沫若作为中国现代新诗史上开拓者之一的地位，是与他浪漫主义的诗歌创作密切相关的。他与创造社同人张起浪漫主义文学大旗，代表了五四新文学"浪漫主义的黎明期"。但是五四以后，由于左翼文学运动深受苏联"拉普"（无产阶级文化派）文艺思想的影响，独尊"社会主义现实主义"的文学理论，浪漫主义文学主张差不多被宣判了死刑。这种状况一直延续了几十年。

就郭沫若个人而言，他在文学创作中实际上从来也没有真的放弃浪漫主义方法，只是从理论上不再提起。所以，当他自豪地宣称"我是一个浪漫主义者"时，他应该是想告诉人们：创作《女神》的那个具有浪漫精神和情怀的诗人回来了。这样一种创作心态的调整，对于诗人郭沫若当然非常重要，组诗《百花齐放》也正是在这一创作心态下写成的。

当然，由毛泽东诗词发表引发的郭沫若对浪漫主义文学精神的回归，并非他在诗词创作活动中的一种个人体验，而是说明了一种文化生态环境的调整。所以，郭沫若不仅在诗词创作，而且之后在戏剧创作、学术研究方面，都展示出更多的成果。

组诗《百花齐放》在郭沫若的诗歌作品中算不得上乘之作，但其创作时那种"诗兴的连续不断的侵袭"的状态，按郭沫若所记，在其以往的创作经历中只有过三次：一次在《女神》时期，第二次是写作《瓶》的时候，还有一次是《恢复》的创作——那时最多有一天写成六首的。他就是那种在浪漫激情中写作的诗人。《百花齐放》是在十天之内创作出的百余首诗，显然预示了诗人郭沫若已经渐渐进入一种文学创作激情涌动的亢奋状态。

这组诗，从形式结构、韵律，到遣词造句，都刻意于做新旧诗体的结合，可称之为新格律体。但组诗在艺术水平上参差不齐，有些诗意盎然，有些则只是缺少诗趣的文字叙述。

说到将新旧诗体结合，其实郭沫若一直在诗歌形式上不断做新的尝试。还是在《女神》时期，他的自由体诗歌创作就与民歌、民谣在语言、形式上具有了相互融合、相互影响的关系。新中国成立以来，郭沫若创作中的这种审美追求愈益突出、彰显，从《新华颂》《四川人，起来》等诗篇的创作中就可以看得到。他称赞屈原是一位"人民诗人"的一个重要的特征，"便是他的诗歌是采用着民歌民谣的体裁而把它扩大了。他也广泛地采用民间的语言，使僵硬化了的古代贵族形式的诗歌起了一次很大的改革"。

这也是郭沫若自己对新诗的追求。他将旧体格律诗与民歌、歌谣结合，以民歌体的形式创作了许多诗作，如《太阳问答》《遍地皆诗写不赢》等。1958年5月，郭沫若随中国文联参观团到达河北怀来花园乡参观，亲自观察、亲身感受热火朝天的农村生活，诗兴大发，用民歌形式创作了许多首诗。

> 花园乡是花果乡，
> 花园乡是诗歌乡。
> 万株果树种满园，
> 万首诗歌写满墙。
> ……

郭沫若用完全口语化、生活化的叙述，写下这首《花园乡颂》。

> 黄羊山，
> 人满山。
> 劈山开大渠，
> 歌声高过天。

这是一首题作《黄羊山》的小诗，简洁轻快的描写，表达的却是冲天豪气。

在花园乡为乡亲们朗诵自己的诗作

"你是一座山，/凭你的干劲，/就可以冲破天。//你是一座山，/再加上绿化，/把人间建成乐园。"（《你是一座山》）"'月亮少来星星多，/打井积极数哥哥。'这样的诗句空前古，/天上的月亮笑呵呵。//积极打井增生产，/文化跃进翻波澜。/生产口号过黄河，/山歌早已过江南。"（《山歌早已过江南》）郭沫若以民歌、民谣形式创作的这些诗歌，形象生动活泼，语言诙谐有趣，节奏欢乐明快，音韵朗朗上口，题材非常接地气，也很有艺术感染力。

1959 年 1 月，郭沫若曾与周扬合编了一本《红旗歌谣》，书中选收了新民歌 300 首。他们在编选标准上既注意思想内容的新颖，又注意艺术形式的优美。看得出，他们显然是希望新民歌可以丰富现代诗歌的创作，让诗歌的园地，"紫万红千遍地开"。

三 "命题"为诗文

新中国成立后，作为共和国文化科教事业的一位领导人物，郭沫若的身份地位发生了很大变化。这对于他的文学创作，当然包括诗歌创作是有相当影响的，他的创作活动已经不完全是一种个人关于人生社会的文学思考和文学表达。在很多时候，在很多场合或历史情境中，甚至在一些非常具体的事情上，郭沫若实际上成了社会主义革命和社会主义建设事业的一个文化代言者（当然不只是他一个人）。因此在他的诗歌创作，也包括一些文章的写作中，出现了"命题"为文为诗的情况。

所谓"命题"当然并不一定是有一个具体的文题、诗题摆在郭沫若面前让他去创作，而是说一首诗歌、一篇文章的写作缘起、写作冲动，不是在郭沫若自己脑海中涌动出来的，而是出自一个外部的邀约。这样的约请可能是关于某些史实、史事的思考，也可能有很具体的内容指向，但它们对于具有各种身份的郭沫若而言，都是需要应承、难以推辞的。

《光明日报》于 1949 年 6 月创刊，当时是民盟的机关报，萨空了为秘书长。郭沫若从《光明日报》开办之初就是它的一个重要作者。后来他的许多学术文章、文学作品都发表在《光明日报》上。这一年年底，萨空了给郭沫若写了一封催稿的信。原来编辑部为准备出版新年增刊，向郭沫若约了稿，但郭沫若的稿子一直未到。于是编辑部请萨空了给郭沫若写封催稿的信函，信上说："光明日报新年增刊前已向您征文，希望在廿五日收到，大稿至今未至，所以编辑部同人叫我再函催一下，不论长短总希望能有一篇，想不会叫我们失望。尊稿务恳在一二日内掷交。"信是 1949 年 12 月 26 日写的。萨空了为了保险起见，在同一天还写信给于立群落实约稿事:"要郭老写的稿子责任我想放在您的身上,务请他在百忙中为光明报写一点,何日来拿,伫候佳音。"

从信文可知,报社约请郭沫若写的其实是一篇应时的文字,所以长短不论,但一定要有。老朋友催文,郭沫若不好推辞,于是写了一篇《万里长征第二步》,刊载于1950年1月1日的《光明日报》。其实就在同一时间(1949年12月27日),郭沫若还作了一首诗《史无前例的大事》,是给《人民日报》的,发表在1950年1月1日的《人民日报》上,想必这也是约稿之作。

1950年6月1日,在中山公园音乐堂举行了第一届国际儿童节庆祝大会,主管全国文化教育工作的郭沫若在会前被要求做个演讲。但这时时间已经很紧张了,他于是用二三十分钟赶写了一首诗《"六一"颂》,并在庆祝会上亲自朗诵给小朋友们。

诗第二天发表在《人民日报》《光明日报》上,马上有读者来信批评该诗内容空泛,是应酬诗中的应景诗。郭沫若复信辩白说:"我写出那首诗,只是想表示我对于儿童的爱护,并促进世间对于儿童的爱护,倒根本没有当成文艺作品来看。我没有到场去随便敷衍几句演说,而毕竟费了一番心思写出了那么一首东西出来,至少是可以看出我在郑重其事。至于口号不口号或者能否与'天地长春',我根本没有考虑到。"他自己也很清楚这样写出的诗难成文艺作品,所以后来该诗收入《新华颂》时做了很大修改。

《人民日报》约稿郭沫若的情况是非常多的,而且那真的是"命题"为诗为文。1964年11月,将在北京举办全国少数民族群众业余艺术观摩演出活动。11月23日,《人民日报》编辑部给郭沫若写了一封约稿信,信中写道:"本月25日将举行全国少数民族群众业余艺术观摩演出会,我们想请您写一首诗,在开幕那天发表,以示祝贺。"约请只给郭沫若留了一天写作时间。郭沫若于11月24日写成《敬礼,毛主席的文艺子弟兵!》,发表在该日《人民日报》上。这是一首4节32行的自由体诗。诗人写作此诗绝对称得上文思敏捷了。

11 月 28 日，《人民日报》编辑部又致信郭沫若，说："又想请您给我们赶写一首诗，是关于支持刚果（利）人民反对美帝国主义的。""盼今天给我们。"这次的约请，一天的写作时间也不给诗人留了。郭沫若仍然应了邀约，作诗一首《要卢蒙巴，不要美国佬！》，发表于 1964 年 12 月 1 日的《人民日报》，这又是一首 32 行的自由体诗，32 行文字抄写一遍也得花些时间呢！

像这样的诗作，完全是急就章。在这么短的时间内，纵然诗人诗思敏捷、文如泉涌，恐怕也很难在构思上下功夫，在艺术上去斟酌、推敲、打磨。

《人民日报》是中国共产党的机关报，《光明日报》是有分量的大报，但并不是只有它们会约稿郭沫若，郭沫若也并非只应承它们的稿约。任何一家报刊或单位都有约请郭沫若写诗撰文的机会，只要他们想到了。

中国音乐家协会属下有一个刊物《歌曲》，其编辑部曾向郭沫若约过稿。约稿信写道："值此中日人民友谊加强，两国人民为巩固亚洲与世界和平，进一步紧密团结之际，群众很需要有歌唱中日人民友谊的歌曲，来鼓舞他们斗争的意志。我们考虑，如您能写一首这类题材的歌词，是可以满足大家的需要的。不知您能否在百忙中抽出时间考虑这个要求。这首歌词最好不比《中国少年儿童队队歌》或《消灭细菌战》更长，这样将更容易普及。"《中国少年儿童队队歌》和《消灭细菌战》是郭沫若的另外两首歌词。约稿信写于 1956 年 5 月 29 日，虽然也使用了商量请求的语言，但提出的稿约则直截了当，还有很具体的写作要求，真是一点不含糊、不客气。郭沫若应了这个约稿，5 月 31 日作《乌云散后——中日友谊之歌》，由音乐家马思聪谱曲，发表在《歌曲》上。

山东淄博蒲松龄故居索稿的要求更夸张，故居管理委员会曾致信郭沫若，一次列出若干项索文的要求：为故居题楹联一副；为即将编的一本书题诗一首（新旧体皆可）；介绍日本或其他国家研究蒲松龄的专家以便联系；专门写一篇短文，介绍平生研究蒲松龄的心得在报上发表；提上故居收存字样和个人署名的近照；等等。郭沫若怎样回复了此信不得而知，但"写鬼写妖高人一等，刺贪刺虐入骨三分"这幅如今挂在蒲松龄故居的楹联，就是郭沫若那一次所题写的。

外事活动也时有需要郭沫若作诗之事。1964 年 2 月，中国国际贸易促进委员会接待了来访的日本贸易促进会理事长铃木一雄。铃木一雄看到了郭沫若给中国国际贸易促进委员会题写的诗，即向接待方提出希望郭沫若"也能够为日中贸易、日中友好题诗一首"。于是，贸促会联络部专门发公函（有文号）给中国科学院，道：请"贵院尽快与郭老联系，敬希题诗一首"。并告知了铃木一雄返国的时间。郭沫若知悉后，也没有另外备纸，就在来函上写下一首五律，其中四句咏道："东海一衣带，蓬莱自古传。""今有春风至，冻解百花妍。"

约请郭沫若应时为文之事，甚至延伸至国外。苏联的列宁格勒大学有名中国留学生王栋曾受托于该大学校报《列宁格勒大学》致信郭沫若，称该校报"编辑部准备在五一国际劳动节时出一期特刊，因此他们请我们代他们写一封信给您，请您在百忙中抽出一些时间给报纸写一篇应节的材料，并盼望您能够答应这一请求，如能在四月二十日将材料寄到列宁格勒，编辑部将非常感谢您"。这是 1955 年 3 月的事情。也就在这个月，郭沫若还因为"忙着其他的事不能执笔"完成《俄文教学》的稿约，而以一封谈论翻译标准问题的信函给编辑部回复稿约。

作家、诗人偶尔应邀约作诗、为文，本是寻常之事，并且这种稿约要给为诗文者以足够的构思想象、运笔铺陈的时间、空间。但是，偶一为之的事情成为写作活动的常态，并且稿约都有着明确的目的指向、内容范围、时间限定等等，那这样的邀约就成了不寻常之事了。其不寻常之处在于，因这类稿约而动笔创作诗文的方式和过程，不符合文学创作自身应具有的审美的特征和艺术创作规律。《女神》时期的郭沫若曾经说过："诗的生成，如像自然物的生存一般，不当参以丝毫的矫揉造作。""诗不是'做'出来的，只是'写'出来的。"这种因稿约而来的"命题"为诗，可说是反其道而行之，多是"做"出来的，而不是"写"出来的。

人们无从知道还有多少郭沫若的诗歌作品是在这样的约请下写成的。不过翻看这些史料之后，回过头来再阅读郭沫若的诗歌作品，其实可以发现，应该是有相当数量的诗作是经由类似这样的过程创作而成的。这从诗的内容，甚至从篇题就可以判断出来。

有许多郭沫若诗歌作品的创作缘起，应该就是他为了履行公务，譬如参观、考察、参加某项活动之时，某地、某单位的接待人员乃至某位领导当面请求作首诗，郭沫若也就应了下来。

国内外有什么重要的事情发生，不管是哪个方面的，总是有媒体（从党报到地方的报刊）约请他写诗写文，其实为的就是通过他的笔发出赞扬之词，或表达一种态度。更有许多政治领域的活动，需要他发声。时间长了，郭沫若自己似乎都有了这样一种写诗的定式，以至于某一诗"题"倒不一定是由哪一个具体的对象所"命"，而是成了郭沫若在社会政治文化生活中自主而为的一种写作心理状态。于是，参观各种各样的展览会要写诗，开个会议要写诗，看演出要写诗，全民大炼钢铁要写诗，除四害要写诗，甚至防治棉蚜虫也要写诗……

郭沫若的"诗多"大概与此不无关系。这样应时应景创作出的诗，自然缺少审美的价值，甚至难以称之为诗。这类诗作在郭沫若的诗歌创作中并不鲜见，他自己也清楚这一点，但恐怕也有点无可奈何，所以他曾自嘲"诗多好的少"。

其实，"命题"为诗的创作方式和创作过程对于郭沫若而言，还不在于能否写出好诗，因为那肯定是写不出好诗的。这种创作姿态不是好的为诗、为文之道，在某种程度上是对于文学创作自身规律的疏离，也是郭沫若对于自己诗歌才情的滥用。

当然，在现实的政治文化生态环境之中，像这样的诗歌写作，或许是避免不了的，甚至是需要的，是时代对于文化的需要。郭沫若作为诗人，承负了这一时代的需要。

郭沫若在新中国成立以来的诗歌创作，从整体上来看，艺术上参差不齐，缺乏达到《女神》艺术水平高度的作品。但是他的创作实践，无论自由体诗还是旧体诗词，包括他在艺术上的探索，都为新中国的诗歌史留下了一些值得思考的东西。就作品而言，他那近 1300 首诗词，可以称为新中国社会主义革命和社会主义建设的一部诗史——诗人用诗歌所书写的新中国的历史。

四　出版《沫若文集》

新中国成立后，郭沫若的文学作品有了更广泛的读者群，这与共和国出版发行事业的迅速发展不无关系，新华书店延伸到了全国各地任何一个县城。郭沫若常常会收到的读者来信，有些就是来自偏远地区的小县城。

这些读者来信对于郭沫若的作品多有赞扬，表达景仰之意，但也有提出批评意见，或是指出一二小小的失误的。对于学术文章，则有读者会提出问题与郭沫若讨论。云南大理有一位中学教师写了一封长信给郭沫若，质疑《反正前后》中写到的四川保路运动中一个重要人物王人文的籍贯，还给郭沫若讲述了王人文在其家乡的口碑。四川广元的一位读者通过新华书店致信郭沫若，指出《革命春秋》中一个地名"流华溪"，应是"牛华溪"之误。作为作者，郭沫若当然是很珍视这些读者意见的。但与此同时，他可能也会因为一些批评的意见而感觉到些许无形的压力，就是关于既往出版的作品如何适应新中国的文化语境问题的意见。

新中国成立后，毛泽东文艺思想提出的工农兵方向，成为共和国的文艺方针，郭沫若的创作活动和新的文学作品，譬如《新华颂》集子里的那些诗歌作品，已经很好地融入新中国的文化语境之中。但是与此不同的是，他既有的那些文学作品是当时政治文化环境下的创作，它们是不是应该或需要做整理修订呢？

1953 年 4 月，郭沫若收到了一封中宣部办公室的来函，随函转来的是抄录的华东局宣传部所收到的"一群读者"对于郭沫若一些著作的意见。来函谓，"其中有些意见显然是不对的，但也许有若干地方尚可参考",请郭沫若自己"斟酌裁夺"。郭沫若读过这些读者意见后回复说："其中指责有很多是正确的。三十年间,我自己实在有不少的糊涂观点。我当写信给出版处,商量处理办法。可修改者修改,无法修改者,停止印行。"

事实上,郭沫若自 1950 年代初起,就先从学术著作开始整理修订旧作重新出版,如《甲骨文字研究》《十批判书》等,这主要还是出于学术上的考虑。他的代表作诗集《女神》再版的文本,则使用的是 1928 年倡导无产阶级革命文学后修改过的文本。其用心当然很明确,所以他更多的一些文学作品集子,像《瓶》《塔》《漂流三部曲》等便一直没有再版印行。从这里可以看出,在旧作重新出版的问题上,郭沫若还是很慎重的。

1956 年 4 月,中共中央决定将"百花齐放,百家争鸣"作为繁荣和发展社会主义科学文化事业的指导方针。这给文学创作、学术研究、图书出版等工作,提供了一个更为宽松的文化环境。人民文学出版社准备为一批知名老作家编辑出版文集,《沫若文集》是最先列入出版社出版计划的文集之一。

在郭沫若的创作活动中,他通常会于一批作品发表后的一段时间内,按照不同文体(一种或几种),自己选编辑录成集子出版,像《星空》《文艺论集》《恢复》《豕蹄》《蒲剑集》《羽书集》《天地玄黄》等等。长篇则单独成书出版。而文集本、选集本这样的集子,郭沫若自己从没有编辑过。曾有他人或出版社编辑出版过几种,但很不理想。它们或者文体形式单一,或者篇幅有限,也没有经过作者勘定,很难反映出郭沫若创作的基本状况。

人民文学出版社为郭沫若编辑出版的这套《沫若文集》总计 17 卷,按照诗歌、散文、戏剧、小说、史学、古文字著述,依次辑录成集。基本收录了他历年结集出版的作品和单独成书的作品,并且包括了一部分学术著作。尽管郭沫若还有大量的作品著述散佚在各个集子之外,但《沫若文集》可以说是其作品著述的集大成者,能够让读者看到郭沫若创作的整体风貌。

郭沫若也借这次整理编辑《沫若文集》，对于所有入集的作品、著述，都重新做了梳理、修订或校订。这体现了他对待自己作品一直持有的一个原则：与时代同步。事实上，郭沫若从来就是一个不满足于既成之作的人，无论对于文学作品还是学术著作，都是如此。他希望自己的文学作品具有时代性，学术著作要精益求精。

1957年3月，《沫若文集》第1卷出版，这一年还编辑出版了《沫若文集》第2卷至第5卷；1958年编辑出版了第6卷至第8卷；1959年编辑出版了第9卷至第12卷；1961年编辑出版了第13卷、第15卷；1962年编辑出版了第16卷；1963年编辑出版了第14卷、第17卷。至1963年6月，历时6年，《沫若文集》17卷全部出齐。

这套《沫若文集》成了人们阅读郭沫若的一套很好的本子，并且在很长时间里都是研究者们使用的主要文献资料。之后，《沫若文集》还成为编辑郭沫若全集的基础。

《沫若文集》17卷陆续出版之后，人民文学出版社支付给作者的"版税积累不少"，这倒让郭沫若为这些稿酬怎么开销费了心思。他从来就是一个把钱财看得很淡的人。当年在上海滩拉家带口为从事文学事业艰难度日，在海外流亡时为支撑子女的教育费用向出版社预支版税寅吃卯粮，郭沫若从不因经济的拮据而沮丧。而新中国成立后经济条件大大改善的他，也从未想过是不是要积蓄点家财。

还是在1953年的时候，郭沫若就将家中所藏自用的《授堂文钞》《石州诗话》《知足斋文集》《四库全书考证》等图书包括古籍本图书364种2059册捐赠给北京图书馆（今国家图书馆），其中还有他创作的几部历史剧的完整手稿。实际上，在《沫若文集》陆续出版的过程中，郭沫若已经在1959年，将所收到的版税拿出两万元捐赠给中国科技大学，用于资助家庭经济条件困难的学生。

经过仔细考虑，郭沫若以他和夫人于立群的名义给中国科学院党组写了一封信，表示要将历年积攒下来的稿费交给组织。他们在信中详细说明了郭沫若历年来所得稿费的积存共有 18 万余元，因为考虑到郭沫若家族的一些亲属、亲友一直需要他们给予生活补助，且今后仍需要这样的补助，所以他们预留下 3 万元，估计可以足五年之用。其余的存款 15 万元，则让秘书送上，全部交给组织处理。并嘱秘书，今后处理自己所写的文稿，一概不取稿酬，寄来的稿费也要原数退回。

中国科学院党组在收到郭沫若、于立群的信后，专门为这个问题打报告给中共中央宣传部。报告详细叙述了郭沫若、于立群信中写到的稿费积蓄安排意见，还写道："近几年来，郭沫若同志曾先后将自己的稿费交党费八万元，救灾二万元，现在又将其多年的积蓄十五万余元交给了组织。"报告的最后意见是："郭沫若将自己的稿费再拿出一部分（作）为党费交给党组织是可以的，但这一回一次交给党组织十五万余元，似太多了。因为郭沫若从事科学活动也还需要不断购买一些图书，在家庭生活和从事各种社会活动方面，有时还会有一定的特殊用项。留三万元似少了些，再多留存一部分稿费（例如十五万元左右），以备不时之需要还是必要的。至于今后从事写作，只要国家有稿酬制度，稿费也是应该接受的。因为考虑到全国文艺界、科学界有著作的人还相当多，稿费一律不要，可能会使一些人对党和国家的劳动收入政策产生误解。"

中宣部对于这件事情也很重视，为此拟发了一个《关于郭沫若同志将其存款交经组织等问题的请示报告》，报请中央书记处批复。报告根据中国科学院党组报告的内容提出处理意见，认为："党员作家将其稿费全部或一部分交党委，是可以的，也是应该的。但将存款交公则不宜提倡。拟请科学院党组将这个意思向郭沫若同志说明，既然他有些家庭、亲友需要给予生活补助，他本人及其家庭也还有些特殊用项，不必将大部分存款交给组织，至于多交一些党费（例如几万元）则是可以的。至于郭沫若同志今后是否接受稿费，可由他自行处理。"中央领导刘少奇、周恩来、彭真都圈阅了这份报告。

自己关于稿酬使用安排的一个报告，惊动了中宣部、中共中央书记处，这是郭沫若始料不及的。当然，在中宣部那里考虑问题的着眼点就不仅仅是对于郭沫若个人的关心，还要考虑党员作家们的权益。有了这样一个结果的回复，郭沫若没有坚持自己的意见。不过他并没有动用这笔稿酬积蓄，多年后作为身后事，他还是把这笔钱全部捐赠出来，在中国科技大学设立了奖学金。

第十八章　文章自有千秋在

一　"还期翻案续新篇"

作为共和国科学文化事业的一位领导者，郭沫若需要用大量的时间、精力从事国务活动、社会活动：开会、视察、讲话、会谈、送往迎来……他能够进行文学创作的时间和精力自然被分散了许多。虽然他的诗歌创作一直没有间断，但在戏剧创作上很久没有新的作品问世了，因为一部大型剧作不可能一挥而就。

1959 年 1 月下旬，郭沫若在陪同来华的墨西哥前总统、世界和平理事会副主席卡德纳斯先后访问了北京、上海、武汉等地后，来到广州参观访问。送走外国客人之后，他在羊城逗留了一段时间。2 月初，郭沫若仅仅用了七天时间就创作出五幕大型历史剧《蔡文姬》。这是自 20 世纪 40 年代抗战时期以来他再一次提笔写作历史剧，也是他艺术激情的再一次喷发。

《蔡文姬》是根据历史上文姬归汉的史事记载创作的。此前不久，郭沫若刚刚撰写过一篇谈蔡文姬和《胡笳十八拍》的文章。因为从古至今，一直有人以《后汉书》等古代典籍无记载为由，认为《胡笳十八拍》非蔡文姬所作，乃是汉以后之人托名蔡琰（文姬）的伪作。郭沫若对此大不以为然，认为这是中国文学史上"一件令人不平的事"。他说，《胡笳十八拍》这么深切动人的作品，"那像滚滚不尽的海涛，那像喷发着融岩的活火山，那是用整个的灵魂吐诉出来的绝叫。我是坚决相信那一定是蔡文姬作的，没有那种亲身经历的人，写不出那样的文字来"。郭沫若对于《胡笳十八拍》大加赞赏，认为这是"一首自屈原的《离骚》以来最值得欣赏的长篇抒情诗。杜甫的《寓同谷县作歌七首》和它的体裁相近，但比较起来，无论在量上或质上都有小巫见大巫的感觉"。这当然是一种学术上的思考和讨论，而一个月后，他便写出了这部历史剧。

人们似乎无从知道在羊城客寓的那些天里，郭沫若的内心世界是不是有过什么特别的感动，从而激发出艺术的灵感，使得他在时隔十余年后，又拿起了历史剧创作的笔，而且直言不讳地说："蔡文姬就是我！——是照着我写的。"

其实，写一部蔡文姬的戏，是郭沫若早在20世纪20年代初就萌生了的想法。那时，他打算以历史人物卓文君、王昭君和蔡文姬的故事为题材，创作三部历史剧，以三个具有叛逆精神的女性形象，抨击三从四德的封建礼教对于女性的束缚与摧残。《卓文君》《王昭君》两剧先后完成，郭沫若把她们分别塑造为在家不必从父、出嫁不必从夫的女性形象，对蔡文姬则准备将其塑造成一个夫死不必从子的叛逆女性。但还未落笔时，恰逢"五卅惨案"发生，郭沫若在上海目睹了那惊心动魄的一幕，他抑制不住内心的激愤，便以聂政、聂嫈姐弟刺杀韩相侠累的史事为题材，创作了《聂嫈》一剧，抨击暴政，颂扬杀身成仁、舍生取义的精神。这三部历史剧统称《三个叛逆的女性》。

此后世事沧桑，郭沫若经历了创作十年的辉煌与蹉跎，也经历了北伐军旅的血雨腥风，他的思想和创作都发生了很大变化，最初仅仅出于单纯的反封建意识所构想过的那个具有叛逆性格的蔡文姬形象，渐渐从脑海中淡去。但是，作为历史人物的蔡文姬，一直留在郭沫若记忆的深处。

1938年7月的一天，寓居在武汉珞珈山的郭沫若清晨起来不久就踱进书房。昨晚他又一次读了蔡文姬的《胡笳十八拍》，不由得心潮涌动，夜梦中也几次醒来。他想起了一年前在日本与家人别离的情景。那时，卢沟桥事变的枪声刚刚消散，流亡日本近十年之久，历经沧桑但已经在学术研究领域成就斐然的他，决定避开日本警察宪兵的监视秘密归国。回国之举不能明确地告诉安娜和孩子们，所以告别时刻令他心痛到刻骨铭心。

轻轻吟唱着《胡笳十八拍》，郭沫若又忆起了那时的情景，仿佛还听到了孩子们的嬉戏声。这使他更深切地体味到与妻儿天各一方的痛楚与思念。"身归国兮儿莫知随，心悬悬兮长如饥。四时万物兮有盛衰，惟我愁苦兮不暂移。山高地阔兮见汝无期，更深夜阑兮梦汝来斯……"他伏身在写字台前研墨挥毫，开始用工整的小楷录写《胡笳十八拍》，准备写成一个横幅。边写边吟味，书至中途，窗外突然响起了防空警报刺耳的鸣叫，是日军的空袭。左邻右舍纷纷往防空洞避难，但郭沫若似乎浑然未觉，仍手不辍笔，把家人急得不行。

流亡日本的十年，对于郭沫若而言已经是一段饱含着血与泪的人生行旅。在中华民族生死存亡的危难之际，面对家与国的选择时，他又毅然"别妇抛雏"，舍家报国，投身到抗日战争的滚滚洪波之中，这样的精神磨难自然是永志难忘也需要有所寄托的。郭沫若显然从蔡文姬的长诗《胡笳十八拍》，从她颠沛流离的坎坷命运中读出了自己曾经的痛苦、凄楚、孤寂、悲愤，因而与蔡文姬产生了情感上的强烈共鸣。大概从这一时刻起，他就又一次萌生了要把蔡文姬写下来的想法，而且在心中重新酝酿出一个蔡文姬的形象。如果不是正在主政国民政府军事委员会政治部第三厅，他或者有可能以蔡文姬和《胡笳十八拍》为题材，创作出一部融入自己人生经验的文学作品。

可以说在郭沫若的内心世界里，一直存有一个关于蔡文姬的创作情结，但是他需要一个机缘。时间的流逝，没有淡化这个创作情结，机缘终于等到了。但没想到这个机缘竟是来自一次与文学并不相干的宴请。

当然这不是一次普通的宴请。1958年11月的一天，周恩来在鸿宾楼宴请刚从朝鲜回国的志愿军司令员杨勇和政委王平，郭沫若和陈毅等参加了宴请。郭沫若是中国人民抗美援朝总会主席，又是中国人民保卫世界和平反对美国侵略委员会主席，创作了许多抗美援朝题材的文学作品。席间谈话，说起了文艺作品中的曹操形象，也说到了史书上的曹操，郭沫若认为人们大都歪曲了真实的曹操。他在学术上一直有一个想法：为曹操翻案。周恩来则向他提议说："不妨写一个剧本替曹操翻案。"这恰好戳中郭沫若内心的情结，那个关于蔡文姬的创作情结。郭沫若当即应承了总理的提议。

当然，这一创作机缘得以实现，也与此时文学艺术领域的生态环境有关。自"双百"方针提出后，已经逐渐营造了一个比较自由宽松的文学创作和学术研究的政治文化环境。置身于这一学术文化氛围之中，郭沫若已经先在诗歌创作中进入一种激情亢奋的状态。一个关于"写一个剧本替曹操翻案"的提议，恰好将历史、现实、史剧、学术，将历史人物曹操、蔡文姬与诗人自己过往的人生经历，也将诗人心底潜藏数十年的创作情结全部激活、聚合、并融汇在一起。于是，有了《蔡文姬》的创作冲动。

郭沫若自己也颇感意外，"没有想到隔了六十多年，我却把蔡文姬戏剧化了"。

《蔡文姬》是一部抒情气氛极为浓郁的剧作。在东汉末年的战乱中流离到匈奴的才女蔡文姬备尝艰辛，已经成为匈奴左贤王的王妃，并育有一子一女。这时平定了中原地区，怀有雄才大志的曹操特意遣使匈奴，欲接回蔡文姬，让她继承父亲的遗志，参与续修《汉书》，做一番文治的大事业。全剧就在这样一个历史情境下展开。剧中始终贯穿了《胡笳十八拍》的旋律，通过文姬归汉的过程中所经历的情感磨难，塑造了一个以国事为重、为民族和睦舍家献身的蔡文姬形象。

《蔡文姬》的创作一气呵成。完稿后，郭沫若给周恩来写了一封信函。信中写道："一月廿六日陪墨西哥客人到广州后，因孩子们在春假中到了广州，我便留下把剧本《蔡文姬》写出了。二月三日动笔，九日晚脱稿。兹寄上清样本五册，请饬交陈总和周扬同志各一册。如有暇审阅，请提示意见，不日回京后再修改。这个剧本是通过蔡文姬替曹操翻案。这个主题是根据主席和您的提示。""案是翻了，但翻得怎样，有待审定。"

从羊城返京途中，郭沫若先去了上海，在那里约见了于伶、陈鲤庭、赵丹、白扬、张瑞芳等十几位戏剧界老朋友，和他们谈《蔡文姬》的剧本，请他们提意见，同时将剧本的初稿修改润色了一遍。又约见了巴金、靳以，约定《蔡文姬》发表在他们主编的《收获》上。路过济南时，他又专门会晤了老友成仿吾。仿吾看过剧本后提出一些具体的意见，郭沫若与他仔细讨论并一一付诸文字。

一回到北京，郭沫若即约请了曹禺和北京人民艺术剧院的几个同志谈《蔡文姬》的剧本，几天后又亲自去北京人艺讲蔡文姬。他还把排出的剧本清样分寄朋友们征求意见，并特意给周恩来送上一份清样本。从40年代创作《屈原》时起，周恩来就一直关注郭沫若的历史剧创作，并且总是以朋友的身份提出十分中肯的意见，他也曾是早期中国话剧演出的实践者呀。

很快，人艺决定排演这部戏，并准备把它作为向国庆十周年献礼的节目。焦菊隐任导演，朱琳饰蔡文姬，刁光覃饰曹操，蓝天野饰董祀……这是一个强大的排演阵容。

在排戏的一个月的时间里，郭沫若不断抽时间去看排练，给演员说戏，也虚心听取他们的意见。演员们觉得剧中对于曹操的颂扬之词似乎多了一些，特别是文姬所写的那首《贺圣朝》，好像在对曹操做全面的评价，这没有必要，毕竟该剧的主人公是蔡文姬，他们建议郭沫若做些删削修改。郭沫若觉得他们讲得有道理，同意对剧本的文字再做删改，可他此时已经受命率团赴瑞典参加世界和平理事会特别会议，于是，便将修改一事交给人艺的同志去处理。

两周后郭沫若回到北京，人艺的同志马上给他带去了具体的修改意见，郭沫若看了均表示同意。读到那首《贺圣朝》，人艺的同志说是特意请田汉改写的，文字有很大改动。郭沫若原稿的《贺圣朝》是通过蔡文姬之口，颂扬曹操的文治武功，田汉改写的文字突出了蔡文姬归汉后的情感活动。郭沫若仔细看过，非常满意，说道："寿昌改得好，不仅更富有诗意，而且和全剧的情调也更合拍。"他拿起笔，对田汉改过的词句略事调整、润色，然后重新取定了一个诗名：《重睹芳华》。

1959 年 5 月下旬，历史剧《蔡文姬》由北京人民艺术剧院公演。首场演出的那天，郭沫若也坐在观众席中看戏。演至第二幕结束时，蔡文姬终于下定决心把一对儿女留在匈奴，只身归汉。当她怀着一颗碎了的心告别丈夫左贤王，告别所有送行的人们踏上归途时，紫红色的帷幕徐徐拉上，幕后响起悲楚动人的《胡笳十八拍》的吟唱："与我生死呵逢此时，愁为子呵日无光辉，焉得羽翼呵将汝归？一步一远呵足难移，魂消影绝呵恩爱遗。肝肠搅刺呵人莫我知。"饱含在郭沫若眼眶中的泪水抑制不住地滴落下来，他侧身对坐在旁边一同观剧的曹禺轻声说道："《蔡文姬》我是用心血写出的，因为蔡文姬就是我。"

虽然《蔡文姬》的创作仅仅用了七天，但它是熔铸了郭沫若一番心血的一部剧作，就如他自己所言，"它有一大半是真的。其中有不少关于我的感情的东西，也有不少关于我的生活的东西"，"在我的生活中，同蔡文姬有过类似的经历，相近的感情"。在写作的那些天里，郭沫若一直沉浸在这样的感情里，有时写着写着就情不自禁地流下泪来，有时夜里刚刚入睡一会儿，心有触动，便又起身提笔写下去。

郭沫若创作《蔡文姬》一剧还有另一个立意：替曹操翻案。为此，他专门写了一篇史论《替曹操翻案》。他认为，曹操是对于中华民族的历史和文化的发展做出过贡献的一位历史人物。以曹操的才、学、识，在一千多年前的封建时代，应该算是一个了不起的人物。但受宋代以来正统观念的束缚，后人对他的评价是非常不公允的。而演义小说和旧戏舞台上，更把曹操固定为一个白脸奸臣的形象。郭沫若在《蔡文姬》中借曹操专门派使节从匈奴赎回蔡文姬，让她帮助撰修《续汉书》这一史事，把曹操还原为历史上一位具有雄才大略，成一代文治武功的政治家形象。尽管有历史学家认为郭沫若所作"翻脸有余""翻案不足"，但《蔡文姬》上演后，许多人的确重新去认识了历史上的曹操。

《蔡文姬》在北京公演后立即成为观众热捧的剧目，半年之内即演出了百场。第一百场演出结束的那一天，郭沫若特意赶到剧院与人艺的演职人员一起庆贺。在以后的几年间，《蔡文姬》剧组先后去往上海、苏州、东北三省巡回演出，连演三百余场，是那一时期人艺演出场次最多的剧目，也成为北京人艺的保留剧目。

《蔡文姬》不仅给新中国的话剧史留下一部经典作品，同时也给人们提供了一种文学史的思考：不要束缚作家艺术家的创作激情、创作个性、创作风格。只有营造一个能够容纳百花茁壮生长的生态环境，才会呈现百花齐放的繁华盛景。正如郭沫若一首诗中所咏："看罢牡丹看秋菊，四时佳气永如春。"

郭沫若自谓好做翻案文章，替曹操翻案后不久，他又把兴趣放在了另一位在历史上被人诟骂，特别是为传统封建文人所不齿的女性人物武则天身上。

也是在 1959 年，六七月间，郭沫若前往河南、陕西、山西等地参观访问，在洛阳的时候，他去游览了龙门大奉先寺的石窟，这是当年以武则天捐助的脂粉钱修建的。奉先寺石窟在整个龙门石窟群中是规模最大的，石窟内的石刻造像历经千余年的风雨侵蚀仍保存完好，其宏大的气魄和精湛的技艺，不但让人叹为观止，还仿佛能从中感受到盛唐的气象。郭沫若由此萌生了写一部关于武则天的历史剧的想法。

回到北京，郭沫若抽出时间查阅翻看了许多历史资料。《旧唐书》《新唐书》《资治通鉴》《全唐诗》《唐文粹》《唐诗纪事》等书中有关武则天的史料、记载，以及武则天所著诗文，都被他翻阅了一个遍。近人的研究和剧作，他也尽可能找来看过，像宋之的的话剧本《武则天》、上海越剧团编创的越剧本《则天皇帝》等等。

通过这一番对史料的爬梳、研究，郭沫若发现前人对于武则天存在许多曲解和成见，至于把她描述为一个淫荡的妇人更是没有史料依据的。他认为，武则天其实是一个具有政治抱负和治国才能的历史人物。在执政时期，武则天提出并施行了许多开明的政治措施，像广开言路，不拘资历、不问门第选拔人才，抑制豪门贵族的势力。在生产上重视农桑，薄赋税徭役，从而使天下得以富庶。她治下的五十多年间不曾有过大的农民起义，武则天政权是得到了人民拥护的。她执政的时代，"是唐朝的极盛时代，不仅海内富庶，治绩和文化也都达到相当的高度。她把唐太宗的'贞观之治'发展了，并为唐玄宗的所谓'开元盛世'奠定了坚实的基础"。

对武则天做出这样的分析和评价，当然是对历史成案的颠覆。郭沫若这样做的直接目的虽然是创作一个文艺作品，但他并非为翻案而翻案，也不仅仅出于对中国历史上唯一的女性皇帝的偏爱，而是从一个历史学家的角度，提出了按照历史唯物主义的原则，如何对于历史人物进行评价的问题。

事实上，他在1959年年初答《新建设》杂志编辑部问的一篇文章里就专门论述了这个问题。他说："历史是发展的，我们评定一个历史人物，应该以他所处的历史时代为背景，以他对历史发展所起的作用为标准，来加以全面地分析。这样就比较易于正确地看清他们在历史上所应处的地位。"依据这样的原则，他认为中国古代历史上的许多人物是应该重新予以评价的，而一些被歪曲了的人物，如殷纣王、秦始皇、曹操等，是应该替他们翻案的。

在"根据尽可能占有的史料和心理分析"的基础上，郭沫若开始了艺术创作的构思。他改变了过去一些作品的传记式写法的局限，围绕武则天执政"最成熟的时代"所发生的徐敬业叛变，到叛乱的平息这一政治事件，组织了相关的人物、事件，通过描写武则天所推行的各项治国之策、用人之策，着重表现了她的才干和"要使天下的人都能够安居乐业，过太平日子"的政治理想，塑造了一个开明的女性君主形象。

1960年的1月10日，郭沫若完成了话剧《武则天》的初稿。他先将本子请学界的老友著名历史学家翦伯赞看，征求他的意见，然后将初稿修改了一遍，发表于 1960 年 5 月号的《人民文学》上。但剧本发表后，郭沫若并不十分满意，所以继续听取各方朋友们的意见，又多次进行修改。其间，他借出差陕西之机，特意去寻访了唐高宗李治与武则天的合葬墓乾陵，以为"更多地接触武后的业绩"。

武则天墓前竖立的一块无字碑引起郭沫若的极大兴趣。原本应该是对死者歌功颂德，至少也应该做盖棺论定的石碑，在武则天入葬后只字未刻。据说那是遵从了武则天的遗言：自己的功过让后人评价、不刻文字。看到这块已由后人写满字的无字碑，郭沫若更加确信应该为武则天翻案。"千秋公案翻云雨，百顷陵园变土田。没字碑头镌字满，谁人能识古坤元？"一个敢于让自己一生的所作所为任后人评说、不惧后人评说的人，说明她对于自己有着充分的自信。郭沫若对于自己所写的《武则天》也有着充分的自信。

当然，郭沫若并不以为自己已经穷尽了关于武则天史料的搜集。他相信还会有新的史料发现，特别是乾陵所埋藏的地下文物。"待到幽宫重启日，还期翻案续新篇。"这是他在游乾陵时所写下的诗句。作为一个考古学家，他自是希望有朝一日乾陵的地下文物能够出土，那样，人们对于武则天和那一段历史将会有更全面的认识吧！

1960 年 4 月，郭沫若去上海，白杨等老朋友在一家川菜馆为他接风。白杨希望他能再写一个剧本，郭沫若笑言，"已经写成一个《武则天》，我带了剧本来，正要请你们提意见呢。我觉得你最合适演武则天这个人物"。白杨不无幽默地说："那可好啊！我在《屈原》中演南后，现在升级了，升级演女皇帝。"

郭沫若在完成了剧本的创作之后，仍在不断听取各方面意见，对剧本进行修改、补充。《武则天》直到 1962 年的 6 月底，才由北京人艺在首都剧场正式公演。就在首场演出后几天，郭沫若还给导演焦菊隐写了一封信，对于剧本的"不完备处"，提出了十余条具体的修改意见，他希望自己的作品能精益求精。

郭沫若曾戏言自己新中国成立后的诗歌创作是"诗多好的少"，这之中显然也透着几分无奈。但《蔡文姬》和《武则天》的创作演出，成为郭沫若新中国成立以后历史剧创作的一个高峰，也是其文学创作的一个高峰，他仍然宝刀未老。

二　有兴何须月当头

在连续创作了两部大型历史剧后，1962 年 5 月，郭沫若接到八一电影制片厂提出的一个建议，请他创作一部以郑成功收复台湾为题材的电影文学剧本。这对郭沫若来说是个新的挑战，他从未写过电影文学剧本。大概因为还处于创作历史剧的艺术激情之中，郭沫若决定尝试一下。夏天，他利用去北戴河休养的机会，观看了许多战争题材，尤其是表现海战的老电影。在贺龙、廖承志、刘宁一、曹禺、金山等人的鼓励下，《郑成功》的初稿很快写成了。为了充实、修改剧本，郭沫若在秋冬之际又用了一个多月时间到郑成功当年活动的舟山群岛、厦门等沿海地区进行考察。《郑成功》后来发表在 1963 年的《电影创作》上，但这个本子没能拍成电影，它成了郭沫若唯一的电影文学作品。

10 月底，郭沫若到达杭州的时候，与正在杭州治病的老友成仿吾不期而遇，这让两位老人都高兴不已。新中国成立以后，成仿吾先是在东北工作，后又调任山东大学主政，所以两个老朋友见面的次数并不多。但是只要有机会——多是借出差之便，他们都会相互拜访，不过也就多是来去匆匆。两人这次在杭州相遇，难得都很从容，于是相邀了一起游西湖。同去的还有郭沫若夫人于立群、成仿吾夫人张琳，以及画家潘天寿夫妇、傅抱石夫妇。

漫步在西湖边，"柳浪闻莺""花港观鱼""三潭印月"，一路看过去，故地重游，风物依旧，郭沫若、成仿吾不约而同回忆起他们第一次同游西湖的情景。

那是 1921 年春，郭沫若和成仿吾怀着满腔热情从日本回到上海，准备依靠泰东图书局办起创造社的刊物，然而，抵沪后才得知所谓泰东欲聘请仿吾做编辑部主任的事是个传言。欲办的事情没有着落，两人便一起去游西湖。那时他们关于西湖印象最深的就是雷峰塔，于是买了一张地图，沿着湖的西南岸先去寻访雷峰塔。这是一条顶顶外行的游览路线，要沿着西湖最无趣味的一段湖岸走半天。两人就像刘姥姥进大观园似的，带着两包干粮，走了许多冤枉路才寻到雷峰塔下。此时已饥肠辘辘，他们便在草地上坐下，打开让旅馆茶房备办的干粮准备饱餐一顿，哪知那干粮买的又是露了怯的，所谓的"素心馒头"便是没有馅的馒头，"素鸡""素火腿"不过是些豆腐皮做的豆制品……

说起这段往事，众人都笑，两位老人则是感慨万端。郭沫若说那次三天的西湖一游，实际上连西湖的好处所在也没有摸到，不过他为那番"壮游"还是写下几首诗。这几首诗主要不在纪游，而为的是抒情。有一首叫作《司春的女神歌》，诗中写道："司春的女神来了。/提着花篮来了。/散着花儿来了。/唱着歌儿来了。""花儿也为诗人开，/我们也为诗人来，/如今的诗人/可惜还在吃奶。"年轻时的豪气、孟浪，有时也会感到的迷惑，都留在了文字的记忆里，真是让人怀念。

这一天的游湖，郭沫若一行人乘了一只汽船。船行一路，西湖美不胜收的风物景观尽入眼底。突然一条大鱼随着船行激出的浪花高高跃起，又落入汽船中，两位老人看了童心大发，索性让在汽船后拖上一条小船，尽鱼儿往里跳。鱼儿跳，他们数，结果一共有13条鱼跳进了小船。于是，中午聚餐的餐桌上自然也就少不了一道"西湖醋鱼"。这一次的西湖之游，众人尽兴而归。

新中国成立以后郭沫若身居国家领导人之列，地位发生了很大变化，这对于他与朋友们的交往，无形中发生了微妙的影响，往往不再那么无拘无束。尽管他一直把自己作为一介文人，但所谓高处不胜寒，许多情况下实际上身不由己。不过，他与成仿吾这些昔日旧友的友情依然如故。

在郭沫若和朋友们眼里，成仿吾是个比较木讷的人，话不多，他们的性格似乎也大不相同。从1928年成仿吾前往欧洲途中在东京见到郭沫若后，他们再次相聚已是在20年后解放了的北平。新中国成立后由于工作岗位不同，仍然是离多聚少，但他们之间延续了半个世纪的友情从没有因此而变得淡薄，反倒历久弥深，又像陈年佳酿，愈久愈醇。

1972 年，中央为一些老干部落实政策，毛泽东批示要成仿吾来北京，等待分配工作。国庆节刚过，住在北京饭店的成仿吾收到了郭沫若书写的一幅条幅，是他最近创作的一首词《沁园春》。落款上写着"成仿吾同志嘱书"几个字。其实成仿吾并未嘱郭沫若书写条幅，而是郭沫若心里惦记着老朋友罢了。后来成仿吾一直把这个条幅挂在家中的客厅里。

1977 年，成仿吾完成了他的《长征回忆录》，清样排出来后，他想到要请郭沫若题写书名。这时郭沫若正因胃肠出血住院治疗，医生不让见客，但郭沫若听说仿吾来了，一定要见。看到成仿吾拿出《长征回忆录》的清样，他高兴地说："仿吾，你什么时候不声不响写了这么本好书啊？"当即就要人备笔墨准备题写书名。转过年去，当走在人生最后一程的郭沫若又一次住进医院的时候，他特别吩咐家人"带着仿吾那本书"。这本书后来就一直在病房的小茶几上陪伴着他度过了那一段时光。

相比于与成仿吾的友谊，郭沫若与老舍相识要晚得多，因为此前他们的人生经历相去太远，也就没有交集的机会。但是新中国成立后他们同在北京工作，又都有主持文联的一项工作责任（老舍是北京市文联主席），郭沫若与老舍的交往自然要多些。

郭沫若与老舍初识是在抗战期间。1938 年 3 月，中华全国文艺界抗敌协会在汉口成立，郭沫若与老舍都当选为文协理事，他们就是在那次成立大会上认识的。此后，郭沫若先后任国民政府军事委员会政治部第三厅厅长、文化工作委员会主任，老舍则一直主持文艺界抗敌协会的工作，他们共同为抗战文化和文艺界的抗日民族统一战线做了大量工作，并结下了真挚的友谊。

郭沫若与老舍无论在性格上还是创作风格上，都有很大不同，但是他们彼此都由衷地敬佩对方的学识、文采、人品。老舍在郭沫若五十寿辰的时候写过一篇文章《我所认识的郭沫若先生》，特别写到他眼中的郭沫若的"为人"。文中说：我觉得沫若先生"是个绝顶聪明的人"，"我说他是绝顶聪明，因为他知道他自己的天才，知道他的地位，而完全不利用它们去取得个人的利益与享受。反之，他老想把自己的才力聪明用到他以为有意义的事上去，即使因此而受到很大的物质上的损失和身心上的苦痛，他也不皱一皱眉！""沫若先生是个五十岁的小孩，因为他永远是那么天真、热烈，使人看到他的笑容，他的怒色，他的温柔和蔼，而看不见，仿佛是，他的岁数。他永远真诚，等到他因真诚而受了骗的时候，他也会发怒——他的怒色是永不藏起去的……"这差不多就是对郭沫若的一个形神兼备的素描。郭沫若在文艺界朋友为老舍从事创作二十年举行的庆祝活动中，也为他写过两首贺诗，其中一首写道："吾爱舒夫子，文章一代宗。交游肝胆露，富贵马牛风。脱俗非关隐，逃名岂畏穷？国家恒至上，德业善持中。寸楷含幽默，片言振聩聋。民间丰广采，域外说宏通……"这亦是深知老舍的恳切之言。

　　文人交友讲究以诗文会友，这是文人交谊之道的清雅之处，也是他们彼此表达友情的最好方式。郭沫若与老舍在紧张的工作与创作之余常有诗文往还。

　　　　未有诗人不太痴，不痴何独苦为诗？
　　　　千行难换粮千粒，一世终无宿一枝。
　　　　意入天边云树远，名书水上月华迟。
　　　　醍醐妙味谁能识？端在吟成放笔时。

这是郭沫若以老舍原韵和赠他的一首诗，称颂了老舍在困难的生存环境中淡泊名利、执着于文学事业的高洁情操。诗中所咏其实也是自期自许。

　　老舍爱喝酒，郭沫若亦能饮，他们之间相聚常常少不了酒，而有酒就有诗。一次，郭沫若邀老舍到文工会在乡下的办公处赖家桥把酒相谈，老舍因赋诗一首："家山北望隔中原，相对能无酒一樽？薄醉欲倾前日泪，红颜未是少年痕！平桥翠竹清如水，晓日白莲香到根。篱外桑麻诗境里，柴扉不掩傲朱门。"以文章救国是他们义不容辞的责任，而以文章立身亦足以傲视朱门，文人的气节、操守可见一斑。

在文坛上，郭沫若先以诗歌扬名，老舍则以小说立身，而后，他们都在话剧艺术的园地里各领风骚。新中国成立后，他们二人加上曹禺的剧作，支撑起了北京人民艺术剧院的舞台天地，并由此形成人艺独具魅力的艺术风格。直到今天，说起北京人艺，必然要提到郭沫若和老舍的话剧作品。在一次由剧协组织的北京老作家与各地青年剧作者联欢会上，郭沫若给青年剧作者们介绍了自己的创作经验和体会。他说到自己创作一个剧本可以用很短的时间，但写成后修改的时间很长，一直要到改到满意为止。老舍接过话题，用他一贯幽默的语言说："剧作家就是'锯作家'，是拿着一把大锯，锯了又锯，谁如果没有'拉锯'的精神，就趁早改行。"这既可说是对郭沫若所讲修改剧本经验的生动注释，也可谓英雄所见略同之语。

郭沫若与老舍在新中国成立后的交往十分密切，也很随性随意。郭沫若知道老舍患腰腿疼已经多年，当他出差去广州时见到一种摩腰膏药，就买了寄给老舍。老舍在旧古玩市场见到一方藏家所珍的端砚，即买下作为礼物送给郭沫若，他知道郭沫若夫妇都喜书法。他读到郭沫若的《诗歌漫谈》一文后，把自己所藏的一本《唐人万首绝句》寄给郭沫若，因为其中有一句诗与郭沫若所引本子的文字不同。在附寄的信中他写道："扫叶本不算太坏，'多'易'休'必有所本。我不搞这一套，把问题交给您吧。"

有一年春节，郭沫若、于立群夫妇去老舍家拜年。老舍夫人胡絜青铺开一纸丈宣请郭沫若夫妇题字。于立群先以擅长的隶书写下"东风骀荡北极巍峨"几个大字，郭沫若在旁边题写了他新创作的词《满江红·迎春曲》。如今，这幅中堂已经成为郭沫若夫妇联璧的书法珍品。1964年秋，老舍曾去黄山一游，回京后，郭沫若即向他索诗，老舍整理了八首记游诗作寄给郭沫若，郭沫若看后连赞"好诗"。那天他有一个纪念会要参加，会毕又逢大雨瓢泼，他仍冒雨驱车赶往老舍寓所。郭沫若在这一年初也登了黄山，且有几首登山之作。于是两个老人坐在一起品茗，兴奋地谈论彼此的诗作，直到夜幕降临。

回到家里后正在与家人一起吃晚饭时，郭沫若又收到老舍差人专程送来的一封快件，那是老舍刚做成的一首诗。原来郭沫若下午的到访和两人在一起的谈诗、品茗，让老舍觉得意犹未尽，于是写下一首《诗谢郭老秋雨中来访》。郭沫若放下碗筷，当即在餐桌上展读老舍的诗作："古稀革命老诗家，后进文章拙亦夸。相约长风冲雪浪，休怜细雨湿黄花。高年笑敛三升酒，晓日映开万里霞……"读罢，郭沫若心中畅快不已，不由得低咏起仲春时分自己登当涂采石矶太白楼时所作的那首《水调歌头》："……我欲泛中流。借问李夫子：愿否与同舟？君打桨，我操舵，同放讴。有兴何须美酒，何用月当头？……"

与老朋友的这种相会，总是让郭沫若感到非常舒畅。他重友情，一生都离不开与朋友的交往，而朋友们也总是能从他身上感受到童心、激情与友谊的真挚。

三　一部弹词龙虎缘

郭沫若一生交往的朋友甚多，各方各界的朋友都有，交道往来的因由也各不相同，而他在晚年与陈寅恪的交往，却是别有一番意思的事情。之所以说别有意思，是因为民间流传的一副关于他们关系的对联，让人莫衷一是；更因为后来有人穿凿附会，把他们二人的交往说成是马克思主义史学与资产阶级史学之间的斗争。

那一副流传的对联是这样写的："壬水庚金龙虎斗，郭聋陈瞽马牛风"。"壬水"是指壬辰年，郭沫若生于壬辰年（1892），属龙。"庚金"指庚寅年，陈寅恪生于庚寅年（1890），属虎。龙虎斗即是说郭、陈二人之间争斗。郭沫若在少年时代和1928年曾两次患大病，因而导致两耳重听，陈寅恪在晚年双目失明，"郭聋陈瞽"应该是对他们二人的戏称。既然曰龙虎相斗，何以又谓之"马牛风"呢？这得从他们二人如何产生了交往说起。

郭沫若与陈寅恪都治学于中国历史，但因为各自所研究的领域不同，虽然彼此都是知道的，原来却并无交集，也未曾谋面。新中国成立后，因为郭沫若的职务之故，两人之间才开始有了信函的交往，但这并不是一个让彼此愉悦的开始。

1953年9月，中国科学院根据中宣部的提议，设立了三个历史研究所，拟分别以郭沫若、陈寅恪、范文澜为所长。于是，郭沫若以院长的名义致信时在中山大学任教的陈寅恪，传达了请他担任历史二所所长的意见。陈寅恪口述了一个给科学院而不是给郭沫若的答复，请人记录下来带到北京。

在答复中，陈寅恪提出两个条件：第一条是，"'允许中古史研究所不宗奉马列主义，并不学习政治'其意就在不要有桎梏，不要先有马列主义的见解，再研究学术，也不要学政治。不止我一人要如此，我要全部的人都如此"，第二个条件是，"'请毛公或刘公给一允许证明书，以作挡箭牌。'其意是毛公是政治上的最高当局，刘少奇是党的最高负责人。我认为最高当局也应和我有同样的看法，应从我之说。否则，就谈不到学术研究"。

陈寅恪实际上是用这样的方式拒绝了请他出任所长的邀请，因为，他所提出的两个条件根本是不可能被接受的。他自己也很清楚这一点，所以在答复中说道："我提出的条件，科学院接受也不好，不接受也不好。两难。我在广州很安静，做我的研究工作，无此两难。去北京则有两难。"当然，他也提出自己身体不好，"动也有困难"，但这不过是顺便而言了。

陈寅恪何以会用这样一种方式来作答呢？这源于他的思想主张。陈寅恪在答复中借他当年为王国维所写的纪念碑铭表达了自己的思想主张："独立精神和自由意志是必须争的，且须以生死力争。正如词文所示，'思想而不自由，毋宁死耳。斯古今仁圣所同殉之精义，其岂庸鄙之敢望'。一切都是小事，惟此是大事。"

事实上，陈寅恪本可以直截了当地表达自己的思想主张，但他偏偏借用以前所写的一篇碑文，这里面却有点借题发挥的意思。他这样说来，其实是在对郭沫若进行针砭。所以在给中国科学院的答复中，陈寅恪还说了这样一段话："碑文你带去给郭沫若看。郭沫若在日本曾看到我的王国维诗。碑是否还在，我不知道。如果做得不好，可以打掉，请郭沫若做，也许更好。郭沫若是甲骨文专家，是'四堂'之一，也许更懂得王国维的学说。那么我就做韩愈，郭沫若就做段文昌，如果有人再做诗，他就做李商隐也很好。我的碑文已流传出去，不会湮没。"

郭沫若当年流亡日本时从事甲骨文研究，十分推崇王国维在甲骨文研究领域所做的开拓性工作，也很赞赏王国维的治学之道。对于王国维最后自沉于昆明湖的死，郭沫若感到十分惋惜。他认为，虽然王国维"研究学问的方法是近代式的"，但他的"思想感情是封建式的"。在他被召入清宫后，"一层层封建的网"就把他封锁住了。于是，"两个时代在他身上激起了一个剧烈的阶级斗争，结果是封建社会把他的身体夺去了"。这与陈寅恪认为王国维之死，非为"一人之恩怨，一姓之兴亡"，而是"以一死见其独立自由之意志"的看法大相径庭。

郭沫若对王国维之死的分析和论断，在学术界很有影响，陈寅恪大概颇不以为然，当然也不服气，故有以韩愈、段文昌分别做比之说。他在这里引用了唐代《平淮西碑》之事。唐宪宗时，淮西地方藩镇割据。宪宗以宰相裴度、将军李愬将兵征讨淮西，平定了割据势力。韩愈为裴度麾下的行军司马，兵事结束后奉诏撰写了《平淮西碑》以记征讨之事。但因碑文中"多叙裴度事"，引起李愬妻即唐安公主之女不满，诉于唐宪宗，宪宗于是下令磨平"韩碑"，另使翰林学士段文昌重新撰写了《平淮西碑》。韩愈的文名当然远大于段文昌，所以后来李商隐有诗赞誉"韩碑"，虽"无其器存其辞"，但不会湮没于后世。陈寅恪如此作比，自然也就存了贬低郭沫若之意。而他之所以借题发挥，除了表示思想主张方面的分歧，恐怕多少也有点文人相轻的意识作祟。

像陈寅恪这样的老一辈知识分子一时还不能接受马克思主义，对政治完全采取回避的态度，其实不足为奇。周恩来当时在政务院的一次会议上就特别以陈寅恪为例讲道：这些老一辈知识分子不了解共产党是正常的。他们愿意留在大陆，不去台湾，就是爱国主义者，应该团结他们。中科院拟请陈寅恪任历史二所所长，当然也是希望能让陈寅恪发挥其所长。虽然邀请陈寅恪是用了郭沫若的名义，郭沫若在这里履行的实不过职务之责，所以他也并没有介意陈寅恪的那番针砭。

就陈寅恪而言，尽管用不很客气的方式拒绝了中科院和郭沫若的相请，但之后他还是接受了担任《历史研究》编辑委员的邀请，郭沫若是编辑委员会召集人。陈寅恪还因此致信郭沫若说："尊意殷拳，自当勉副。寅恪现仍从事于史学之研究及著述，将来如有需要及稍获成绩，应即随时函告并求教正也。"所达之意已经很平和，完全是学界朋友之间的那种信函往来。接下来，中科院在 1954 年组建哲学社会科学部，由郭沫若兼任学部主任，又邀请陈寅恪担任学部委员，陈寅恪亦欣然应允，并且一直保持了委员之职。

20 世纪 50 年代，陈寅恪撰写了一篇研究《再生缘》的论著《论再生缘》。完成后，他先是自费油印出来，后在香港出版，1960 年传回大陆。郭沫若在年末读到《论再生缘》，陈寅恪对《再生缘》的高度评价使他大为惊讶，于是也把《再生缘》找来阅读。《再生缘》是清代陈端生创作的一部长篇弹词，在文学史上并没有被注意过。郭沫若读后同样大为赞赏，并且生出了对于该书及陈端生进行考订和研究的想法。

1961 年 3 月中旬的一天，郭沫若到中山大学拜访了陈寅恪，这是他们第一次面晤。见面后先说起了彼此的生辰，一个在壬辰年，一个是庚寅年，郭沫若便笑道："今日我们相见可谓龙虎斗了。"一个多小时的谈话中，《再生缘》是说得最多的。两人的看法有许多相通的观点，亦有一些相左之处。

回北京后，郭沫若又陆续看到了《再生缘》的两种不同刻本，以及一些新发掘出来的有关陈端生的资料，他先后撰写发表了《谈〈再生缘〉和它的作者陈端生》《再谈〈再生缘〉的作者陈端生》等几篇文章。

1961 年 11 月初，郭沫若到杭州，寻访了陈端生的出生地"句山樵舍"，之后前往广州。11 月 15 日，他冒雨又往中山大学看望了陈寅恪，两人再次就《再生缘》交谈良久。在这一天的日记中，郭沫若记下了与陈寅恪晤谈的情景：

> 访陈寅恪，彼颇深信云贞曲之枫亭为仙游县之枫亭。说舒四爷，举出《随园诗话》中有闽浙总督五子均充军伊犁事，其第四子即可谓舒四爷。余近日正读《随园诗话》，却不记有此人。我提到"句山樵舍"，他嘱查陈氏族谱。"壬水庚金龙虎斗，郭聋陈瞽马牛风。"渠闻此联解颐，谈约一小时，看来彼颇惬意。

从这段文字中可以想见，两位老学者一个耳聋、一个目瞽，坐在一起讨论学问而又各有己见，或说或看时的那种情景，真的是很有意思的一幅画面。难怪陈寅恪听闻郭沫若说出那副对联会开颜欢笑（"解颐"）了。

在讨论《再生缘》的过程中，郭沫若一共撰写了七篇文章，其中一些观点是针对陈寅恪看法的驳论。陈寅恪在读到经郭沫若或其他人提出的他未曾接触过的一些资料后，也对自己的文章做了补正，既有对自己看法的坚持，亦有对郭沫若的反驳。在这期间，人民文学出版社决定将陈寅恪的《论再生缘》列入出版计划，并决定由郭沫若写序。关于《再生缘》的讨论当然对这一出版计划的实施是个很好的准备。可惜由于《再生缘》一书中写到了历史上的"东征"之事，在当时终未得出版。

四 "大而化之之谓圣"

在更看重传统春节的中国老百姓眼里，元旦，与其说是个节日，不如说更多的只是表明新的一年开始的日子。郭沫若常常会在元旦之际创作一首诗词，以此来展望新的一年。1963年的新年与往年的元旦没有什么不同，人们照例休假一天，但这一个元旦毕竟又与前几个新年有些不同。

从 1959 年起，新中国的社会主义建设事业遭遇了巨大的困难。在国内，遭遇三年困难时期。在国际上，中苏两党两国关系恶化，美国加剧在越南的战争，中印之间的边境冲突愈演愈烈。这是新中国成立以后一段前所未有的艰难时期。但是在中国共产党的领导下，全国各族人民同心同德，艰苦奋斗，终于渡过了难关。

1962 年这一年，是国民经济恢复发展的一年，新中国的社会主义建设事业又呈现出蓬勃的生机。郭沫若感同身受了那一段艰难时刻，在面对新的大好形势时，既有一种如释重负的轻松，也油然生出充满自信的豪情。而这一年的年末，又恰逢毛泽东七十虚岁的生日，于是在元旦前夕，他创作了一首词《满江红——一九六三年元旦书怀》：

> 沧海横流，方显出英雄本色。人六亿，加强团结，坚持原则。
> 天垮下来擎得起，世披靡矣扶之直。听雄鸡一唱遍寰中，东方白。
>
> 太阳出，冰山滴；真金在，岂销铄？有雄文四卷，为民立极。
> 桀犬吠尧堪笑止，泥牛入海无消息。迎东风革命展红旗，乾坤赤。

在将这首词作寄送《光明日报》发表的同时，郭沫若也抄呈毛泽东一份。

毛泽东在读了这首大气磅礴的词作后，心情也十分激动。在过去的那一段困难时期，他和他的战友们所肩负的责任和承受的压力恐怕是常人所无法想象的，但也正因为如此，更凸显出中国共产党人的英雄气质。"沧海横流，方显出英雄本色"，毛泽东为这样的诗句激起了胸中的豪情与诗兴，大笔一挥，也写下一首《满江红·和郭沫若同志》，词中咏道：

> 小小寰球，有几个苍蝇碰壁。嗡嗡叫，几声凄厉，几声抽泣。
> 蚂蚁缘槐夸大国，蚍蜉撼树谈何易。正西风落叶下长安，飞鸣镝。
>
> 多少事，从来急；天地转，光阴迫。一万年太久，只争朝夕。
> 四海翻腾云水怒，五洲震荡风雷激。要扫除一切害人虫，全无敌。

　　郭沫若与毛泽东之间相互以诗词唱和往还，可以从当年重庆谈判的时候他为毛泽东的词《沁园春·雪》写和词算起。毛泽东这首前无古人、气势恢宏、豪情万千的词作，不只让郭沫若，也为当时的许多诗人所倾倒。1957年以后，毛泽东过去创作的十余首诗词发表出来，之后，他又陆续有新作发表，人们这才发现毛泽东原来还是一位诗人。从数量上说，毛泽东的诗作并不多，但他那纵横捭阖的气势、雄奇浪漫的想象、收放自如的笔锋，堪称大家风范。这样的诗风无疑是郭沫若所激赏的，因为这与他自己的诗风有相通之处。

　　郭沫若曾借《孟子》中一段话来评价毛泽东诗词的艺术造诣："充实之谓美，充实而有光辉之谓大，大而化之之谓圣。"所以他称颂毛泽东在"经纶外，诗词余事"，而能"泰山北斗"。这非奉承之辞，而是由衷的钦佩。唐人司空图论诗著有《诗品》，按诗的创作风格列出诗的二十四品。郭沫若读《诗品》，则认为其要义实不过雄浑、豪放二品，这恰是毛泽东诗词的艺术风格之所在。从《女神》开始，郭沫若在诗歌创作上也是崇尚这种风格的，所以他与毛泽东之间的诗词往还，应该称得上是"同声相应，同气相求"。

　　毛泽东不仅是一个政治家，而且是一位伟大的政治家，但他的诗人气质丝毫也没有因为从事政治而减色。所以作为诗人的毛泽东，当然也会希望在创作诗词的时候有诗友可以彼此应和切磋，所谓"嘤其鸣矣，求其友声"。40年代时他的《沁园春·雪》发表，可以引起无数唱和之作，可新中国成立以后他的政治身份和地位，使得那种情势难以再现，这是他也无可奈何的。曲高和寡，诗人们会仰视他，不一定是因为诗，而是出于政治上的崇敬。郭沫若大概是能以文友的方式与他进行诗词创作交往的少数几个人中的一个了，想必毛泽东也是看重这一诗文交的。

　　1957年初，《诗刊》创刊号上发表了毛泽东的18首诗词后，郭沫若连续做了三首词《念奴娇·小汤山》《浪淘沙·看溜冰》《水调歌头·归途》，分别和毛泽东的《念奴娇·昆仑》《浪淘沙·北戴河》《水调歌头·游泳》三首词韵。1959年夏，毛泽东接连创作了两首七律《到韶

山》和《登庐山》。他嘱胡乔木："送给郭沫若同志一阅，看有什么毛病
没有？加以笔削，是为至要。"郭沫若认真地提了一些修改意见，毛泽东
看后又信告胡乔木道："沫若同志两信都读，给了我启发。两诗又改了一
点字句，请再陈沫若一观，请他再予审改。"

诗人之间的诗词唱和是风雅之事，但作为政治家的毛泽东，虽以诗
词创作为"余事"，但绝不附庸风雅，更非以为消遣之事。毛泽东的诗词
每一首都是抒情言志之作，而且作为政治家，他在诗文中还时时寄以政
治寓意。

1961 年秋，浙江省绍剧团将他们根据古典名著《西游记》改编的绍
剧《孙悟空三打白骨精》带到了北京。剧中描写的唐僧是个善恶不辨、
颠倒是非的滥好人，郭沫若观看了演出后，联系到现实生活，心有所动，
遂写下一首七律《看〈孙悟空三打白骨精〉书赠浙江省绍剧团》：

> 人妖颠倒是非淆，对敌慈悲对友刁。
> 咒念金箍闻万遍，精逃白骨累三遭。
> 千刀当剐唐僧肉，一拔何亏大圣毛。
> 教育及时堪赞赏，猪犹智慧胜愚曹。

这首诗发表在 1961 年 11 月 1 日的《人民日报》上，毛泽东读到后写了
一首和诗《七律·和郭沫若同志》。诗是这样写的：

> 一从大地起风雷，便有精生白骨堆。
> 僧是愚氓犹可训，妖为鬼蜮必成灾。
> 金猴奋起千钧棒，玉宇澄清万里埃。
> 今日欢呼孙大圣，只缘妖雾又重来。

1962 年 1 月初，郭沫若在广州接到康生抄示给他的毛泽东和诗。仔
细读了这首和诗，郭沫若觉得作为政治家的毛泽东对于剧中唐僧形象的

理解和阐释比自己高明，他"是从事物的本质上，深一层地有分析地来
看问题"。于是，郭沫若又写了一首和毛泽东的诗，由康生转呈毛泽东。
诗中写道：

> 赖有晴空霹雳雷，不教白骨聚成堆。
> 九天四海澄迷雾，八十一番弭大灾。
> 僧受折磨知悔恨，猪期振奋报涓埃。
> 金睛火眼无容赦，哪怕妖精亿度来！

郭沫若将初作中"千刀当剐唐僧肉"的认识，改成"僧受折磨知悔恨"
的理解，毛泽东看后颇为赞许。他在给康生回信中嘱托道："请告郭沫若
同志，他的和诗好，不要'千刀当剐唐僧肉'了，对中间派采取了统一
战线政策，这就好了。"郭沫若后来又专门写过一篇文章《"玉宇澄清万
里埃"——读毛主席有关〈孙悟空三打白骨精〉的一首七律》，解读毛
泽东的这首七律。

身为一介文人，郭沫若与毛泽东的这种诗词交往，是他人所不能的，
所以后来逢有毛泽东诗词发表、出版，就有报刊约请他撰写文章解读毛
泽东诗词。1962 年 4 月，为纪念毛泽东《在延安文艺座谈会上的讲话》
发表 20 周年，《人民文学》准备将收集到的毛泽东当年"在马背上哼成"
的六首词发表出来，并特意请郭沫若撰写一篇解读、诠释的文章，以帮
助读者理解体会作品的内容和意境。

郭沫若拿到稿子后发现，六首词均未署写作时间，排列的顺序也需
要推敲。于是，他翻阅、查找了许多资料，包括专门去中央档案馆查阅
档案资料，终于搞清了每一首词的写作时间和写作背景。为了更有把握，
郭沫若致信毛泽东请他核定，信中还对几首词中个别词句提出一些修改
意见。毛泽东很快送来《词六首》的改定稿，告郭沫若说，他考订的每
首词的写作时间都是对的，词的排列也是对的，并谓"七百里驱十五日"
一句改得好。

　　1962 年 5 月，郭沫若作《喜读毛主席的〈词六首〉》，对毛泽东的《清平乐·蒋桂战争》《减字木兰花·广昌路上》《采桑子·重阳》《蝶恋花·从汀江到长沙》《渔家傲·反第一次大围剿》《渔家傲·反第二次大围剿》六首词做阐释，介绍创作背景。他称赞毛主席诗词是"革命的诗史，这诗史不是单纯用言语文字记录出来的，而是用生命和鲜血凝铸出来的。要这样的诗词才真正值得称为创造性的革命文艺"。《喜读毛主席的〈词六首〉》与毛泽东的词一起发表在 1962 年 5 月号的《人民文学》上，同时也刊载于《人民日报》。之后，全国各地的报刊纷纷转载，中央人民广播电台还曾录音播送。

　　1963 年 12 月，《人民日报》刊载了三十余首毛泽东诗词。郭沫若阅读时即在报纸上空白处做了许多注释，随后他连续撰写了《"百万雄师过大江"》《"敢教日月换新天"》《"待到山花烂漫时"》等八九篇文章，副题均作"读毛主席新发表的诗词"，为读者详尽解读毛泽东这些诗词。

第十九章　"精神有如火焚"

一　"非圣非法"兰亭辩

借由毛泽东诗词的发表重提浪漫主义，重新回归浪漫主义文学精神的郭沫若，以连续创作的《蔡文姬》和《武则天》两部历史剧，彰显了浪漫主义文学的艺术魅力。后来，在解读毛泽东诗词，在评论新民歌的时候，郭沫若都有从浪漫主义理论生发而出的见解。在考订《再生缘》的过程中，他也从浪漫主义的角度给予陈端生和《再生缘》极高的评价。他认为，《再生缘》可以拿来与《红楼梦》相比。"'南缘北梦'……《红楼梦》是现实主义比重较大的长篇小说，而《再生缘》却是浪漫主义非常浓厚的长篇叙事诗。"陈端生的创作手法，是完全可以与同处在十八、十九世纪的司格特、司汤达这些著名的英法浪漫主义作家相媲美的。

可以说，在很大程度上由于郭沫若这样的努力，浪漫主义文学理论和浪漫主义文学创作，在文坛重新得到应有的肯定。这说明"双百"方针的提出，逐渐营造了一个比较自由宽松的文学创作和学术研究的政治文化环境。

新中国成立以后，郭沫若在繁多的工作间隙，仍然活跃在学术领域，所以在学术著述上卓有成就。"好发议论"，"好写翻案文章"，一直是作为学者的郭沫若治学的特点，他虽身居高位，仍然保持着这个特点。所以，他参与了许多学术问题的讨论、争论，有不少学术讨论实际上是因他而起的，像关于《胡笳十八拍》与蔡文姬的讨论，为曹操翻案、为武则天翻案的问题，关于陈端生与《再生缘》的考订等等。这样的学术讨论和争论，对于营造学术界百家争鸣的气氛无疑是十分有益的。

郭沫若的书法自成一体，为人称道，60年代前后已至盛期。在这一时期，他对于碑帖、墓志、书法的研究也大感兴趣。1965年初，郭沫若看到了不久前在南京出土的两块墓碑：王兴之夫妇墓志和谢鲲的墓志，立即想到了历史上一段关于王羲之作《兰亭序》真伪之辩的公案。

东晋王羲之所作《兰亭序》在中国书法史上具有里程碑的意义，其书法一变汉魏以来质朴的书风，字势雄强、妍美流变，被推崇为行书第一帖。但后世曾经有人提出《兰亭序》并非王羲之所作，乃后人伪托。不过因为时间久远，真伪之辩不再为人提起。

在南京出土的这两件墓志的墓主，都是与王羲之同时代的人，王兴之还是王羲之的叔伯兄弟。所以郭沫若在考察墓志内容的同时，注意到这两件墓志文字的笔体，它们与那两年在南京周遭地区出土的几座晋墓碑刻墓志的字体风格也是一致的。所以，他想到了历史上关于《兰亭序》问题的真伪之辩。不久，他撰写发表了《由王谢墓志的出土论到〈兰亭序〉的真伪》一文。

文章先分别介绍王兴之夫妇墓志、谢鲲墓志的相关情况及其史料价值。然后由墓志说到书法。郭沫若排列了南京周遭几座晋墓出土的五种墓志，认为，它们"只是三十五年间的东西"，"基本上还是隶书的体段，和北朝的碑刻一致，只有《颜刘氏墓志》中有些字有后来的楷书笔意"。《兰亭序》写于永和九年，后于王兴之夫妇之死仅三年，后于颜刘氏之死仅八年，"而文字的体段却相隔天渊。《兰亭序》的笔法，和唐以后的楷法是一致的"。由是，"对于传世东晋字帖，特别是王羲之所书《兰亭序》，提出了一个很大的疑问"。

在文章的中心部分，郭沫若提出的是关于《兰亭序》的真伪。他认为这才是"问题的核心","《兰亭序》这篇文章根本就是伪托的"。郭沫若引述了清末李文田的观点,对于依托说做了补充证据。他把王羲之《临河序》与传世《兰亭序》做文字对照,指出,"《兰亭序》是在《临河序》的基础上加以删改、移易、扩大而成的"。《兰亭序》所添加的一大段文字,"实在是大有问题"。当然这一大段文字也有其"母胎",即会稽山阴同游者之一孙绰的《兰亭后叙》。

郭沫若认定,《兰亭序》从文章到墨迹都是后人"智永所依托"。智永是南朝陈代永兴寺的僧人,王羲之七世孙。郭沫若得出这一论断,并不是要否定《兰亭序》的书法价值。他写道:"我说《兰亭序》依托于智永,这并不是否定《兰亭序》的书法价值;也并不是有意侮辱智永。不,我也承认《兰亭序》是佳书,是行书的楷模,这是不能否认的。我把《兰亭序》的写作权归诸智永,是把应享的名誉归还了主人。我自己也是喜欢《兰亭序》书法的人,少年时代临摹过不少遍,直到现在我还是相当喜欢它。我能够不看帖本或墨迹影印本就把它临摹出来。"

1965 年 5 月 22 日的《光明日报》和《文物》杂志第 6 期,同时刊登了郭沫若这篇长文。

郭沫若的文章虽然是依据新出土碑刻的考察而做的旧案重提,但他是历史学家、古文字学家、文学家,同时又是书法家,所以文章发表以后,在文史界、书法界都引发了很大的学术兴趣。南京文史馆馆员、书法家高二适首先写出了一篇反驳郭沫若论断的文章《〈兰亭序〉的真伪驳议》。

高二适早年曾是章士钊文友,他在文章写成后寄给了章士钊,希望通过章士钊与毛泽东的交谊把文章推荐给毛泽东,借"毛公评鉴,得以公表",尽快发表。章士钊看过高二适的文章后,同意他的观点,即将高文转送毛泽东,并在致毛泽东信中对高二适多所介绍。对于高文则说:"钊两度细核,觉论据都有来历,非同随言涂抹。……钊乃敢冒威严,遽行推荐。我公弘奖为怀,惟望酌量赐予处理。"

1965 年 7 月 18 日,毛泽东分别致信章士钊、郭沫若。给章士钊的信

郭沫若默临的兰亭序帖

中写道："高先生评郭文已读过，他的论点是地下不可能发掘出真、行、草墓石。草书不会书碑，可以断言。至于真、行是否曾经书碑，尚待地下发掘证实。但争论是应该有的，我当劝说郭老、康生、伯达诸同志赞成高二适一文公诸于世。"

信中提到康生、陈伯达，是因为在郭沫若撰写关于《兰亭序》文章的过程中，康、陈二人对《兰亭序》真伪的问题也很关注，并且见解相近，康生还提供了一些资料。毛泽东在得知此事后亦颇感兴趣。他在给郭沫若的信中说道："章行严先生一信，高二适先生一文均寄上，请研究酌处。我复章先生信亦先寄你一阅。笔墨官司，有比无好。未知尊意如何？"

有章士钊的推荐，又经过毛泽东亲自过问，高二适的文章很快在

1965 年 7 月下旬的《光明日报》发表出来，同时亦在《文物》杂志 1965 年第 9 期上影印刊出。这得说是很不寻常的安排了，当然毛泽东的过问是主要原因，尽管其本意大约还是希望学术上的问题要有争鸣。

实事求是地看，由于郭沫若在文化界所处的地位，经他提出的学术问题往往会得到更大的关注，这是实际情况。但郭沫若本人在学术讨论中总是把自己摆放在一个学者的位置上，并不以势压人，也不故作某种姿态。高二适对《兰亭序》提出的不同观点，使他对于深入讨论这一问题的兴趣更加强烈。他先是写了一篇《〈驳议〉的商讨》，表示欢迎高二适发表不同意见，继而接连又撰写《〈兰亭序〉与老庄思想》《〈兰亭序〉并非铁案》等文章，进一步阐述他的见解，质疑并推翻历代帝王、重臣们对《兰亭序》的定评。

《〈驳议〉的商讨》是对于高二适《〈兰亭序〉的真伪驳议》一文所作的驳论，仍然发表于《光明日报》和《文物》杂志。文章分七个部分，就"注家引文能减不能增"、"《临河序》文并无蛇足"、"《兰亭序》大申石崇之志"、"《兰亭序帖》的时代性"、"隶书笔意的伸述"和"'僧'字不是徐僧权"等几个问题，或逐一反驳高二适文章的观点，或表述了自己的见解，坚持《兰亭序》依托说。文章的最后一部分，是批评从唐太宗起，宋元明清四代帝王，特别是清代的乾隆皇帝，"对于王羲之的推崇"。郭沫若写道："唐太宗是中国历史上一位杰出的君主。他对于民族和民族文化的发展是有大贡献的。""他特别欣赏王羲之，认为'尽善尽美'者就只有王羲之一人。""由于唐太宗的极度欣赏，使书法得以推广并保存了好些字帖下来，特别是促进了隶书时代向楷书时代的转变，这是好事。""但也由于唐太宗的极度欣赏，作伪者乘机制造出了不少赝品，把书法发展过程淆乱了，这就不能同样说是好事了。"所以，他非常赞赏清代书画家赵之谦的"妄言"：因唐太宗重二王（郭沫若认为唐太宗只偏重王羲之）书法，"群臣戴太宗，摹勒之事，成于迎合。遂令数百年书家尊为鼻祖者，先失却本来面目，而后人千万眼孔，竟受此一片尘沙所眯"。

《〈兰亭序〉与老庄思想》从《兰亭序》所表达的思想切入，分析了

"魏晋地主阶级中的高级知识分子之好玄谈、尚旷达，确实依仿于老庄"，而传世的《兰亭序》比《临河序》所多出的那一大段文字，却是反对这种思想的，"和'晋人喜述老庄'是貌合神离的"。所以"传世《兰亭序》既不是王羲之做的，更不是王羲之写的。思想和书法，和东晋人相比，都有很大的距离"。

毛泽东既然对《兰亭序》真伪的问题也发生了兴趣，自然对这场"笔墨官司"十分关注。郭沫若后来所写的几篇文章，在发表前他都看过清样，而且对清样中的一些错误做了批改。1965 年 8 月 20 日，毛泽东在看过《〈驳议〉的商讨》和《〈兰亭序〉与老庄思想》两篇文章的清样后，再度致信郭沫若，说道："文章极好。特别是找出赵之谦骂皇帝一段有力。看来，过分崇拜帝王将相者现代还不乏其人，有所批评，即成为'非圣非法'，是要准备对付的。"毛泽东在这里显然非常赞同郭沫若对于历朝历代皇帝推崇王羲之和《兰亭序》，至于"无条件的信仰"这种倾向的批评，而且似乎还有些什么言外之意。

从一开始即有各界许多名人参与到关于《兰亭序》真伪的辩论中来，使得这一场经郭沫若所发起的学术讨论，争论得格外热烈。《光明日报》编辑部收到许多读者来信，赞成这场争鸣。文章大多支持郭沫若以辩证的态度，审视、推翻历代帝王重臣的定评。启功、赵万里、徐玉森、商承祚等学者都撰写文章，参与了讨论。老舍还为此赋诗，咏道："右军乏力守兰亭，郭老奇师阵气腾"，"书家时代难颠倒，科学精神避爱憎"。关于《兰亭序》真伪的学术论争，让中国书法史研究在学术界也受到高度重视。

这场热度颇高的学术讨论在学术界、书法界延续了有六七个月之久。这时已经到了"文革"来临的前夕。在这种时候能进行这样一场各抒己见的热烈的学术争鸣，实在是很难得的。但是也因为这场学术争论发生在这个时间，其中又有毛泽东的过问，还牵扯到康生、陈伯达，后来有人便主观臆断地把它与之后发生的"文革"联系起来，这恐怕应该说是"怀璧其罪"了。

二 烧书说与凤凰俦

既然成为共和国政治文化生活中的一个主要人物，郭沫若当然不可避免地要参与到政治领域，特别是思想文化方面的每一场运动之中去。从新中国成立初期对于电影《武训传》的批判，到接踵而至的批判胡适、批判胡风、"反右"斗争……在每一次的运动中，郭沫若除了是他自己——一个学者，一位作家，他还是全国文联主席，是中国科学院院长……这就决定了他并不能仅以个人的身份置身于这些运动中。他还需要以那些政治身份去讲话，去做事。曾在中宣部科学处工作的于光远，回忆过反右斗争中的一个历史细节：中科院党组请中宣部帮助起草一篇郭沫若批判右派分子的发言，科学处受命起草了这个发言稿，拿去给郭沫若看，他认真看过稿子，没做什么修改便同意了。郭沫若当然清楚他是以什么样的身份做这个发言的。

当人们回顾过去的那一段历史时，发现郭沫若也讲过错话，做过错事，甚至伤害过别人。但显然这并不能归咎于他个人，更不是出自个人之间的恩怨，那是时代的政治环境所决定了的。郭沫若的老朋友、老战友李一氓、夏衍后来很中肯地指出过，在我们党犯了错误的时候，郭沫若也跟着犯了错误。

即使如此，郭沫若也并非没有自己的主见，他会努力去争取好的结果。1954年底，在文联和作协的一次联席会议上，身为中国文联主席的郭沫若在发言中讲到展开学术上自由讨论的问题。他说道：

> 展开学术上的自由讨论，这是一项长期性的工作。这和对资产阶级错误思想的批判是应该有所区别的。……学术上的自由讨论可以说还是在揭发错误阶段上的不同意见的论争，经过论争的结果，由不同之中而得出同，辨别谁是谁非，以得出一个正确的结论。如果正确的结论一时得不出，尽可以使不同的意见在一定的时期内同

时存在。不同意见的同时存在并不一定会引起思想上的混乱，因为矛盾在真理的照明之下总是要得到解决的。我们的任务就是根据真理来促进矛盾的解决。旧的矛盾解决了，新的矛盾又可能产生，又需要在新的情况下给予解决。这样蝉联下去，就使我们的学术水平和文化水平不断提高。

历史的事实告诉我们，凡是自由讨论的风气旺盛的时代，学术的发展是蓬蓬勃勃的；反之便看不到学术的进步。

当时，思想文化界正在开展关于《红楼梦》研究的批判以及对胡适唯心主义的批判，文联和作协的这次会议即是与此相关，而且此前思想文化领域已经展开过对电影《武训传》的批判。从郭沫若讲话的通篇内容看，尽管已经不可避免地带有当时政治文化背景的印记，但他这一番关于展开学术上自由讨论的见解，说明他对于学术与政治的关系还是具有清醒的认识的，也有自己的见解。而敢于在那样的政治情势下把这样的见解讲出来，当然是需要勇气的。

再譬如在"反右"斗争中，中国科学院是知识分子集中的地方，老知识分子多，著名专家学者多，从国外回来的知识分子也多，根据这样的特点，郭沫若与院党组专门向中央汇报，建议对科学家采取保护政策：凡回国不久的，不参加运动；对于思想问题与政治问题一时难于区别的，先作为思想认识问题处理；对于一些著名科学家，即使是对问题认识错了，只采取谈话方式给予帮助，不能采取批斗方式。这一建议得到党中央同意，并责成中科院代中央起草了一个有关自然科学界"反右"斗争政策的文件，作为中央正式文件下发。在整个运动过程中，中科院系统（包括在外地的分所、研究机构）都是按照这一文件去执行的，保护了许多同志。后来有人无比感慨地回忆道："我们能有郭老这样的院长，大树遮阴，保护了大部分科技人员。"

1965 年底，吴晗的历史剧《海瑞罢官》遭到批判，郭沫若实际上也被牵扯到了。他在 1965 年 12 月末撰写了一篇关于海瑞批判与自我改造问题的文章，报社的清样都已经打出来了，但文章还是没有刊出。对于时局比较敏感的人们已经注意到，在思想文化领域有种风雨欲来之势。

1966 年初，郭沫若给张劲夫同志写了一封信，提出要正式辞去中国科学院院长职务。4 月，他在人大常委会的一次会议上发言，表示自己过去写的书应该通通烧掉。会后，当时主管宣传工作的康生看到这个发言记录，没有告知郭沫若，便拿去发表在报纸上，立即在国内外造成了很大影响。

郭沫若在讲这番话的时候，恐怕并没有想到自己的话会被作为宣传之用。在当时的政治形势下，他做出这样的表示，或许只是出于自我保护意识，同时其中也未必不包含真诚。这与他浪漫主义的精神个性有关。这位老人在他一生的行旅中，始终都葆有着一个浪漫诗人的理想主义心性。在他所涉足的领域中，他总是愿意去做一个弄潮儿。他不惧怕否定自我，而是不断追求否定之后自我的新生，也因此，他才能在诸多领域都有令人瞩目的作为或成就。

郭沫若在说到"烧书"的同时，讲到了这又是一次凤凰涅槃。四十余年前，他曾以《凤凰涅槃》诅咒旧有的社会秩序，表达对理想中国的期待；四十余年之后，他何尝不是借此来表示对又一次革命的理解呢？尽管此时的郭沫若跟大家一样，并不清楚即将到来的是一场什么样的革命，他还是愿意去经受磨砺，所以他以烧书之说表示对自我的否定。这表露了一个浪漫诗人的真率和虔诚。

在郭沫若漫长的一生中，这种浪漫诗人的心性和精神特质带给他的并不全是"好风凭借力，送我上青天"的得意。在他所涉足的一些领域中，他无法做到"从心所欲不逾矩"，反而会陷入无可奈何的尴尬或勉为其难的窘迫。但无论如何，作为一种文化精神，浪漫主义恰恰是郭沫若身上最宝贵的东西。

这一年，"文化大革命"开始了。年底，郭沫若按照周恩来的意见在外面住了一个月，等形势缓和后才回到家中。这实际上是周恩来对他采取的保护性措施。在"文革"中，周恩来尽最大努力保护郭沫若没有受到更大的冲击和迫害，但他的孩子仍然未能幸免，两个儿子先后遭受迫害死于非命。在儿子郭世英被"造反派"绑架关押的那天晚上，郭沫若参加了周恩来主持的一个外事活动，尽管他很担心儿子的情况，但他从始至终都没有对周恩来说起儿子的事情。回到家里后，焦虑、悲痛的于立群忍不住责备他为什么不向总理提起儿子的事情。郭沫若沉默了好一会儿才喃喃地说道："我也是为了中国好啊！"

丧子之痛，对于一个年届耄耋的老人是多么大的精神打击啊！郭沫若把儿子的日记放在书房的案头日日相伴，并且用工整的小楷字一页一页地抄写下来。他用这样的方式寄托一个父亲对于孩子的思念之心。

郭沫若在"文革"期间受到保护，但并不是被保护起来就可以什么都不做，相反由于许多老干部被"靠边站"，更多的工作压在了这个老人肩上。郭沫若并不负责外事工作，可那时，他几乎每周都有一两次要陪同周总理会见外宾，还时还有出访或陪外宾全程访问的工作。伊朗庆祝波斯帝国成立2500周年前夕，周恩来特别致信伊朗国王，宣布"我国决定派全国人民代表大会常务委员会副委员长、科学院院长、历史学家郭沫若作为国家特使前往贵国参加庆祝盛典，转达中国人民对伊朗人民的友好情意"。这是一次高规格的出访安排，郭沫若是时已近八十高龄。出访前夕，他已经感到身体不适，仍坚持工作。专机飞抵新疆和田后，郭沫若上呼吸道感染加重，体温升高。周恩来指示他留在和田养病，另派了特使去伊朗。

1968年，河北满城发现了一座大型古代墓葬，周恩来指示，请郭沫若负责拿出处理的方案。

接到周恩来的指示，郭沫若马上想到要联系中科院考古所。但是考古所隶属于哲学社会科学部，学部又隶属于中宣部，"文革"开始后这一系统正常的工作秩序已经被打乱了，于是他直接联系了考古所，及时派出专业人员组成考古队赴满城实地考察，并做出下一步发掘的计划。

在考古人员下现场之前，郭沫若与他们一起仔细讨论了准备工作和发掘的设想。根据当时已知的情况，这座古墓应该是汉墓，而且有可能是中山靖王刘胜的墓。这个刘胜就是《三国演义》里人们都熟知的刘备的叔祖。郭沫若提醒考古队要考虑到发掘的墓室中可能有壁画，墓葬品中可能有竹简、纺织品等物，事先应该有所准备。

一周后，经过初步发掘考察，考古队向郭沫若汇报了工作进度和进一步的考虑：根据已经发掘的墓葬器物，可以证实墓主人就是刘胜。墓葬没有被盗过，考古发掘的价值极高。郭沫若指示他们一定保护好文物和现场，尽量不要让人参观，文物和发掘现场的处理，待全部发掘工作完成后再考虑具体方案。

在接下来对于古墓内室的发掘中，考古人员有了意外的发现，那是内室棺床上平放着的好像包裹有人体的一件衣物。衣物上覆盖着厚厚的淤泥，周围摆放有兵器、铜器、玉器。在小心翼翼地清除了淤泥之后，一件金缕玉衣呈现在人们面前，这让考古学家们大喜过望。用玉衣装殓遗体下葬的礼仪，在汉代的典籍上是有记载的，但迄今为止，就连他们这些考古工作者也没有见到过完整的实物。然而欣喜过后，大家又有了新的疑问，即，金缕玉衣中找不出遗骸的痕迹。考古队马上把新的发现和疑问向北京做了汇报，希望郭沫若能来现场指导发掘工作。

郭沫若看到发掘情况的报告后，立即决定亲赴现场。这时已经到了夏季多雨时节，出发的那天恰好下起了瓢泼大雨，他全不顾七十多岁的高龄，按计划赶到满城。在又湿又冷的发掘现场，老人仔细地察看了全部工作面和墓室内的情况，整整看了两个小时。走出墓室后，郭沫若又察看了墓地周边的情况。他注意到在墓地北部有一处山坡留有人工清理过的痕迹，地表外形与正在发掘的墓室外形相似，应该是墓地的一部分。有金缕玉衣装殓，刘胜应该是葬在这个墓室中，但金缕玉衣中没有发现遗骸的痕迹，那么墓主会葬在何处呢？带着这个疑问，郭沫若返回了北京。

回京后，郭沫若继续在思考怎么解开这个疑问。他先让考古队在墓室棺床下寻找有无另一层墓穴，在得到否定的结果后，他果断地推定，在墓地北部那处有人工清理痕迹的山坡下还有另一个墓室，应该继续发

在满城汉墓发掘现场

掘。周恩来根据郭沫若现场考察后提出的意见,同意对第二个墓室进行发掘。

很快,考古队成功地发掘出第二个墓室。在墓室中又出土了大批珍贵的文物,又出土了一件金缕玉衣。在对墓葬物品进行了仔细考察分析,特别是经郭沫若确认了一枚铜印上所刻文字的内容后,确定了二号墓室的墓主是刘胜的妻子窦绾。

二号墓室的金缕玉衣是完整出土的,其中残留有墓主遗骸的部分骨骼和三颗牙齿。这确切地证明墓主窦绾是装裹在玉衣中入殓的,那么刘胜的尸身不会不葬在一号墓中。考古人员于是又对一号墓室的金缕玉衣进行了更加仔细的清理,终于发现了在玉衣内侧有一些附着物,经过分析,那是尸骨腐烂后留下的灰渍和牙齿的珐琅质。刘胜是不是葬在一号墓中的疑问解开了。

满城汉墓的现场发掘历时近四个月,出土文物一万余件,其中的两件金缕玉衣、长信宫灯、错金博山炉等是国宝级的文物。它是"文革"期间一次非常重要的考古发掘。在这之后，全国的文物考古工作逐渐走上正常的工作轨道。

1971 年，故宫博物院重新开放，郭沫若亲自动笔修订了《故宫简介》的文字稿。同年，经他提议，周恩来批准，《考古学报》《文物》《考古》三个学术刊物恢复出版。在经历了"文革"的浩劫后，这是最早复刊出版的几个学术期刊。

三　默默进行学术写作

对于一生从未离开文学创作又做了一辈子学问的诗人、学者郭沫若来说，在经历种种创痛的"文革"十年中，无法写作，恐怕是十分难耐的一种痛苦。所以，但凡有一点机会，他还是要拿起手中的笔，尽管能不能发表或出版全然是未知数。

1967 年 3 月，郭沫若提笔草成一篇"杜甫嗜酒终身"的文字，他开始了一部新的学术著作《李白与杜甫》的撰写。

开始，郭沫若撰写这部书稿是悄悄自己在做的事，但是一个偶然的原因，使这部书稿的写作为外界所知。当时中苏之间发生了严重的边界冲突，外交部请郭沫若等一些学者提供有关的历史资料。1969 年 10 月，中华人民共和国外交部发表《驳苏联政府一九六九年六月十三日声明》，引用了郭沫若《李白与杜甫》一书中考证李白出生地在今新疆碎叶的观点，以驳斥苏方对于历史上早就属于中国版图的领土的主张，于是书稿的内容被披露出来。

《李白与杜甫》的手稿于是由中国科学院印刷厂影印成册。但陈伯达阅读该书稿后，对书稿内容严加指责，说第一章为了证实李白不是"西域胡人"，引用的李白描写民族杀戮的作品，要通通改掉。书稿遂被搁置起来，直至 1971 年 10 月（那时陈伯达已经倒台了），《李白与杜甫》才由人民文学出版社以大字精装本出版，11 月出版了平装本。这在中国的学术研究几乎处于停顿的状态下算是一个奇迹了。

《李白与杜甫》分三个部分：第一部分"关于李白"，第二部分"关于杜甫"，第三部分是一个"李白杜甫年表"。

在"关于李白"中，郭沫若的考察和论述集中在一些长期存有争论的问题上，譬如：李白的出生、家室、两次入长安等等。关于"李白出生于中亚碎叶"，他依据范传正《唐左拾遗翰林学士李公新墓碑》、李阳冰《草堂集序》、李白诗文中的自述和口授，考证李白就是出生于中亚细亚的碎叶城。又从李白的文化修养，对胡人，如安禄山、哥舒翰的态度，及其对胡人相貌的描述、品评等方面反驳了陈寅恪关于李白"为西域胡人"的说法，认为其毫无根据。对于碎叶地理位置和归属的考察，引用《大唐西域记》《大清一统志》《大慈恩寺三藏法师传》等书中的史料，考订碎叶城在碎叶水南岸托克马克，唐代隶属条支，"属安西都护统摄"。

郭沫若认为，李白虽号称"谪仙人"，"其实他的功名欲望是非常强烈的"。他通过考证李白"待诏翰林和赐金还山"与"安禄山叛变与永王璘东巡"的两段人生经历，论述了李白政治活动中的两次"大失败"。直至"长流夜郎前后"，感慨李白"本来是出于一片报国忧民的诚意，谁想到竟落得成为一个叛逆的大罪人"，终"以谗毁终其身"。关于李白的宗教意识，郭沫若在"李白的道教迷信及其觉醒"一节中论证了："李白思想，受着他的阶级的限制和唐代思潮的影响，基本上是儒、释、道三家的混合物。"

在论述李白与杜甫在诗歌上的交往时，郭沫若明确指出"抑李而扬杜，差不多成为封建时代士大夫阶层的定论"。批评"解放以来的某些研究者却依然为元稹的见解所束缚，抑李而扬杜，作出不公平的判断"。他强调自己翻"抑李而扬杜"的旧案，恢复"李杜并称"的写作意图。为了说明李白比杜甫更具"人民性"，他举李白《秋浦歌十六首》之十四首，说"这好像是近代的一幅油画，而且是以工人为题材"，又说李白"歌颂工农生活的诗，虽然不是'掣鲸碧海中'，但也不是'翡翠兰苕上'，而是一片真情流露的平民性的结晶"。

《关于杜甫》的部分，郭沫若从分析"杜甫的阶级意识"入手，主旨是在批评一直以来对于杜甫拔高的评价，"以前的专家们是称杜甫为'诗圣'，近时的专家们是称为'人民的诗人'"。书中将最为专家们称道的具有"人民性"的《三吏》《三别》《茅屋为秋风所破歌》《遭田父泥饮美严中丞》等诗篇，逐句对译为白话文加以"解剖"，分析了杜甫的阶级意识和立场。称"杜甫是完全站在统治阶级、地主阶级一边的。这个阶级意识和立场是杜甫思想的脊梁，贯穿着他遗留下来大部分的诗和文"。郭沫若认为，"旧时封建时代的士大夫们要赞扬那样的意识和立场，也是不足为怪的。可怪的是解放前后的一些研究家们，沿袭着旧有的立场，对于杜甫不是采取批判的态度，而是依然全面颂扬，换上了一套新的辞令"。

接下来，郭沫若从杜甫的创作和生活经历，就他的"门阀观念"、"功名欲望"、"地主生活"、"宗教信仰"和"嗜酒终身"等方面，逐一进行了考订、分析和论述。还考察了杜甫与严武、岑参、苏涣等人的交往活动。

《李白与杜甫》全书的基调是"扬李抑杜"，而且运用了阶级分析的方法剖析李杜两位诗人。郭沫若从少年时代起就喜欢李白，他多次说过喜欢王维、李白、陶渊明，不喜欢杜甫、韩退之（愈）。他在书中"扬李抑杜"，也是针对自古以来"千家注杜，一家注李"的"抑李扬杜"倾向唱出的一个反调。这应该说同他此前为曹操翻案、为武则天翻案的学术动因是相同的。至于用阶级观点去看古人，这在当时的政治环境中，倒也并不奇怪。

为矫正"抑李扬杜"而"扬李抑杜"，这抑扬之间的学术分寸的把握，似乎并不是那样进退有度。《李白与杜甫》无论是对于李白的赞扬，还是对于杜甫的贬抑，大概都有点"过度"了，特别是对于杜甫。郭沫若说："最近人们把杜甫捧得天高，我也有不大舒适的感受。杜甫在律诗上费了工夫，在科举时代被人圣视，是有理由。但我们今天仍无批判地赞扬，我觉得这不是马克思主义者的态度。"

其实在诗歌艺术上，郭沫若并不贬抑杜甫，他早年的旧体诗创作还明显受到杜甫的影响。他说过："我也是尊敬杜甫的一个人。"只是针对"诗圣"之谓，郭沫若认为，"实事求是地来评价杜甫，他不过是一位封建时代的杰出的诗歌工作者"。

《李白与杜甫》出版后，一些持批评态度的人，以把郭沫若的学术写作政治化的方式，来否定《李白与杜甫》的学术见解，维持固有的学术观点。这样的做法当然并不足取。在学术上，郭沫若从来就不是循规蹈矩的学院派学者，他好做翻案文章。《李白与杜甫》出版还不到一年，在汉学传统深厚的日本，就有了东京讲谈社出版的日文译本，京都的雄浑社则把它辑入日文版《郭沫若选集》。

《李白与杜甫》的写作动机是学术的，这一点毫无疑义。但全书的字里行间，于学术之外似乎又带有某些诗的成分。从郭沫若对李白人生的描述中，似乎可以感觉到他有意无意地在叙写自己的人生经历和心灵世界里的某些东西。这一点或许从他在这段时间翻译的一些抒情诗作中，可以更清楚地看到。

这些诗译自一本叫作《英美抒情诗》的小书，这本书是一位日本朋友赠送的。在无法写诗的情形下，郭沫若把这本诗集拿来读，一边读，一边便忍不住把它们翻译了出来，并且随手写在书页四周的空白处。读到喜欢的诗，他会连声称赞"写得好！写得好！"，而对不喜欢的诗，他也毫不客气地评说写得不好，写下"肤浅的说教""画蛇添足"诸如此类的评语。这本小书虽然收入不少名家的作品，但非大作，只是一些抒情短诗。

尽管从《浮士德》和《生命之科学》全部译完出版后，郭沫若已经有二十年时间没有再翻译作品了，他在此时信手译出这些抒情短诗，显然并不是将其视为一项翻译的事情在做。在那样的时代环境下，这样的一些诗歌作品是绝没有可能出版的。所以除了留在书页上的手迹，这一组译诗没有另外整理出手稿，不过文字几乎不需要任何改动，已经是很精彩的译文。郭沫若应该是怀着创作激情去翻译那些文字的吧！他在寻找一种精神寄托的方式，一个让被压抑的情感可以有所宣泄的去处，以排解一个握了一辈子笔的老诗人无法写作的寂寞。

老友成仿吾在读到这些译诗后感慨道："在他将近晚年的时候回到翻译这种短的抒情诗，虽然是由于偶然的原因，但是，难道我们就不能从他的这种经历中得出某些可能的推理吗？""我不记得他在什么地方提到过他关于诗的见解或者感受之类的东西，但是，从他最后竟翻译了这样的抒情诗，是否至少他主张，不管你叙景或叙事，总要重视内在的节奏，并且最好有脚韵。"

确实，从郭沫若所选择翻译的这些抒情短诗和他不时写下的那些只言片语中可以看出，他实际上在表达关于诗歌创作的，他曾经一以贯之的某些主张，而当时流行的创作思想却是"高大全"。耄耋之年的郭沫若是不是又回归单纯的关于诗歌创作、审美的思考了呢？

同时，从其中的一些诗歌里，人们似乎还可以读出一些引起译者共鸣的东西，或者不妨说，它们实际上表达的就是郭沫若此时内心世界的一角。像高尔斯华绥的《灵魂》："我的灵魂是太空！/电在闪呵雷在轰，/日月群星在运动，/时而卷起大台风！"特别是罗素·葛林在遥看夏夜空中点点星光时的《默想》：

> 我不能让我尊严的人性低头，
> 在那冰冷的无限面前跪叩，
> 我既年青而有爱情，求知欲旺盛——
> 它们，——只是在大气潮汐上的破片浮沉，
> 我有希望、苦闷、大愿，精神有如火焚，
> 而它们是无动于衷的毫无生命。
>
> 它们并不比我有更高的全能力量，
> 它们不能见，不能梦，不能变，不能死亡。
> 我不能在无量数的星星面前低头，

那无声的矜庄并不能使我投降。

郭沫若非常欣赏这首诗，在译出后写了一段评点的文字："这首诗很有新意，的确有破旧立新的感觉。我自己也曾有过这样的感觉，但不纯。"他在为自己的人生遗憾一些什么，或是坚持一些什么吗？应该是两者都有吧！

尾声 拥抱永远的春天

1976 年 10 月，笼罩在神州大地上的阴霾终于散去。"文革"造成的动乱结束了。郭沫若一扫沉重压抑的心绪，高唱出一曲"大快人心事"的《水调歌头》。

"老骥伏枥，志在千里。烈士暮年，壮心不已。"郭沫若又充满信心地去迎接新的挑战，他相信，"东风吹遍人间后"，必定是"紫万红千满地开"。当然，十年浩劫，百废待兴，许多事情都要从头做起。作为共和国科学文化事业的管理者，郭沫若格外关注科学文化事业的复苏与发展。

1977 年 11 月，中央批准仍由郭沫若兼任中国科学技术大学校长。

1978 年 3 月初，在第五届全国人民代表大会第一次会议上，郭沫若被确定继续留任中国科学院院长。半个月后，全国科学大会在北京召开，在建设一个社会主义现代化强国的征程上，科学技术是最重要的一个领域。

3 月 18 日，因病住院的郭沫若，抱病坐着轮椅出席了大会开幕式。望着会场里那些熟悉的或是陌生的面孔，他想把自己毕生治学的所悟告诉他们："从我一生的经历，我悟出了一条千真万确的真理：只有社会主义才能解放科学，也只有在科学的基础上才能建设社会主义。科学需要社会主义，社会主义更需要科学。"

3月31日，全国科学大会闭幕。病情加剧，已经不能亲临会场的郭沫若，做了书面发言。老院长充满激情地对他的同事们讲道：

> 科学是讲求实际的。科学是老老实实的学问，来不得半点虚假，需要付出艰巨的劳动。同时，科学也需要创造，需要幻想，有幻想才能打破传统的束缚，才能发展科学。科学工作者同志们，请你们不要把幻想让诗人独占了。嫦娥奔月，龙宫探宝，《封神演义》上的许多幻想，通过科学，今天大都变成了现实。伟大的天文学家哥白尼说：人的天职在勇于探索真理。我国人民历来是勇于探索，勇于创造，勇于革命的。我们一定要打破陈规，披荆斩棘，开拓我国科学发展的道路。既异想天开，又实事求是，这是科学工作者特有的风格，让我们在无穷的宇宙长河中去探索无穷的真理吧！
>
> 春分刚刚过去，清明即将到来。"日出江花红胜火，春来江水绿如蓝"。这是革命的春天，这是人民的春天，这是科学的春天！让我们张开双臂，热烈地拥抱这个春天吧！

老院长的热切呼唤，激起全场的巨大共鸣，这是所有科学工作者共同的心愿。他们用热烈的掌声迎接这个春天的到来。

实际上这一年的立春刚过，郭沫若就因呼吸道感染复发肺炎，住进了北京医院的病房。全国科学大会期间，他一直是在病榻上度过的。也许是巧合，他的病房序号是101号。这是郭沫若特别喜爱的一个数字，他说101象征着一元复始，万象更新。所以当年在创作组诗《百花齐放》的时候，他有意发表了101首，以此来寓意文学艺术的园地能呈现充满生机、繁花似锦的景象。

如今冰雪寒冬已经过去，在迎来科学的春天的同时，文艺园地里也苏醒了东风第一枝。对身为诗人的郭沫若来说，文学艺术早已成了他生命的一部分。

1978 年年初，北京人民艺术剧院决定以原班人马复排郭沫若的历史剧《蔡文姬》。得知这一消息的家人，先从收音机里录下了当年《蔡文姬》演出的实况放给已经卧床不起的老人听，老人听着激动不已，流下了欣慰的眼泪。

1978 年 5 月 13 日，复排的《蔡文姬》彩排，5 月 19 日起正式公演，并且又一次获得成功。遗憾的是，走在生命旅程最后时刻的郭沫若，却未能再次去剧场观看他用心血写出的这部作品。不过，《蔡文姬》和他的全部历史剧作品，无疑已经永远留在了中国话剧百年的历史中。

6 月初，郭沫若的病情在几经恶化后一度稍有好转。他向秘书问到周扬，问到正在召开的中国文联第三届全国委员会第三次扩大会议的情况，想请周扬来见见面。文联的这次扩大会议，是"文革"后文学艺术界各个协会恢复活动后所举行的首次会议，郭沫若作为文联主席却已经无法与会了。周扬得知老人的这一愿望，立即从会议上抽身往北京医院看望了郭沫若。他给郭沫若带来与会同志们对他的问候和祝愿，又向他介绍了会议进行的情况。

看到郭沫若这天的精神很好，周扬还与老人谈起了许多往事。周扬说自己从学生时代起就是他的诗歌以及创造社刊物的忠实读者，以后一直关注他的创作和行踪。在谈话中，周扬特别说到了歌德，他觉得郭沫若与歌德具有相似之处。

"文思的敏捷和艺术的天才，百科全书式的渊博知识，对自然科学的高度热爱，这些方面都是相似的。"周扬诚挚地对老人说道，"您就是歌德，但您是社会主义时代的新中国的歌德。"郭沫若则说起，如果病情好转的话，他还希望有机会好好研究和总结一下过去左翼文学运动的历史经验。

然而，这一次的谈话，竟成了他最后一次与人交谈。

1978 年 6 月 12 日，郭沫若以 86 岁高龄走完了他的人生行旅。86 年在宇宙时空的长河中只是短暂的一个瞬间，但对一个人的生命历程来说，却算得上一次漫长的行旅。这位文化老人在他漫长的一生里，也许免不了在这里那里留下一些遗憾，但是无论如何，他都应该感到自豪，他也值得人们为之感到骄傲，因为在 20 世纪中国的学术文化史上刻印下了他深深的足迹。

后　记

我曾作过一些郭沫若传记方面的著述，但在对于郭沫若生平文献史料做了多年整理、考订、研究，特别是参与主持编撰了《郭沫若年谱长编（1892—1978）》之后，我觉得应该再动笔撰写一部更为翔实的郭沫若传。记录下那些与传主生平密切相关，但人们还不曾了解，或者知之有限，以及有所误读的史实、史事、史迹、历史人物，等等。

郭沫若在中国现当代文化史上是一位杰出的人物。他的新诗创作是中国新诗史的重要开始，他的历史研究开创了中国的马克思主义史学，他的古文字研究在该学术领域举拓荒之力、贡献卓著。他在科学、教育、艺术、翻译等诸多文化领域，以及社会活动、文化活动、对外文化交流等许多方面的工作，都为新中国留下了丰厚的文化遗产。这之中当然蕴含着非常丰富的历史文化信息，它们既是关于郭沫若的，也是反映一个时代的。

郭沫若作为一部传记的传主，其经历很有故事性，甚至传奇性，可以用非常文学的方式书写出来。其实传主所写的自传作品，就是一种文学传记（它们在很多情况下是一种记忆叙事）。但传记，在本质上是一种历史的书写，是建立在文献史料基础之上对于历史的回看、记述，所以其根本的叙事方式，还是历史叙事。本传记尽管部分运用了文学叙事的方式，但不用文学笔法虚构情节，所涉史实、史事均依据信史。

　　历史叙事，主要依据时间线索。不过传记不是年谱，传主的人生又有多方面、多领域的发展、经历，所以，不可能用一种平铺直叙的叙事方式，记录传主的行止。有限的篇幅也不可能将过往的历史面面俱到地描写出来。因此，我在传主生平活动中截取一个个历史节点——一次事件、几个人物、一段创作活动等，以之来取舍史料，来作为一个叙事的基点并延展史实涵盖的时空范围。

　　本书所用传主相关图片，蒙郭平英允为使用，多由郭沫若纪念馆提供，特为致谢。

　　书写郭沫若的传记，希望能如传主曾经说过的，写出"这样的社会生出了这样的一个人"，或者"有过这样的人生在这样的时代"。当然，我还要写出郭沫若曾经这样蹚过绵延的历史长河。

　　　　　　　　　　　　　　　庚子正月，于京郊后沙峪

图书在版编目（CIP）数据

诗人学者郭沫若／蔡震著．－－北京：社会科学文
献出版社，2021.4
（中国社会科学院老年学者文库）
ISBN 978－7－5201－8105－1

Ⅰ．①诗…　Ⅱ．①蔡…　Ⅲ．①郭沫若（1892－1978）
－传记　Ⅳ．①K825.6
中国版本图书馆 CIP 数据核字（2021）第 046426 号

中国社会科学院老年学者文库
诗人学者郭沫若

著　　者／蔡　震

出 版 人／王利民
组稿编辑／周　丽
责任编辑／李　淼　杜文婕
文稿编辑／韩欣楠

出　　版／社会科学文献出版社·城市和绿色发展分社（010）59367143
　　　　　地址：北京市北三环中路甲29号院华龙大厦　邮编：100029
　　　　　网址：www. ssap. com. cn
发　　行／市场营销中心（010）59367081　59367083
印　　装／三河市东方印刷有限公司
规　　格／开　本：787mm×1092mm　1/16
　　　　　印　张：25.25　字　数：362千字
版　　次／2021年4月第1版　2021年4月第1次印刷
书　　号／ISBN 978－7－5201－8105－1
定　　价／148.00元

本书如有印装质量问题，请与读者服务中心（010－59367028）联系